21世纪高等院校市场营销专业精品教材

"十二五"普通高等教育本科国家级规划教材
国家级精品课程教材

本教材第五版曾获首届全国教材建设奖全国优秀教材二等奖

流通概论

第六版

夏春玉　等　著

PRINCIPLES OF DISTRIBUTION

Sixth Edition

东北财经大学出版社
Dongbei University of Finance & Economics Press　　大连

图书在版编目（CIP）数据

流通概论 / 夏春玉等著．—6版．—大连：东北财经大学出版社，2022.12
（2025.8重印）
（21世纪高等院校市场营销专业精品教材）
ISBN 978-7-5654-4758-7

Ⅰ.流…　Ⅱ.夏…　Ⅲ.商品流通-高等学校-教材　Ⅳ.F713

中国版本图书馆CIP数据核字（2022）第254332号

东北财经大学出版社出版
（大连市黑石礁尖山街217号　邮政编码　116025）
网　　　址：http://www.dufep.cn
读者信箱：dufep@dufe.edu.cn
大连永盛印业有限公司印刷　　　东北财经大学出版社发行
幅面尺寸：185mm×260mm　字数：435千字　印张：19　插页：2
2022年12月第6版　　　　　　　　2025年8月第3次印刷
责任编辑：朱　艳　石真珍　蔡　丽　　责任校对：孙晓梅
　　　　　田玉海　孙　平
封面设计：原　皓　　　　　　　　　版式设计：原　皓
定价：49.00元

教学支持　售后服务　　联系电话：（0411）84710309
版权所有　侵权必究　　举报电话：（0411）84710523
如有印装质量问题，请联系营销部：（0411）84710711

流通问题的研究方法与
流通知识体系

（代序）

对流通问题的理论研究，可以有宏观与微观两个视角。宏观视角的研究，所关注的重点是流通的纵向过程，即从超越微观单位（企业或用户）的角度来研究全社会的商品如何完成从生产领域到消费领域的转移，这种转移是在什么样的体制或机制下，由哪些主体以怎样的关系（竞争与合作）、方式与技术方法，以怎样的规模、结构与绩效来完成，以及这种转移会对生产者、中间商、消费者乃至整个经济社会产生怎样的影响，社会公共机构（政府）如何影响这一转移过程等。微观视角的研究，所关注的重点是流通的横向过程，即微观单位尤其是企业组织如何有效地实现所生产或经营的商品从供应地到使用地的转移，包括如何构建自己的流通渠道，如何建立和维护与渠道成员的关系，如何降低流通成本，如何提升流通效率，如何提高流通竞争力等。

显然，宏观视角下的流通问题更多地涉及一般经济学问题在流通领域的具体体现，以及流通领域所特有的经济学问题。要从宏观视角对流通问题进行科学研究，就必须更多地使用经济学的有关知识与分析工具，所形成的理论也就更具有经济学的学科属性，因此，我们可以将从宏观视角研究流通问题的理论称为"流通经济理论"或"流通经济学"。与此不同，微观视角下的流通问题更多地涉及经营或管理方面的问题，要从微观视角对流通问题进行科学研究，就必须更多地使用管理学的有关知识与分析工具，所形成的理论也更具有管理学的学科属性，因此，我们可以将从微观视角研究流通问题的理论称为"流通经营理论"或"流通管理理论"。可见，"流通理论"主要由以上两大理论体系构成。

本书主要从宏观视角来研究流通问题，因此本书所涉及的命题与理论更具有"流通经济理论"或"流通经济学"的学科属性。

但是，从学科发展的实际情况来看，微观视角下的"流通管理理论"已形成体系且相对成熟，并主要由营销学（营销管理）、零售学（零售管理）、物流学（物流管理）、批发学（批发经营与管理）、国际贸易学等构成[1]，而宏观视角下的"流通经济理论"或"流通经济学"尚未形成体系。按我们的理解，"流通经济理论"或"流通经济学"

---

[1] 当然，这些学科的研究内容也会涉及一些宏观问题，但是研究宏观层面的问题不是这些学科的主要任务，这些学科是以管理学为主要分析工具的，主要研究微观组织的商品分销、零售、物流、国际贸易等经营与管理问题。此外，这里所说的"国际贸易学"主要是以管理学为分析工具的，研究国际贸易方式、技术、业务流程及管理问题，具有管理学科的属性，至于从宏观层面以经济学为分析工具研究国际贸易问题所形成的理论，按本书的理解，则属于国际经济学的研究范畴，或者可以整合到流通经济理论之中。

从学科属性上来看，应该是经济学的一个分支或领域，而上述所说的流通管理理论更具有管理学的学科属性，是管理学的一个分支。现实的问题是：第一，国内对现有的"商业经济学""贸易经济学""流通经济学"的学科属性界定得不是很清晰，既缺乏经济学的解释力（理论深度），也缺乏管理学的解释力；第二，是否存在真正的专门以流通为研究对象的，既研究商流也研究物流，既研究批发也研究零售，既研究国内流通也研究跨国（国际）流通，并主要以经济学为分析工具的"流通经济理论"或"流通经济学"，学术界尚存争议。

国内主流经济学者大多主张"不存在论"。其理由有二：一是认为西方主流经济学中没有"流通经济学"这个学科，甚至不存在"流通"的概念[①]；二是认为对流通问题的经济学分析已基本包括在传统的西方经济学理论之中，没有必要另起炉灶构建"流通经济理论"或"流通经济学"。

坚持"存在论"并力主构建"流通经济学"的学者认为，"流通经济理论"或"流通经济学"是存在的，只是国内现有的研究成果不够成熟，缺乏理论解释力，因而使人觉得"流通经济理论"或"流通经济学"是不存在的。也就是说，现有的研究成果存在局限性，并不意味着"流通经济理论"或"流通经济学"不存在。其理由有三：第一，传统的主流经济学关于生产者与消费者直接见面的假设与分析范式，将流通问题简单化或抽象掉了[②]，但是，在现实经济生活中的许多情况下，生产者与消费者并不是直接见面的，流通过程相当复杂，其中蕴含着许多传统主流经济学没有涉及的"大问题"（如前面所列举的宏观和微观两个层面的流通问题），围绕这些"大问题"的研究，足以建立一个相对独立的"流通经济理论"或"流通经济学"学科。第二，并不是所有西方国家都不存在"流通经济理论"或"流通经济学"。例如，日本就有比较完整的"流通经济理论"体系，有关"流通经济理论"的学术成果相当多，学术价值也相当高。除传统的以"商业学""商业经济论""流通经济论""流通论"命名的理论体系外，20世纪90年代以来，又有许多主流经济学家分别用制度经济学、信息经济学、计量经济学的分析方法来研究流通问题，其所形成的分析框架、概念模型与命题结论非常符合现代主流经济学的研究规范，已初步形成"流通经济理论"或"流通经济学"的基本框架[③]。第三，早在20世纪五六十年代，美国也有许多经济学者，如奥尔德森（W. Alderson）等，就针对流通问题开展了很有深度的理论研究，只是这些堪称经典的"流通经济理论"方面的著作并没有被引入我国[④]。此外，20世纪70年代以后，美国的许多营销学者，如斯坦恩（L. W. Stern）、罗森布罗姆（B. Rosenbloom）、鲍尔索克斯（D. J. Bowersox）等人，

---

① 本书认为，英语中的"distribution"实际上就是"流通"，只不过西方学者没有注意"流通"与"分销"的区别而已。

② 夏春玉，郑文全. 流通经济学的贫困与构建设想 [J]. 当代经济科学，2000（1）.

③ 例如，西村文孝的《流通结构解析论》（同友馆，1996），成生达彦的《流通经济理论》（名古屋大学出版社，1994），丸山雅祥的《流通的经济分析》（创文社，1991），石原武政、加藤司的《商品流通》（中译本，中国人民大学出版社，2004），田村正纪的《流通原理》（千仓书房，2001）等，都是这方面的代表性成果。

④ 在我们所接触的中外文献中，对流通问题给予特别关注的西方经济学者当数马克思了。马克思在《资本论》这一巨著中对流通的概念、形式、历史发展，以及商业与商业资本、流通时间与流通费用等问题进行了较为深入的研究。当然，马克思研究流通问题，并不是为了建立一个体系完整的流通经济理论，而是为资本主义一般经济规律（剩余价值规律）服务的，因此，其研究重点是资本主义特定历史阶段的流通问题，而不是流通"一般"问题。尽管如此，马克思对流通问题的研究（也可称作马克思的流通理论）毕竟是一个独树一帜的流派，其分析方法与有关结论仍然可供我们今天的流通理论研究汲取营养。

也从分销或渠道问题入手，对流通问题进行了较为深入的研究[①]。

我们支持"存在论"，坚信总有一天流通领域的理论问题会激发主流经济学家的研究兴趣与智慧，吸引他们也投身到这个领域的研究中来；同时，我们更坚信众多经济学者一定能用共同的智慧打开流通领域这个经济学的"大黑箱"，建立起真正意义的"流通经济学"[②]。

每个学科都有自己并有别于其他学科的研究方法。没有科学的研究方法，就不会有科学的研究路径和科学的研究结论。本书是在经济学与管理学视角下来定义流通的，因此，本书对流通问题的研究首先必须借用经济学与管理学的研究方法和分析工具，其次还必须采用一些针对流通问题的研究方法[③]。下面，我们主要讨论针对流通问题的研究方法，以及相应的研究课题、可能的研究路径与基本架构。

（1）机构分析法。机构分析法是指以从事流通活动的机构为中心对流通问题进行分析、研究的方法，具体地说，就是对流通活动的主体即制造商、批发商、零售商、消费者等流通机构的形态、结构、特征、功能及演化等问题进行分析和研究。按照这种研究方法，我们可以将"流通机构"纳入"流通经济理论"的研究框架之中，其可能的研究课题、路径与分析架构是：①对社会经济生活中的流通机构进行定义与分类；②对专业流通机构的具体形态、特征、功能进行分析；③从流通的纵断面对流通机构的经济关系（竞争、冲突、合作）进行研究，从而导出"流通渠道"的概念；④着眼于流通的纵向过程对流通渠道的类型、特征进行描述，并引入"渠道权力""渠道成员""渠道冲突"等概念，借用营销学界有关渠道理论的研究成果建立渠道关系模型，对各种类型的渠道关系进行研究，也可以从宏观层面对微观组织（制造商或中间商）的渠道策略进行分析，并从历史与横向比较的角度对不同经济发展阶段、不同国家的流通渠道结构及其变迁进行理论上的解析。

按照机构分析法的研究路径，我们还可以对专业化的流通机构做进一步的解析，涉及的研究课题有：①零售与零售商；②零售业种与业态及其演变规律；③零售经营环境与零售经营战略的变迁；④集市、商业街、批发市场与商品交易所的经济原理与运行机理；⑤批发与零售分离的经济原理；⑥批发商的形态与特征；⑦电子商务、批发形态、批发战略的演进；⑧物流的专业化进程与微观组织的物流战略；⑨消费合作社的经济职能等。

（2）商品分析法。商品分析法是指以流通的商品或商品群为中心对流通问题进行分析、研究的方法，具体而言，就是以特定商品为对象，分析、研究这些商品是如何进行生产，并如何经过或不经过中间商而向消费者流通的。使用这种分析方法的前提是对商品进行分类。商品的分类方法有很多，其中最著名的就是科普兰（M. T. Copeland）提出的三分类法。科普兰根据消费者的购买动机与购买习惯将最终消费品划分为便利品、选购品和特殊品三类。便利品是指消费频率最高、购买次数最多、单位价值较小、品牌或商品功能选择性不强、消费者就近购买的商品；选购品是指消费者在对商品的性能、

① 夏春玉. 当代流通理论——基于日本流通问题的研究［M］. 大连：东北财经大学出版社，2005：210-279.
② 该领域较有代表性的创新性成果有：[1]徐从才. 流通经济学：过程、组织与政策［M］. 北京：中国人民大学出版社，2006. [2]纪宝成. 商业经济学教程［M］. 北京：中国人民大学出版社，2016.
③ 夏春玉. 当代流通理论——基于日本流通问题的研究［M］. 大连：东北财经大学出版社，2005：8-17.

品质、价格、样式进行比较后进行选择和购买的商品；特殊品是指消费者对品牌有特别偏好以至忠诚，并要付出特别购买努力的商品。显然，科普兰的商品分类主要是针对最终消费品的分类，没有包括作为生产资料的中间品。因此，很多学者又对科普兰的分类方法进行了发展，不仅对中间品进行了分类，也提出了对最终消费品的其他分类方法。然而，科普兰的三分类法仍然是最经典的商品分类法。

商品分析法为我们研究流通问题至少提供了两个思路：一是可以对典型商品的流通问题进行个案研究，以检验通过其他方法得出的研究结论；二是可以与前述的机构分析法相结合，对不同商品的流通渠道问题进行比较研究。此外，按照商品分析法也可以将以下问题纳入"流通经济理论"的研究框架：①商品特性与商业业态（批发、零售、期货交易、电子商务等）；②商品特性与物流方式；③商品特性与商圈等。

（3）功能分析法。功能分析法是指以流通活动所发挥的功能为中心对流通问题进行研究的方法。按照这种分析方法，我们可以将流通功能划分为三种：一是商流功能，即与商品所有权转移相关的功能；二是物流功能，即与商品或产品实体转移有关的功能，如运输、装卸搬运、包装、保管、流通加工、配送等；三是辅助功能，即服务于商流与物流的功能，如流通金融、风险分担、信息提供等。按照这种研究方法，可以将"流通功能"纳入到"流通经济理论"的分析框架中，并从宏观角度对"流通功能"进行理论分析。

（4）系统分析法。最早将系统分析法应用于流通问题研究的学者是奥尔德森。奥尔德森认为，为了使流通理论更符合现实和更具有普遍性，应该从行为科学中寻找科学的流通理论的形成基础。由于流通理论的研究对象是生产物的社会流通，以及使生产物得以流通的人或集团及其行为，因此，要建立流通的理论体系，就必须把分析重点放在社会流通系统及其产出物方面，并通过研究社会流通系统的结构与行为，来探索流通系统行为的改进方案[①]。系统分析方法主要强调：①系统构成要素与系统之间的关系；②系统构成要素之间的关系；③系统构成要素及其形式如何适应环境的变化；④根据系统构成要素之间的联系，探讨提高系统效率的有效途径。

按照这种研究方法，可以将以下问题纳入"流通经济理论"的分析框架：①社会系统与流通，如生产与流通、消费与流通、分配与流通等；②商流、物流与信息，如信息与交易（商流）、商流与物流、物流与信息等；③经济全球化与流通，如流通国际化的机理、影响因素、模型等；④流通结构，如专业化流通与非专业化流通、批发与零售结构及其变化、规模结构（流通企业规模与市场集中度）、空间结构（城市与农村、城市中心与郊外）、流通（批发、零售、物流）市场的竞争结构、流通结构的变迁等；⑤流通行为，如交易制度与交易习惯（通道费、买断与代理、退货与佣金）的经济学分析、消费文化与购买行为、规模经济与连锁经营、流通自营与外包等；⑥流通绩效，如流通毛利、流通成本、流通效率（人的效率与物的效率）等。此外，还可以借用产业组织学的分析方法，建立流通结构、行为、绩效的分析模型，并对不同国家、不同经济发展阶段的流通结构、行为与绩效进行比较研究。

---

① 夏春玉. 当代流通理论——基于日本流通问题的研究［M］. 大连：东北财经大学出版社，2005：11.

（5）社会分析法。社会分析法是指以各种流通活动及其组织机构所产生的正负效果为研究重点的分析方法。按照这种研究方法，可以将以下问题纳入"流通经济理论"的分析框架：①流通及其产业的社会贡献与评价；②流通产业的负外部性与政府规制（流通政策）等。

除上述方法外，还有学者提出用综合分析法来研究流通问题。所谓综合分析法，就是综合运用各相关学科的知识和理论来研究流通问题的方法。例如，日本学者保田芳昭等人列举了与流通研究相关的学科[①]。在他们看来，经济学与管理学是研究流通问题的"基础学科"，商业学、市场营销学、国际贸易理论、市场理论、合作经济理论、经济法是研究流通问题的"高度相关学科"，而交通运输学、仓储学、信息管理学、金融学、期货与证券理论、保险学、劳动经济学、历史学（商业史）、政治学（商业与流通政策）等是研究流通问题的"部分相关学科"。此外，还有学者列出了一份更大的与流通问题研究相关的学科清单。在这份清单中，不仅有经济学、经济地理学、区域经济学、社会学、心理学、社会心理学、数学、统计学、人口统计学、政治学、城市规划学、法学、伦理学、科学哲学、历史学等，甚至还有遗传学、人类学、工程学、作业分析、语言学、国际关系学、生态学、生物学、美学等学科[②]。按照他们的主张，要对流通问题进行科学研究，必须合理使用上述各种学科的相关知识与分析工具。

按照上述研究方法、研究思路、研究问题及其逻辑关系，我们可以将"流通经济理论"的基本分析框架整理如下：

（1）流通与社会经济系统。主要内容包括：流通概念的界定；流通的产生与发展；流通与社会经济系统等。

（2）流通要素与流通功能。主要内容包括：流通三要素及其相互关系；流通基本功能与辅助功能的理论解析等。

（3）流通机构与流通产业系统。主要内容包括：制造商、消费者与专业化流通机构；专业化流通机构的产生机理（经济原理）；专业化流通机构的内部分化（经济史分析）；流通产业系统与流通产业集聚等。

（4）流通结构。主要内容包括：专业化流通与非专业化流通结构；批发与零售结构；规模结构与市场集中度；空间结构与城市流通系统；流通市场竞争结构；零售商圈与零售引力；流通结构的变迁等。

（5）流通行为。主要内容包括：交易制度与交易习惯；消费文化与购买行为；规模经济与连锁经营；流通自营与外包等。

（6）流通绩效。主要内容包括：流通利润与流通毛利；流通费用与流通效率；流通社会绩效及其评价；流通结构、行为、绩效的国际比较等。

（7）流通渠道。主要内容包括：渠道概念与渠道类型；渠道成员与渠道权力；渠道冲突与渠道管理；渠道策略的经济分析；渠道结构的变迁。

（8）流通国际化。主要内容包括：经济全球化与流通；流通国际化的机理与模式；流通国际化与经济社会发展；流通国际化与产业安全。

①　保田芳昭，加藤义忠. 现代流通入门 [M]. 东京：有斐阁，1994：4-6.
②　坂本秀夫. 现代流通的解读 [M]. 东京：同友馆，2001：21.

（9）流通规制与流通政策。主要内容包括：流通及流通产业的负外部性；流通政策原理；流通政策体系；流通政策的国际比较等。

当然，上述内容体系只是按照我们的研究思路对未来"流通经济理论"的一种"假想"，一些内容还不成熟，也没有得到学术界的广泛认同。基于本书的"教材"定位，我们没有完全按照上述体系结构安排本书的内容，而是有所取舍，并在很大程度上秉承了现有同类教材的体系传统，因此本书是"传统"与"创新"的复合。在我们看来，这种复合或许不至于违背"教材"的成规。

随着经济、技术与社会的发展，流通问题将越来越复杂，所涉及的问题也将越来越多，不仅涉及经济与管理问题，而且涉及工程、技术、法律、社会、历史等问题，因此，要对流通问题进行全方位的理论解读，并以此来指导流通领域的各种实践活动，仅仅依靠流通经济理论（学科）和流通管理理论（学科）是远远不够的，还必须从经济、管理、工程、技术、法律、社会、历史等多学科角度对流通问题进行研究，从而形成完整的有关流通的学科或知识体系。

由此可见，有关流通的知识体系除前述的流通经济学科和流通管理学科外，至少还应该包括流通工程与技术学科、流通社会学科及流通史学科等。其中，流通经济学科由流通经济原理（学）、商业经济学或贸易经济学、商流（交易）经济学、物流经济学[1]等构成；流通管理学科由市场营销学及其分支学科、零售学、批发经营学、期货贸易学、国际贸易学、物流管理学、电子商务、流通信息管理等构成；流通工程与技术学科由流通信息技术与工程学、商业地理学、商业规划学、物流技术与工程学、运输学、仓储学、商品学等构成；流通社会学科由流通社会学、流通政策学等构成；流通史学科由流通经济史、商业史、流通理论史等构成。

以上学科所涉及的知识，都是我们解决日益复杂化的流通问题，进而促进经济社会全面健康发展的必要工具，因而都值得我们去研究、探索和丰富。而本书所涉及的内容只不过是流通知识体系中的"冰山一角"而已。

---

[1]　按照我们的理解，流通经济学或流通经济原理是以全社会的流通问题（包括商流与物流）为研究对象的经济理论，商业经济学或贸易经济学是以专业化流通问题（包括商流与物流）即商业或贸易问题为研究对象的经济理论，商流经济学是以全社会的商流（交易）问题为研究对象的经济理论（如交易费用经济学），物流经济学是以全社会的物流问题为研究对象的经济理论。从这个意义上讲，流通经济学与商业或贸易经济学、商流经济学、物流经济学是不同的，在流通经济学之外，也可以建立商业或贸易经济学、商流经济学、物流经济学。

目　录

第 1 章

流通的产生与发展

学习目标

通过本章的学习，理解分工、交换、流通的概念及历史发展，把握商流、物流与信息流的含义，了解流通与其他相关用语的区别，熟悉流通方式的演变过程，掌握流通与社会经济系统的构成要素及其相互关系。

1.1　分工与交换

1.1.1　分工及其形式

1) 分工的概念

在日常生活中，"分工"并不是一个陌生的用语，其基本含义是"分别从事各种不同而又相互补充的工作"①。因此，分工首先是人的一种有目的的行为，从而存在于人类生活的各个领域（经济、政治、社会等）。同时，分工也可以被理解为一种自然现象，即宇宙万物"各就其位，各司其职"，这是保持正常运转秩序的基本前提。本书所论及的分工指向的是人类社会的分工。

从人类社会发展史来看，分工与人类的生存和发展息息相关。历史上的"三次社会大分工"②成就了人类由野蛮时代到文明时代的进化，进而推动了工场手工业、机器大工业及资本主义生产方式的产生③，而经济的全球化更是以世界范围内的分工为前提。可以说，人类的每一次历史性进步都是分工深化的结果，人类的发展史也是人类的分工史，因为没有分工就没有交换，没有交换就没有生产与流通，而没有生产与流通，也就没有社会经济的运行。可见，对流通问题及社会经济运行机理的研究都必须从分工开始。

人类对分工问题的关注由来已久。早在两千多年以前，哲学家和思想家们就洞察到了分工与专业化是经济发展的源泉，如中国的管仲、孟子和荀子，还有古希腊的色诺芬和柏拉图等。现在人们讨论最多的是亚当·斯密的贡献，他在《国民财富的性质和原因的研究》一书的开篇就讲道："劳动生产力上最大的增进，以及运用劳动时所表现的更大的熟练、技巧和判断力，似乎都是分工的结果。"④在斯密看来，分工是提高劳动生产率、增进国民财富的主要原因和方法。这是因为：第一，分工使劳动专门化，提高了工人的熟练程度，从而提高了效率；第二，分工避免了由一种工作转移到另一种工作可能损失的时间，从而节约了时间；第三，分工又使劳动简化，专门从事某项操作的工人把全部精力倾注在一种简单事物上，比较容易改进工具和发明机器。斯密认为分工可分为内部分工与社会分工，并对分工与交换的关系进行了分析。他认为："分工起因于交换能力，分工的程度，因此总要受交换能力大小的限制，换言之，要受市场广狭的限制。"⑤

继斯密之后，大卫·李嘉图、李斯特、马克思和恩格斯、赫克歇尔和俄林、阿林·

---

① 中国社会科学院语言研究所词典编辑室. 现代汉语词典 [M]. 7版. 北京：商务印书馆，2016：381.
② 恩格斯在《家庭、私有制与国家的起源》一书中对历史上的"三次社会大分工"进行了论述. 有关内容参见：马克思，恩格斯. 马克思恩格斯选集：第4卷 [M]. 中共中央马克思恩格斯列宁斯大林著作编译局，译. 北京：人民出版社，1995：158-169.
③ 马克思在《资本论》一书中对分工与工场手工业、机器大工业及资本主义生产方式之间的关系进行了论述. 有关内容参见：马克思. 资本论：第1卷 [M]. 中共中央马克思恩格斯列宁斯大林著作编译局，译. 北京：人民出版社，1975：373-553.
④ 斯密. 国民财富的性质和原因的研究：上卷 [M]. 郭大力，王亚南，译. 北京：商务印书馆，1972：5.
⑤ 斯密. 国民财富的性质和原因的研究：上卷 [M]. 郭大力，王亚南，译. 北京：商务印书馆，1972：16.

杨格、舒尔茨、杨小凯等经济学家都对分工理论进行了丰富和拓展①。

2）分工的形式

根据现有的研究成果，我们可以将分工分为三种形式，即自然分工、内部分工与社会分工。所谓自然分工，就是指按性别和年龄的差异进行的分工，也就是在纯生理的基础上产生的分工②。这种分工，早在原始社会的氏族、部落、公社内部就已经存在，如男子从事渔猎、女子从事采集等。在现代社会，这种分工形式依然存在，如护士、空乘人员、幼师等职业多以女性为主。所谓内部分工，是指组织体内部的分工，如家庭内部的分工、企业内部的分工等。从历史上看，内部分工是从手工业开始的，并在工场手工业中得以成熟。马克思在《资本论》第 1 卷"分工与工场手工业"一章中对这种分工进行了深入分析。在现代社会，这种分工也广泛存在。所谓社会分工，是指组织体以外的全社会范围内的部门与部门、产业与产业之间的分工，如历史上的"三次社会大分工"。从历史上看，社会分工是由内部分工演进而来的，但二者在本质上是不同的。第一，社会分工中生产者各自的产品都是作为商品而存在的，而内部分工的劳动者彼此的劳动成果不是作为商品而存在的，而是组织体内部各种劳动的共同产品；第二，社会分工以不同劳动部门的产品的买卖为媒介，而内部分工以劳动力的结合使用为媒介；第三，社会分工以生产资料分散在许多互不依赖的商品生产者中间为前提，而内部分工以生产资料积聚在一个组织体中为前提③。

1.1.2 分工与专业化：分工经济

分工与专业化是同一个事物的两个方面。如前所述，分工是指组织与个人各自从事不同的工作或活动。与此相对应，专业化则是指组织或个人只从事一种或有限种类的工作或活动。从斯密对分工的认识可以看出，分工离不开专业化，分工经济是以专业化经济为基础的，但分工经济的实现不仅依赖于专业化经济，更取决于各个专业间的有效组织与协作。因此，"分工是一种组织结构"④。斯密在强调专业化的同时，对组织与协作重视不够。德国经济学家李斯特最早指出斯密分工理论的这一缺陷并开展了较为深入的分析。他同样以斯密津津乐道的制针业为例，指出："这类活动之所以具有生产性，不单单是由于'划分'，主要还是由于'联合'……制针业要靠各个人生产力的联合才能发展……"⑤因此，分工经济的两个核心要素是专业化与协作。

然而，在现实生活中我们经常讨论的是"规模经济"，而不是"分工经济"，其实二者有着非常密切的联系。以现代企业通用的流水线作业为例，我们在巨大的流水线末端看到大批量的产品被快速地生产出来，这就是规模经济的表现。当我们再仔细观察整个流水线时，看到的是一个个工序的专业化操作以及各个工序之间的密切配合。可见，规模经济实质上也是以分工与专业化为基础的。一个企业要实现规模经济，首先要实现分

---

① ［1］管文昕. 分工学说的再认识及其在企业改革实践中的应用［D］. 上海：复旦大学，2002：6-17.
［2］姚小涛. 分工、知识积累与企业组织［D］. 西安：西安交通大学，2000：22-26.
② 马克思. 资本论：第 1 卷［M］. 中共中央马克思恩格斯列宁斯大林著作编译局，译. 北京：人民出版社，1975：390.
③ 祝合良. 现代商业经济学［M］. 2 版. 北京：首都经济贸易大学出版社，2004：3.
④ 杨小凯，黄有光. 专业化与经济组织——一种新兴古典微观经济学框架［M］. 张玉纲，译. 北京：经济科学出版社，1999.
⑤ 李斯特. 政治经济学的国民体系［M］. 陈万煦，译. 北京：商务印书馆，1961：132-133.

工经济，否则容易导致规模不经济。

1.1.3　交换与商品交换

现代社会是以分工与专业化为前提的。如前所述，分工与专业化的直接结果是每个组织或个人只能从事一种或少数几种工作或操作，从而只能生产一种或少数几种产品甚至是半成品。与此相反，作为生活在分工与专业化经济体制下的个人或组织，其消费却是多样化的。那么，如何解决分工与专业化所带来的单一化生产与多样化消费之间的矛盾呢？人类的发展史为我们提供了答案，即交换是解决这一矛盾的最佳手段。

交换的一般含义是指两个以上的个人或组织相互提供各自活动及其成果的行为。按此定义，我们首先可以将交换分为劳动的交换和劳动成果的交换。劳动的交换一般表现为两个以上的个人或组织的共同劳动或联合劳动，并共同拥有其劳动成果。劳动成果的交换是指两个以上的个人或组织对其劳动成果的互换。劳动成果的交换也有两种形式：一是产品交换，其目的是更好地生产一种共同的产品，如在一个企业内部不同生产车间或不同工厂之间的产品调拨或流转；二是商品交换，如不同企业或个人之间通过某种条件相互转让自己所生产或拥有的商品。通常所说的交换是指商品交换，也就是现代制度经济学中的交易①。显然，商品交换的产生要有两个当然的前提：一是作为交换主体的个人或组织是彼此独立、互不隶属的，从制度经济学的观点来说，就是要有明晰的产权制度；二是作为交换主体的个人或组织彼此生产或拥有不同的产品，即分工与专业化。

1.1.4　分工与商品交换形式的演进

从历史上看，分工特别是社会分工是商品交换的前提，商品交换的形式与规模是随着社会分工的不断深化而不断发展与扩大的，同时，商品交换形式的发展与商品交换规模的扩大也是社会分工不断深化的条件，即分工的程度总要受交换能力大小的限制。

1）第一次社会大分工与物物交换

恩格斯在《家庭、私有制与国家的起源》一书中将人类社会的发展划分为蒙昧时代、野蛮时代与文明时代三个阶段。在他看来，人类社会在蒙昧时代的生产力水平极为低下，只能依靠集体的力量，以狩猎与采集为生，共同劳动，共同消费，这时还没有社会分工，也没有剩余产品，因此，不同的经济体（部落）之间难以发生交换，更不可能有商品交换。进入野蛮时代以后，人类发明了生产工具与取火技术，增加了狩猎与采集的成果，改进了饮食质量，强壮了身体，增强了劳动能力。生产力水平的提高使人类的劳动成果不仅能满足自身的需要，而且出现了剩余。对一时没有消费完的野兽，当发现其自身繁衍能够带来更大的利益时，人类开始有意识地对其进行饲养并驯化成牲畜，从而出现了以饲养牲畜为主的游牧部落。在恩格斯看来，游牧部落的出现即"游牧部落从其余的野蛮人群中分离出来"②是"第一次社会大分工"的重要标志。

---

① 制度经济学家对交易给出了多种不同的解释，这里所说的交易相当于科斯定义的"市场交易"和康芒斯定义的"买卖的交易"。
② 马克思，恩格斯. 马克思恩格斯选集：第4卷［M］. 中共中央马克思恩格斯列宁斯大林著作编译局，译. 北京：人民出版社，1995：160.

与此同时，人类还发现，植物种子落地后会自动生根发芽，并结出果实。于是，当采集的植物种子有剩余时，人类就开始尝试播种，取得成功后又不断积累有关气候、土壤、水肥条件的知识，进而有意识地选种、育种，从而产生了农业。可见，游牧部落与农业部落的出现意味着"第一次社会大分工"的开始，即农业与畜牧业的分工。这一分工改变了原始部落集狩猎与采集于一体的传统生产方式，出现了不同部落分别从事农业生产与畜牧业生产的专业化生产方式。专业化生产提高了两种部落的生产力，剩余产品随之增多，于是出现了部落之间的商品交换，其交换形式则是物物交换，即 W—W。

2）第二次社会大分工与以货币为媒介的商品交换

随着农业和畜牧业的发展与生产知识的积累，生产工具日益改进，特别是铁制工具的使用不仅促进了农业的发展，也为手工业的产生和发展奠定了坚实的基础。"铁使更大面积的田野耕作，广阔的森林地区的开垦成为可能；它给手工业工人提供了一种其坚硬和锐利非石头或当时所知道的其他金属所能抵挡的工具。"[1]随着生产工具的改进，生产活动也日益多样化，"如此多样的活动，已经不能由同一个人来进行了，于是发生了第二次社会大分工：手工业和农业分离了"[2]。由于手工业产品不能直接作为生存资料，因此手工业者要生存就必须将其生产出来的产品拿到市场上去交换，以换取自己所需要的消费品。因此，"随着生产分为农业和手工业这两大主要部门，便出现了直接以交换为目的的生产，即商品生产；随之而来的是贸易，不仅有部落内部和部落边境的贸易，而且海外贸易也有了"[3]。商品生产的发展使业已存在的商品交换，从偶然的行为变成经常性的行为。

随着商品交换的发展，货币作为交换的媒介和等价物也随之出现，从而为商品交换的扩大创造了条件。第二次社会大分工的完成，使交换形式由物物交换发展为以货币为媒介的商品交换，即 W—G—W。这时的商品交换分解为两个不同的过程，即卖的阶段（W—G）和买的阶段（G—W）。这两个阶段在时间上和空间上都可以是分离的，从而大大方便了交换，扩大了交换的规模与范围，促进了商品生产的发展。

3）第三次社会大分工与以商人为媒介的商品交换

随着生产的发展，商品交换的范围和规模不断扩大，生产者用于买卖的时间日益增多，生产活动与交换活动的矛盾日益突出。为了适应日益扩大的商品交换的需要，节省商品生产者花费在商品交换上的时间，专门从事商品交换活动的商人便应运而生了。这就是第三次社会大分工，"它创造了一个不再从事生产而只从事产品交换的阶级——商人"[4]。由此，商品交换形式也发生了变化，由 W—G—W 转变为 G—W—G′，即以商人为媒介的商品交换。

商人的出现使原有的交换关系发生了变化。商人不是为满足自己的直接需要而买

---

① 马克思，恩格斯. 马克思恩格斯选集：第 4 卷 [M]. 中共中央马克思恩格斯列宁斯大林著作编译局，译. 北京：人民出版社，1995：163.
② 马克思，恩格斯. 马克思恩格斯选集：第 4 卷 [M]. 中共中央马克思恩格斯列宁斯大林著作编译局，译. 北京：人民出版社，1995：163.
③ 马克思，恩格斯. 马克思恩格斯选集：第 4 卷 [M]. 中共中央马克思恩格斯列宁斯大林著作编译局，译. 北京：人民出版社，1995：164.
④ 马克思，恩格斯. 马克思恩格斯选集：第 4 卷 [M]. 中共中央马克思恩格斯列宁斯大林著作编译局，译. 北京：人民出版社，1995：166.

卖，而是在商品交换过程中充当中介人，为卖而买，先买后卖，并从中谋利。同时，由于商人的出现，货币在商品交换过程中转化为可以获利的资本。因此，商人资本是历史上最早出现的资本形态。商人的出现进一步扩大了商品交换的规模和空间范围，节约了生产者用于交换的时间和费用，促进了生产力的发展。

总之，分工促进了生产的单一化，而商品交换是解决生产单一化与需要多样化矛盾的有效手段。分工是商品交换的重要前提，没有分工就没有交换，社会分工的不断深化还促进了商品交换形式的不断演进；同时，商品交换不仅保证了单一化生产的顺利进行，而且促进了社会分工的进一步深化。因此，分工与商品交换同时产生，相互促进，互为前提，是推动社会经济发展的两个引擎。

1.2　交换与流通：流通的内涵与外延

1.2.1　"流通一般"与流通

不论是物物交换、以货币为媒介的商品交换，还是以商人为媒介的商品交换，从本质上讲都是劳动产品或生产物从生产领域到消费领域的转移。我们可以将这种"转移"定义为流通。这里的"流通"是广义的流通，即"流通一般"。"流通一般"的概念最早由我国经济学家孙冶方提出。他认为，"流通是社会产品从生产领域进入消费领域所经过的全部过程。由不断进行着的亿万次交换所构成的流通，是社会化大生产的一个客观经济过程。有社会分工，就会有交换；有社会化大生产，就会有流通过程。这是流通一般"①。也就是说，不论是计划经济还是市场经济，都是建立在社会分工基础上的经济，也都必然存在商品交换，从而也都必然存在与生产过程相对应的流通过程。显然，孙冶方提出"流通一般"概念的真正意义是，流通不是资本主义市场经济的专利，即使在社会主义计划经济体制下，也存在流通过程，价值规律也发挥作用。因此，他主张即使是国有企业，也要按价值规律的要求组织生产与流通，反对用"无偿调拨"代替"商品交换"。可见，孙冶方的"流通一般"中的流通仍然是商品流通，而之所以称之为"一般"，意指商品流通不是资本主义市场经济的专利，社会主义计划经济也存在商品流通，即在社会主义条件下也要按价值规律的要求组织商品生产与商品流通。因此，"流通一般"思想的最大现实意义在于对社会主义市场经济思想的启蒙。

然而，本书所说的"流通一般"或广义的流通与孙冶方的"流通一般"概念有所不同。本书所说的"流通一般"包括两层含义：一是物质的流动，即最广义的流通，如水的流动、空气的流动、血液的流动、人员的流动、产品的流动、资金或货币的流动等。这种含义的"流通一般"对应着太多的性质完全不同的学科②以致无法在统一的语义下来使用流通概念，进而无法开展科学的学术研究，是没有学术意义的。二是一切生产要

---

① [1] 孙冶方. 流通概论 [J]. 财贸经济，1981 (1)：6-14. [2] 孙冶方. 流通过程 [J]. 经济研究资料，1983 (12)：1-12.
② 对水的流动、血液的流动和人员的流动的研究是物理学、医学、社会学或管理学的任务，而对产品的流动、资金的流动的研究则是经济学或管理学的任务。

素或生产成果的流通，既包括有形物的流通，也包括人与服务的流通。这一含义的流通相当于马克思所定义的资本流通[1]。但是，由于人、财、物与服务具有太多的特质，不仅难以抽象出它们的共性，无法建立概念统一、逻辑严谨的理论框架，也扰乱了现有的相对合理的学科体系与学术分工[2]，因此，这种含义的"流通一般"对科学的学术研究也是没有实际意义的。所以，本书所说的流通是不包括货币、资金、人和服务的有形商品或产品的流通，是一种狭义的流通。有形商品或产品流通包括商流、物流与信息流。

1.2.2 商流、物流与信息流

通常，商流是指商品所有权由生产领域（供应地）向消费领域（消费地）的转移过程，物流是指商品实体由生产领域（供应地）向消费领域（消费地）的转移过程。一般情况下，商流与物流是并行的，但有时有商流不一定有物流，有物流也不一定有商流。不论是商流还是物流，都必须以相应的信息活动为前提，即信息是商流与物流的神经与发动机，没有信息，就没有商流与物流，也就没有流通过程。因此，狭义的流通过程就是商流、物流与信息流的统一。

1）商流

商流过程也就是交易过程，一般发生在两个以上相对独立的个人或组织之间。传统经济理论认为，交易（主要指市场交易）是通过价格机制自动完成的，交易过程或流通过程是可以忽略不计的。交易费用理论认为，交易是需要费用的，现实的交易过程或流通过程不仅不能被忽略，而且相当复杂。因此，组织（企业）内部交易是节约交易费用的一种重要手段，且具有替代市场的功能。但是，组织内部交易也存在费用（管理费用），这种费用会随着组织规模的扩大而增加，达到一定程度时，市场交易又会替代组织内部交易。因此，企业与市场是可以相互替代的，在市场交易与组织内部交易两极之间存在许多中间形态的交易关系，即多种交易形式[3]。

（1）市场交易。市场交易是以匿名和一次性为原则的当场交换。在市场交易中，卖者想以尽可能高的价格销售商品，而买者想以尽可能低的价格购入商品，所以两者的关系是对立的。一次性交易很容易引起机会主义行为，因而交易费用不可避免。这种交易通常发生在组织化程度较低或以流动性或偶发性购买者为主的零售市场上。

（2）重复交易。重复交易是双方基于相互了解或信任而进行的多次交易。因为交易建立在双方的了解或信任的基础上，所以其交易费用低于市场交易。例如，当我们向一个陌生的卖者（如农贸市场或马路边的摊贩）购买商品时，可能会出现两种情况：一是所购商品质价不符，上当受骗；二是质价相当甚至得了大便宜。为了避免第一种情况的出现，我们就需要努力搜集卖者及其商品的相关信息，从而发生搜寻费用。可是，如果向熟悉的卖者（如我们经常光顾的商店）购买商品，我们就可以根据过去的经验判断卖者（商店）的信誉，而不需要重新搜集信息，从而可以节约搜寻费用，也可以减少上当

① 马克思在《资本论》中分别定义了商品流通、货币流通与资本流通。显然，马克思定义的资本流通是广义的流通，既包括商品与货币资本的流通，也包括人力资本的流通。
② 在现有的学科体系下，有关货币或资金流通问题常常是金融学或财务管理学的研究内容，有关人或劳动力的流通问题则属于人口学或人力资源管理学的研究对象，而有关服务的流通问题则属于服务经济学或服务管理学的研究对象。
③ 吴小丁. 商品流通论［M］. 北京：科学出版社，2005：26-30.

受骗的概率。可见，在一次性的市场交易中，买者与卖者是纯粹的经济关系，而在重复交易中，买者与卖者结成了社会关系，而且随着交易的持续，这种社会关系会越来越紧密。

（3）长期交易。长期交易是重复交易长期持续的交易形式，具有明显的契约关系倾向，从而可以减少不确定性。随着契约关系的建立，交易关系将更加稳定，这是长期交易的基本特征。一般来说，对于稀缺性物资或需求量较大的特殊原材料，双方在交易时通常建立长期契约关系。此外，大型零售企业与供货商之间也通常采取长期交易形式，以保证生产与销售活动的稳定性。

（4）伙伴关系。伙伴关系是长期交易的进一步发展。当交易双方建立伙伴关系以后，交易便成为双方的程序性工作，双方的默契不仅体现在具体的交易条款上，而且体现在交易以外的许多方面，如共同开发高质低价的新产品、共同防止缺货、共同降低库存水平、共同分享信息、相互提供附加服务等。在现实经济中，由于市场竞争日趋激烈，伙伴关系广泛存在：不仅存在于生产企业与流通企业之间，也存在于具有上下游关系的生产企业与生产企业以及流通企业与流通企业之间。实践表明，伙伴关系的建立大大节约了交易双方之间的交易费用。

（5）战略合作。伙伴关系被赋予经营战略性就成为战略合作。战略合作是从企业长期战略计划中产生的，是改善企业竞争条件的交易战略。最典型的战略合作是与客户或竞争对手在共同开发新市场、新产品、新技术时组成的合办公司或项目组。当然，战略合作还包括为实现开发高质低价商品、提供"多频度、小批量"物流服务等目标而进行的组织化活动。战略合作分为两种形式或两个层次：一种是只在交易或流通阶段的战略合作，目的是降低交易费用、提高流通效率；另一种是企业整体的战略合作，即不仅包括交易阶段的战略合作，还包括商品开发等方面的合作。

（6）组织交易。组织交易即组织内部的交易，也就是康芒斯所说的"管理的交易"。在组织内部，生产与"交易"是通过权限和指示完成的，从而不存在真正意义上的商品交换关系。

随着买者与卖者关系密切程度的提高，交易形式也依次由市场交易发展到组织交易（内部管理活动），其变动过程如图1-1所示。在现实生活中，除组织交易以外，其他交易形式都是可供买者与卖者选择的交易形式或商流形式。

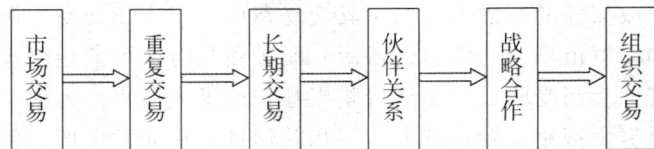

| 市场交易 | → | 重复交易 | → | 长期交易 | → | 伙伴关系 | → | 战略合作 | → | 组织交易 |

图1-1　交易形式的变动

2）物流

与商流不同，物流既可以发生在两个以上相对独立的个人或组织之间，也可能发生在组织内部，前者往往伴随着商流过程，即以商流为前提，其具体形态又表现为采购阶段的物流与销售阶段的物流。采购阶段的物流也称供应物流，销售阶段的物流则称销售物流。发生在组织内部的物流，不以商流为前提，如生产企业内部原材料、半成品、成品由 A 工厂（车间、仓库）向 B 工厂（车间、仓库）的转移，以及待售商品在流通企业总部或配送中心与分店或卖场之间的转移等。这种物流一般称为生产物流或内部物流。除供应、销售与生产阶段的物流以外，通常还存在回收与废弃物物流，即伴随生产或销售行为的发生而产生的回收或废弃物的物流。

物流是物品或商品实体由生产领域（供应地）到消费领域（使用地）的运动过程。这一运动过程是由运输、储存、包装、装卸搬运、流通加工、配送、信息处理等一系列活动要素所构成的。这些活动要素也叫物流环节。这些环节之间存在相互影响、相互制约的关系，因此，要使物流活动有效而节约，重要的不是谋求各个物流环节的合理化，而是实现整个物流系统的合理化。

从全社会来看，物流活动存在于国民经济各个部门、行业、领域与环节，只要有生产、有流通、有消费，就会有物流。因此，无论是企业经营还是个人消费，无论是区域经济还是国家乃至世界经济，无论是军事国防还是经济社会发展，都离不开物流。物流不仅是生产、流通与消费得以顺利进行的前提，而且直接决定生产、流通与消费的效率与效果。因此，提高物流效率、降低物流成本，是各个行业、组织、部门所努力追求的目标。

3）信息流

信息流是指信息从产生、发送（传递）到接收、分析处理、反馈的运动过程。在流通过程中，商品的供给、需求、价格等信息在流通当事人之间相互传递，形成了源源不断的信息流。信息不仅是商流与物流的前提，也是商流与物流状态的反映。

信息主要有两个来源，即组织外部和组织内部。来自组织外部的信息包括宏观经济形势、消费者需求状况、产业及竞争者状况等；来自组织内部的信息包括生产经营预测与计划等。

信息的发送或传递主要通过人与物两种媒体来进行。人的媒体是指面对面的对话或会议，其基本特征是直接、快速及双向性。物的媒体主要指电视、报纸、广播、网络、自媒体等大众传播媒体，其基本特征是广泛性与时空的便利性。在现实生活中，两种媒体都是传递信息的重要手段。

信息的接收是信息流通的关键环节，信息传递成功与否，不仅取决于发送者能否准确、简洁且以易于接收者记忆与理解的表达方式发送信息（对话与会议的口头表达及大众传媒的书面表达），而且取决于接收者是否关心与理解。如果接收者对发送者发送的信息不理解、不关心，那么就会影响信息传递的效果，甚至会误解信息。

信息的分析处理是接收者对接收的信息进行分析、处理及理解的过程。接收者不仅要及时地接收信息，还要按接收的信息去执行任务或职能，因此接收者要准确地理解信息，就必须采用相应的工具对信息进行分析处理。如果接收者的信息处理能力不足，他对信息内容的理解就会发生变化，甚至扭曲。

信息的反馈是从接收者到发送者的信息还原过程。发送者发送的信息是否到达接收者，以及是否引起了接收者的反应，对下一次的信息传递活动有着重要的影响。同时，信息反馈也是及时更正被误传或扭曲的信息的有效机制。

按流通的不同阶段或功能，信息可以分为交易信息、物流信息与市场信息三大类。

交易信息也叫商流信息，它是伴随买卖双方的交易活动产生的，如商品信息、价格信息、合同信息，以及辅助交易活动中不可缺少的金融信息（信贷、资金、结算等信息）、促销信息等。物流信息是在物流各个环节产生的信息，包括商品出入库、库存、运输状况、物流费用等信息。市场信息是指通过调查而得到的关于市场状况的信息，包括供求变动信息、消费者行为信息、行业及竞争对手信息等。不论是哪种信息，对商流与物流的顺利进行都是至关重要的，因此，在现实经济生活中，商流与物流的成效进而企业经营的成败，在很大程度上取决于信息流通的管理成效，即信息决定成败。

1.2.3　流通与几个相关概念的区别与联系

在日常工作与学习中，除"流通"外，我们还经常遇到诸如"商品流通""交换""交易""贸易""商业""营销""分销"等用语。这些用语的含义是什么？它们与本书所使用的流通概念有什么区别和联系？显然，准确了解这些用语的区别与联系，对进一步理解流通的概念是很有帮助的。

（1）商品流通。商品流通是指商品从生产领域到消费领域的转移过程。这是学术界基本公认的一种解释。当然，商品流通也包括商流与物流两层含义，即商品的所有权转移与商品的实体转移。本书所定义的流通是指商品或产品由生产领域到消费领域的转移过程，既包括组织之间的商品流通，也包括组织内部的产品流通。由于组织内部的产品流通不是以交易为前提的，所以组织内部的产品流通只有物流过程，而没有商流过程。因此，本书所定义的流通既包括组织之间的商流与物流，也包括组织内部的物流。显然，流通的含义要比商品流通的含义宽泛一些。

（2）交换。关于流通与交换的关系，马克思有过经典论述："流通本身只是交换的一定要素，或者也是从交换总体上看的交换。"[①]也就是说，流通并不等同于交换，只是交换的部分内容。这是因为交换既包括劳动的交换，也包括劳动成果的交换。劳动的交换是在组织内部通过指挥与命令进行的，属于生产活动，不属于流通。劳动成果的交换有两种形式：一种是产品交换；另一种是商品交换。产品交换也是在组织内部通过指挥与命令进行的，其目的是更好地生产一种共同的产品，本质上是一种生产行为。在马克思看来，产品交换也不属于流通；相反，只有商品交换才具有流通的性质。显然，马克思在此所说的流通是指商品流通，而且是指商品所有权的流通，即商流。本书所定义的流通，既包括商流也包括物流，因此不完全等同于交换，但与劳动成果的交换比较接近。

（3）交易。一般情况下，人们将交易理解为"买卖"，即市场交易，因此交易同商品交换是同义语。也有学者，如康芒斯，将交易划分为三种，即"买卖的交易""管理的交易""限额的交易"。在他看来，"买卖的交易"是"通过法律上平等的人们自愿的同意，转移财富的所有权"；"管理的交易"是"用法律上的上级的命令创造财富"；"限额的交易"是"由法律上的上级指定，分派财富创造的负担和利益"[②]。显然，康芒斯

①　马克思. 政治经济学批判导言［M］//马克思，恩格斯. 马克思恩格斯选集：第2卷［M］. 中共中央马克思恩格斯列宁斯大林著作编译局，译. 北京：人民出版社，1995：16.
②　康芒斯. 制度经济学：上册［M］. 于树生，译. 北京：商务印书馆，1962：86.

所说的"买卖的交易"是指市场交易，即商品交换；"管理的交易"是指企业内部的分工与协作，即联合劳动；"限额的交易"是指政府对财富及资源的强制分配或对成本分担的强制安排。因此，不论是哪一种含义的交易，都与本书所定义的流通有所不同，其中"市场交易"相当于本书所说的商流。

（4）贸易。贸易是指对商品的"转售"行为，包括国内贸易与国际贸易。国内贸易是指在一国之内进行的"转售"行为，国际贸易是指在国与国之间进行的"转售"行为。所谓转售，是指不经过生产制造环节，将购买的商品再销售给买者的行为。因此，生产者为生产商品而进行的采购行为，或者将其生产的商品销售给买者的行为，以及消费者出于个人消费的需要而进行的购买或销售行为，都不属于贸易。显然，流通包括贸易，但贸易不是流通的全部。

（5）商业或贸易业。商业有广义与狭义之分。广义的商业泛指一切以营利为目的的事业，即英语中的"business"；狭义的商业是指专门从事"转售"（商品交换）活动的营利性事业，也就是通常所说的贸易业，包括国内贸易业与国际贸易业。国内贸易业包括批发业与零售业。人们习惯将国内贸易业称为商业，以此与国际贸易业或进出口贸易业相区别。从全社会来看，商品或产品由生产领域到消费领域的转移（流通）不全是由商业者或贸易业者来完成的，或者说，不是全部由专业化的流通机构（商业或贸易部门）来完成的。作为消费者的个人，以及作为生产者的制造商，也从事着大量的流通活动。因此，商业或贸易业这一概念无法涵盖流通的全部内涵，与本书所定义的流通也是不同的。

（6）营销。一般而言，营销是指微观组织从发现甚至创造市场需求开始，通过产品、价格、渠道、促销，以及与顾客和环境相关的各种活动，来完成商品或服务从生产领域到消费领域的转移。可见，营销不仅包括定价、渠道选择、促销等流通行为，还包括发现甚至创造市场需求、对商品或服务的创意与设计、与顾客及环境的互动等活动。就其本质而言，它主要是指微观组织如何将商品或服务由生产领域向消费领域转移的问题，即微观组织的流通问题[①]。同时，就营销的客体而言，它不仅包括有形的商品，也包括无形的服务。本书所定义的流通，既包括微观组织的流通，也包括宏观意义上的流通，即全社会范围的流通，而且流通的客体主要是有形的商品或产品。因此，本书所定义的流通与营销概念是不同的。

（7）分销。在英语中有"distribution"一词，日文将其译成"流通"[②]，中文一般将其译成"分销"。我们认为，流通与分销既相同又不同。相同之处在于，两者都指商品或产品的流动过程；不同之处在于，前者是从全社会或宏观意义来看的商品或产品的流动过程，而后者是从企业特别是制造商的角度来看的商品或产品的流动过程。也就是说，流通是具有宏观意义的概念，而分销是具有微观意义的概念。同样是商品由生产领域到消费领域的转移问题，对制造商而言是分销问题，对全社会来说则是流通问题。

---

① 当然，营销的含义是不断拓展和丰富的，对它的理解不能局限于微观组织或企业的营销管理或"微观营销"，"宏观营销"也应该受到重视。宏观营销学派在西方学界已有较好的发展，有专门的学术年会和学术杂志。此外，近年来西方学界出现的营销历史学派也值得关注。
② 英文中的"circulation"一词，在经济学文献中一般也译为"流通"，但主要是指资本流通（循环），这在英文版《资本论》中显而易见。

1.3　流通方式的演进

分工与技术进步不仅带来了生产方式的变革，也带来了流通方式的变革。流通方式的变革大大提高了流通效率，降低了流通成本，进而促进了经济社会的全面进步。流通方式的变革体现在许多方面，涉及的内容也十分庞杂，限于本书的研究视角与内容定位，我们只能从若干侧面对流通方式的变革过程做一简要描述。

1.3.1　由直接流通到间接流通

如前所述，随着社会分工的不断深化，商品交换形式依次发生了由物物交换到以货币为媒介的商品交换，再到以商人为媒介的商品交换的变迁。从流通首先是商品流通的意义上讲，商品交换形式的这种变迁，实质上就是流通方式的变迁。由于物物交换和以货币为媒介的商品交换即"简单的商品流通"有一个共同之处——交换的当事人也就是生产的当事人，换句话来说，在这两种流通方式中，生产者与流通者是合一的，生产者既从事生产也从事流通，因此我们可以将这两种流通方式统称为"直接流通"。直接流通的含义就是生产者不经过中间者而直接从事流通并完成流通过程。与此不同，以商人为媒介的商品交换即"发达的商品流通"，意味着生产者不直接完成流通过程，而是通过中间者即专业化的商人来完成流通过程，因此，我们将这种流通方式称为"间接流通"。

直接流通转变为间接流通后，一个独立于生产者的专业化商人队伍的出现，使全社会的商品流通活动由"多数人的附带工作"变成了"少数人的专门工作"。受益于这种分工与专业化，全社会的流通效率得到了提高，流通成本也得以降低。当然，间接流通方式出现后并没有完全替代直接流通方式。这是因为间接流通方式的经济性也是有边界的，这种边界主要取决于商品自身的特点。一般来说，间接流通方式的经济性在以家庭或个人为消费者的最终消费品和通用性较强、用户相对分散的中间品的流通上体现得比较充分。对那些大量生产、大量消费的中间品或者专用性很强的中间品来说，采用直接流通方式则更容易获得经济性。不仅如此，在现实经济中，一些大型厂商出于对流通主导权的控制，以及为了规避因中间商的诚信不足而可能产生的风险等，也往往倾向于采用直接流通的方式。因此，是采用直接流通还是采用间接流通，不仅受商品生产与消费特点的制约，也与当事者对流通渠道的控制偏好或对流通渠道的利益或风险预期有关。

1.3.2　由复合流通到批零分离式流通

1）批发与零售的分离

人类历史上第三次社会大分工的一个重要标志是产生了一个不从事生产而只从事交换的商人阶层。最初的商人大都是复合型的，即那时的商人还没有出现内部分工，他们不仅从事居间买卖，还从事运输、信贷甚至保险业务[①]。即使是居间买卖，也没有发生

---

①　钱德勒. 看得见的手——美国企业的管理革命 [M]. 重武，译. 北京：商务印书馆，1987：15-18.

批发与零售的分离。从我国来看，批发与零售的分离始于行商与坐商的兴起。历史上的行商大致包括两类商人：一类是肩挑货物沿街叫卖的行商；另一类是长途贩运的行商。前者一般是零星贩卖的小商人；后者一般是批量销售的大商人。历史上的坐商多指在城内列肆而市的小商人，相当于今日的店铺销售商人。行商与坐商实际上就是今日的批发商与零售商的前身①。从欧美国家来看，批发与零售的最终分离则发生在19世纪70年代的产业革命时期②。产业革命以后，机器大工业为批发商的最终独立提供了丰富多彩和大批量的商品；运输、仓储、通信条件的改善，以及足够的资本和广阔的市场条件导致了这次变革的产生。

批发与零售分离之后，二者各自的内部分工不断深化，从而使流通方式沿着批发与零售两个方向继续变革与演进。

2）批发流通的变革

批发流通的变革主要体现在以下几个方面：一是批发商的经营规模越来越大，资本实力越来越强。一些批发商不仅是流通领域的主导者，也是生产领域的主导者。二是批发商的内部分工越来越细，批发商的种类越来越多，如产地批发商、中转地批发商、销售地批发商、进出口代理商、商人批发商、综合批发商、有限职能批发商等。三是批发市场诞生，并由自发性批发市场发展为具有一系列制度与规则的现代批发市场。四是批发交易形式发生变革，从现品销售发展到凭样品销售，又从凭样品销售发展到凭标准品销售。五是批发商组织形式、经营方式与经营技术发生变革，如连锁经营、专业化经营、网上批发等。

3）零售流通的变革

零售流通的变革除表现在零售商经营规模的扩大、以连锁经营为标志的组织化程度的日益提高以外，最有代表性的是业态多样化、自有品牌的开发及信息技术的广泛应用。自19世纪50年代在法国巴黎诞生世界第一家现代意义的百货店以及20世纪30年代在美国诞生世界第一家超级市场以来，各种新型零售业态不断涌现。如今，百货店、超市、大型综合超市、折扣商店、专业店、专卖店、便利店、仓储式商店、家居用品中心、购物中心、自动售货、网上购物等，已经是消费者熟知的零售业态了。多种零售业态并存意味着零售市场分工的细化，从而改变了零售市场的竞争结构，方便了消费者的购买，增加了零售商对经营方式的选择机会，提高了整个社会的流通效率。当今的零售商已不可能也无必要经营所有的业态，而是专注于经营一种或少数几种业态。例如，全球最大的零售商沃尔玛公司主要从事折扣商店、大型综合超市和仓储式商店等少数几种业态的经营。

随着零售业态的多样化，进入市场的零售商越来越多，从而使零售市场的竞争不仅体现在水平竞争上，也体现在垂直竞争上。所谓水平竞争，是指零售商与零售商之间的竞争，这种竞争又具体表现在同一业态之间的竞争和不同业态之间的竞争上。所谓垂直竞争，是指零售商与批发商、制造商等为争夺渠道权力或渠道利益而进行的竞争。例

---

① 夏春玉. 现代商品流通：理论与政策［M］. 大连：东北财经大学出版社，1998：126.
② 这里所说的批发商主要指自营批发或商人批发商，至于代理批发商则早在18世纪末至19世纪初就已经出现了。有关内容参见：钱德勒. 看得见的手——美国企业的管理革命［M］. 重武，译. 北京：商务印书馆，1987：19-29.

如，为了增强竞争力，一些拥有规模与渠道优势的零售商用自己的品牌开发商品并进行销售，即实施自有品牌（private brand，PB）商品战略。从世界范围来看，许多采用PB商品战略的零售商，其PB商品的销售额大约占其总销售额的20%，而北欧国家的一些零售商，其PB商品的销售额占比甚至高达60%以上[①]。

除PB商品战略外，信息技术的广泛应用也是零售流通领域变革的重要体现。例如，电子订货系统（electronic ordering system，EOS）、电子数据交换（electronic data interchange，EDI）系统、快速反应（quick response，QR）系统、消费者有效响应（efficient customer responses，ECR）系统等信息技术在大型零售企业中的应用。特别是近年来伴随着网络通信革命，平台电商、社交电商、社区团购等新零售模式先后崛起，对传统的实体零售企业构成了较大威胁和挑战。

4）供应链管理

批发流通与零售流通的变革还表现在批发商、零售商、制造商及消费者之间关系的变革上。一方面，随着生产技术、信息与通信技术的发展，以及运输网络与运输工具的发展，零售商与制造商的势力不断增强，而批发商的影响力随之弱化，批发商逐渐失去了其在生产与流通领域曾具有的支配地位。另一方面，一些有实力的大型零售商或大型制造商采取向渠道上下游延伸的"通吃"策略，致使零售商、批发商与制造商对渠道控制权的争夺日益激烈。在这种背景下，一种合作共赢的战略思想得以产生，并由一些具有创新精神的企业与企业家付诸实践，这就是由制造商、批发商、零售商与消费者共同参与的供应链管理战略。供应链管理战略的出现，改变了制造商、批发商、零售商、消费者之间的关系，即由传统的单纯的竞争关系变成了竞争与合作的关系，不仅制造商、批发商、零售商之间要合作，而且它们也要与消费者合作，通过关系营销或客户关系管理保持与消费者的良性互动，与消费者共同创造价值，并共同以最快的速度、最低的成本完成价值的流通过程。

1.3.3　由现货贸易到期货贸易

批发与零售的分离并没有终止流通方式的变革。随着商品生产的发展，商品流通的规模与范围也日益扩大，而且这种大规模的生产与流通是在市场这只"看不见的手"的指挥下进行的，因此，无论是生产者还是流通者，在组织生产与流通过程中都可能遇到商品滞销、运输中断、过期变质、破损丢失等市场风险以及自然灾害等自然风险，即马克思所说的"惊险的跳跃"。固然，中间商的出现及分化（分化为批发商与零售商）在一定程度上规避了一些风险，但随着生产与流通规模的扩大，风险也日益增加，这在客观上就需要更多的规避风险的工具，期货贸易就是其中之一[②]。

期货贸易是相对于交易双方即期进行商品与货款相向交割的现货贸易而言的，是指远期进行的标准化合约的交易，其一般形式是交易双方先就交易商品的品种、数量、价格、交货期和交货方式等签订合约，而实际的货款交割则是在规定的期限内以实物交割

---

① 麦戈德瑞克. 零售营销［M］. 裴亮，等译. 2版. 北京：机械工业出版社，2004：241-242.
② 除期货贸易外，保险也是人类发明的规避风险的有效工具。从规避风险的意义上讲，保险业与期货贸易业具有相同的产业属性，之所以没有将期货贸易业归类于保险业之中，可能是因为期货贸易除具有规避风险的功能外，还有发现价格并可供投机者"博彩"的功效。

或非实物交割（补齐现货与合约的价差）或出卖合约等方式履行。期货贸易的主要功能是规避风险、发现或形成公正的价格。期货贸易的规避风险功能是通过套期保值交易实现的，即交易者买进或卖出与现货交易数量相当但交易方向相反的期货合约，以期在未来某一时间内通过卖出或买进同等数量的期货合约来规避价格风险。期货贸易之所以具有发现或形成公正价格的功能，主要是因为期货贸易是由多数买者与多数卖者通过公开而自由的竞争进行的，其价格是在充分吸纳、消化所有信息的过程中形成的，是充分反映商品供求的价格。当然，无论是规避风险功能还是价格发现功能，都离不开大量的期货投机者的"支持"，这在客观上也就为投机者提供了"博彩"机会。

与现货贸易既可以在指定的场内（批发市场）进行也可以在场外进行有所不同，期货贸易必须在指定的场内即商品交易所或期货交易所内进行，这是期货贸易的一个重要特征。一般认为，1848年由82名谷物商自发组织创立的芝加哥商品交易所是世界上第一个现代意义上的从事期货贸易的商品交易所。到1865年，芝加哥商品交易所的组织机构和交易规则已基本完善。这一时期所形成并完善的谷物质量标准、重量单位、检验制度、交货月份等惯例沿用至今。除此之外，适合进行期货贸易的商品种类也是有限的。一般来说，只有那些"达到公认的质量标准、适于大宗交易、能长期储存的且可以自由交易的商品"①才适合进行期货贸易。

1.3.4　由"现实空间交易"到"虚拟空间交易"

流通方式的第一次大变革是货币的发明。最原始的物物交换不仅是偶然的，而且是交换双方面对面进行的现货交易，从而买卖是统一的，商流与物流也是同步的。显然，这种偶然的交换行为，既不需要事先的预测与计划（营销），也不需要事后的记忆与备忘（会计），更不需要明确双方的权利与义务（交易合同）。货币出现以后，商品流通表现为买和卖的分离，这使得商品流通更加便利，规模与范围也不断扩大，而且产生了最原始的有形市场（集市）。有形市场的出现，进一步提高了流通效率，降低了流通成本，并且使得商品流通的规模与范围进一步扩大。当然，不论是物物交换式的流通，还是以货币为媒介的简单商品流通，都是一种"见货付款交易"。

流通方式的第二次大变革是专业化商人的出现以及进一步分化为批发商与零售商。专业化商人出现以后，流通当事人已不满足于与近距离的少数交易者进行交易，也不局限于传统的"见货付款交易"，而开始与远距离的更多的交易者进行交易，从而产生了对交通运输与通信的强大需求，促进了交通与通信事业的发展，而交通条件的改善、电报与电话等通信手段的发明，不仅使远距离甚至国与国之间的商品流通成为可能，而且使流通方式发生了变化，即出现了"看样付款交易"或"合同交易"。流通当事人不仅可以通过电报与电话及时交流信息，事先就交易条件达成书面协议（合同），然后按双方签订的协议完成交易过程，还在合同交易的基础上发明了期货交易、邮购或目录销售方式。然而，无论是"看样付款交易"、一般的合同交易，还是期货贸易、邮购或目录销售方式，都是以纸质信息或口语信息②为媒介的交易方式。

---

① 夏春玉. 流通概论［M］. 北京：中央广播电视大学出版社，2002：199.
② 电报、传真本质上也是纸质信息，而电话则属于口语信息。

流通方式的第三次大变革是电子计算机的出现。计算机出现以后，人们开始利用电子手段进行商品流通。最初，人们通过电子数据交换（EDI）技术进行商务文件的传送与业务数据的交换。进入20世纪90年代以后，随着电子技术、网络技术的发展，特别是国际互联网在全球范围内的普及，以网上交易为基础的电子交易方式逐渐兴起。人们利用计算机网络来销售商品，在网上进行产品宣传推广、开展商务谈判、签订电子合同、进行电子支付，完成交易过程。

不论是"见货付款交易"还是"看样付款交易"，不论是现货交易还是期货交易，不论是批发交易还是零售交易等，这些交易都是在现实的空间里进行的。这种现实空间，既可以是批发市场、商品交易所、零售商店，也可以是集市、订货会、展销会、办公室、会客室、餐厅等可以进行商务谈判并达成交易意向的任何现实空间。因此，我们可以将这些在"现实空间"里进行的交易统称为"现实空间交易"。在电子交易方式下，商品流通是通过一个虚拟的网络空间进行的，而且买方可以采用电子货币支付货款。因此，我们可将这种交易方式称为"虚拟空间交易"。这种新的流通方式对生产、流通、消费产生了深远影响。

从现实来看，"虚拟空间交易"主要在批发与零售两个领域得到了快速发展。批发领域的"虚拟空间交易"主要表现为企业与企业之间的电子化交易，也称"B2B"，即企业之间通过互联网、企业内部网和其他专用网络进行原材料的采购或商品和服务的销售；零售领域的"虚拟空间交易"主要表现为企业与消费者之间的电子化交易，也称"B2C"，即企业通过互联网向最终消费者销售商品或服务，其具体形式是网上商店。

"虚拟空间交易"方式的出现不仅改变了企业的经营方式与经营观念，也改变了人们的生活方式，并对传统的经济关系与法律关系产生了深刻的影响。

1.3.5　由自营物流到专业化物流

以上我们讨论的主要是商流方式即交易方式的变革。事实上，流通方式的变革不仅表现在商流方面，而且表现在物流方面。从经济发展史来看，商流与物流是相互影响、相互促进的，商流方式的变革必然要求物流方式的变革，同样，物流方式的变革也促进了商流方式的变革。

物流方式的变革主要体现在两个层面：一是技术层面；二是组织或制度层面。

从技术层面来看，物流方式的变革主要体现为物流工具的变革，特别是运输工具的变革。从历史上看，河运、海运（大型船舶）、铁路（蒸汽机车、内燃机车、电动机车）、公路（汽车）、航空（飞机）等运输方式（工具）的产生，都曾是导致物流方式乃至整个生产与流通方式变革的具有划时代意义的重大事件，从而完成了人、畜、风力物流到机械动力物流，再到电子或自动化物流方式的变革过程。当然，除运输工具以外，储存、包装、装卸等物流环节的技术变革，也对物流方式的变革产生了重大影响，如集装箱、拖盘、吊车、机械与电动叉车、冷藏车船、自动化仓库等物流设施（工具）的变革，直接推动了集装箱物流、水陆空联合物流、车船一体化物流、托盘化物流、低温冷藏物流等新物流方式的兴起。

从组织或制度层面来看，物流方式的变革主要体现在物流活动的专业化、组织化与社会化程度的提高上。与商流方式从分散与自组织化到专业化与社会化的变革过程一样，物流方式也经历了这样一个变革过程。

从历史上看，物流活动最初是由生产者、商业者（批发与零售商人）及消费者自行组织的，他们既从事生产与交换（主要是商品所有权的转移）活动，也从事物流活动（主要是运输与储存）。但是，自专门从事商品买卖的商人出现以后，专业化与社会化的物流便起步了。这是因为专业化的商人在从事商品买卖的同时兼营运输等物流业务，这些物流业务原本也是由生产者承担的，就像专业化商人承担的商品买卖业务原本也是由生产者承担的一样。因此，从社会意义上讲，专业化商人所从事的物流业务即使是出于自身从事商品买卖业务的需要，也具有一定的专业化与社会化性质。不仅如此，历史上的一些商人除为自身开展商品买卖业务而从事物流活动以外，还为其他商人或当事人代理一些物流业务。显然，商人代理的这部分物流业务更具专业化与社会化物流的性质。

生产与流通规模的扩大必然导致运输等物流规模的扩大，于是，专业化的运输商便从生产者或专业化商人队伍中独立出来了。专业化运输商的出现标志着专业化与社会化物流的正式开始。专业化运输商不仅为生产者代理物流业务，也为专业化商人代理物流业务，并从中获取利润。专业化运输商的出现大大提高了物流效率，促进了生产与流通规模的继续扩大，进而导致社会分工的进一步深化，陆续出现了船运商、铁路运输商、公路运输商、仓库运营商等更加专业的运输商。运输商的内部分工进一步推动了专业化与社会化物流的发展。

进入 20 世纪以后，专业化与社会化物流主要向两个方向发展：一是物流领域的分工进一步细化，社会化程度进一步提高；二是专业化分工条件下的物流业务一体化。前者主要体现为庞大的种类繁多的专业化物流商（已不限于传统的运输商与仓库运营商）的出现：既有专门从事某一物流环节（运输、仓储、配送等）的物流商，也有专门为某一行业或部门（如制造业、流通业及消费者）提供服务的物流商；既有专门为制造企业提供服务的物流商，也有专门为流通企业及消费者提供服务的物流商；既有专门从事某一地区物流业务的物流商，也有专门从事某一特定商品物流业务的物流商等。物流业务的一体化则主要体现在两个方面：一是将各种物流活动整合起来统一运营，如为顾客提供一揽子物流解决方案的第三方或第四方物流公司就是如此。这种综合物流服务商自20 世纪 90 年代以来得到了快速发展。二是将流通过程中的多个单位或组织的物流活动整合起来统一运营，如供应链物流。

随着生产与流通的发展，特别是社会分工的不断深化，高度专业化、组织化与社会化的物流方式成为现代物流的主导方式。

1.4　流通与社会经济系统

1.4.1　社会经济系统四要素：生产、消费、流通与分配

人类为了生存与发展首先必须拥有物品。幸运的是，大自然为我们提供了这些物品

的原始形态。然而，这些原始形态的物品并不能很好地满足人类的生存与发展需要。于是，人类通过劳动对物品的原始形态进行加工与变更，进而获得能够满足人类生存与发展需要的丰富多彩的物品。这种活动就是生产①，它构成了经济活动的基础，也是人类的永恒主题。也就是说，在任何社会制度下，人类都不能没有生产活动，而人类能够选择的只是生产的方式。

从组织与制度层面来看，人类迄今为止大致经历过三种生产方式：一是完全自给自足的生产；二是半自给自足的"小商品生产"；三是商品生产②。在自给自足的生产方式下，生产只限于满足生产者自身需要的物品的生产，消费也只限于对自身生产的物品的消费。这时，生产与消费在个别经济单位内实现了直接的统一，相互交替。可见，与生产一样，消费也是人类的基本活动和永恒主题。

显然，自给自足的生产方式是在没有社会分工、没有私有制或明晰的产权制度、生产力极不发达情况下的一种生产方式。随着生产力的发展，人类生产的物品，除可以满足自身基本需求以外，还出现了剩余。于是，生产者便用这些剩余物品去交换其他生产者的剩余物品，通过交换，双方都获得了更多的效用与满足。生产者发现与他人交换各自的剩余物品可以增进双方的效用与满足后，便开始自觉地多生产一些物品，以用来与他人交换，这样就出现了为交换而进行的生产。这就是最原始的商品生产方式，也是一种半自给自足的生产方式或"小商品生产方式"。这种"小商品生产方式"在一个很长的历史时期内都有其生存的土壤与空间，甚至直到今天还存在于农村或城市小工商业者的家庭中。

从全社会来看，随着生产力的发展与社会分工的深化，商品生产越来越普遍，已经成为一种处于绝对支配地位的生产方式了。尤其是在社会分工高度发达的今天，各种生产要素与生产成果大都具有了商品属性，除国家法律特别规定外，国民经济各行业、领域、部门与组织都已融入商品生产的汪洋大海之中。在商品生产居绝对支配地位的今天，每个人或组织生产的东西都是他人的消费对象，而每个组织与个人消费的东西却是他人的生产成果。那么，如何解决生产与消费的矛盾，使生产与消费相连接、相统一呢？历史与现实已经为我们提供了答案——商品交换或流通成为连接生产与消费的桥梁。然而，我们在讨论生产、消费、流通要素时，要把社会分工、私有制及生产力的发展作为必要的前提。恩格斯在其《家庭、私有制与国家的起源》一书中指出，私有制不仅是商品生产的制度前提，而且是国家制度③的基础。换言之，私有制也对国家制度产生了强烈需求，国家制度是私有制产生与发展的必然结果。同样，当今的商品生产方式或市场经济体制，也必须以现代意义上的私有制或明晰的产权制度为前提。而现代意义上的国家制度正是保护产权制度、维护社会公共秩序的有效手段。可见，在生产到消费的过程中，还有一个以私有制或明晰的产权制度为前提的流通和分配的问题。

至此，生产、消费、流通与分配已全部登场，生产是起点，消费是终点，流通是桥

---

① 根据物质守恒定律，一切物质生产活动从本质上讲都是人类通过劳动而对现有物质的形态改变。
② 实际上，还存在一种计划生产方式，即20世纪以后包括我国在内的一些社会主义国家所实行的计划生产方式（计划经济制度）。但是，由于这种生产方式一经导入就遇到了种种经济与技术的障碍，因而不得不向商品生产方式蜕变，直至转化为今日的较为完全的商品生产方式。
③ 限于本书的研究目的与学科属性，本书不对国家制度与国家做详细区分。

梁，分配是"守夜人"，它们各司其职，相互依赖，共同构成社会经济系统，如图 1-2 所示。其中，生产创造形态效用，即通过人类劳动改变物品的形态，以提供丰富多彩的商品与服务；流通创造所有权效用或价值形态转换效用（商流）及商品的时空效用（物流）；消费创造生命或生存与发展效用，是生产与流通的终极目标；分配创造公平与秩序效用，即通过国家或政府对国民收入的分配与再分配，为社会提供公平、秩序与安全，如国防、教育、法律与行政、社会保障等公共物品。

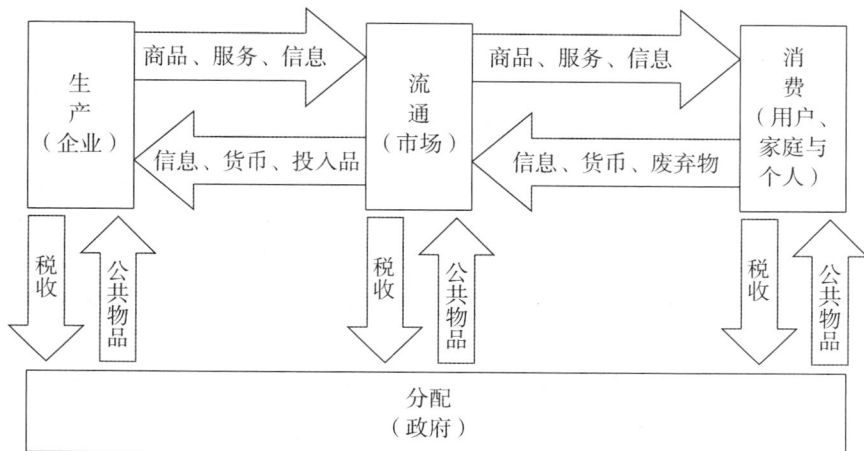

图 1-2　社会经济系统

1.4.2　流通与生产

如前所述，在自给自足的生产方式下，由于生产与消费是直接统一的，因此不存在流通，也不需要流通。在商品生产方式下，特别是在现代市场经济条件下，情况就完全不同了，没有流通，生产将无法进行。因此，无论是从微观组织的生产经营来看，还是从宏观经济运行来看，流通都对生产起到广泛而深刻的影响，甚至是决定性的作用。流通对生产的影响与作用主要体现在两个方面或阶段：一是商品价值流通，即商流阶段；二是商品使用价值流通，即物流阶段。

1）商流与生产

在商流阶段，流通对生产的决定性作用主要体现在产前的采购供应和产后的商品销售上。在市场经济条件下，生产设备、生产资料的筹措问题必须通过流通（市场采购）来解决，其采购成本、质量及速度将直接影响生产商品的成本、质量与速度。如果采购中断或不及时，生产就会停滞。因此，在现实的商品生产过程中，生产者为了保证设备与原材料的及时准确供应，至少要关注三件事：一是生产资料市场的行情；二是供应商的分布及选择；三是采购方式（自采与外包）。上述这些职能，在现实的经济组织（企业）中通常是由专门的机构与人员来担当的，因此，采购管理成为现代企业管理的一项重要职能。同时，由于在市场经济条件下生产的直接目的不是满足生产者自身的需要，而是销售，即将商品转化为作为一般等价物的货币，从而在满足他人需要的同时实现自己的目的，因此这一过程对现代生产者来说是一个"致命"的阶段，如同马克思所说，商品向货币的转化"是商品的一个惊险的跳跃","这个跳跃如果不成功,摔坏的不是商品,但一定是商品所有者"①。尤其在商品普遍供过于求的时代,商品销售阶段的流通对生产的决定性作用更加突出,这是现代企业组织极其重视市场营销工作的根本原因。

2)物流与生产

在物流阶段,流通对生产的决定性作用体现在生产与销售的全过程之中。与商流不同,物流不仅存在于产前的采购供应阶段和产后的商品销售阶段,还存在于产品的制造阶段和售后服务阶段。无论是采购阶段还是销售阶段,其最终完成都必须依赖物流,没有物流或物流过程中断,采购与销售就不能最终完成,从而也就没有生产或者无法实现生产的目的。不仅如此,在社会分工高度发达的大型企业组织中,企业内部的分工也十分精细,商品的生产过程本身被分为许多只生产产品某一部件的部门与环节,并通过产品部件在这些部门与环节之间的有序流动即物流过程来最终完成。可见,在内部分工的条件下,生产过程本身就包含物流过程。因此,物流效率与效果(体现在成本、速度、方便与安全等方面)将直接决定生产过程的效率与效果。同样,在产品售后服务阶段也会发生物流,即"逆向物流"。这种物流是指顾客在购买商品之后或顾客在商品使用过程中所产生的退货、废弃物物流②。在现代社会,"逆向物流"通常也是生产者的责任,并直接构成生产者售后服务的重要内容,从而对生产者的生产经营战略产生重要影响。

3)全社会的流通与生产

从宏观来看,全社会的流通效率与流通成本将直接影响甚至决定全社会的生产效率与生产成本,因此,生产力的发展水平不仅取决于生产领域的效率与成本,也取决于流通领域的效率与成本。而决定全社会流通效率与流通成本即流通发展水平的根本因素主要有两个:一是技术因素;二是社会因素。

技术因素主要包括两个方面:一是硬技术,包括流通工具、设备及信息技术等;二是软技术,主要包括流通管理方法与流程等。积极引进、开发与应用现代流通工具、设备与信息技术以及先进的流通管理方法,是提高全社会流通发展水平的重要途径,特别是信息技术的开发与应用不仅是推动流通技术进步的关键,也是应用先进流通管理方法的前提。

社会因素主要包括两个方面:一是流通基础设施的建设与发展;二是流通领域的专业化、组织化与社会化。前者主要包括铁路、公路、港口、机场等流通基础设施的建设与发展;后者主要指流通产业的发展。流通基础设施的建设与发展主要是政府的职责,也可以通过制度创新积极吸纳民间力量介入,因此,政府及社会各界对流通的地位与重要性的认识程度将决定流通基础设施的建设速度与水平。流通产业的发展主要是民间的职责,取决于民间的企业家精神、管理理念与诚信建设,但政府可以发挥规划、指导与政策导向的作用,以促进流通产业的健康发展。

① 马克思.资本论:第1卷[M].中共中央马克思恩格斯列宁斯大林著作编译局,译.北京:人民出版社,1975:106.
② 由于这种物流的运动方向与生产物流和销售物流的运动方向相反,所以一般将这种物流称为"逆向物流"或"反向物流"。

1.4.3 流通与消费

从经济学意义上讲，消费具有双重含义：一是生活消费，也称个人消费或最终消费；二是生产性消费，主要指经营组织为进行生产经营活动而对各种商品特别是生产资料的消费。由于生产性消费具有生产的属性，所以我们在这里所说的消费主要指生活消费或个人消费。

消费是人类生存与发展的前提条件，消费水平与结构直接决定人类生存与发展的水平。生存与发展水平的不断提高是人类的终极目标，从这个意义上讲，消费也就是人类的终极目标。按照科特勒的观点，消费者要想获得他所需要的商品与服务，有四种可能的方法，即自行生产、偷盗或掠夺、获得赠与或乞讨、商品交换[①]。但是，正如前文所论述的那样，在商品生产方式下，消费者消费的商品与服务不是自己生产的，而是他人生产的，显然，最基本的方法是商品交换，即流通。因此，在正常情况下，消费者只有通过流通才能获得他所需要的商品与服务[②]。

在现实经济生活中，消费对流通的依赖直接表现为对零售流通阶段的依赖。这是因为，在发达的社会分工的条件下，生产者与最终消费者一般不能直接见面，即生产者生产的商品一般要通过批发与零售阶段而最终到达消费者手中，其中批发阶段是联结生产者与零售者的中间环节[③]，而零售阶段直接面对消费者，并向消费者提供其所需要的商品与服务。在现实生活中，零售流通的承担者是专门从事零售活动的各种零售商，零售商通过店铺或无店铺销售活动来满足消费者的消费需求。因此，消费对流通的依赖也就表现为消费者对零售商及整个零售产业的依赖。这种依赖又主要体现在零售商为消费者提供的商品、价格或成本、场所与时间便利、休闲娱乐、物流、安全使用与维修，甚至"生活提案"等职能或服务上。

首先，零售商作为消费者的购买代理人，利用其资本与专门知识为消费者提供丰富的商品组合，并对这些商品进行有效的分类，以便消费者选择与购买，从而降低了消费者的搜寻成本，并代行了消费者对商品的储存与保管职能；其次，零售商在尽可能接近消费者的地点设立店铺，并对店铺进行适当的装修、设计与布局，从而不仅节约了消费者的时间与空间成本，也为消费者提供了具有休闲功能的购物环境；再次，网上零售通过 24 小时营业、在购物场所设立各种多功能娱乐与服务设施等为消费者提供购物时间上的便利及各种休闲娱乐服务；最后，零售商通过宣传、展示、试用、安装维修、配送等活动为消费者提供了科学、安全的商品消费知识，并极大地节约了消费者的物流成本。同时，现代零售商还是快速传播流行与时尚信息、消费知识，设计与倡导新生活方式的重要载体，扮演着消费者的生活顾问的角色，进而对消费者消费水平与生活质量的提高发挥了重要作用。

消费对流通的依赖，还表现为其对物流系统的依赖。在现代社会，随着人们交往范

---

① 科特勒，洪瑞云，梁绍明，等. 市场营销管理：亚洲版（上）［M］. 郭国庆，成栋，王晓东，等译. 北京：中国人民大学出版社，1997：10.
② 当然，在商品生产方式下，消费者通过流通获得所需要的商品与服务暗含这样一个假设：消费者必须是生产者，即他人所需要的商品与服务的生产者。我们正是在这个假设的前提下才说消费者所需要的商品与服务是通过流通获得的。
③ 至于流通过程为什么要分为批发与零售阶段，将在本书其他有关章节中进行讨论。

围的扩大、生活质量的提高，人与物的迁徙、流动日益频繁，流动的空间范围也越来越大，从而对物流产生了强烈的需求。消费者的物流需求，直接表现为对社会再生产过程中的末端物流即消费物流的需求，如快递运输、搬家服务、因网络购物而产生的商品配送等物流需求。这些物流需求仅仅依靠零售商提供的附加服务是无法得到充分满足的，而必须依赖专业化与社会化物流服务系统。同时，这种末端物流的速度、效率与质量，不仅取决于末端物流系统的速度、效率与质量，还取决于上游（生产与流通领域）物流的速度、效率与质量。从这个意义上讲，消费者的生存与发展质量不仅取决于零售商的经营水平及整个零售流通系统的发展状况，还取决于整个社会物流系统的发展水平。因此，我们的结论是，没有零售就没有消费，没有物流也没有消费；没有高效率的零售与物流，就没有高质量的消费。流通在商流与物流两个方面决定着消费。

1.4.4　流通与分配

本书仅在国民收入的初次分配与再分配的意义上使用"分配"这一概念，因此我们就从国民收入的初次分配与再分配两个方面来讨论流通对分配的作用。首先讨论流通对国民收入初次分配的作用。

我们知道，国民收入是指一定时期内一国的价值创造单位（主要指企业或家庭）通过劳动所创造的新价值，其中不包括由前期创造而转移到本期的那部分价值，即在本期价值创造过程中所消耗掉的生产资料价值。按照马克思主义经济学理论，这种新创造的价值主要指劳动力成本（工资与奖金）与企业利润，即 C+M。这种新创造的价值首先被分解为三部分：一部分是劳动者的工资与奖金，另一部分是上缴国家或政府的税金，其余部分是价值创造单位的税后所得，即纯利润。这就是国民收入的初次分配。其中，上缴国家或政府的税金①构成国民收入再分配的收入来源。

国民收入的再分配是指国家或政府通过预算安排将上缴来的税金再投入到政府希望投入的领域、部门或单位。这部分收入与价值创造单位在初次分配中所得到的收入（工资、奖金与税后利润）一起，作为一般的购买力重新融入社会经济系统的循环，进而维系社会经济系统的正常运转。

在市场经济条件下，不论是初次分配，还是再分配，都必须以流通为前提。这是因为，价值创造单位所创造的新价值即国民收入，只有通过流通完成由商品形态到货币形态的转化，才是具有现实意义的国民收入，并在此基础上进行初次分配与再分配；否则，停留在商品形态上的国民收入仅仅是一种观念上的国民收入，是无法进行分配的。在现实生活中，如果价值创造单位的新价值不能实现销售，或销售的成本过高或速度过慢，其直接结果就是企业收入很少或没有收入（亏损），劳动者的工资与奖金也很少，甚至无法兑现。在这种情况下，连国民收入的初次分配都无法顺利实现，国民收入的再分配就更是无源之水、无本之木了。

因此，从全社会来看，流通不仅直接创造价值（收入），而且决定价值创造的多少与快慢，以及价值的最终实现程度，从而决定分配的实现程度与水平。

---

① 在现代社会，劳动者的工资与奖金也需要缴税，因此也构成国家或政府税收的重要来源。

学思践悟

高质量建设中国特色现代流通体系①

2020 年 9 月 9 日，习近平总书记主持召开中央财经委员会第八次会议时强调，"构建新发展格局，必须把建设现代流通体系作为一项重要战略任务来抓"。2021 年 3 月，"强化流通体系支撑作用"被写入《中华人民共和国国民经济和社会发展第十四个五年规划和 2035 年远景目标纲要》；12 月，中央经济工作会议再次对各地区各部门提出"结构政策要着力畅通国民经济循环"，深化供给侧结构性改革"重在畅通国内大循环，重在突破供给约束堵点，重在打通生产、分配、流通、消费各环节"。可见，进入新发展阶段，畅通国民经济循环是构建新发展格局的重中之重，而对于起重要支撑作用的流通体系而言，"高质量"既是建设标准，也是贯彻新发展理念和凸显中国特色发展模式的题中应有之义。高质量建设中国特色现代流通体系，包含以下几个要点。

高质量首先是基于"市场"的标准，即充分发挥市场配置资源的决定性作用，建成货畅其流、高效运行的市场流通体系。基于市场的内在尺度，流通效率的高低仍是评判流通体系高质量与否的首要指标。从"流通在时间和空间中进行"的固有范畴来看，高效率的商品流通总要表现为时间节省和空间扩张，或者说，力求以更短的流通时间开拓更大的市场空间。其具体实现则要从市场的微观基础着手，培育起一批能够高效服务于国内大循环、真正具有全球竞争力的大型流通主体，以及具备强大信息与资源整合能力的商品流通平台，以突破我国流通产业的组织化程度不高、跨地区流转能力不强、内外贸协调能力不够等发展问题。以中国实践为例，我国市场流通体系的形成是一个渐进式变革的过程，其巨大变化是在发展中国特色社会主义市场经济中"改"出来的，其主线就在于，政府不断适应市场经济发展的不同阶段，对流通领域的行政管理大幅缩紧，循序渐进让位于日渐成熟的市场机制，由政府对流通运行起决定性作用转变为由市场起决定性作用，同时更好发挥政府作用。这一历史经验表明，无论是资本主义国家还是社会主义国家，市场竞争都是流通效率的试金石，企业作为流通体系的真正主体，其微观机制的不断创新是流通体系高质量运行的底层逻辑。

更具体而言，从构建高质量市场微观基础的角度来看，传统意义上的商品批发和零售企业仍是现代流通体系的核心主体，而其高质量发展仍首要表现为商品经营能力的提高，即通过专业化、规模化的采买和销售活动，提高商品把控能力，加快库存周转，对供需匹配发挥高质量媒介作用。特别是对大型零售企业而言，不能一味地与商品脱钩而向平台化转型。有些观点认为，在未来的流通竞争中，只有平台的天下，再无渠道的价值；而实际上，平台并不是什么新模式，平台也无法代替企业成为市场主体。以中国零售业的实践为例，在其市场化转型发展并借鉴西方模式的过程中，大型

① 谢莉娟. 高质量建设中国特色现代流通体系［EB/OL］.［2023-03-07］. https://m.gmw.cn/baijia/2022/01/27/35477793.html.

超市、百货商场曾普遍引入"通道费""联营制"模式，其实质就是转向出租场地、柜台、货架的平台化思路，这虽然避开了选品、采购的风险，但也带来了自主经营能力缺失、流通效率损失的现实问题，以及过度金融化和商业地产化的风险。越来越多的实践表明，从人民群众日益升级的消费需要出发，流通企业专业化地采购商品、买卖商品、经营商品，是畅通国民经济循环中不可替代的商业功能。只有扎实练好"自营"商业的"基本功"，才能使流通过程持续不断地服务于广大劳动者的真实消费需要，服务于实体经济的发展。

同时，高质量的市场流通体系必须内含发达畅通的物流体系，因而也要着力培育一批具有高效保管、运输、配送和价值链整合能力的商贸物流企业。2021年8月，商务部等9部门联合印发《商贸物流高质量发展专项行动计划（2021—2025年）》，这说明商贸物流的高质量发展也是贯彻落实畅通国民经济循环和建设现代流通体系决策部署中的重点任务。比如，在2020年我国抗击新冠肺炎疫情期间，四通八达的物流网络和配送体系为群众居家购物、保持生活安定发挥了重要作用。再比如，我国电子商务的发展能逐步赶超西方发达国家，高效物流体系和商贸物流企业所发挥的基础性支撑作用不容小觑。

当然，流通体系建设与市场体系完善是相辅相成的，高质量的流通体系寓于高质量的市场体系之中，其既是市场体系运行效率的集中体现，又以建设高标准市场体系和国内统一大市场为基础，并与信息、金融、供应链等高质量服务体系发生紧密互动。

高质量必然还包含"现代"的标准，在加快建设网络强国和数字中国的当下阶段，现代化的最直观特征即数字化。现代化本身是个动态变迁的概念，在特定时代有着具体不同的标准。随着以互联网为基础的各种新技术的发展突飞猛进，数字化已不是什么新概念，但无疑是对现代化指征的最基本和最突出反映。以零售企业为实践先锋，中国企业的数字化转型正在引领世界数字化发展前进方向。数字化赋予了流通企业日益精准的市场和消费洞察能力，不仅使其助力供需敏捷匹配，而且大大强化了流通反向引导、联动生产的能力，尽力减少了供需错配，并进一步深度贯通产业链和供应链优化升级。比如，有大型电商平台提出，"数据是人类第一次自己创造的能源，而且越用越值钱"，有互联网新创企业提出，"大数据是燃料，算法是发动机"。大量实践表明，大数据算法逐渐成为破译市场需求的不二法门。再比如，很多流通企业正推出高比例的自有品牌产品，不少电商平台也联手大数据推行反向定制生产，假如没有数字化的连接，这些是绝不可能大范围、大规模实现的。

基于数字化零售的实践经验，下一步，批发体系的数字化重构将是重要发力点，批零高效分工协作是数字化流通体系的应有之义。改革开放以后，我国流通体制改革率先发力于批发领域，破除了"一二三零"（一二三级批发和零售）体制，但在原批发体系解体后，各地兴办的大小批发市场作为一种过渡形式，其规范化、组织化发展问题及未来命运一直是实践的难点。当前数字经济不仅为传统批发市场带来了信息化转型契机，而且有望通过数字技术的赋能，培育起真正具有跨区域整合能力的大型综合或专职批发企业。同时，在数字化趋势下，现代流通体系建设也将加快商品运输及配送体系的智慧化升级。通过数字化的全方位驱动和赋能，流通体系不断夯实支撑供给侧结构性改革的基础性作用，更加突显对畅通经济循环的先导性作用，是高质量建设现代流通体系的必然方向。

高质量更要凸显中国特色，即中国现代流通体系的特色要始终与我国基本经济制度相联系。政府支持和主导下的流通基础设施建设，一直是中国流通体系的典型特点和独特优势。由国家集中组织和投资兴建的交通运输、卫星通信及互联网等基础设施，不只为了弥补私人资本的市场失灵，而且是中国特色的真正体现：对这些一般性基础设施进行大规模超前投入，使其广泛覆盖不同区域，普及到农村乃至大山深处，为构建高效畅通、城乡一体的流通体系充分配置基础性物质条件，从而彰显出社会主义制度组织力强、协作性好、集中力量办大事的优势。

中国特色流通体系建设还要牢牢把握住供给侧结构性改革这条主线，使流通体系切实服务于人民对美好生活的需要，绝不能背离社会主义发展目的。这就要更好发挥政府作用，强化公有制经济对稳定市场大局的主体作用，优化流通体系的宏观管理机制，预警过度金融化等虚拟经济信号，遏制"资本的本性"在流通过程中的无序飞舞，绝不能让流通体系脱钩实体经济。2020年底的中央经济工作会议首次将"防止资本无序扩张"列为重点任务，国家随后也发布了系列政策文件加以强调。防范资本无序扩张不等于限制资本发展和扩张，也不是一个"行业"或"领域"的概念，而是从我国社会主义生产目的出发，对守护和壮大实体经济的强调。西方资本主义国家的历史实践表明，资本与商品不断脱钩、与现实的消费需要相脱离，从而过度金融化、虚拟化的最终结果必然是经济泡沫化。举例来说，数字化只要是为真实的消费需要而服务，就具有促进实体经济发展的无限潜力，但如果成为资本赚钱和发财的手段，则具有催生虚拟经济乃至诱发经济危机的无穷后患。这就说明，技术只是发展生产力的工具，基本经济制度层面的区别才是最根本的。

中国特色流通体系建设更要与社会主义的本质要求相一致，特别是当前依托电子商务、数字平台、直播助农等不同形式开展的各类新型贸易活动，不仅为商品流通不断发掘新渠道和新市场，而且有效激发了有利于劳动者增收创收的多种多样的创业创新活动，实践中已经涌现出流通助农和扶贫的大量生动案例。未来，要继续推动形成以商业促产业、以创业促就业的流通减贫增收机制，使流通体系真正助力实现社会主义共同富裕目标。

本章小结

分工的基本含义是组织或个人分别从事各种不同而又相互补充的工作。从人类社会发展史来看，分工与人类的产生和发展息息相关。人类每一次历史性进步，都是分工深化的结果。

一般认为，分工有三种形式，即自然分工、内部分工与社会分工。自然分工是指按性别和年龄的差异进行的分工；内部分工是指组织内部的分工，如家庭内部的分工、企业内部的分工等；社会分工是指组织体以外的全社会范围内的部门与部门、产业与产业之间的分工，如历史上的"三次社会大分工"。

分工与专业化是同一个事物的两个方面。分工离不开专业化，分工经济是以专业化经济为基础的，但分工经济的实现不仅依赖于专业化经济，更取决于各个专业间的有效组织与协调。可见，规模经济实质上也是以分工与专业化为基础的，一个企业要实现规模经济，首先要实现分工经济，否则容易导致规模不经济。

交换的一般含义是两个以上的个人或组织相互提供各自活动及其成果的行为。交换可分为劳动的交换和劳动成果的交换。劳动的交换一般是指两个以上的个人或组织的共同劳动或联合劳动，并共同拥有其劳动成果；劳动成果的交换是指两个以上的个人或组织对其劳动成果的互换。劳动成果的交换也有两种形式：一是产品交换；二是商品交换。通常所说的交换是指商品交换或交易。商品交换需要两个前提：一是要有明晰的产权制度；二是分工与专业化。

从历史上看，分工与商品交换是相互促进的。一方面，商品交换的形式与规模是随着社会分工的出现及不断深化而不断发展与扩大的；另一方面，商品交换形式的发展与商品交换规模的扩大，也是社会分工不断深化的条件。诸如第一次社会大分工与物物交换的出现，第二次社会大分工与以货币为媒介的商品交换的出现，第三次社会大分工与以商人为媒介的商品交换形式的出现等。同时，商品交换形式的变化与发展又进一步深化了社会分工。

不论是物物交换、以货币为媒介的商品交换，还是以商人为媒介的商品交换，从本质上讲都是劳动产品或生产物从生产领域到消费领域的转移，即流通。流通有广义与狭义之分，本书所定义的流通是狭义的流通，即不包括货币、资金、人和服务的有形商品或产品的流通，包括商流、物流与信息流。

商流是指商品所有权由生产领域（供应地）向消费领域（消费地）的转移过程；物流是指商品实体由生产领域（供应地）向消费领域（消费地）的转移过程；信息流是指信息从产生、发送（传递）到接收、分析处理、反馈的运动过程。流通过程是商流、物流与信息流的统一。

商流过程也就是交易过程，一般发生在两个以上相对独立的个人或组织之间。根据买者与卖者的关系密切程度可以将交易形式划分为市场交易、重复交易、长期交易、伙伴关系、战略合作和组织交易。除组织交易外，其他交易形式都是可供买者与卖者选择的交易形式或商流形式。

与商流不同，物流既可以发生在两个以上相对独立的个人或组织之间，也可以发生在组织内部。通常可将物流划分为采购或供应物流、生产物流、销售物流及回收或废弃物物流等。物流由运输、储存、包装、装卸搬运、流通加工、配送、信息处理等一系列活动要素所构成，这些活动要素也称物流要素或物流环节。

信息流不仅是商流与物流的前提，也是商流与物流状态的反映。按流通的不同阶段或功能，信息可以分为交易信息、物流信息与市场信息三大类。

在日常工作与学习中，除"流通"外，我们还经常遇到诸如"商品流通""交换""交易""贸易""商业""营销""分销"等用语。准确了解这些用语的区别与联系，对进一步理解流通概念是很有帮助的。

分工与技术进步不仅带来了生产方式的变革，也带来了流通方式的变革。流通方式的变革大大提高了流通效率，降低了流通成本，进而促进了经济社会的全面进步。流通方式的变革主要体现在：①由直接流通到间接流通的变革；②由复合流通到批零分离式流通的变革；③由现货贸易到期货贸易的变革；④由"现实空间交易"到"虚拟空间交易"的变革；⑤由自营物流到专业化物流的变革。但是，从历史与现实来看，新流通方式的产生并没有完全替代原有的流通方式，而是新旧流通方式并存。

社会经济系统由生产、消费、流通与分配四个基本要素构成。生产是起点，消费是终点，流通是桥梁，分配是"守夜人"。其中，生产创造形态效用，即通过人类劳动改变物品的形态，以提供丰富多彩的商品与服务；流通创造所有权效用或价值形态转换效用（商流）及商品的时空效用（物流）；消费创造生存与发展效用，是生产与流通的终极目标；分配创造公平与秩序效用，即通过国家或政府对国民收入的分配与再分配，为社会提供公平、秩序与安全。在社会分工高度发达的现代市场经济条件下，流通对生产、消费和分配具有决定性的作用。没有流通或流通不畅，社会经济系统将无法运行。

复习思考题

1.什么是分工？其主要形式有哪些？

2.什么是分工与专业化经济？为什么会存在分工与专业化经济？

3.什么是交换？它有几种形式？

4.简述分工与商品交换形式的变化。

5.什么是流通？为什么说流通是商流、物流与信息流的统一？

6.现实中的商流或交易形式有几种？

7.简述流通与商品流通、交换、交易、贸易、商业、营销、分销等概念的区别。

8.简要说明流通方式的演进过程。

9.试述社会经济系统的构成要素及其职能。

10.结合实际论述流通对生产、消费和分配的作用。

拓展阅读：流通的"稳定器"和"压舱石"

第 2 章

流通产业

学习目标

通过本章的学习，正确理解流通产业的含义，了解流通产业的类型，掌握流通产业的特征与贡献，熟悉零售商业、批发商业和物流产业的演进历程，并从总体上认识流通产业的历史发展。

2.1 流通产业的含义与分类

2.1.1 产业及其分类

产业（industry）的原意是生产一组可替代的同类商品的企业集合，这一企业集合面向相同的买者或买者集合。现在，产业这个概念不单指工业或制造业，而可以指国民经济的各个行业，包括生产、流通及各种服务业等。不仅如此，产业的概念是与商品经济、市场经济相联系的，以专业化与社会化分工为前提，并且具有鲜明的行业特点。由此，我们可以将产业定义为：经营活动具有同类属性的集合。对于同类属性，我们一般可以从三个方面来理解：一是同类商品市场；二是同类技术与工艺；三是同类经济活动。据此，可对产业做出不同的分类。

1）三次产业的划分

世界各国的三次产业分类标准大体可分为三种：一是以生产过程与消费过程是否统一为标准确定第三产业部门，若两个过程统一则划入第三产业，否则划入第一或第二产业；二是以生产者距离消费者的远近为标准依次归入一、二、三次产业；三是以产业是否"有形"为标准，将有形产品划入第一、第二产业，将无形产品划入第三产业。

我国在 1985 年以前没有采用三次产业分类。随着服务业在我国经济生活中的地位日益提高，1985 年，国家统计局在《关于建立第三产业统计的报告》中提出了三次产业的划分：第一产业为农业（包括林业、牧业、渔业等）；第二产业为工业（包括采掘业，制造业，自来水、电力、蒸汽、热水、煤气）和建筑业；第三产业为除上述第一、第二产业以外的其他各业。由于第三产业包括的行业多、范围广，于是我国又将第三产业划分为两大部分即流通部门和服务部门，并具体分为四个层次。第一层次：流通部门，包括交通运输业、邮电通信业、商业饮食业、物资供销和仓储业。第二层次：为生产和生活服务的部门，包括金融、保险业，地质普查业，房地产、公用事业，居民服务业，咨询信息服务业，各类技术服务业等。第三层次：为提高科学文化水平和居民素质服务的部门，包括教育、文化、广播电视事业，科学研究事业，卫生、体育和社会福利事业等。第四层次：为社会公共需要服务的部门，包括国家机关、党政机关、社会团体，以及军队和警察等。

2003 年 5 月，国家统计局印发《三次产业划分规定》，并分别于 2012 年和 2018 年对《三次产业划分规定》进行了修订。依据 2018 年修订的《三次产业划分规定》，第三产业即服务业包括：农、林、牧、渔专业及辅助性活动，开采专业及辅助性活动，金属制品、机械和设备修理业，批发和零售业，交通运输、仓储和邮政业，住宿和餐饮业，信息传输、软件和信息技术服务业，金融业，房地产业，租赁和商务服务业，科学研究和技术服务业，水利、环境和公共设施管理业，居民服务、修理和其他服务业，教育，卫生和社会工作，文化、体育和娱乐业，公共管理、社会保障和社会组织，国际组织。可见，流通属于第三产业范畴。

2）标准产业的划分

《所有经济活动的国际标准行业分类》（International Standard Industrial Classification of All Economic Activities，简称 ISIC）是国际公认的按照单位划分经济活动的基准性分类标准。自 1948 年该分类的第一版经联合国统计委员会通过以来，世界上绝大多数国家采用了这一分类或据此制定了本国的分类。2006 年，联合国统计委员会第三十七届会议审议通过了该分类的修订第四版（ISIC Rev. 4）。

ISIC Rev. 4 对门类、大类、中类、小类的部分内容进行了调整：增加了反映世界经济发展变化的有关新概念，如信息业、专业技术服务、支助服务等；增加了判断单位行业类别的应用规则。ISIC Rev. 4 包括 21 个门类、88 个大类、238 个中类和 419 个小类。其中，21 个门类如下：A.农业、林业和渔业；B.采矿和采石；C.制造业；D.电、煤气、蒸气和空调供应；E.供水，污水处理、废物管理和补救活动；F.建筑业；G.批发和零售贸易，机动车辆和摩托车的修理；H.运输和储存；I.食宿服务活动；J.信息和通信；K.金融和保险活动；L.房地产活动；M.专业和科技活动；N.行政和支助服务活动；O.公共行政和国防，强制性社会保障；P.教育；Q.人体健康和社会工作活动；R.艺术、娱乐和文娱活动；S.其他服务活动；T.家庭作为雇主的活动，家庭自用、未加区分的生产货物及服务的活动；U.域外组织和机构的活动。[①]我国最新版的《国民经济行业分类》（GB/T 4754-2017）也是参考 ISIC Rev. 4 编制的。

除了上述两种划分方法外，通常还可以按生产要素的密集程度对产业进行分类，如劳动密集型产业、资本密集型产业和技术密集型产业等。此外，为了研究问题的需要，还可将产业划分为传统产业与新兴产业或朝阳产业与夕阳产业等。总而言之，社会经济是由若干的产业集合构成的。

2.1.2 流通产业及其分类

1）流通产业的界定

对流通产业的概念，学者们提出了不同的看法。林文益认为，流通产业是指整个流通领域所包含的产业部门，主要有商业、物资贸易业、仓储业、邮电通信业、金融业、保险业等。张绪昌指出，流通产业包括流通加工业、流通配送业、流通信息业、流通仓储业、流通科技业及其他相关行业。马龙龙认为，流通产业应包括交易流通业与物流业，即包括专门从事媒介商流的批发业、零售业，从事物流的运输业、仓储业及综合物流服务业等，还包括生产者利用自产商品的剩余流通能力为其他企业服务的情况，如消费者组成的消费合作社，专门以流通活动为业，也应纳入流通产业中，而原来的餐饮服务业则不纳入流通产业范畴。[②]乔均认为，流通产业包括两个部分：①一般性商业，主要包括批发业、零售业、饮食业和外贸业，这是流通产业的主体部分；②专门为商业服务的行业，主要包括物资供销业、仓储业、运输业、包装业等，这是流通产业的外延部

① 李国秋，吕斌. 国际标准产业分类新版（ISIC Rev.4）的信息产业分类分析［J］. 图书情报知识，2010（5）：118-124.
② 马龙龙. 流通产业政策［M］. 北京：清华大学出版社，2005：2-3.

分。[①]陈阿兴将流通业定义为"以买进卖出商品为手段、以营利为目的的职业经营者组成的行业（产业）"[②]。

尽管学者们对流通产业的认识不尽相同，但流通产业是由传统意义上的商业演变而来的这一点毋庸置疑。我们认为，流通产业是指专门以商品流通为经营（活动）内容的营利性事业。显然，流通产业的事业内容是商品流通，既包括商品所有权（商流）的移动过程，也包括商品实体（物流）的运动过程。流通产业的内涵和外延可具体解释为：①它是一种营利性事业，而不是公益或公共事业，即广义的商业；②它是一种以流通活动为核心内容的营利性事业，即狭义的商业；③制造商的商品购销活动、消费者的非经营性的购销活动等，不是专门以流通为经营目的的经济主体的商品流通活动，不是我们所说的流通产业。可见，这里所说的流通产业相当于我国第三产业中的"批发和零售业，交通运输、仓储和邮政业"或 ISIC Rev. 4 的门类中的"批发和零售贸易"及"运输和储存"。一句话，流通产业是与商流和物流直接相关的营利性事业。

2）流通产业的分类[③]

（1）按"业种或业态"分类。按"业种"分类就是按流通产业的经营对象即商品的种类进行分类，也叫商品别分类。按这种分类方法，可以将流通产业划分为生产资料流通产业与消费资料流通产业或工业品流通产业与农产品流通产业等。当然，还可以在此基础上细分。例如，消费品流通产业可细分为食品流通业、服装流通业、电器流通业、化妆品流通业等。按"业态"分类，也叫经营方式别分类。例如，零售业可分为百货业、超市业、自动化销售业等。这种分类方法注重销售方式，因而有利于开发新的销售方式，促进流通领域的变革。

（2）按"商流或物流"分类。按这种分类方法，可以将流通产业划分为"商流产业"与"物流产业"。"商流产业"是以商品价值流通为主要内容的流通产业，即一般所说的国内商业、物资供销业、对外贸易业。其业绩与规模的大小主要用实现的商品（物资）销售额（量）或商品出口（进口）额（量）来表示。"物流产业"则是以商品使用价值流通为主要内容的流通产业，即一般所说的运输业和仓储业。

（3）按商品流通的阶段分类。按这种分类方法，可将流通产业划分为批发业与零售业。批发业可细分为综合批发业、专业批发业、经纪业、代理业等；零售业可细分为有店铺零售业与无店铺零售业，前者包括百货店零售业、超级市场零售业、便利店零售业、折扣店零售业、连锁店零售业、仓储商店零售业等，后者包括电视购物零售业、邮寄零售业、网上商店零售业、自动售货亭（柜）零售业、直销和电话购物零售业，以及传统的集市零售业等。

（4）按商品流通的范围分类。按这种分类方法，可将流通产业划分为国内流通产业与国际流通产业。国内流通产业的分类与上述相同，不再赘述。国际流通产业也称对外贸易业或进出口业。对外贸易业也有许多细分标准。例如，按商品流入或流出，可将对外贸易业分成进口贸易业和出口贸易业；按对外贸易的方式，可将对外贸易业分成易货

① 乔均. 转型期流通产业发展实证分析及对策研究 [J]. 经济学动态，2000（10）：18-21.
② 陈阿兴，李朝鲜. 现代贸易组织创新研究 [M]. 北京：中国物资出版社，2003：11.
③ 夏春玉. 现代商品流通：理论与政策 [M]. 大连：东北财经大学出版社，1998：96-98.

贸易业、边境贸易业、补偿贸易业、加工装配贸易业、国际租赁贸易业等。中国的对外贸易业是按经营商品的大类进行分类的，即分成粮油食品进出口业、土畜产品进出口业、纺织服装进出口业、五金矿产进出口业、石油化工进出口业、机械产品进出口业等。

当然，上述分类方法往往交叉使用。例如，在研究食品零售业时，就同时使用两种分类方法：一是按商品流通阶段进行的分类；二是按"业种"进行的分类。

2.2　流通产业的特征与贡献[①]

2.2.1　流通产业的特征

1）对劳动力有较强的吸纳能力，具有"就业机器"功能

各国经济发展的经验表明，流通产业的就业人数在就业总人数中所占的份额不断上升，而且在整个国民经济中成为仅次于制造业的第二大就业领域。流通产业之所以对劳动力具有强吸附性，其主要原因是：

（1）消费者对流通部门所提供的"服务"的"最终需求"不断增长，要求流通部门投入更多的人力、物力和财力资源，以增强"服务"能力。随着一国国民经济的发展，消费者的收入水平不断提高，因而消费者要求流通部门提供的商品与服务内容越来越丰富。这就要求流通部门不断扩大规模，供应越来越多的商品与服务。从全社会来看，流通部门经营规模的扩大，也就意味着流通产业就业量的增加。不仅如此，随着消费者收入水平的提高，消费观念与消费方式的变化，消费者在购买商品的同时，还需要多种"附加服务"，如送货服务、商品加工服务、购物咨询服务、商品使用维修服务等，这些"附加服务"也需要商品流通部门增加更多的人力。

（2）其他产业部门对流通部门的"中间服务需求"不断增长，要求流通部门扩大就业规模。对流通产业"中间服务需求"的增长源自生产的社会化、专业化程度的提高。众所周知，随着生产的社会化和专业化程度的提高，各产业的相互依赖性不断增强，每种产业对其他产业产品与服务的"中间需求率"（各产业的中间需求与该产业总需求的比率）会越来越高，从而使越来越多的"中间需求"性产品与服务加入流通过程，这样就要求流通部门投入更多的人力、物力资源，快速、低成本、高效率地组织好这些中间性商品和服务的流通，以提高整个社会的投入产出率。

（3）流通产业的劳动生产率增长低于其他产业特别是制造业劳动生产率的增长。相对制造业而言，流通产业的许多劳动以手工劳动为主，加之流通产业特别是零售业面对的是空间分散、时间不确定、购买小批量的消费者，很难实行以提高劳动生产率为目的的"流水作业"（除物流外），从而使流通产业劳动生产率的提高受到了资本与技术的双重约束。因此，流通产业要扩大经营规模就必须扩大劳动力规模。

（4）与制造业相比，流通产业对体力和专业化技术的要求相对较低，因而更多的劳

---

①　夏春玉. 现代商品流通：理论与政策［M］. 大连：东北财经大学出版社，1998：100-108.

动力特别是女性劳动力比较容易在流通产业部门就业。

（5）在流通产业中，有相当多的行业存在明显的工作"个人化"和"家庭化"的倾向，因而流通领域的个体经营者的就业比重远远高于其他产业。同时，个体商业经营又不像其他产业那样受到苛刻的资本与技术条件的限制，即个体商业经营的市场进入障碍低，因此个人或家庭比较容易成为个体商业经营者。从全社会来看，这也是流通产业对劳动力具有强吸附性的重要原因。

2）进入与退出障碍低，竞争激烈

与制造业相比，流通产业经营的资本与技术约束较低，因此流通产业的进入与退出障碍也相对较低。流通产业的进入障碍低，意味着流通产业经营组织多，竞争主体也多，加之这些经营组织的事业内容具有明显的同质化倾向，因此流通产业的竞争更加充分而激烈。

流通产业的这一特征主要是由流通产业的组织结构和经营特点决定的：一是流通产业容易吸纳较多的经营者，特别是个体经营者，这往往导致流通产业中的经营组织（企业）规模比较小。二是流通企业经营的技术含量相对较低，其所提供的商品与服务具有明显的同质化倾向，导致竞争激烈。其主要表现是：经营内容雷同，经营方法相近，服务竞争、价格竞争、赠品竞争激烈，"收购大战""销售大战"时有发生。

因此，在流通产业中，如果没有必要的流通规制，则极易造成市场秩序的混乱。许多国家在经济发展过程中都曾经出现过流通秩序混乱的情况，中国在由计划经济体制向市场经济体制转轨的过程中也遇到了类似的问题。这是由流通产业的低水平过度竞争这一产业特征所决定的。因此，正视流通产业的这一产业特征，建立相应的规制流通产业的政策与法规，对规范商品流通行为、维持市场流通秩序、促进流通产业的健康发展是非常必要的。

3）技术进步的从属性

社会技术进步的一般规律是，生产领域的技术创新往往先于并多于流通领域，重大的技术创新及扩散也往往在生产过程中迅速得以实现，然后逐渐影响到流通领域。因此，流通产业的技术进步乃至整个流通的发展与变革在某种程度上表现出对生产发展与变革的滞后性、从属性，而且流通领域的技术进步过程往往不及生产领域那样迅速和广泛。在当今时代，不论是发达国家，还是发展中国家，也不论其工业化水平有多高，流通领域不具有像生产领域那样的高、精、尖技术，其整体技术水平往往不及生产领域的技术现代化所普遍达到的高度。这主要是由流通领域大部分服务劳动本身所具有的"分散化生产"特征决定的。从总体上看，与生产领域的大规模生产相比，流通领域的绝大部分服务劳动是面对单个消费者的一对一的分散性劳动，因此不可能实行大规模的持续不断的机械化与自动化流水作业，这就决定了流通领域的技术创新和技术进步往往不如生产领域那样广泛和迅速。由于流通产业是一种完全开放的产业，它是直接为生产和消费服务的，因此生产领域的技术创新和技术进步，往往通过生产方式的变革及其所引起的消费方式的变革，来推动流通方式的变革。

4）行业集中度较低，规模经济不够显著

所谓规模经济，是指随着生产经营规模的扩大，边际生产经营成本相对降低、经济效益相对提高的现象。由于任何产业的经营都存在固定成本与变动成本，而固定成本往往随着生产经营规模的扩大而相对降低，从而使生产经营总成本相对降低、经济效益相对提高。因此，所有产业都存在规模经济，流通产业当然也不例外。

然而，与其他产业特别是制造业相比，流通产业的规模经济是不明显的。这主要体现在两个方面：其一，整个商品流通产业的组织结构以小型流通企业为主，即企业的平均规模小于其他产业特别是制造业的企业平均规模；其二，流通产业中的大企业的行业集中度远远低于制造业大企业的行业集中度。行业集中度是指某一行业大企业的产值或销售额占该行业总产值或总销售额的比例。行业集中度高，说明某行业的产值或销售额主要向大企业集中，也说明该行业的组织化程度高、规模经济显著；相反，行业集中度低，说明某行业的组织化程度低、规模经济不显著。各国的流通产业统计表明，流通产业的行业集中度远远低于其他行业特别是制造业的行业集中度。这说明各国流通产业的组织化程度和规模经济普遍低于制造业的组织化程度和规模经济。流通产业的行业集中度低于制造业的行业集中度的直接原因就是流通产业的组织结构以小企业为主，企业的平均规模小。而之所以如此，一是流通产业特别是零售商业的经营要受到市场辐射范围即商圈的限制，因此零售商业的经营存在明显的市场区隔；二是流通产业的进入障碍低，小企业容易进入。不过，近年来随着电商平台的兴起，传统实体批发和零售的商圈被放大，出现了巨无霸式的企业（如京东已经进入世界前十大零售企业），零售行业的集中度逐渐提高。

2.2.2　流通产业的贡献

1）流通产业对 GDP 或 GNP 的贡献[①]

流通产业对 GDP 或 GNP 的贡献大小，可以通过流通产业所实现的产值占 GDP 或 GNP 的比重来衡量。这一比重越大，说明流通产业对 GDP 或 GNP 的贡献越大。从各国的经验来看，一国流通产业产值占 GDP 或 GNP 的比重的高低，与该国的商品与服务的市场化程度及社会化、专业化生产水平有关。也就是说，商品与服务的市场化程度越高，社会化、专业化水平越高，流通产业对 GDP 或 GNP 的贡献也越大。因此，流通产业对 GDP 或 GNP 的贡献程度也是衡量一国经济的市场化程度的重要指标。

从表 2-1 可以看出，20 世纪 90 年代以来中国流通产业的产值占 GDP 的比重总体上呈逐渐走高的趋势，从 20 世纪 90 年代的平均 10% 提高到了近年的 15% 以上。2021 年，流通产业的产值达到 1 143 670 亿元，年增长率为 8.1%，占 GDP 比重为 15.3%。在拉动 GDP 增长的"三驾马车"（投资、消费、出口）中，消费和出口均属流通产业，而投资约有 60% 转向消费，直接或间接在市场实现，因此与流通产业直接和间接有关的占"二驾半"。由此可见，流通产业的产值占 GDP 的比重越大，对 GDP 增长的贡献就越大。

---

　　① GDP（国内生产总值）和 GNP（国民生产总值）都是国际上通行的用来衡量国家宏观经济发展水平的统计指标。其中，GDP 指在一国国土内所有的生产要素，包括劳动力、资本和资源等，在一定时期内所生产并实现销售的最终产品和服务的价值总和，它包括本国企业在本国国内投资带来的产出，以及外国企业在东道国投资（即 FDI）带来的产出；GNP 指由一国国民所拥有的生产要素，在一定时间内生产并销售的最终产品和服务的价值总和，它仅包括本国国民（企业和个人）在本国和外国投资带来的产出，并不包括外国人在本国投资带来的产出。

表 2-1 中国 GDP 与流通产业发展情况（1990—2021 年）

年份	GDP（亿元）	流通业产值（亿元）	GDP增长率（%）	流通业产值增长率（%）	流通业产值占GDP比重（%）
1990	18 774.3	1 570.8	3.9	-13.4	8.4
1991	21 895.5	2 276.9	9.3	45.0	10.4
1992	27 068.3	2 989.6	14.3	31.3	11.0
1993	35 524.3	3 528.7	13.9	18.0	9.9
1994	48 459.6	4 781.9	13.1	35.5	9.9
1995	61 129.8	5 978.7	11.0	25.0	9.8
1996	71 572.3	6 936.5	9.9	16.0	9.7
1997	79 429.5	7 888.7	9.2	13.7	9.9
1998	84 883.7	8 700.1	7.8	10.3	10.2
1999	90 187.7	9 432.3	7.6	8.4	10.5
2000	99 776.3	10 304.9	8.4	9.3	10.3
2001	110 270.4	11 519.5	8.3	11.8	10.4
2002	121 002.0	12 720.2	9.1	10.4	10.5
2003	136 564.6	14 295.6	10.0	12.4	10.5
2004	160 714.4	16 118.6	10.1	12.8	10.0
2005	185 895.8	18 161.9	11.3	12.7	9.8
2006	217 656.6	21 323.3	12.7	17.4	9.8
2007	268 019.4	26 485.9	14.2	24.2	9.9
2008	316 751.7	32 798.4	9.6	23.8	10.4
2009	345 629.2	35 958.5	9.2	9.6	10.4
2010	408 903.0	43 616.4	10.6	21.3	10.7
2011	484 123.5	52 295.9	9.5	19.9	10.8
2012	534 123.0	59 367.9	7.7	13.5	11.1
2013	588 018.8	66 512.4	7.7	12.0	11.3
2014	636 138.7	73 414.4	7.3	10.4	11.5
2015	685 992.9	93 571.6	6.9	27.5	13.6

续表

年份	GDP（亿元）	流通业产值（亿元）	GDP增长率（%）	流通业产值增长率（%）	流通业产值占GDP比重（%）
2016	740 060.8	114 830.1	6.7	22.7	15.5
2017	820 754.3	133 048.2	6.8	15.9	16.2
2018	900 309.0	158 008.0	9.7	18.8	17.6
2019	990 865.0	156 688.0	6.1	−0.84	15.8
2020	1 015 986.0	153 219.0	2.3	−2.2	15.1
2021	1 143 670.0	175 407.0	8.1	14.5	15.3

注：流通产业包括批发和零售业，交通运输、仓储和邮政业，住宿和餐饮业；GDP增长率按不变价格计算，其他按当年价格计算。

资料来源　2019年以前的数据来自历年《中国统计年鉴》；2019年及以后的数据来自国家统计局每年发布的国民经济和社会发展统计公报。

从国际来看，早在1992年，日本流通产业的产值就达到了59万亿日元，仅次于制造业，占当年日本国民生产总值的14%，[①]而韩国流通产业的产值占当年韩国GNP的14.4%，领先于农林水产业（产值占GNP的7.6%）。[②]对比2003年与2013年的数据（见表2-2与表2-3），一些国家的流通业产值贡献早在2003年就已超过11%，且呈现前低后高走势，我国2021年的占比水平（15.3%）与美国、英国等发达国家10年前（2013年）的水平相当。由此可见，我国商品与服务的市场化程度与西方国家相比还有一定的差距。尽管如此，2021年全年我国社会消费品零售总额达到440 823亿元，按购买力平价计算，在总量上我国已经是世界第一大消费市场。

表2-2　　　　流通产业产值贡献（占GDP的比重）的国际比较（2003年）

国家	比重（%）	国家	比重（%）
中国	10.53	菲律宾	14.02
孟加拉国	11.26	新加坡	13.74
印度	12.70	墨西哥	14.27
伊朗	11.27	美国	12.93
日本	13.28	法国	9.49
韩国	6.60	意大利	11.89

注：流通产业包括批发和零售业以及个人家庭用品修理业。

资料来源　国家统计局. 中国统计年鉴（2005）[M]. 北京：中国统计出版社，2005.

① 申恩威. 现代日本商品市场分析与借鉴 [M]. 北京：中国物资出版社，1995：3.
② 商寻. 韩国流通产业的现状与展望 [J]. 中国商贸，1998（9）：38

表 2-3　　　　　流通产业产值贡献（占 GDP 的比重）的国际比较（2013 年）

国家	比重（%）	国家	比重（%）
中国	11.31	英国	14.66
孟加拉国	14.16	新加坡	19.61
印度	11.52	墨西哥	17.52
伊朗	14.98	美国	14.50
日本	14.39	法国	11.81
韩国	10.51	意大利	13.18

注：流通产业包括批发和零售业、餐饮和住宿业。

资料来源　国家统计局．中国统计年鉴（2014）［M］．北京：中国统计出版社，2014.

2）流通产业对经济增长的贡献

一般来说，国民经济由包括流通产业在内的各产业构成，一定时期的国民经济净产出（总值）等于各产业活动的增加值之和，整个国民经济的产出增长是各产业产出增长的总和。各产业对国民经济增长的贡献可以用下列公式表示：

$$S_t = (Y_t - Y_{t-1}) / Y_{t-1}$$

$$X_{i, t} = (Y_{i, t} - Y_{i, t-1}) / Y_{i, t-1}$$

$$B_{i, t-1} = Y_{i, t-1} / Y_{t-1}$$

式中：S_t 为第 t 期国民经济总产出的增长率；Y_t 为第 t 期国民经济总产出；$X_{i, t}$ 为第 t 期第 i 产业产出的增长率；$B_{i, t-1}$ 为第 t-1 期第 i 产业的产出占当期国民经济总产出的比重。

显然，在经济意义上应有：$\sum_i B_{i, t-1} = 1$。我们将 $B_{i, t-1}$ 定义为各产业的产出弹性系数，国民经济总产出的增长率就是各产业产出的增长率以之为权数的加权和。$B_{i, t-1}$ 的经济意义是：第 i 产业的产出每增长 1%，该国国民经济总产出将增长 $B_{i, t-1}$%。根据各产业的产出弹性系数 $B_{i, t-1}$ 的大小，就可判断它们对国民经济总产出增长的贡献大小。其计算过程如下：首先用期初年和期末年第 i 产业产出净增加量与国民经济总产出净增加量之比计算第 i 产业产出增长对国民经济总产出增长的贡献率（$B_{i, t-1} \cdot X_{i, t} / S_t$），然后用国民经济总产出的年均增长率 S_t 与之相乘得到第 i 产业产出增长对国民经济总产出增长的拉动点（$B_{i, t-1} \cdot X_{i, t}$），最后用其除以第 i 产业产出的年均增长率 $X_{i, t}$，即可得到第 i 产业的产出弹性系数 $B_{i, t-1}$。

我们选取 2001—2021 年我国国内生产总值及产业构成数据，考察各产业特别是流通产业与国民经济增长之间的关系。以 2014 年为例，从产出弹性系数来看，流通产业为 0.0988（见表 2-4），这意味着流通业产值每增加 1%，将引起国内生产总值增长 0.0988%；工业，农业，建筑业，交通运输、仓储及邮政业分别为 0.2975、0.1132、0.0806、0.0442，这些数据表明工业，农业，建筑业，交通运输、仓储及邮政业净产值每增长 1%，将引起国内生产总值分别增长 0.2975%、0.1132%、0.0806%、0.0442%。由此可见，流通产业对国民经济增长的贡献仅次于工业、农业，而居第三位。这种状况除了说明我国正处于工业化进程加速发展时期，还需要第二产业来更多地带动经济增长外，也表明当前的产业结构存在不合理之处。

表2-4   中国主要产业对经济增长的贡献（2014年）

产业	产出增长率（%）	增长贡献率（%）	增长拉动点（%）	产出弹性系数
全部产业	7.3			
第一产业	4.1	5.3	0.52	0.1132
第二产业	7.3	43.7	4.32	0.3850
工业	6.9	33.9	3.36	0.2975
建筑业	9.1	8.7	0.86	0.0806
第三产业	7.8	50.1	4.96	0.4532
交通运输、仓储及邮政业	7.0	4.2	0.42	0.0442
流通产业	10.4	16.1	1.63	0.0988

注：流通产业主要指批发和零售业、住宿和餐饮业。

资料来源 国家统计局．中国统计年鉴（2015）［M］．北京：中国统计出版社，2015.

从动态来看，2001—2021年，中国流通产业增长拉动点和产出弹性系数基本保持稳定，年平均值分别为1.41%、0.0939（见表2-5），这说明在国民经济增长中，流通产业的绝对贡献（增长率）变化不大。与此同时，流通产业增长贡献率不够稳定，特别是近年来在新冠肺炎疫情影响下波动较大，但总体呈上升趋势，这表明流通产业对经济高质量增长的拉动作用逐渐增强。

表2-5   流通产业对经济增长的贡献（2001—2021年）

贡献年份	产出增长率（%）	增长贡献率（%）	增长拉动点（%）	产出弹性系数
2001	11.8	14.64	1.44	0.0872
2002	10.4	11.89	1.16	0.0708
2003	12.4	13.02	1.28	0.0776
2004	12.8	13.31	1.30	0.0793
2005	12.7	11.24	1.10	0.0670
2006	17.4	13.43	1.32	0.0800
2007	24.2	16.70	1.64	0.0995
2008	23.8	24.54	2.41	0.1462
2009	9.6	10.85	1.06	0.0647
2010	21.3	20.90	2.05	0.1245
2011	19.9	22.41	2.20	0.1335
2012	13.5	18.94	1.86	0.1128
2013	12.0	17.30	1.70	0.1031

贡献年份	产出增长率（%）	增长贡献率（%）	增长拉动点（%）	产出弹性系数
2014	10.4	16.10	1.58	0.0959
2015	27.5	12.00	1.12	0.0933
2016	22.7	10.4	1.42	0.1365
2017	15.9	12.2	1.04	0.1037
2018	18.8	12.2	1.18	0.0967
2019	−0.84	10.0	1.00	0.1000
2020	−2.2	−13.8	−0.35	−0.0254
2021	14.5	17.4	2.19	0.1260
2001—2021年均值	14.7	13.6	1.41	0.0939

注：流通产业在2018年以前主要指批发和零售业、住宿和餐饮业，从2018年开始，在国民经济和社会发展统计公报中，在服务业项下，除以上行业外，还包括交通运输、仓储和邮政业。

资料来源　［1］国家统计局．中国统计年鉴（2018）［M］．北京：中国统计出版社，2018．［2］2018年及以后的数据来自国家统计局每年发布的国民经济和社会发展统计公报。

从国际比较来看，2003—2013年，美国、日本、英国、法国、韩国的流通产业产出弹性系数均值分别为0.4152、0.1514、0.2004、0.3118、0.1125（见表2-6）。1981—1990年，中国流通产业产出弹性系数均值仅为0.0613，反映出在改革开放初期，流通产业在国民经济中的地位偏低、流通产业发展较为滞后的状况；1990—2014年的均值为0.0910，2001—2021年的均值为0.0939，与发达国家10年前的均值相比还有差距，说明我国流通产业的高质量发展任重而道远。

表2-6　　　　　　　　　　流通产业对经济增长贡献的国际比较

国家	时期	GDP增长率（%）	流通产业增长率（%）	流通产业增长贡献率（%）	流通产业增长拉动点（%）	流通产业产出弹性系数均值
中国	1981—1990年	10.58	30.7	17.79	1.88	0.0613
	1990—2014年	9.83	16.45	15.28	1.50	0.0910
美国	2003—2013年	1.74	1.24	29.59	0.51	0.4152
日本	2003—2013年	0.94	−0.17	2.80	0.03	0.1514
英国	2003—2013年	1.48	1.56	21.12	0.31	0.2004
韩国	2003—2013年	3.75	2.48	7.34	0.28	0.1125
法国	2003—2013年	1.12	0.77	21.91	0.24	0.3118

注：流通产业主要指批发和零售业、住宿和餐饮业，其中中国的数据根据《中国统计年鉴》（2015）中的批发和零售业、住宿和餐饮业的相关数据计算得到，其余国家的数据来源于世界数据图册网站（http://cn.knoema.com/atlas）。

3）流通产业对三次产业的贡献

在市场经济条件下，生产由消费决定。作为商品销售主环节的流通产业，在中国整个国民经济中起着承上（生产）启下（消费）的作用。从宏观上讲，流通产业在整个社会资源配置、结构调整中都起着不可替代的作用。也就是说，流通产业的发展与第一、第二、第三产业的发展紧密相关。[1]表2-7列出了1981—2021年中国第一、第二、第三产业与流通产业产值数据。对表2-7中的数据进行皮尔逊相关分析发现，在0.01的显著性水平下，流通产业与第一、第二、第三产业均显著相关，其相关系数分别为0.987、0.995、0.997（见表2-8）。由此可见，流通产业对第一、第二、第三产业具有重要的推动作用，且对第三产业的推动作用高于第一、第二产业，而对第二产业的推动作用又高于第一产业。

表2-7　　　　中国第一、第二、第三产业与流通产业产值（1981—2021年）　　　　单位：亿元

年份	第一产业	第二产业	第三产业	流通产业
1981	1 545.6	2 243.7	1 108.8	285.2
1982	1 761.6	2 370.6	1 200.9	233.7
1983	1 960.8	2 632.6	1 382.2	271.2
1984	2 295.5	3 089.7	1 841.1	460.3
1985	2 541.6	3 846.8	2 651.6	940.7
1986	2 763.9	4 469.9	3 074.9	1 015.8
1987	3 204.3	5 225.3	3 672.6	1 246.7
1988	3 831.0	6 554.0	4 716.0	1 724.8
1989	4 228.0	7 240.8	5 621.6	1 813.6
1990	5 017.0	7 678.0	6 079.3	1 570.8
1991	5 288.6	9 055.8	7 551.2	2 276.9
1992	5 800.0	11 640.4	9 627.9	2 989.6
1993	6 887.3	16 373.0	12 264.1	3 528.7
1994	9 471.4	22 333.5	16 654.7	4 781.9
1995	12 020.0	28 536.2	20 573.6	5 978.7
1996	13 877.8	33 665.8	24 028.7	6 936.5
1997	14 264.6	37 353.9	27 810.9	7 888.7
1998	14 618.0	38 808.8	31 456.8	8 700.1

---

[1]　曹金栋，杨忠于. 关于流通业战略性地位的理论探讨及对策分析［J］. 经济问题探索，2005（2）：108-109.

年份	第一产业	第二产业	第三产业	流通产业
1999	14 548.1	40 827.6	34 812.0	9 432.3
2000	14 716.2	45 326.0	39 734.1	10 304.9
2001	15 501.2	49 262.0	45 507.2	11 519.5
2002	16 188.6	53 624.4	51 189.0	12 720.2
2003	16 968.3	62 120.8	57 475.6	14 295.6
2004	20 901.8	73 529.8	66 282.8	16 118.6
2005	21 803.5	87 127.3	76 964.9	18 161.9
2006	23 313.0	103 163.5	91 180.1	21 323.3
2007	27 783.0	125 145.4	115 090.9	26 485.9
2008	32 747.0	148 097.9	135 906.9	32 798.4
2009	34 154.0	157 850.1	153 625.1	35 958.5
2010	39 354.6	188 804.9	180 743.4	43 616.4
2011	46 153.3	223 390.3	214 579.9	52 295.9
2012	50 892.7	240 200.4	243 030.0	59 367.9
2013	55 321.7	256 810.0	275 887.0	66 512.4
2014	58 336.1	271 764.5	306 038.2	73 414.4
2015	60 862.1	282 040.3	346 149.7	78 340.4
2016	63 672.8	296 547.7	383 365.0	84 648.8
2017	65 467.6	334 622.6	427 031.5	92 337.8
2018	64 734.0	366 001.0	469 575.0	140 774.0
2019	70 467.0	386 165.0	534 233.0	156 688.0
2020	77 754.0	384 255.0	553 977.0	153 219.0
2021	83 086.0	450 904.0	609 680.0	175 407.0

注：第一、第二、第三产业与流通产业产值按当年价格计算；流通产业包括批发和零售业、住宿和餐饮业。

资料来源 ［1］国家统计局. 中国统计年鉴（2018）［M］. 北京：中国统计出版社，2018. ［2］2018 年及以后年份的数据来自国家统计局每年发布的国民经济和社会发展统计公报。

表2-8 流通产业与第一、第二、第三产业的相关系数

产业	第一产业	第二产业	第三产业	流通产业
第一产业	1	0.995**	0.976**	0.987**
第二产业	0.995**	1	0.985**	0.995**
第三产业	0.976**	0.985**	1	0.997**
流通产业	0.987**	0.995**	0.997**	1

注：**表示在0.01的显著水平下显著相关（双尾）。

4）流通产业对社会就业的贡献

要考察流通产业对社会就业的贡献大小，可以用流通产业的就业人数占全社会总就业人数的比例来衡量，即一定时期内流通产业就业人数占该时期全社会总就业人数的比例越大，流通产业对社会就业的贡献也就越大。

从静态来看，1993—2004年，我国批发、零售、住宿、餐饮从业人员年均增加177万人，占全社会新增就业人员的23.6%。[1]2000年的统计资料显示，批发和零售业安排新就业人数占总就业人数的27.5%，比第二产业安排就业人数高出5个百分点。[2]2019年，我国流通业的就业量为18 065万人，占全社会总就业量的23.94%，占第三产业就业人数的50.8%（见表2-9）。

表2-9 流通产业对就业的贡献（1980—2019年）

年份	总从业人员（万人）	第三产业从业人员（万人）	流通产业从业人员（万人）	流通产业从业人员占总从业人员的比重（%）	流通产业从业人员占第三产业从业人员的比重（%）
1980	42 361	5 532	1 363	3.22	24.64
1985	49 873	8 359	2 306	4.62	27.59
1990	64 749	11 979	2 839	4.38	23.70
1991	65 491	12 378	2 998	4.58	24.22
1992	66 152	13 098	3 209	4.85	24.50
1993	66 808	14 163	3 459	5.18	24.42
1994	67 455	15 515	3 921	5.81	25.27
1995	68 065	16 880	4 292	6.31	25.43
1996	68 950	17 927	4 511	6.54	25.16
1997	69 820	18 432	4 795	6.87	26.01

① 商务部. 中国流通产业发展报告 [R]. 北京：商务部，2005.
② 黄国雄. 论流通产业是基础产业 [J]. 财贸经济，2005（4）：61-65.

续表

年份	总从业人员 （万人）	第三产业 从业人员 （万人）	流通产业 从业人员 （万人）	流通产业从业人 员占总从业人员 的比重（％）	流通产业从业人员 占第三产业从业人 员的比重（％）
1998	70 637	18 860	4 645	6.58	24.63
1999	71 394	19 205	4 751	6.65	24.74
2000	72 085	19 823	4 686	6.50	23.64
2001	73 025	20 228	4 737	6.49	23.42
2002	73 740	21 090	4 969	6.74	23.56
2003	73 736	21 605	4 861	6.59	22.50
2004	74 264	22 725	5 132	6.91	22.58
2005	74 647	23 439	5 512	7.38	23.52
2006	74 978	24 143	5 878	7.84	24.35
2007	75 321	24 404	6 266	8.32	25.68
2008	75 564	25 087	6 752	8.94	26.91
2009	75 828	25 857	7 601	10.02	29.40
2010	76 105	26 332	8 128	10.68	30.87
2011	76 420	27 282	8 499	11.12	31.15
2012	76 704	27 690	8 883	11.58	32.08
2013	76 977	29 636	10 095	13.11	34.06
2014	77 253	31 364	11 680	15.12	37.24
2015	77 451	32 839	13 136	16.96	40.00
2016	77 603	33 757	14 476	18.65	42.88
2017	77 640	34 872	17 136	22.07	49.14
2018	75 782	34 911	17 075	22.53	48.91
2019	75 447	35 561	18 065	23.94	50.80

注：流通产业包括批发和零售业，住宿和餐饮业；流通产业从业人员数按行业分城镇单位计算。

资料来源　国家统计局. 中国统计年鉴（2021）［M］. 北京：中国统计出版社，2021.

从动态来看，我国流通产业的就业贡献由 1980 年的 3.22% 增加到 2019 年的 23.94%，增长趋势日益显著。20 世纪 90 年代，随着城镇化的发展，流通产业在中国成为安排下岗人员和农转非人员工作的主要去向。这是因为我国第二产业的发展对第一产业剩余劳动力的吸收能力相对较弱，无论是吸纳劳动力的贡献率还是吸纳劳动力的增长率都较低，新增劳动力的边际产出和需求弹性很小。例如 1996 年，第二产业吸纳劳动力增长率仅为 3.1%，远远低于第三产业的 7.9%，而新增劳动力产值贡献率只有 51.1%，第三产业则达到了 123%。此外，第二产业（主要是工业）是一个专业化水平较高的行业，对就业人员的要求较高，而我国农业剩余劳动力的素质普遍不高，因而较难从事此行业的工作。流通产业因其活动主要是在商品流通领域进行，对劳动力专业化水平的要求相对较低，因此吸纳劳动力的范围特别广。同时，流通产业的市场进入壁垒很低，存在明显的工作"个人化"和"家庭化"的倾向，个体商业经营者容易进入市场，这对于吸纳我国大量的农业剩余劳动力和下岗人员有着重要的作用。[①] 商务部的统计数据显示，"十三五"时期，流通是市场主体和就业人数最多的领域。2019 年，流通领域拥有各类市场主体近 8 200 万个，占全部市场主体的近七成，流通领域吸纳就业超过 2.2 亿人，比 2015 年增长了 40.7%，占总就业人口数量近三成，成为吸纳就业的主渠道。

流通产业对就业增长的促进作用不仅表现为流通领域就业人数的增长，而且不同产业之间的关联性以及收入效应所引发的消费响应和生产带动性还会进一步提升总体就业水平。一项基于全国 31 个省（自治区、直辖市）的横截面数据的实证研究发现：流通业活动单位数每增加 1 个单位，能带动 0.251 个单位的就业增长；流通业产值每增加 1 个单位，能带动 0.37 个单位的就业增长；流通业本身的就业扩张对总体就业增量的贡献为 47.6%。[②]国家统计局发布的党的十八大以来经济社会发展成就系列报告显示，随着我国工业化、城镇化水平的不断提高，服务业就业人员规模快速扩张，就业人员占比稳步攀升，已经成为吸纳就业的主导力量。2021 年，服务业就业人员达 35 868 万人，占全国就业人员总数的 48.0%。目前我国就业总体格局是：第三产业就业人数占了总就业人数的半壁江山，流通产业就业人数占了第三产业就业人数的半壁江山，而流通产业本身的就业扩张对总体就业增量的贡献约占半壁江山。

从国际比较来看，20 世纪 70 年代至 90 年代，西方发达国家的流通产业对就业的贡献很大。其中，日本流通产业对就业的贡献最大，基本维持在 22% 以上（见表 2-10）。例如，日本 1991 年流通产业的就业人数为 1 433 万人，占当年所有产业总就业人数的 22.5%。[③]流通产业对就业贡献发展最快的是韩国，20 世纪 70 年代初为 15.2%，90 年代初上升到了 22.8%。[④]而在中国，1991 年和 1992 年流通产业从业人员占从业人员总数的比重分别为 4.58% 和 4.85%，分别只是日本、韩国同期就业贡献的 1/5 左右。德国的流通产业对就业的贡献相对较小，但也是我国同期就业贡献的 3 倍左右。

①　吴沉. 论流通产业的发展与我国就业结构优化 [J]. 浙江统计，2001 (4)：8-9.
②　谢莉娟，吴中宝. 流通业发展对促进就业增长的贡献分析 [J]. 价格月刊，2009 (9)：37-41.
③　申恩威. 现代日本商品市场分析与借鉴 [M]. 北京：中国物资出版社，1995：3.
④　商寻. 韩国流通产业的现状和展望 [J]. 中国商贸，1998 (9)：36-37.

表 2-10　　　　流通产业对就业贡献的国际比较（1970—1993 年）

时期	英国	美国	日本	韩国	德国
1970—1974 年	16.6	20.4	20.5	15.2	14.6
1975—1979 年	18.3	22.8	22.1	15.8	15.0
1980—1984 年	19.8	20.6	22.8	21.0	15.2
1985—1989 年	19.9	20.7	22.9	22.0	14.8
1991—1993 年	—	20.7	22.5	22.8	14.8

注：流通产业相当于传统意义上的商业。

资料来源　夏春玉. 流通概论［M］. 北京：中央广播电视大学出版社，2002：16.

近几年，受新冠肺炎疫情影响，国内外流通产业就业走势有所波动，不过目前我国流通产业的就业人数占比已经超过 22%，这表明我国流通产业的就业贡献程度获得了较大提高。

5）流通产业对国民福利的贡献

根据现有的研究成果，国民福利大致包括下列内容：①国民收入。国民收入的增加意味着国民福利的增加；反之，国民收入的减少意味着国民福利的减少。②生活质量。生活不仅有自然方面的内容（如环境污染的消除、生活条件的改善），还有社会方面的内容（如社会文化服务的便利、社会治安状况的改善）。③工作兴趣，即人们在工作中不感到单调、乏味。④消费者闲暇，即消费者能够自由支配的时间。⑤消费者爱好的满足等。虽然流通产业不能与所有的福利内容直接相关，但是与国民收入、消费者闲暇和消费者爱好的满足这三个方面具有直接的相关性。

从国民收入这一基本的福利内容来看，流通产业对劳动力具有较强的吸纳能力，可以为更多的人提供就业岗位，从而确保实现或提高其收入水平，而随着流通产业的不断发展，在流通领域从事经营或劳动的人增多，那么整个社会的收入水平也会随之提高，进而使国民福利也得到增进。

从消费者闲暇来看，流通产业与国民福利的增进也是直接相关的。这是因为随着流通产业的发展，消费者的许多家务劳动成了流通产业的经营内容，从而大大减少了消费者的家务劳动时间，相应地也就增加了消费者的闲暇。例如，超级市场、自动售货等零售方式节约了消费者的购物时间；流通加工业及餐饮业特别是快餐业大大节约了消费者的备餐、用餐时间等。

从消费者爱好的满足来看，流通产业也有特殊的贡献。所有的产业都存在满足消费者爱好的问题，否则，就不可能生存与发展。例如，对制造业来说，企业要通过生产适应消费者需要的价廉物美的商品来满足消费者的偏好，否则，既不能增进消费者的福利，也不能增加自身的福利（在市场经济体制下，生产者的福利是建立在消费者的福利基础上的）。而流通产业是以适应消费者需要的销售方式来满足消费者爱好的，因此，对于流通产业来说，通过改善卖场环境或界面感受、延长营业时间、创新销售方式、增加消费服务等，都可以更好地满足消费者的爱好，进而增进国民福利。

6）流通产业对城市形成和发展的贡献

巴顿（K. J. Button）指出，商业是城市形成的两条主要线索之一。[①]杨小凯运用新兴古典经济学建立了对分工、交换与城市形成进行分析的数学模型。[②]晏维龙认为，如果从商品流通（包括产品流动）的角度来看，消费和生产集中而形成城市的原因，主要在于密度经济的效应。马克思指出："商业依赖于城市的发展，而城市的发展也要以商业为条件。"[③]哈里斯（C. D. Harris）在其著名的美国城市职能分类中，列出了零售商业城市、批发商业城市、运输业城市等以流通活动为主要指标的城市类型。日本地理学家国松久弥认为，现代城市化的过程就是第二产业和第三产业聚集的过程。随着发达国家工业现代化的实现，工业化在城市化过程中的作用减弱，第三产业在城市化中的作用日益突显。阿瑟·奥沙利文（Arthur O'Sullivan）明确指出，"城市之所以会存在，是因为个人是不能自给自足的"，"地区的比较优势使地区间贸易变得有利可图，所以地区间贸易促进了市场城市的发展。生产上的内部规模经济使工厂生产商品比个人生产效率更高，所以工厂生产商品促进了工业城市的发展。在生产和市场销售上的规模经济促使公司聚集在城市里，这种群聚性促进了大城市的发展"[④]。谢朝斌认为，"城市化过程是现代商品流通发展与变革的直接推动力量，而现代商品流通发展与变革的过程也反过来构成城市化过程的基本内容"[⑤]。晏维龙等人在深入探讨城市化与商品流通关系的基础上，主张实行"流通先导"战略，认为这是推动中国城市化健康发展的根本道路。[⑥]库克斯（R. Cox）等人把城市理解为"流通组织"，并将城市的产业划分为两种，即"城市形成产业"（city-forming industries）与"城市服务产业"（city-serving industries）。[⑦]前者是指通过与城市外部进行交易来支撑城市发展的产业，后者是指向城市内部居民提供各种服务的产业。一般来说，"城市形成产业"的产出能力越强、越发达，则该城市的规模也越大、越发达。但是，一个城市的"城市形成产业"的产出能力及发达程度又会受到该城市的"城市服务产业"的产出能力及发达程度的制约，因此，"城市形成产业"与"城市服务产业"的协调发展是城市得以正常运转的前提。

在流通产业中，零售商业属于"城市服务产业"，而批发商业属于"城市形成产业"。显然，一个城市的发展既取决于批发商业的发展，也取决于零售商业的发展。如果批发商业发达，则说明该城市向城市外部的组织与个人提供物品与服务的能力强，即该城市的产出能力强，因此，该城市的影响力与贡献度也就比较大。同样，如果零售商业发达，则说明该城市向城市内部的组织与个人提供物品与服务的能力强，即该城市的

① 巴顿. 城市经济学 [M]. 上海社科院部门经济研究所城市经济研究室，译. 北京：商务印书馆，1984.
② 杨小凯. 经济学原理 [M]. 北京：中国社会科学出版社，1998.
③ 马克思，恩格斯. 马克思恩格斯全集：第75卷 [M]. 中共中央马克思恩格斯列宁斯大林著作编译局，译. 北京：人民出版社，1985：371.
④ O'SULLIVAN A. Urban Economics [M]. 4th ed. New York：The McGraw-Hill Companies，2000.
⑤ 谢朝斌. 工业化过程与现代商品流通 [M]. 北京：东方出版社，1995.
⑥ 晏维龙，韩耀，杨益民. 城市化与商品流通的关系研究：理论与实证 [J]. 经济研究，2004（2）：75-83.
⑦ COX R，GOODMAN C S，FICHANDLER T C. Distribution in a high-level economy [M]. London：Prentice-Hall，1965.

投入能力强，因此，该城市的发达程度和竞争力也就比较强。从各国城市的发展历史来看，批发商业对城市的形成与发展发挥了重要作用。批发商业不仅通过广阔的商品流通网络使城市内部与外部相联结，还通过信息与金融功能的强化使城市之间形成了一定的层级关系。同时，批发商业的集中程度也对城市发展产生重大影响，从各国城市发展与批发商业关系的历史来看，城市发展过程基本上也是批零系数不断扩大的过程①。电商的兴起突破了传统零售商圈或批发辐射空间的局限，也在更大的空间范围内强化了城市的功能和服务能力。

从以上学者的阐述中，我们可以得出这样的结论：城市与流通产业之间具有互为因果的关系。一方面，城市发展对商品流通提出了更高的要求，为流通产业的发展提供了动力和更广阔的市场空间；另一方面，流通产业在城市形成和发展中也发挥了重要作用，特别是流通产业的发展规模、速度和水平，在一定程度上影响着一个城市的城市化进程及发达程度。

2.3 流通产业的发展

2.3.1 零售商业的发展

1）第一次革命：百货商店的兴起

零售商业的第一次革命的标志是现代意义上的百货商店的诞生。最早的百货商店是19世纪50年代由法国人阿里斯蒂德·布希科（Aristide Boucicault）创设的博马尔谢百货商店，其经营面积仅100平方米，但也比传统店铺大得多。与此同时，西方其他国家，如美国、英国和德国涌现出一批仿效者，一时间百货商店风靡世界。1858年，梅西百货商店在美国创立，开始了美国百货商店的历史。德国在1870年诞生了尔拉海姆、黑尔曼和奇茨等百货商店。之后，英国创立了哈罗德等百货商店。一场世界性的百货商店高潮随之掀起。②

百货商店的革新性主要体现在以下几个方面：

（1）销售方式的革新性：①顾客可以自由自在地进出商店；②商品销售实行"明码标价"；③陈列出大量的商品；④可以退货；⑤实行"薄利多销"的策略。这些销售方式与传统的杂货店的销售方式明显不同。

（2）经营方式的革新性。百货商店创造了一种全新的经营方式，由传统店铺的单项经营改为百货商店的综合经营，即同时经营许多种商品，经营范围相当广泛；相反，传统的零售商店一般只经营某一种或某一类商品，经营范围相当狭窄。

（3）组织管理上的革新性。百货商店同时经营多个系列的商品，规模庞大，因而其经营活动分化成相对独立的专业性部门，实行分工合作，管理工作也是分层进行的。

---

① 夏春玉. 当代流通理论——基于日本流通问题的研究［M］. 大连：东北财经大学出版社，2005：179.
② 李飞. 零售革命［M］. 北京：经济管理出版社，2003：14.

2）第二次革命：连锁商店的诞生

连锁商店的诞生是继百货商店出现之后零售商业的又一次革命。1859年，世界公认的第一家连锁商店"大西洋和太平洋茶叶公司"在美国成立，其后不久，连锁经营模式被传入欧洲。1862年，英国第一家连锁商店股份企业"无酵母面包公司"在伦敦成立。法国兰斯经济企业联合会也于1866年创办了法国第一家连锁集团。在其后的100多年间，连锁商店在欧美各国均取得了不同程度的发展。1992年，美国《财富》杂志按销售额对世界零售商店的排名中，名列前茅的无一不是连锁商店。在经济发达国家，连锁商店涉及百货商店、超级市场、折扣商店、仓储商店、便利商店等多种业态，一般都占零售市场销售份额的1/3以上。在美国的比例最高，约占60%。第二次世界大战前夕，连锁商店模式进入日本，并于20世纪60年代日本"经济起飞"期间得到大规模迅速发展。三越、高岛屋、大荣、大丸、伊势丹等著名的日本百货公司都是通过连锁经营迅速成长的。连锁商店最初是以单一所有权形式即正规连锁形式出现的，经过长期的发展实践，逐渐形成了三种形式并存的局面，即正规连锁、自由连锁和特许连锁，其中特许连锁发展势头强劲。

连锁经营对零售商业的革命性贡献可以归纳为三个方面：① 连锁经营要求企业经营管理和营业操作高度统一化、规范化、标准化。② 连锁经营的经营模式具有以数量管理为主的技术密集型产业的特点。③传统的零售企业要同时承担两种职能，即采购和销售，而连锁经营则使零售商业实现了这两种职能的专业化分离。

3）第三次革命：超级市场的诞生

零售商业的第三次革命是超级市场的诞生。真正意义上的超级市场出现于1930年8月，是美国纽约市的迈克·加伦（Michael Gallen）创立的金·库仑食品商场。传统零售商业的经营是以柜台交易为中心的，商店经营效益的好坏在很大程度上取决于售货员素质的高低及操作技巧。而超级市场采用柜台开放、开架售货、自选服务、在出口处集中付款的方式，使零售商业由传统封闭式经营走向开放式经营，售货员的工作亦由直接服务变为间接服务，从而实现了商业的标准化、专业化、集中化、简单化，对消费者和流通企业都有很强的吸引力。

超级市场的出现，促使包装、称重、计价等商业劳动预先在工厂阶段完成并物化于商品之中，实现了商业劳动与顾客购买活动的分离，从而大大提高了流通效率。正是在这个意义上，超级市场成为现代零售经营的主要方式。20世纪30年代以后，超级市场在美国普遍建立起来。1935年，美国17个城市中有600多家超级市场。20世纪四五十年代，英、法、日等国也相继出现了超级市场，并且规模迅速扩大，标志着世界性的超级市场革命爆发。

超级市场出现后，一直处于不断变化与完善过程中。各国的超级市场除了具有本质上的共同特征外，还有着自己的鲜明特色。超级市场演化的轨迹为：经营商品由食品走向综合日用品，规模由小到大（演化为大卖场），服务由单一走向多元（会员制）。后来更是出现了仓储式超市等仓店一体化经营模式。

4）第四次革命：无店铺零售的出现①

无店铺零售是一种不经过店铺销售而直接向顾客推销商品的销售方式。从广义上说，凡不设固定店铺而将商品销售给消费者的行为都可称为无店铺零售。无店铺零售有以下几种形式：直接销售、直复营销（包括目录销售、直接邮购、电话购物、电视购物、网络购物等）和自动售货机销售。

无店铺零售起源于美国，发展速度也属美国最快。例如，美国无店铺零售总营业额1972年为99.9亿美元，1977年增长到144.4亿美元，1983年更高达1 600亿美元，占该年零售总额的15%。同一时期，德国、英国和法国的无店铺零售则发展较为缓慢，其营业额占零售总额的比重分别为5%、3.9%和2.5%。近年来，随着电子商务的兴起，电商企业一路高歌猛进，亚马逊、京东等企业已经成为世界头部零售企业，连续多年在《财富》世界500强企业中居首位的零售巨头沃尔玛也已经转型发展线上购物。2022年，我国网络零售市场零售额同比增长4%至13.79万亿元，其中实物商品网上零售额为11.96万亿元，同比增长6.2%，占社会消费品零售总额的比重为27.2%。不得不说，以网络购物为代表的无店铺零售确实引发了零售业的又一次革命。

无店铺零售给零售商业带来了如下革命性的变化：①不需要设立店铺，打破了传统零售商业经营的空间限制。无店铺零售节省了大量店面租金和其他费用开支，从而增加了利润。除此之外，虚拟商店还可以扩大市场辐射半径，突破传统商圈理论的限制，甚至可以跨国界经营，绕过贸易壁垒的保护，避免直接投资的风险损失。②无店铺零售使商业经营的技术含量不断提高，走向数字零售和智慧零售。无店铺零售完全消除了交易过程中的手工操作，使购物的自助化程度大为提高。零售管理的重点由店面设计转向以广告设计为主的虚拟商店的设计，技术密集型特征越来越明显。

2.3.2　批发商业的发展②

在西方发达国家，批发商业的发展大致经历了形成阶段、上升阶段、下降阶段、回升阶段以及转型阶段。在这五个阶段中，批发商业发展呈现出不同的特征（见表2-11③），本书选取其中若干革命性事件来对批发商业的变革与发展历程做简要回顾。

1）批零分离

流通产业发展过程中的第一次具有根本意义的变革是"批零分离"，即批发商业与零售商业的最终分离，这大约发生在19世纪70年代爆发的第二次工业革命时期。第二次工业革命爆发以后，机器大工业为批发商业的最终独立提供了丰富多彩和大批量的商品；运输、通信条件的改善，仓储条件的改进，以及足够的资本和广阔的市场条件的成熟，导致了这次变革。"批零分离"的意义，不仅在于流通职能上的专业分工，即前者直接与生产企业相联系，后者为最终消费者服务，而且在于两者分离之后演化出了一系列流通组织形式，促进了流通产业的内部分工及商品流通网络的形成，从而满足了不同层次、不同规模的生产与消费的需要，进一步促进了商业的发展。

① 传统理论认为，历史上发达国家的零售商业经历了三次革命性的变化。1992年，俄克拉荷马大学的Rotert Lush等人曾提出无店铺零售是零售商业的第四次革命的观点。参见：刘庆林. 零售商业的第四次革命及在我国的发展前景［J］. 山东财政学院学报，1999（5）：16-18.
② 夏春玉. 商品流通产业的历史发展及其理论解说［J］. 财经问题研究，1998（2）：71-76.
③ 晁钢令. 中国市场营销发展报告［M］. 上海：上海财经大学出版社，2005.

表 2-11　　　　　　　　　　　　西方发达国家批发商业发展阶段

阶段	形成阶段	上升阶段	下降阶段	回升阶段	转型阶段
时期	18 世纪 70 年代—19 世纪 50 年代	19 世纪 60 年代—19 世纪 80 年代	19 世纪 90 年代—20 世纪 50 年代	20 世纪 60 年—21 世纪头 10 年	21 世纪 10 年代以来
背景	产业革命导致经济急剧扩张，对流通提出新要求；制造商无暇顾及流通，零售商规模过小；通信、物流、资本市场不断改善	大量生产要求大量销售，制造商直接组织流通；零售商追求购销渠道的低成本和高效率；金融、物流、通信业发展，使短渠道成为可能	制造商自销遇到成本高、不熟悉流通规则等问题；制造商自设销售机构外部化；中小零售商对批发商依存度提高	电子商务兴起，制造商开启 B2B、B2C 电商；中小零售商对批发商依存度降低
特征	①批发和零售分离②批发为制造商服务，零售为最终消费者服务③批零分离大大提高了流通效率	①批发商在流通领域居支配地位②批发商建立了发达的采购体系和销售网络③批发商业结构分化，运营、保管等业务独立出来	①零售商在流通领域居支配地位②批发市场形成和发展	①批发商向连锁化和一体化方向发展②出现只承担几项功能的费用较低的批发商③批发商改变经营方式，自选、最低订货、特许经营等方式出现	①零售商开始后向一体化②去中间化，批发商受到制造商和零售商两头挤压③批发商转型，加快物流化和信息化

批发与零售分离之后，二者各自的内部分工不断深化，从而使流通方式沿着批发与零售两个方向继续变革与演进。

2）批发市场的诞生

批发交易从零售交易中独立出来以后，批发商队伍日益扩大，于是，许多批发商为便于沟通信息、扩大交易，开始自发地集聚在商品产地、销地或集散地进行集中交易，这样就自发地形成了原始的批发市场。而随着自发性批发市场的形成，商品流通规模进一步扩大，参加批发市场交易的个人和组织也越来越多。因此，为了规范批发市场的交易行为和交易秩序，创造公平竞争与公平交易的市场环境，批发市场的组织化程度逐渐提高，由行业自律发展到政府规制，从而使自发性的批发市场发展成为有一系列制度与规则的现代批发市场。因此，批发市场的诞生可以说是批发商业的一次革命。

我国的批发市场最早可以追溯到春秋时期。新中国成立及改革开放后，批发市场逐步从最早的集贸市场发展为街铺式批发市场、集中式批发市场和综合式批发市场。特别是 20 世纪 90 年代以后，批发商业迎来了升级换代的热潮，在中国大地上如雨后春笋一般涌现了各种专业化、个性化的批发市场，丰富了批发业种与业态。

可见，我国批发市场跟随改革开放的脚步从自发形成到喷薄发展，为卖方市场条件下的商品流通体系建设做出了重要贡献。然而，2010 年以来，随着电子商务的兴起，作为批发商重要集聚载体和平台的批发市场受到了冲击，逐渐进入调整转型阶段。

3）期货交易与商品交易所的产生

批发市场的产生与发展并没有终止批发商业的变革，大约在 19 世纪后期又产生了从事期货交易的市场即商品交易所。与批发市场主要从事现货交易不同，商品交易所主要从事期货交易。现货交易是指交易双方即期进行商品与货款相向交割的交易，而期货交易是指远期进行的标准化合约的交易，其一般形式是交易双方先就交易商品的品种、数量、价格、交货期和交货方式等签订合约，而实际的货款交割则在规定的期限内以实物交割或非实物交割（补齐现货与合约的价差）或出卖合约等方式履行。一般认为，1848 年由 82 名谷物商自发组织创立的芝加哥商品交易所是世界上第一个现代意义上的从事期货交易的商品交易所。到了 1865 年，芝加哥商品交易所的组织机构和交易规则已基本完善。这一时期它所形成并完善的谷物标准、质量单位、检验制度、交货月份等惯例沿用至今[①]。1973 年，芝加哥商品交易所诞生了商品期权，使得期货有了保险，进一步完善了流通当事人的风险规避机制，促进了流通业的发展。因此，19 世纪后期期货交易及商品交易所的产生，以及百年后商品期权的诞生，都是批发商业（也是流通业）的重大变革。

4）批发交易形式的变革

批发商业的变革不仅表现在现货批发市场和商品交易所的出现上，还表现在批发销售形式的变革上，即从现品销售到凭样品销售以及从凭样品销售到凭标准品销售的飞跃。从现品销售到凭样品销售的飞跃大大促进了商品流通效率的提高。这是因为生产者或批发商可以在生产或最终销售之前凭样品订货，从而在很大程度上减少了销售风险，也减少了商品在储藏、运输过程中的损失。不仅如此，以样品代表的商品品质作为买卖和交货的依据，使大规模购买极为方便，提高了流通效率，也减少了交易中的纠纷。随着技术的进步，特别是标准化在生产中的广泛应用，批发销售又出现了更高一级的形式，即凭标准品级买卖和凭规格买卖。凭标准品级买卖是指交易双方对某些商品以其标准品质作为买卖和交货的依据。凭规格买卖是指交易双方以商品的一定规格，如反映商品品质的若干指标，包括成分、含量、纯度、大小、长短、粗细等，作为买卖和交货的依据。批发销售形式转变为凭标准品级或规格买卖后，使大批量交易既方便又准确，大大提高了批发商业的效率，促进了商品流通规模的扩大[②]。

5）批发商业的组织变革、经营变革和技术创新

19 世纪 80 年代以前批发商业在社会商品流通中处于绝对支配地位，但随着社会化大生产的发展，特别是大量生产与大量销售的结合，批发商业的地位日益受到挑战。这种挑战，一方面来自生产商自建商品营销系统，控制产品从生产到零售的整个流通过

---

① 谢朝斌. 工业化过程与现代商品流通 [M]. 北京：东方出版社. 1995：205.
② 谢朝斌. 工业化过程与现代商品流通 [M]. 北京：东方出版社. 1995：208.

程；另一方面来自大零售商实现连锁化并通过自己的采购系统直接从生产商进货，以摆脱批发商的控制。为了应对这些挑战，批发商业经历了一系列的变革与创新，至今仍然没有停止步伐。

（1）批发组织的集团化与国际化。批发企业逐渐向连锁企业发展，跨行业、跨部门的兼并加剧，推动了批发企业资本的积聚和集中。

（2）批零一体化。借由连锁组织方式，零售商业壮大规模并开始向上游延伸、自主经营批发业务，挤占批发商业的领域和利润。同时，由于竞争的要求，批发商业也开始向下游延伸、自设零售机构，挤占零售商业的领域和利润。这就形成了批零一体化的发展趋势。

（3）经营方式的变革。许多批发商逐步推行批发销售的自我服务化，即"批发超市化"，以提高批发商业的劳动效率，降低经营费用；同时，推行最低订货量制度，扩大每次交易的批量，实现一定意义上的大量销售；积极开展租赁经营，开辟商品销售的新途径。

（4）开展专业化经营。批发商通过实行专业化经营，可以将精力集中于他们想进入甚至力图控制的特定市场，以不断提高其市场占有率，凸显专业化带来的优势。

（5）拓展功能多元化。专职批发商除了直接到生产企业组织货源外，还向销售-加工型或销售-生产型转化。专职批发商充分利用能捕捉初期信息的优势，在自己的企业内设立产品开发部进行产品设计，然后向国内外生产企业下订单、组织加工，再批发出售，或者批发商直接向工厂投资、参股，让生产企业为批发销售服务。同时，服务成为批发商的重要职责，其功能扩展为多元化服务体系，包括交易买卖、储存、组配、运送、促销服务、承担风险、融通资金、提供信息、开发产品、商品维修等。

（6）向物流化转型。批发商凭借流通技术的革新，实现仓储、运输、装卸等物流活动的机械化和自动化，采用系统分析、模型技术、线性规划、价值工程、决策技术、网络分析、库存技术等现代物流技术和方法，强化自身的物流服务能力，由过去的批发销售转为批发配送。

（7）向网上平台化转型。网上批发充分利用了电子商务跨越时间和空间的特点，最大限度地获取客户资源，B2B模式使批发商与上游及下游交易的成本更低，交易也更加便利。同时，批发电商平台可以利用交易平台产生的"批发大数据"为生产商、批发商和零售商及时提供市场供求信息，更好地发挥批发的信息传递作用，也可利用所拥有的数据资源开展金融服务。目前，网上批发的电商平台有两种类型：第一种是依托现有的实体批发市场建立的，如义乌购；第二种是由各地的批发商自愿注册、由电商平台统一管理的，如阿里巴巴采购批发网、慧聪网等。

2.3.3　物流产业的发展[①]

物流产业一般由四大行业构成：①交通运输业。它是物流产业的主要行业，包括各种不同运输形式的小行业，还有对交通运输起支撑、保证、衔接作用的一些行业。②储

---

① 牛青山. 我国物流产业的现状及发展对策［D］. 太原：山西财经大学，2001：15-22.

运业。它以储存为主体，兼有多种职能，包含若干小行业，也包括某些和储存联系密切的运输业。③通运业。它是货主和运输企业之外的第三者从事托运和担当货运委托人的行业。④配送业。它是以配送为主体的各类行业。物流活动虽然久远，但物流产业的产生和发展是经济发展到一定阶段、社会分工不断深化的产物。

1）商物分流及物流观念的启蒙（1901—1949年）

物流最原始的含义是物品的物理性移动。人类社会处于自给自足的发展阶段时，运输和仓储是物流活动的主体，而且主要表现在生产和生活领域中。随着生产和消费的分离，人们意识到在生产活动中，过去被人们看成生产过程、生产工艺的组成领域里，有一种活动是没有直接参与实际生产过程，而是与工艺有关且另有特性的，这就是物流。也就是说，生产活动由生产工艺和物流活动两部分组成。这两部分是一体的，很难实现分离，但在流通领域，商业交易（商流）和实物移动（物流）实现了分离，即商物分离（见图2-1）。当时人们虽有感受并开始理性思考，但物流的主体仍不大清晰。

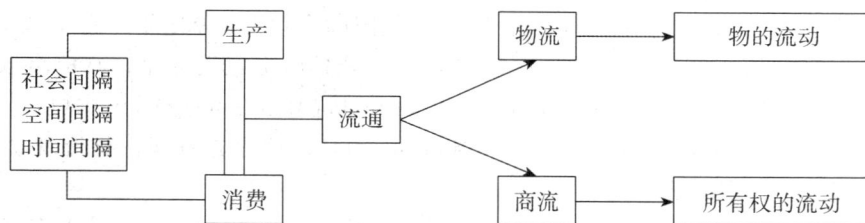

图2-1　流通中的商物分离

直到1901年，约翰·F.格鲁威尔在美国政府的《农产品流通产业委员会报告》中第一次拉开了认识物流活动的序幕。美国20世纪财团组织大规模调查，发表了《流通费用确实太大》的调查报告书，其中一个重要数据是，以商品零售价为基数时，社会流通费用竟占了59%，这一结论为物流理论研究奠定了基础。在第二次世界大战期间，美军兵站（logistics，后勤保障机构）大量使用叉车技术，使得装卸、搬运、运输、保管等独立的功能要素出现链条化、一贯化乃至一体化的趋势。这些举措极大地推动了物流的发展。

2）物流实践的广泛推广（1950—1978年）

进入20世纪50年代，随着物流理论体系的形成，美国、日本、英国等发达国家的物流实践也得到广泛推广和发展。1950—1975年，美国汽车数量增长了1.71倍，公路、铁路、水路、管道、航空五种交通运输方式得到了广泛应用，特别是公路运输突飞猛进；1969年，美国全员劳动生产率达38万吨千米/人；1971年，美国汽车货运及相关行业的产值已占国民生产总值的7.6%，职工达1 600万人，占全国职工总数的20%；1972年，美国允许车辆最大载重达32吨；1975年，美国长途货运企业年平均行程达15万千米，汽车大修间隔里程达80万千米，最大的100家营运企业中，有一半企业的货物平均运距超过了800千米，有的高达2 740千米。

在20世纪50年代末60年代初，日本从美国引入了物流（physical distribution，PD）的概念。处于经济高速增长、大量生产大量销售的时代，日本企业不断加强对运输、储存、包装及装卸搬运等过程的管理。1965年，日本政府在《中期五年经济计划》中强调了物流的重要性，并在全国范围内开展高速道路网、港湾、流通聚集地等各种基础设施的建设。日本交通运输的投资占公共投资的比例最高达47%。1958—1968年，日本对交通运输的投资增长了27.8%，并实现了运输装备的现代化。在日本长达2.7万千米的铁路线路中，有1.4万千米实现了电气化。集装箱船的出现，汽车的普及，货台、铲车等机械化装卸设备的推广，自动仓库的建立，物流中心的建设，物流联网系统等的开发推广等，都极大地促进了物流业的发展。一般企业都设有物流部，积极开展物流教育和物流咨询工作。

3）物流管理现代化（1978—1985年）

20世纪70年代末，美国通过了一系列法案，如《航空规制缓和法》《汽车运输法案》《铁路法案》《海运法案》等，为物流业的迅速发展提供了广阔的前景。许多先进的管理方法的开发和应用，使人们逐渐认识到需要从流通全过程来把握物流管理，而计算机技术等的发展为物流全面管理提供了物质基础和手段。1979年，日本召开了"第二次国际物流会议"，1981年召开了"仓库自动化国际会议"。1983年，日本成立了"日本物流学会"。"第三利润源"学说在日本兴起。最具历史意义的是，1985年美国实物配送管理协会（National Council of Physical Distribution Management）正式更名为美国物流管理协会（National Council of Logistics Management），这标志着现代物流观念的确立，以及对物流战略管理的统一化。

在这一阶段，美国内陆企业通过多式联运使集装箱运输得到大力发展，交通基础设施、自动化仓库以及装卸自动化程度都有了空前的发展。物流企业在管理、调度和统计等工作中广泛采用电子计算机和无线电通信，物流管理趋于现代化。日本在这一时期处于减量经营的时代，降低经营成本成为其经营战略的重要课题。"第三利润源"学说揭示了现代物流的本质，使物流在战略和管理上统筹企业生产、经营的全过程。在实践上，日本广泛设立合理化工程小组，实行物流活动中的质量和成本管理；利用计算机信息技术建立物流系统，网络覆盖全国各地。1983年，日本有5万家物流企业，货运量达34亿吨，周转量达4 223亿吨千米，物流基础设施和管理逐渐走上现代化之路。

4）物流业的纵深化发展（1985年至今）

20世纪80年代以后，人们逐渐认识到物流与经营、生产紧密相联，已成为支撑企业竞争力的三大支柱之一。1996年，美国运输部长罗德纳·斯拉特提出的《美国运输部1997—2002财政年度战略规划》成为美国物流现代化发展的指南之一。1997年，日本政府制定了具有重要影响力的《综合物流施政大纲》，它是日本物流现代化、纵深化发展的指南。

在实践中，电子计算机技术和物流软件的发展日益加快，进一步推动了物流业的发展。无论是美国、日本，还是欧洲发达国家，物流业在信息化、标准化、自动化建设上都向纵深发展，物流产业已成为各国经济的支柱产业。2000年，美国物流产业总规模为9 500亿美元，几乎为高新技术产业的2倍，占国内生产总值的10%左右。日本物流产业总规模约为3 500亿美元，占国内生产总值的比重为11.4%。为推动物流产业发展，各国不断整合物流资源，提高物流产业的整体能力。美国从1991年就开始发展国家多式联运运输系统，并把这个系统作为增强国家经济竞争力的基础。后来，美国又提出建立"大运输部"的思想，并把这一思想作为21世纪依靠信息系统整合运输部门的指导思想。日本运输省是主管运输综合政策设计和实施的机构，其政策设计范围不仅涵盖了运输省所辖主要运输方式所及城市与区域运输的规划与协调，而且包括了现代物流"供应链"概念所涉及的仓储与配送等市场准入的管理工作。物流产业大部分业务环节的活动通过政策的调整得到有效整合。①

这一时期，第三方物流业发展迅速，并呈现专业化、社会化发展趋势。这具体体现在第三方物流服务所占比例越来越高，如20世纪90年代后，日本的第三方物流已占整个物流市场份额的80%以上。

进入21世纪，特别是随着近年来云计算、大数据及人工智能、无人机车等科技在物流领域的应用，社会及企业物流效率快速提高，物流作业及管理开始走出单个企业边界，向供应链和产业链的集成和集约方向延伸。在新时代，物流产业高质量发展为国民经济的"降本增效提质"发挥着重要的推动作用。

学思践悟

从物流大国迈向物流强国

党的二十大报告指出："构建优质高效的服务业新体系，推动现代服务业同先进制造业、现代农业深度融合。加快发展物联网，建设高效顺畅的流通体系，降低物流成本。"这表明，全社会物流成本的降低，是建设高效顺畅的流通体系的关键一步，进而决定了优质高效的服务业新体系的建设，也决定了产业链、供应链高质量的发展，即降本增效提质。显然，物流产业自身的高质量发展任重而道远。

物流产业是融合运输、仓储、货运代理、联运、制造、贸易、信息等产业的复合型服务业，是支撑经济与社会发展的基础性、战略性和先导性产业。因此，物流产业的发展程度成为衡量一个国家现代化程度和综合国力的重要标志之一。2013年，中国物流市场规模超过美国，成为全球第一；2021年，中国社会物流总成本达16.7万亿元，占当年GDP的14.6%。2010—2021年，中国社会物流总成本及其占GDP的比重走势及社会物流总额及增长情况如图2-2和图2-3所示。由图可见，中国社会物流总成本的GDP占比虽然总体上呈下降趋势，但近年来下降平缓，较之发达国家8%左右的占比还有较大的下降空间。2021年中国社会物流总额达到了335.2万亿元，同比增长率达到9.2%，这表明我国物流市场总量还在以高于GDP的增速发展。可见，我国虽然已是物流大国，但在迈向物流强国的道路上，物流产业的降本增效空间仍然很大。

① 陈文玲. 加快我国现代物流产业的发展的对策与建议 [J]. 中国远洋航务公告，2001 (12)：9-11.

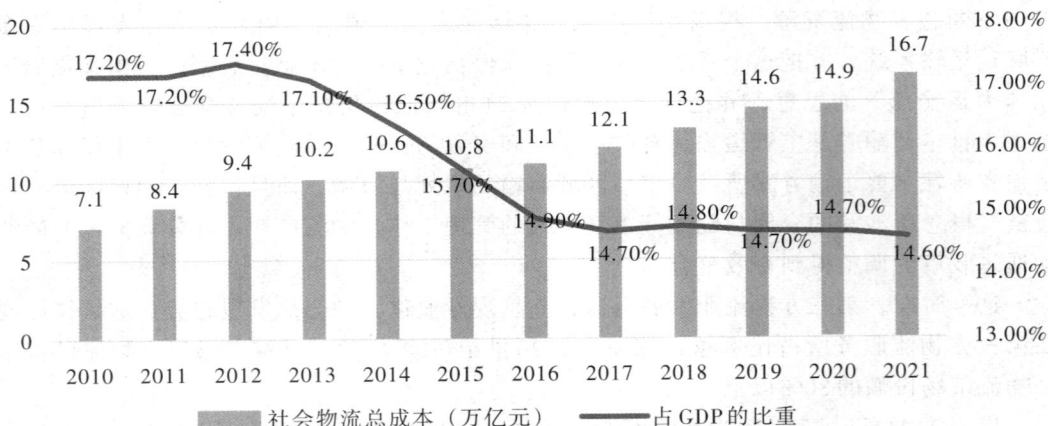

图2-2　2010—2021年中国社会物流成本及GDP占比走势图

资料来源　根据中国物流与采购联合会统计资料整理。

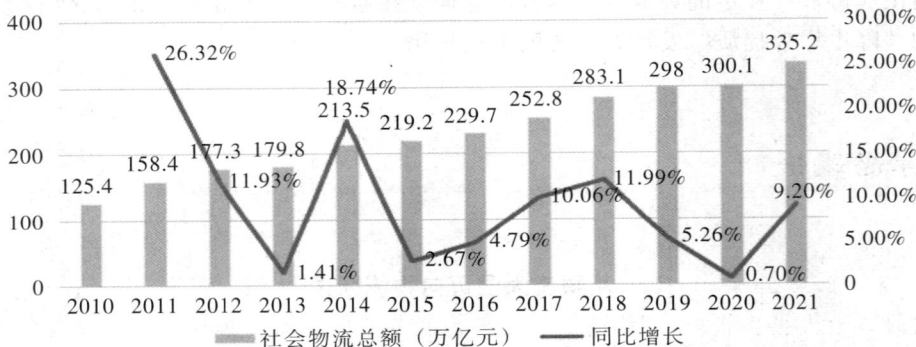

图2-3　2010—2021年中国社会物流总额及增长情况

资料来源　根据中国物流与采购联合会统计资料整理。

　　显然，我国社会物流成本居高不下与经济高质量发展的取向是相悖的。在经济高速增长的阶段，物流是后勤事务，在发展中往往侧重于效率提升；在经济高质量发展阶段，物流变成先锋事业，则更需要侧重于效益提高。目前我国经济正处于转变发展方式、优化经济结构、转换增长动能的攻关期，迫切需要先导性的物流产业率先实现自身的高质量发展，进而为国民经济的高质量发展提供助力和支撑。为此，国家有关部门近年来陆续出台了一系列的政策文件，如《关于进一步推进物流降本增效促进实体经济发展的意见》（2017）、《关于推动物流高质量发展促进形成强大国内市场的意见》（2019）、《关于进一步降低物流成本的实施意见》（2020）、《关于推进电子商务与快递物流协同发展的意见》（2020）、《关于加快农村寄递物流体系建设的意见》（2021）、《关于加快推进冷链物流运输高质量发展的实施意见》（2022）和《关于加快建设全国统一大市场的意见》（2022）等。《关于加快建设全国统一大市场的意见》明确提出了"促进全社会物流降本增效，以及加强应急物流体系建设"等意见。因此，物流企业的服务创新成为突破其自身高质量发展瓶颈、服务于我国经济高质量发展的重要依托，更是我国社会经济运行效率和效益提升的重要突破口（如社会物流成本的GDP占比每降低1%，就可节约1万亿元以上的物流成本，使之转变为经济效益）。

　　彼得·德鲁克认为："创新是唯一能造就一个持续和健康发展的经济的工具，成千上万企业家的创新活动避免了经济大衰退，创新才是令一个社会健康发展的有效手段。"物流服务创新是国家知识传播、扩散的重要途径，不仅推动物流行业升级，提升系统竞争力，还促进完善国家创新系统，成为国家创新体系的重要组成部分。新时代国内国际双循环发展对物流企业服务创新提出了新要求，即要尽快从后勤事务变成先锋事业，加快跨界融合和供应链协同能力培育，改变过去普遍存在的组织惯性和技术依赖。目前国内物流企业虽然步入了现代化发展阶段，但从国际横向比较以及宏观经济效益指标来看，尚未进入"创新驱动"的全面发展阶段。

本章小结

　　产业的发展、变化是一个由简单到复杂、由低级向高级不断演化的过程，世界各国标准产业的划分大同小异，我国采用了三次产业分类方法。

　　流通产业是由传统意义上的商业演变而来的，它是指专门以商品流通为经营（活动）内容的营利性事业。按照"业种或业态"、"商流或物流"、商品流通的阶段和商品流通的范围等方法，可以对流通产业进行不同的分类。

　　作为一种相对独立的产业，流通产业具有以下特征：①对劳动力有较强的吸纳能力，具有"就业机器"功能；②进入与退出障碍低，竞争激烈；③技术进步的从属性；④行业集中度较低，规模经济不够显著。

　　流通产业的贡献可以从以下几个方面来把握：①流通产业对GDP/GNP的贡献，这可用流通产业产值占GDP或GNP的比重来衡量；②流通产业对经济增长的贡献，其贡献程度可通过流通产业增长贡献率、流通产业增长拉动点和流通产业产出弹性系数来衡量；③流通产业对三次产业的贡献，即流通产业对三次产业的推动作用；④流通产业对社会就业的贡献，其贡献大小可以用流通产业的就业人数占全社会总就业人数的比例来考察；⑤流通产业对国民福利的贡献，主要涉及流通产业与国民福利的构成部分，特别是与国民收入、消费者闲暇和消费者爱好的满足等具有直接的相关性；⑥流通产业对城市形成和发展的贡献，即流通产业在城市的形成和发展中发挥了重要作用。

　　流通产业的发展历史丰富多彩。历史上发达国家的零售商业经历了四次革命性的变化：零售商业的第一次革命的标志是现代意义上的百货商店的诞生；连锁商店的诞生是零售商业的第二次革命；零售商业的第三次革命是出现超级市场；无店铺零售的出现是零售商业的第四次革命。

　　批发商业在西方发达国家的发展大致经历了形成阶段、上升阶段、下降阶段、回升阶段和转型阶段，其中标志性的事件有：①批零分离；②批发市场的诞生；③期货交易与商品交易所的产生；④批发交易形式的变革；⑤批发商业的组织变革、经营变革和技术创新。

　　由交通运输业、储运业和配送业等组成的物流产业的产生和发展是经济发展到一定阶段、社会分工不断深化的产物，其大体经历了四个阶段，即商物分流及物流观念的启蒙阶段、物流实践的广泛推广阶段、物流管理现代化阶段和物流业的纵深化发展阶段。新时代，物流产业高质量发展为国民经济的"降本增效提质"发挥着重要的推动力。

复习思考题

1.如何正确理解"流通产业"的内涵？
2.如何科学地对流通产业进行分类？
3.简述流通产业的特征。
4.试述流通产业的贡献。
5.简述零售商业发展的四次革命。
6.简述批发商业发展过程中的几个阶段及重大变革。
7.简述物流产业形成和发展的几个阶段。

拓展阅读：现代流通体系助推全国统一大市场建设

第 3 章

流通功能与流通机构

通过本章的学习，深入理解流通的所有权转移、物流、成本节约、信息传递、风险分担以及流通金融等功能，了解流通机构的类型、结构与现状。

3.1　流通功能

流通功能是指流通在商品或产品的生产与消费过程（社会再生产过程）中所发挥的作用或职能。一般而言，流通的功能可以划分为三类：一是商流功能，即与商品所有权转移相关的功能；二是物流功能，即与商品实体转移有关的功能；三是辅助功能，即服务于商流和物流的功能，如成本节约、信息传递、风险分担、流通金融等。

3.1.1　所有权转移

商品所有权的转移功能一般被认为是流通的基本功能之一。如第1章所述，社会分工造成了生产与消费的社会性分离，使消费者不能自给自足，必须消费由专业生产者生产的商品，因而必须首先取得商品的所有权。也只有通过商品所有权的转移，商品才能真正从生产领域转移到消费领域。在市场经济条件下，这种所有权的转移是通过商品交换过程完成的。商品生产者与消费者之间能否顺利实现商品交换是商品所有权转移的关键。

为了更好地说明这一问题，我们将生产者的经济活动区分为商品生产活动与商品销售活动，从而可以将生产者理解为商品生产活动与销售活动的主体。显然，生产者为了完成生产和销售活动还必须完成一些购买活动，而此时它是以消费者的身份出现的，因而也可以将其视为消费者，或者说，我们可以在消费者的概念下研究生产者的购买活动。同样，我们也可以将消费者的经济活动区分为商品购买活动和商品消费活动，从而可以将消费者理解为商品购买活动和消费活动的主体。生产者与消费者之间的流通活动，实际上就是生产者的商品销售活动与消费者的商品购买活动的统一。当然，这两种活动统一的过程实际上就是双方进行商品交换或买卖的过程，即生产者支配的商品与消费者支配的货币进行交换。这一过程对于生产者来说，实现了从商品到货币的价值形态转换，因而创造了价值形态转换效用；对于消费者来说，实现了对商品所有权的占有，因而创造了所有权效用。

从全社会来看，商品流通过程的本质是商品所有权从生产领域向消费领域转移的过程，而这种转移的路径被称为商品流通渠道。根据商品所有权转移所经过的环节的多少，商品流通渠道大致可分为直接流通渠道与间接流通渠道两种。其中，直接流通渠道是指商品所有权直接从生产者转移到消费者的路径，即生产者的商品销售活动与消费者的商品购买活动是直接结合的。在现代市场经济条件下，这种"产消"（生产者与消费者）直接见面的流通形式显然不是主流，但在一些领域仍然广泛存在，如农业生产者直接将农产品出售给消费者。间接流通渠道是指以专业流通机构[①]作为生产者与消费者之间转移商品所有权媒介的转移路径。这种间接流通渠道是现代社会的主流形式，在这个转移的路径中，商品所有权从生产者向消费者的转移要经过一系列中间阶段的商品交换活动才能完成，而所经过中间阶段的数量则取决于商品的种类与性质、生产与消费的方

---

① 在一些文献中，专业流通机构也被称为渠道中介机构或中间商。

式，以及生产与消费的时间或空间特性。专业流通机构的职能就是通过商品的买卖活动来实现商品在流通渠道内向消费者的渐次转移，所以专业流通机构的介入不仅有助于商品所有权的转移，还有助于商品流通过程中流通成本的节约，这一点我们将在下面详细说明。

3.1.2　物流功能

虽然通过商品的买卖活动实现了商品所有权从生产者向消费者的转移，但商品流通过程并没有结束。商品流通的最终目的是满足消费者的需求，而商品所有权的转移只是为此提供了一个前提条件，并不能保证消费者能够现实地消费商品。所以，只有在完成商品所有权转移的同时，商品实体也发生相应的转移，才能使消费者现实地消费，从而实现商品流通的目的。商品实体从生产者向消费者转移的过程，一般被称为商品的物流过程，与之相应，商品流通的物流功能也是商品流通的基本功能之一。

物流活动之所以必要是因为生产与消费不仅在主体方面是分离的（社会性分离），而且在空间与时间上也是分离的。生产与消费的空间分离意味着商品的生产地点与消费地点的分离，生产与消费在时间上的分离则意味着生产与消费的时间是不一致的。物流活动正是要通过商品运输、储存等活动来解决生产与消费的时空分离问题。因而，物流活动是创造时间效用与空间效用的流通活动。此外，为了更好地运输和储存商品，还需要对商品实体进行装卸搬运、包装以及加工等活动，这些活动与运输、储存等活动一起构成了商品物流活动的基本内容。

一般来讲，物流活动的主体也就是参与商品所有权转移的各种流通主体，即商品买卖的当事人。在产消直接见面的直接流通情况下，物流活动是由生产者和消费者这两个当事人分别承担的。在以中间商为媒介的间接流通情况下，物流活动的当事人包括生产者、中间商和消费者，相关的物流活动由它们共同承担。至于在这样的流通过程中哪个主体承担的物流功能更多一些，则由流通主体的类型、分工与专业化程度，以及主体之间合作的方式决定。一般而言，在间接流通的情况下，中间商尤其是批发商承担的物流活动要多一些。随着流通经济的发展和分工的深化，出现了专门承担物流活动的专业机构——物流机构。

物流机构的产生主要缘于以下几点：一是商品的运输、储存与保管需要。随着商品流通规模和范围的扩大，长距离、长时间运输商品成为常态，商品的储存和保管也越来越重要，为了安全、迅速、准确地完成商品的运输、储存与保管活动，专门化的物流机构应运而生。二是物流经济性的要求。为了完成大量的物流活动，需要对各种物流工具和设施投入大量的资本，这些投资对于从事专业化生产与流通活动的生产者和中间商而言，往往是不经济的；相反，将物流活动委托给专门的物流机构则是有效率的。三是物流活动的技术要求。要高效率、低成本地完成物流活动，不仅需要大量的投资，还需要专门的技术和组织，显然，具有专业技术能力的物流机构更能满足这些要求。因此，在现代社会，生产者或商业机构的大部分物流活动都可以委托给专门的物流机构来承担，以提高物流活动和整个商品流通活动的效率。

3.1.3　成本节约

如前所述，商品流通过程是商品从生产领域向消费领域的转移过程，这个过程是通过不同流通主体之间的一系列交换活动完成的。显然，商品流通主体之间的这些交换活动都会产生一定的成本或费用，即流通成本。根据交易成本理论，流通成本至少包括获取准确的市场信息所需要的成本、讨价还价与签订合同所需要的成本、监督合同执行所需要的成本、实物转移所需要的成本以及交易主体的运营成本等。在生产者与消费者直接进行交易的情况下，生产者为了将自己的商品销售给合适的消费者需要付出巨大的搜寻成本，而消费者为了找到所需商品的供给者也同样需要付出搜寻成本。在市场经济条件下，所有的商品如果都按照这样的方式进行流通，其结果是难以想象的。另外，在生产者与消费者之间除了存在主体分离、空间分离和时间分离之外，还存在另一个重要的矛盾，即商品种类与数量的矛盾。生产者为了获得规模经济，往往大批量地生产少数品种的商品，而消费者往往需要多品种的商品，但是对每种商品的需求量又很小。显然，这种商品种类与数量的矛盾无疑会加大商品流通过程中的信息搜寻成本。

在有专业流通机构介入的商品流通情况下，各个流通主体通过分工与专业化专注于自己的专业领域，因而可以在商品的生产、交换与物流等领域获得规模经济，进而降低流通成本。此外，有专业流通机构参与的商品流通对流通成本的节约作用还体现在以下几个方面：

（1）专业流通机构极大地降低了生产者与消费者双方的市场信息搜寻成本。生产者可以只与少数几个中间商进行交易，而无须搜寻众多的消费者。消费者也可以只到中间商那里去购买所需要的各种商品，而不必为了这些商品去搜寻不同的专业生产者。因此，通过与中间商的交易，生产者和消费者都节省了大量的搜寻成本。

（2）专业流通机构的参与极大地减少了商品流通活动中必须完成的交易次数。如图3-1所示，在有5个生产者与5个消费者参与的流通活动中，如果生产者与消费者直接交易，为了完成整个流通过程，即每个消费者的需求都得到满足，那么总共要进行25次交易。在有一个中间商参与的情况下，每个生产者和每个消费者都只与该中间商进行交易，交易的次数减少为10次。可见，中间商的参与大大减少了生产者与消费者之间的直接交易的次数，交易成本（包括物流成本）也因此得到了大幅节约。

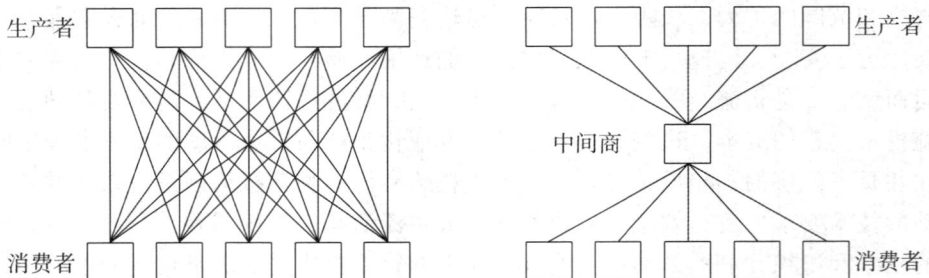

图3-1　中间商参与流通活动减少交易次数示意图

（3）在专业流通机构参与的流通活动中，由于交易双方是相对固定的，随着交易频次的增加，交易逐渐常规化，省去了每次交易中关于价格、支付等交易方式与条件问题的谈判，从而节约了交易成本。

（4）中间商通过与多个生产者交易，能够将不同生产者生产的多品种的商品集中在一起，并且依据一定的标准行分类，按照消费者的需求将商品拆分和重新包装。通过这些活动，中间商可以调节生产者和消费者之间存在的商品种类与批量的矛盾，使生产者可以专注于少数品种商品的大批量生产，同时满足消费者多品种、小批量消费的特点，进一步降低生产者与消费者之间为协调商品品种与批量问题所花费的成本。

可见，流通过程中的专业分工使每个流通主体都能够专注于其所擅长的领域，不仅有利于获得规模经济，还有助于在各个经营领域内实现创新与突破，提高整个流通过程的效益。同时，专注于流通活动的中间商能够更好地协调生产者与消费者之间的流通问题，从而极大地节约流通成本，提高流通效率。

3.1.4　信息传递

在生产与消费相互分离的市场经济条件下，由于消费者不能自己生产其所需的全部商品，而必须消费由生产者生产的商品，所以从表面上看似乎是生产决定着消费，然而，问题的另一面却是，如果生产者所生产的商品不能满足消费者的需求，消费者是不会购买的。按照亚当·斯密的说法，"消费是生产的唯一归宿"，因而生产者只有按照消费者的需求进行生产，其所生产的商品才能为消费者所接受。从这个意义上讲，消费决定着生产。因此，为了使商品的供给与消费更好地匹配与结合，供求信息的相互传递是十分必要的，这也是流通的主要功能。

与消费者分离的生产者在向消费者提供商品时，必须使这些商品能够充分地满足消费者的需求。为此，必须将消费者的需求信息正确地传递给生产者，使其能够按照这种需求信息更加有效地组织生产。一般而言，消费者需求信息的传递主要有三个途径：消费者向商品供给者订货、消费者权益保护和供给者开展需求调查。首先，需求信息是通过消费者向供给者订货传递的。在直接流通的情况下，需求信息的传递是直接进行的，即直接从消费者传递给生产者。在间接流通的情况下，需求信息的传递是通过中间商向生产者传递的。其次，消费者权益保护也是传递需求信息的有效途径。一般来说，消费者权益保护主要涉及商品的品质保证、价格公平、广告宣传适当、销售方法以及流通费用的合理化等问题。围绕上述问题展开的消费者权益保护，一方面可以促使消费者更加成熟和理性，另一方面也可以促使商品生产者更加了解消费者的需求。最后，需求信息还可以通过生产者积极、主动的需求调查来传递。需求调查也就是生产者开展的市场调查，即对消费者的需求内容与状况进行深入的调查与研究，以增强生产活动的针对性。

生产者需要获得需求信息以引导生产，而消费者也需要获得供给信息以引导消费，生产者的供给信息需要及时而准确地向消费者传递。在市场经济条件下，消费者虽然只能消费生产者提供的商品来满足需求，但有时并不能完全了解生产者所提供的商品是否就是自己所需要的。这往往是由消费者缺乏商品知识所导致的，因而生产者有必要及时地向消费者传递关于商品如何满足需求以及满足何种需求之类的信息。另外，消费者有时并不能清晰地意识到自己的需求是什么，也需要包括生产者在内的供给者来唤起和影响消费者的需求。由此可见，供给信息的传递具有双重作用：一是使消费者知道何种商品在多大程度上能够满足自己已经意识到的需求；二是唤起或诱发消费者尚未意识到的需求。

供给信息往往是伴随着商品流通机构的销售活动而传递的，即商品和供给信息的传递机构是同一的。供给信息的传递方式是多样的，既可以由专业流通机构的销售人员在商品的销售过程中进行人际传递，也可以通过诸如商品陈列、商品展示会和展览会、销售现场的演示以及广告等传播手段来实现。随着现代信息技术的发展，信息传播手段变得越来越丰富。

可见，供求信息的传递实际上包括两个过程，即需求信息向供给者的传递和供给信息向消费者的传递。供求信息的传递过程不是一次性的，而是循环进行的。我们可以将这种信息循环传递的过程概括为：需求信息向供给者传递——供给者根据需求信息调整供给——供给信息向消费者传递——消费者根据供给信息购买商品，并随着消费观念、习惯的改变而产生新的需求信息——新的需求信息向供给者传递——供给者根据新的需求信息调整新的供给——新的供给信息再向消费者传递。正是基于上述供求信息的循环传递，供给与需求才能相互适应，从而实现生产与消费过程的统一。

3.1.5　风险分担

在商品从生产者向消费者转移的过程中，商品所有权和实体要经过多次流转才能最终被消费者所消费。商品在这个流转的过程中，总会由于各种原因而面临各种风险，这就是所谓的流通风险。流通风险按其发生的原因可以分为物理性风险和经济性风险两种。物理性风险是指商品在流通过程中由于火灾、水灾、盗窃、腐蚀、变质等原因而遭受物理、化学变化的风险。经济性风险是指商品在流通过程中由于经济形势的变化、价格的波动或者信用危机（呆账、坏账或不良债权）而产生的风险。这些风险对流通当事人和整个商品流通过程都将产生巨大的影响。与此同时，这些风险也影响流通机构对资本的回收，进而影响社会的再生产过程。因此，流通主体必须合理分担并防范流通风险。

在产消直接见面的直接流通情况下，生产者往往承担了大部分甚至全部流通风险。这种情况是十分危险的，一旦流通风险发生，又没有必要的防范措施，则生产者的经营活动很可能陷入困境，从而对整个社会的再生产造成影响。专业流通机构介入商品流通过程以后，就相应地承担了商品在运输、保管以及销售过程中可能出现的各种风险。由此，原来主要由生产者承担的流通风险在商品流通过程中被多个流通主体分担，这极大地减轻了流通风险对流通过程和社会再生产造成的影响。

可见，从风险分担的角度来说，专业流通机构既保护了生产者的利益，也保护了消费者的利益。同时，专业流通机构在商品买卖过程中形成的各种关联与合作机制，也极大地提高了流通机构整体对抗流通风险的能力，而这又与流通的另一项重要的功能（职能）即流通金融功能相关。

3.1.6 流通金融

商品所有权的转移是通过商品的买卖过程实现的，因而必然伴随着货币资金的支付与流动。对于流通主体而言，对经营投入资本和周转资本等必要资本的融通是十分重要的。这种资金融通活动对于保障商品流通过程顺利、通畅来说同样是必不可少的。这就是流通的金融功能。[①]

在商品流通过程中，资金融通主要有两种类型：一是对流通机构商品销售活动的资金融通；二是对消费者购买活动的资金融通。前者可以分为两种情况：一种情况是中间商从商品的供给方（生产者或上游中间商）购入商品时，商品的销售活动尚未完成，即商品尚未转移到最终消费者手中，而此时商品的供给方已经获得了中间商支付的货款，实现了货币资本的回收。因此，这种情况相当于中间商代替消费者向商品的供给方垫付了资金，实际上也相当于中间商为商品的供给者提供了资金融通。[②]另一种情况是中间商之间以相互提供商业信用的方式来融通资金，弥补商品买卖过程中的资金不足。这种商业信用的主要形式是企业之间通过延期付款的方式进行商品的买卖，因此也称为信用交易。在商品流通过程中，这种信用交易可能发生在生产者与中间商之间，也可能发生在不同类型的中间商之间。

商品流通过程是以消费者对商品的购买为终结的，而消费者购买商品是以其收入为前提的。在现代生活方式下，消费者需要商品但货币不足的情况时常出现。因此，对消费者的购买活动提供金融支持不仅可以加快商品流通过程，还可以进一步加速资本的循环以及社会再生产的过程。一般而言，对消费者提供的金融支持主要有三种形式，即赊销、分期付款和消费者信贷。在多数情况下，赊销是零售商向消费者提供的资金融通，但有时生产者和批发商也可以通过向批发商或零售商实行赊销而间接地为消费者提供融资。对于流通机构而言，赊销可以起到稳定顾客、促进销售的目的，从而加速企业资金的周转；对于全社会而言，赊销可以加速商品的流通。分期付款一般适用于高价值商品，通常是由流通机构尤其是零售商向消费者提供的金融支持。与前两种形式不同，消费信贷是由专门的金融机构直接向消费者提供的金融支持，当然其目的仍然是帮助消费者提前实现商品的购买，进而加速商品的流通。

3.2 流通机构

在学术界，流通机构有狭义与广义之分。狭义的流通机构是指专门从事商品流通活动的组织机构，也叫专业流通机构，主要包括批发商、零售商、物流服务商等；广义的流通机构是指所有参与商品流通活动的组织机构，也叫流通主体。广义的流通机构除专业流通机构外，还包括生产者与消费者。本书所指的流通机构是指广义的流通机构。

① 吴小丁. 商品流通论［M］. 北京：科学出版社，2005：19.
② 祝合良. 现代商业经济学［M］. 北京：首都经济贸易大学出版社，2005：30.

3.2.1　生产者

生产者是指从事提取、种植以及制造产品的各种机构，既包括自然人、家庭手工业者，也包括各种类型的企业。生产者是流通客体——商品的生产者，因而他们是流通活动的起点。为了完成商品从生产领域向消费领域的转移，生产者必须参与商品流通活动，在直接流通的情况下，生产者直接与消费者进行交易，完成商品的转移；而在间接流通的情况下，生产者需要与各种流通中介机构进行交易，以推动商品的转移。

生产者所覆盖的行业范围是极为宽泛的，从农业、渔业、林业到工业的各个行业，都是其生产活动的范围，因而其生产的产品是多样化的。除行业差异之外，生产者之间在组织形式与规模方面也是多样化的，既包括从事农业生产的农民及其家庭，也包括从事大规模工业生产的各种公司和企业集团。虽然生产者之间存在上述差异，但其生产经营活动都有一个相同的目的，即满足市场的需求。为了更好地满足市场需求，生产者不仅要按照市场需求来组织生产活动，还要通过组织有效的流通活动让消费者能够在合适的时间与地点买到他们需要的商品。这显然涉及商流、物流、信息流等重要的流通活动。

3.2.2　消费者

这里所说的消费者是指个人消费者或最终消费者。个人消费者是指那些为满足其自身及家庭成员的生活需要而购买商品的人。个人消费者需要同生产者或中间商进行交易以获得其所需的商品，并且承担部分流通功能，所以个人消费者也是重要的流通机构。一般来说，个人消费者的需求具有以下特征：[①]

1) 多样性

一方面，由于在年龄、性别、职业、收入、受教育程度、居住区域、民族与宗教等方面存在差异，不同消费者都具有各自的需要、欲望、兴趣、爱好及行为习惯，这会导致他们对不同商品和同种商品的不同规格、质量、外观、式样、服务以及价格等商品要素的需求产生巨大的差异。另一方面，随着社会经济的发展、居民收入水平的提高以及生活与消费观念的改变，消费者的需求在总量、结构和层次上也会相应变化，呈现出不断升级的态势。商品生产者和专业流通机构只有深刻了解与洞察消费者的需求及其变化，才能提供令消费者满意的商品。

2) 人数众多，并且地理位置分散

个人消费者的消费单位是自然人或家庭，因而个人消费者的数量是巨大的，并且每个人或家庭的消费需求是千差万别的。与此同时，他们往往分布在广阔的地理空间内，呈现出一种相对发散的分布状态，这实际上对生产者通过何种有效途径把商品转移给这些在地理位置上分散的消费者提出了挑战。因此，生产者为了更好地满足消费者的需求，不仅需要深入了解不同消费者的不同需求，更需要选择合适的商品流通渠道将商品高效率地向消费者转移，从而使消费者可以随时买到他们需要的商品。

---

① 徐蔚琴，谢国娥，曾自信. 营销渠道管理 [M]. 北京：电子工业出版社，2001：73.

3）购买批量小

对于不同类型的商品，消费者的消费行为存在较大的差别。对于绝大多数日用消费品而言，由于其快速消费的特点，消费者每次购买的批量小，但购买的频次高。对于一些耐用品而言，由于其耐用特征，消费者每次购买的批量很小，购买频次也很低。可见，无论何种商品，小批量购买都是消费者共同的行为特征。这一方面与消费者的消费能力有关，另一方面与消费者为了降低商品的储存成本与风险有关。显然，对于消费者而言，大批量购买增加了由商品储存等导致的流通风险和成本。因此，零售机构一般备有充足的商品库存，代替消费者承担储存商品的成本与风险，以便消费者随时可以购买所需数量的商品。

4）非专家型购买

消费者的购买行为多带有情感和冲动因素。消费品的品种与花色众多，质量与性能各异，消费者很难完全掌握各种商品的知识与信息，因而他们属于非专家型购买者。个人消费者为数众多而分散，由于消费能力有限，他们获取完全的市场信息的能力以及在交易中讨价还价的能力较弱，更多的时候属于信息和交易条件的被动接受者。随着现代信息传播技术的发展，消费者获取商品信息的能力不断提高，但仍需为此付出一定的搜寻成本和包括机会成本在内的其他成本。这为生产者提供了一个重要的启示，即在选择商品流通渠道的时候，哪种渠道类型能够最为准确、迅速地传递商品信息，哪种渠道对消费者购买行为的影响可能最大。

5）不同商品的需求弹性差异较大

对于生活必需品而言，消费者的需求不会因为价格的上涨而迅速减少，因而需求弹性较小。对于那些非必需品尤其是价值较高的耐用品而言，消费者的购买量受价格水平的影响较为明显，因而需求弹性较大。因此，无论是生产者，还是商业机构，在商品流通过程中，要针对不同商品类型合理定价，以更好地满足消费者的不同需求。

3.2.3 专业流通机构

如前文所述，参与商品流通活动的主体是多元化的。生产者除了要从事商品的生产活动之外，为了推动商品向消费者转移，必然要参与商品流通活动；消费者为获得自己所需要的各种商品，也要承担部分流通职能。在人类社会发展的早期，生产者与消费者直接进行交换活动是商品流通的主要形式，而生产者与消费者也是这种原始的直接流通活动的全部主体。人类社会第三次大分工使原来以直接流通为主的流通方式被以专业商人为媒介的间接流通方式替代。专业商人这个新出现的流通主体，使全社会的商品流通活动由"多数人的附带工作"变成了"少数人的专门工作"，在分工与专业化机理的作用下，不仅使全社会的流通效率得到提高，而且使全社会的流通成本得以降低。这一点我们已经在前文述及。

一般来说，专业流通机构主要包括从事商流活动的各种类型的批发商和零售商，以及专门从事物流活动的物流服务机构。

1）批发商

批发商是从生产者或其他经营者那里购进商品，然后转售给其他批发商、零售商、产业用户的专业流通组织。批发商是商品流通过程的中间环节，其上游联结商品的生产者，下游与商品的再销售者（下游批发商和零售商）、各种产品用户相联系。批发商的商品流通活动完成后，商品一般未进入最终消费领域。

表 3-1 列出了 2017—2021 年我国批发业的法人企业数量和从业人数。从表中可以看出，我国批发业发展迅速，从业人数也稳步增长，2021 年法人企业数量突破 20 万个，从业人数达到 635.4 万人。

表 3-1   2017—2021 年批发业的法人企业数量及从业人数

年份	法人企业数量（个）	从业人数（万人）
2021	200 137	635.4
2020	168 738	595.7
2019	140 075	568.5
2018	113 696	526.9
2017	100 988	506.3

注：表中统计数据的统计对象是限额以上的批发企业。其中，"限额以上"是指年主营业务收入在 2 000 万元以上。

资料来源 国家统计局. 中国统计年鉴（2022）［M］. 北京：中国统计出版社，2022.

表 3-2 列出了 2021 年美国《财富》杂志公布的世界 500 强企业名单中的批发企业。从企业总部所在的国家来看，这 28 家企业分别来自美国、日本、中国、德国、新加坡、韩国和印度，其中来自美国和日本的各有 8 家，来自中国的有 5 家。从这些企业经营的主要业务来看，经营进出口贸易的企业约占一半，而另一半企业中，经营保健品批发的企业居多。应该指出的是，这 28 家企业并不是 500 强企业中的全部批发企业，而只是其中的独立批发企业。按照我们对批发商的分类，许多大型生产企业实际上拥有庞大的销售分支机构，也在从事商品批发业务，因而这些依附于生产企业的非独立批发商的规模在表 3-2 中并没有得到反映。

表 3-2   2021 年《财富》世界 500 强企业中的批发企业   单位：百万美元

批发企业排名	《财富》500 强排名	企业名称	国家	主要业务	营业收入
1	12	麦克森（Mckesson）公司	美国	保健品批发	238 228.0
2	17	美源伯根（AmerisourceBergen）公司	美国	保健品批发	189 893.9
3	30	嘉德诺健康（Cardinal Health）集团	美国	保健品批发	152 922.0
4	31	托克（Trafigura）集团	新加坡	进出口贸易	146 994.3
5	51	三菱（Mitsubish）商事株式会社	日本	进出口贸易	121 542.7
6	71	伊藤忠（Itochu）商事株式会社	日本	进出口贸易	97 753.1

续表

批发企业排名	《财富》500强排名	企业名称	国家	主要业务	营业收入
7	112	中粮集团（COFCO）	中国	进出口贸易	76 855.6
8	114	三井（Mitsui）物产株式会社	日本	进出口贸易	75 562.4
9	148	厦门建发（Xiamen C&D）集团	中国	进出口贸易	64 111.8
10	151	中国中化（Sinochem）集团	中国	进出口贸易	63 544.0
11	165	丸红（Marubeni）株式会社	日本	进出口贸易	59 735.2
12	167	丰田通商（Toyota Tsusho）株式会社	日本	进出口贸易	59 517.1
13	199	西斯科（Sysco）公司	美国	食品批发	52 893.3
14	259	艾德卡（Edeka Zentrale）公司	德国	食品批发	44 158.6
15	261	住友（Sumitomo）商事株式会社	日本	进出口贸易	43 817.9
16	329	麦德龙（Metro）集团	德国	食品批发	36 524.7
17	348	拉杰什出口（Rajesh Exports）公司	印度	进出口贸易	34 804.8
18	359	雪松控股（Cedar Holdings）集团	中国	进出口贸易	33 837.0
19	377	菲尼克斯医药（Phoenix Pharma）公司	德国	保健品批发	32 386.9
20	408	美迪发路控股（Medipal Holdings）公司	日本	保健品批发	30 291.3
21	423	艾睿电子（Arrow Electronics）公司	美国	办公设备批发	28 673.4
22	437	上海医药（Shanghai Pharma）集团	中国	保健品批发	27 812.9
23	457	联合天然食品（United Natural Foods）公司	美国	食品批发	26 742.8
24	469	奥兰国际（Olam International）有限公司	新加坡	食品批发	26 047.8
25	473	三星（Samsung C&T）集团	韩国	进出口贸易	25 613.3
26	483	性能食品（Performance Food）集团	美国	食品批发	25 086.3
27	490	新聚思（Synnex）公司	美国	办公设备批发	24 675.6
28	494	阿弗瑞萨控股（Alfresa Holdings）公司	日本	保健品批发	24 556.3

资料来源　根据2021年《财富》杂志公布的世界500强企业排行榜整理。

2）零售商

零售商是将商品直接销售给个人或家庭消费者的专业流通机构，它是联结生产者与消费者或批发商与消费者的重要中间机构，通过零售商的经营活动，商品才真正进入最终消费领域，完成商品流通过程。

表3-3列出了2017—2021年我国限额以上零售业法人企业数量和从业人数。从表中可以看出，这5年间零售业在我国发展非常迅速，2021年限额以上法人企业数量超过11万个，但值得注意的是，零售企业从业人数并未出现显著增长，这大概与实体零售企业因持续受到线上商业冲击而调整经营模式有关。

表3-3   2017—2021年中国零售业的法人企业数量及从业人数

年份	法人企业数量（个）	从业人数（万人）
2021	117 997	651.3
2020	107 761	639.2
2019	102 469	645.4
2018	97 819	657.6
2017	99 182	677.5

注：表中统计数据的统计对象是限额以上的零售企业。其中，"限额以上"是指年主营业务收入在500万元以上。

资料来源   国家统计局. 中国统计年鉴（2022）［M］. 北京：中国统计出版社，2022.

表3-4列出了2021年中国零售连锁企业50强的相关统计信息。该排名是依据企业的销售总额进行的。值得注意的是，销售总额与零售总额之间的差额是该企业的批发交易额。从表中的统计数据来看，很多零售企业尤其是大型零售企业集团的批发交易额是很大的，这也再次印证了大型零售企业承担部分批发商职能、与批发商展开垂直竞争的现实状况。

表3-4   2021年中国零售连锁企业50强

序号	企业名称	业态	销售总额（含税，万元）	门店总数（个）
1	苏宁易购集团股份有限公司	家电专业店	19 719 900	11 281
2	国美零售控股有限公司	家电专业店	14 687 000	4 195
3	红星美凯龙家居集团股份有限公司	百货	13 737 931	485
4	居然之家新零售集团股份有限公司	百货	10 475 878	566
5	沃尔玛（中国）投资有限公司	超市/会员	9 903 600	396
6	永辉超市股份有限公司	超市	9 896 898	1 090

续表

序号	企业名称	业态	销售总额（含税，万元）	门店总数（个）
7	高鑫零售有限公司	百货/超市/便利	9 800 501	602
8	华润万家（控股）有限公司	超市	7 816 771	3 245
9	物美科技集团有限公司	超市/便利	6 988 570	1 174
10	联华超市股份有限公司	超市	5 571 381	3 254
11	王府井集团股份有限公司	百货	5 430 670	91
12	长春欧亚集团股份有限公司	百货	4 274 470	148
13	步步高投资集团股份有限公司	超市/百货/便利	4 086 796	748
14	中石化易捷销售有限公司	便利	3 540 000	27 950
15	天虹数科商业股份有限公司	百货/超市/便利	3 475 278	434
16	武商集团股份有限公司	百货/超市/专业	3 472 661	84
17	美宜佳控股有限公司	便利	3 407 533	26 168
18	重庆百货大楼股份有限公司	百货	3 405 587	304
19	银泰商业（集团）有限公司	百货	3 377 012	61
20	家家悦控股集团股份有限公司	超市	3 272 508	1 025
21	银座集团股份有限公司	百货	3 100 331	380
22	利群集团股份有限公司	超市/便利	2 875 030	540
23	永旺（中国）投资有限公司	百货/超市	2 839 011	97
24	中百控股集团股份有限公司	百货/超市/便利	2 649 863	1 539
25	郑州丹尼斯百货有限公司	百货	2 620 000	562
26	世纪华联超市连锁（江苏）有限公司	百货/超市/便利	2 568 232	5 668
27	石家庄北国人百集团有限责任公司	百货	2 480 519	75
28	烟台振华商业集团有限公司	超市/专业	2 445 726	156
29	金鹰国际商贸集团（中国）有限公司	百货	2 397 690	31
30	江苏华地国际控股集团有限公司	百货	2 325 686	92

序号	企业名称	业态	销售总额（含税，万元）	门店总数（个）
31	中石油昆仑好客有限公司	便利	2 210 000	20 150
32	屈臣氏中国	专业	2 157 500	4 179
33	信誉楼百货集团有限公司	百货/超市/便利	2 026 422	40
34	山东潍坊百货集团股份有限公司	百货	2 021 800	757
35	大参林医药集团股份有限公司	专业	1 861 313	8 193
36	广州市钱大妈农产品有限公司	专业	1 839 000	3 460
37	文峰大世界连锁发展股份有限公司	专业	1 775 975	577
38	成都红旗连锁股份有限公司	百货	1 620 211	3 602
39	孩子王儿童用品股份有限公司	专业	1 528 145	495
40	北京迪信通商贸股份有限公司	专业	1 260 764	1 052
41	北京京客隆商业集团股份有限公司	超市	1 230 123	161
42	百盛商业集团有限公司	百货	1 191 680	46
43	茂业国际控股有限公司	百货	1 154 724	48
44	广州市广百股份有限公司	百货	1 095 154	26
45	罗森（中国）投资有限公司	便利	1 047 648	4 466
46	广州易初莲花连锁超市有限公司	超市	1 027 440	152
47	合肥百货大楼集团股份有限公司	百货	1 022 708	272
48	中国大陆全家	超市	955 015	2 902
49	山西美特好连锁超市股份有限公司	超市	942 761	129
50	唐山百货大楼集团有限公司	百货	908 669	28

资料来源　根据中国连锁经营协会2022年6月14日发布的2021年中国连锁百强榜单整理。

表3-5显示的是2021年《财富》世界500强企业中的零售企业的基本信息。这36家零售企业主要来自美国（14家）、中国（4家）、法国（3家）、荷兰（3家）等11个国家，其中美国的沃尔玛以5 591.51亿美元的营业收入高居世界500强零售企业之首。值得关注的是，随着我国电商零售业的不断发展，京东集团和阿里巴巴集团成功进入世界100强企业，分别位居第59位和第63位。但是，我国的零售企业与沃尔玛等零售巨头

相比，差距依然是巨大的。

表3-5　　　　　　2021年《财富》世界500强企业中的零售企业　　　　单位：百万美元

零售企业排名	《财富》500强排名	企业名称	国家	主要业务	营业收入
1	1	沃尔玛（Walmart）	美国	综合商业	559 151.0
2	3	亚马逊（Amazon.com）	美国	电商	386 064.0
3	27	开市客（Costco Wholesale）	美国	综合商业	166 761.0
4	40	克罗格（Kroger）	美国	食品店和杂货店	132 498.0
5	41	家得宝（Home Depot）	美国	专业零售	132 110.0
6	59	京东（JD.com）	中国	电商	108 087.0
7	63	阿里巴巴（Alibaba）	中国	电商	105 865.7
8	78	塔吉特（Tatget）	美国	综合商业	93 561.0
9	80	劳氏（Lowe's）	美国	专业零售	89 597.0
10	87	皇家阿霍德德尔海兹（Royal Ahold Delhaize）集团	荷兰	食品店和杂货店	85 157.0
11	96	家乐福（Carrefour）	法国	食品店和杂货店	82 211.3
12	99	乐购（TESCO）	英国	食品店和杂货店	81 248.0
13	100	永旺（AEON）集团	日本	食品店和杂货店	81 227.0
14	133	艾伯森（Albertsons）	美国	食品店和杂货店	69 690.4
15	188	柒和伊控股（Seven & i Holdings）公司	日本	专业零售	54 442.4
16	191	库世塔德（Alimentation Couche-Tard）有限公司	加拿大	专业零售	54 132.4
17	233	ELO集团	法国	食品店和杂货店	47 607.3
18	238	百思买（Best Buy）	美国	专业零售	47 262.0
19	253	大众超级市场（Publix Super Markets）	美国	食品店和杂货店	45 204.0
20	259	艾德卡（Edeka Zentrale）	德国	食品批发零售	44 158.6
21	274	伍尔沃斯（Woolworths）集团	澳大利亚	食品店和杂货店	42 677.8

零售企业排名	《财富》500强排名	企业名称	国家	主要业务	营业收入
22	286	英格卡（Ingka）集团	荷兰	专业零售	41 580.4
23	303	Finatis公司	法国	食品店和杂货店	39 197.1
24	314	森宝利（J. Sainsbury）	英国	食品店和杂货店	37 943.5
25	328	苏宁易购（Suning.com）	中国	专业零售	36 564.5
26	329	麦德龙（Metro）	德国	食品批发零售	36 524.7
27	353	长江和记（CK Hutchison Holdings）实业有限公司	中国	专业零售	34 347.1
28	361	Dollar General	美国	专业零售	33 746.8
29	383	TJX	美国	专业零售	32 137.0
30	386	米格罗斯（Migros）集团	瑞士	食品店和杂货店	31 903.3
31	397	Coop集团	瑞士	食品店和杂货店	31 057.5
32	445	X5零售（X5 Retail）集团	荷兰	食品店和杂货店	27 359.1
33	450	CJ集团	韩国	专业零售	27 124.7
34	475	Dollar Tree	美国	专业零售	25 509.3
35	478	Coles集团	澳大利亚	食品店和杂货店	25 324.5
36	500	来德爱（Rite Aid）	美国	专业零售	24 043.4

资料来源　根据2021年《财富》杂志公布的世界500强企业排行榜整理。

3）物流服务商

按照《中华人民共和国国家标准：物流术语》（GB/T 18354—2021）的定义，物流是根据实际需要，将运输、储存、装卸、搬运、包装、流通加工、配送、信息处理等基本功能实施有机结合，使物品从供应地向接收地进行实体流动的过程。可见，物流活动不仅包括运输和储存这两种核心活动，还包括各种辅助活动。在商品流通过程中，物流活动可以由生产者、中间商和消费者按照一定的分工来自行完成，也可以由物流服务商来完成。物流服务商是专门从事物流活动的专业流通机构，它们接受生产者和中间商的委托，完成全部或部分物流活动。物流服务商有多种类型：既有专门从事某一物流环节（运输、储存、信息处理等）的物流服务商，也有将各种物流活动整合起来统一运营、为顾客提供一揽子物流解决方案的物流服务商，后者一般被称为第三方或第四方物流服务商；既有为制造企业提供服务的物流服务商，也有专门为流通企业及消费者提供服务的物流服务商；既有专门从事某一地区的物流业务的物流服务商，也有专门从事某一特定商品的物流业务的物流服务商等。由专业物流服务商来完成物流活动能够获得分工与专业化带来的益处，从而有利于降低全社会流通活动的成本和提高流通活动的效率。商品流通过程中的主要物流活动及其承担主体情况如图3-2所示。[①]

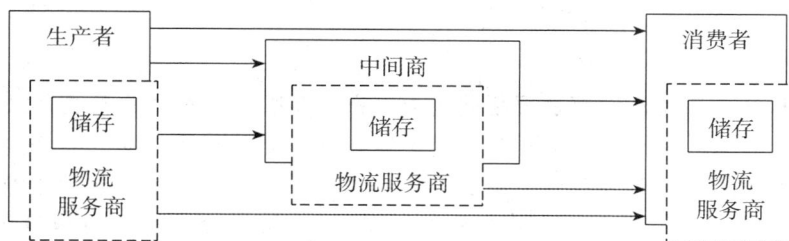

注：图中箭头表示运输功能。

图 3-2　商品流通过程中的主要物流活动及其承担主体

表3-6所统计的是2021年《财富》世界500强企业中的物流企业的基本情况。这14家物流企业主要来自中国（4家）、美国（3家）和法国（2家）等7个国家。

表3-6　　　　　　　　　　2021年《财富》世界500强企业中的物流企业　　　　　　　单位：百万美元

物流企业排名	《财富》500强排名	企业名称	国家	主要业务	营业收入
1	58	日本邮政（Japan Post）	日本	邮递包裹、货运	110 564.3
2	74	中国邮政（China Post）	中国	邮递包裹、货运	96 304.1
3	89	联合包裹速递服务（United Parcel Service）	美国	邮递包裹、货运	84 628.0
4	113	德国邮政敦豪（Deutsche Post DHL）	德国	邮递包裹、货运	76 122.1
5	123	美国邮政（US Postal Service）	美国	邮递包裹、货运	73 133.0
6	135	联邦快递（FedEx）	美国	邮递包裹、货运	69 217.0
7	163	招商局集团	中国	船务	60 280.7
8	189	厦门象屿集团	中国	港口、船务	54 323.9
9	231	中国远洋海运集团	中国	海运	47 998.3
10	252	德国联邦铁路	德国	铁路运输	45 465.2
11	297	马士基集团	丹麦	航运	39 740.0
12	341	法国邮政	法国	邮递包裹、货运	35 533.7
13	355	意大利邮政	意大利	邮递包裹、货运	34 205.1
14	393	法国达飞海运集团	法国	海运	31 445.1

资料来源　根据2021年《财富》杂志公布的世界500强企业排行榜整理。

---

① 庄贵军，等. 营销渠道管理［M］. 北京：北京大学出版社，2005：201.

┗┗ 学思践悟

构建"双循环"新发展格局需要培育具有国际竞争力的流通企业

党的二十大报告指出，高质量发展是全面建设社会主义现代化国家的首要任务。发展是党执政兴国的第一要务。没有坚实的物质技术基础，就不可能全面建成社会主义现代化强国。必须完整、准确、全面贯彻新发展理念，坚持社会主义市场经济改革方向，坚持高水平对外开放，加快构建以国内大循环为主体、国内国际双循环相互促进的新发展格局。

新发展格局是根据我国新发展阶段的特征与要求，以新发展理念为指导，保障我国经济高质量发展、重塑我国参与国际合作和竞争新优势的战略抉择，更是事关全局的系统性、深层次战略变革。在新发展格局中，突出"内循环为主体"是为了充分发挥国内超大市场规模优势和巨大消费潜力，也是满足人民日益增长的美好生活需要的重要体现；强调"国内国际双循环相互促进"是为了均衡利用国内国际两个市场、两种资源，建设国内国际相统一的大市场，以双轮驱动增强经济发展韧性。

就目前来看，我国有条件、有优势、有能力构建"双循环"新发展格局，能够保障国家经济平稳、较快发展，并为全球产业链、供应链和价值链的安全畅通和世界经济复苏做出贡献。从生产方面看，我国已经成为全球第一的制造大国，拥有全球规模最大、最为完整的工业生产体系，是全球唯一拥有联合国产业分类中全部工业门类的国家。从消费方面看，我国是全球第二大消费国，消费连续多年成为经济增长的第一推动力，具有人口基数庞大、需求丰富多样、挖掘潜力巨大的国内市场。

"双循环"新发展格局的建设离不开流通企业的参与，培育优质创新现代流通企业、打造具有国际竞争力的市场主体，是构建"双循环"新发展格局的重要一环。因此，需要发挥企业主体地位，支持流通企业做大、做强、做优，增强创新驱动力和核心竞争力；推动现代流通企业网络化发展，整合运用商贸、物流网络和全球资源，构筑成本低、效率高、韧性强的流通渠道；推动现代流通企业一体化发展，使跨界融合的新业态不断涌现；鼓励现代流通企业生态化发展，构建大中小企业深度对接、资源共享、协同发展的现代流通新生态。

┗┗ 本章小结

流通功能是流通在商品或产品的生产与消费过程（社会再生产过程）中所发挥的作用或职能。流通功能具体包括所有权转移（商流）、物流、成本节约、信息传递、风险分担和流通金融等。

商品所有权的转移功能是流通的基本功能之一。社会分工造成了生产与消费的社会性分离，使消费者不能自给自足，必须消费由专业生产者生产的商品，因而必须首先取得商品的所有权。也只有通过商品所有权的这种转移，商品才能从生产领域转移到消费领域。

商品所有权的转移仅仅为消费者现实地消费商品提供了一个前提条件，仅有所有权的转移，并不能保证消费者能够现实地消费商品。所以，只有在完成商品所有权转移的同时，商品实体也发生相应的转移，才能使消费者现实地消费，从而达到商品流通的目的。商品实体从生产者向消费者转移的过程，一般被称为商品的物流过程，与之相应，商品流通的物流功能也是商品流通的基本功能之一。

商品在流通过程中发生的费用即流通成本，主要表现为流通主体为达成交易、推动商品向消费者转移而付出的成本总和。在流通过程中，专业分工使每个流通主体都能够专注于其所擅长的领域，从而可以获得规模经济。专注于流通活动的中间商业机构的出现，则更好地协调了生产者与消费者之间的流通问题，从而极大地降低了流通成本，提高了流通过程的效率。

为了使商品的供给与消费更好地匹配与结合，供求信息的相互传递是十分必要的，这也是流通的主要功能。供求信息的传递包括两个过程，即需求信息向供给者的传递和供给信息向消费者的传递，并且这些传递过程不是一次性的，而是循环进行的。通过供求信息的循环传递，供给与需求相互适应，从而实现生产与消费过程的统一。

商品在流通过程中总会由于各种原因而面临各种风险。流通风险是商品流通过程中普遍存在的一种经济现象，这种风险必须由商品流通的参与者来承担。专业流通机构的介入分担了由生产者和消费者承担的流通风险，既保护了生产者的利益，也保护了消费者的利益。

为保障商品流通活动的顺利进行，流通主体对经营投入资本以及周转资本等必要资本的融通是十分重要的，这就是流通的金融功能。在商品流通过程中，资金融通主要有两种类型：一是对流通机构商品销售活动的资金融通；二是对消费者购买商品的资金融通。流通金融功能极大地提高了商品流通活动的速度和效率。

流通机构是指参与商品流通活动的各类组织机构，包括生产者、消费者和专业流通机构。生产者是指从事提取、种植以及制造产品的各种机构，既包括自然人、家庭手工业者，也包括各种类型和规模的企业。消费者是商品流通活动所指向的对象，消费者需求的满足是商品流通活动的最终目标。专业流通机构是社会分工的产物，包括批发商、零售商、物流服务商等。

复习思考题

1.流通的功能有哪些？
2.简述流通的所有权转移功能。
3.简述流通的物流功能。

4.简述流通的成本节约功能。

5.简述流通的信息传递功能。

6.简述流通的风险分担和金融功能。

7.为什么说生产者与消费者也是流通机构？

8.专业流通机构有哪些？其主要特点是什么？

拓展阅读：专业商人的出现

第 4 章

流通渠道

学习目标

　　通过本章的学习，深入理解流通渠道的含义与成员构成，全面掌握流通渠道的结构类型及其影响因素、流通渠道系统的构成与组织机制，了解渠道成员之间的相互依赖关系，以及由此带来的渠道权力、冲突等行为问题，把握流通渠道结构变迁的原因，以及我国流通渠道的变迁过程。

4.1　流通渠道概述

4.1.1　流通渠道的概念

1）什么是流通渠道

渠道（channel）一词令人联想起水流的通道，而商品流通渠道则是商品从生产领域向消费领域转移的通道。商品不会像水一样自然流动，体现社会经济关系的商品要从生产领域向消费领域转移，必须借助一种社会力量的推动，这种推动力量就是各种类型的社会经济组织和个人为了实现各自的利益而进行的商品交易活动。只有经过一系列的交易过程，商品的运动才成为可能。所以，构成商品借以流动的载体的，正是从事商品交易活动的各类经济组织和个人，既包括商品的生产商和最终消费者，也包括在商品从生产商向消费者转移过程中参与流通活动的各类批发商、零售商，以及其他辅助机构。我们将这些机构统称为流通机构，它们构成了商品从生产领域向消费领域转移的通道。

这样，我们可以将流通渠道定义为促使商品从生产领域向消费领域转移而由商品生产者、流通者、消费者等流通机构构成的一系列相互依存的组织。由此可见，我们可以从以下几个方面来理解流通渠道的内涵：

（1）流通渠道横跨生产与消费两个领域，是商品转移的通道。这个通道是由参与商品流通过程的各种类型的机构、组织和人员构成的，每个参与商品转移活动的机构、组织和人员都被称为渠道成员。

（2）流通渠道运行的目的是促使商品能够顺利地被使用和消费，满足渠道终端用户的消费需求。

（3）渠道成员之间是相互依赖的。狭义的渠道成员包括生产者、流通者和消费者，这里的"流通者"是指专门从事商品流通活动的各类批发商和零售商；广义的渠道成员除包括上述流通机构外，还包括提供金融、信息、物流等服务的各种辅助机构。为了顺利完成商品从生产领域向消费领域的转移，这些渠道成员必须相互协作，任何生产者、流通者和消费者都不能单独完成商品的这一转移过程。这种相互依赖的关系乃是渠道成员之间专业化分工的结果。

（4）渠道成员之间存在共同的目标，如它们有共同的终端服务对象，它们都希望通过专业化的合作增强自身在市场中的竞争力。所以，在渠道中纵向排列的成员之间至少存在最低限度的合作，否则这条渠道是不可能存在的。

（5）流通渠道所涉及的活动发生在不同的社会经济组织之间，所以渠道关系是组织间关系，而不是组织内部关系。由于这些渠道成员一般是独立的经济活动主体，它们有着各不相同的目标，因而渠道关系中先天地隐含着相互冲突的因素。也正是因为如此，无论哪个渠道成员要对整个渠道的运行进行协调和管理，其难度和复杂性都要远远大于对企业内部关系的协调和管理。

（6）商品在流通渠道内的转移表现为两种形式：一种是价值形态的转移，表现为商品所有权在渠道成员之间的转移；另一种是实物形态的转移，表现为商品实体在空间上的转移。因而，在商品从生产领域向消费领域转移的过程中，商品的所有权至少要转移一次，通过这种转移，各种流通机构的经营与消费目标才能实现。伴随着商品所有权的转移，商品实体也要随之进行相应的转移。

2）流通渠道与营销渠道的异同

与流通渠道密切相关的一个概念是营销渠道，这两个概念既有共同点，又有区别。它们都是指商品通过系列交易活动从生产领域向消费领域转移的通道，但又存在区别：[①]

（1）两者关注的视角不同。营销渠道是站在生产者的角度关注通过什么样的途径才能将商品迅速有效地转移给消费者，以满足消费者的相关需求，因而营销渠道关注的视角是微观的。流通渠道是从宏观的视角关注商品从生产领域向消费领域的转移过程，这个宏观的视角可以是国家的角度，也可以是行业的角度。

（2）两者涉及的内容不同。营销渠道所涉及的内容主要集中在厂商的分销战略与策略等方面，即侧重于营销渠道的设计与管理；而流通渠道所涉及的内容更宽泛，除了涉及厂商的渠道行为外，还涉及专业流通机构即渠道中间商的渠道行为和消费者的消费行为。更为重要的是，流通渠道所涉及的内容侧重于从流通渠道的结构、行为等方面完整分析其内在运行规律和渠道整体的运动变迁规律，以更好地实现流通渠道的商品转移功能。

（3）两者涉及的学科属性不同。营销渠道是市场营销学的重要构成部分，而市场营销学属于管理学科，因此营销渠道也属于管理学的研究范畴；流通渠道是流通经济学或流通理论的重要构成部分，因而它在学科属性上应该同流通经济学一样属于经济学的范畴。

尽管两者在上述方面存在较大的差异，但其所涉及的问题有一定交叉，如渠道微观主体的经营行为、渠道成员之间的依赖关系以及相互作用机制等。对这些问题，既可以从市场营销学的视角进行研究，也可以从流通经济理论的视角进行研究，而且其研究成果是可以相互借鉴与应用的。

4.1.2 流通渠道的参与者

流通渠道是由参与商品从生产领域向消费领域转移过程的相关组织和人员构成的，我们将这些履行特定功能的组织和人员统称为渠道参与者。这些渠道参与者包括生产者、专业流通者（批发商和零售商）、终端用户（产业用户和个人用户），以及各类提供专业服务的辅助机构。根据这些参与者是否参与有关商品交易或所有权转移的谈判活动，以及是否参与商品所有权的实际转移活动，我们将其分为两大类：[②]一类是包括生产者、专业流通者和终端用户的成员性参与者；另一类是包括提供各种专业服务的辅助机构的非成员性参与者（见图4-1）。

---

① 相关内容参见：[1] 杨慧. 流通渠道的变革研究 [M]. 北京：中国财政经济出版社，2004：10. [2] 庄贵军，等. 营销渠道管理 [M]. 北京：北京大学出版社，2004：19.
② 罗森布罗姆. 营销渠道管理 [M]. 李乃和，奚俊芳，等译. 6版. 北京：机械工业出版社，2003：29.

```
                          所有渠道参与者
                     ┌──────────┴──────────┐
               成员性参与者              非成员性参与者
          ┌──────┬──────┬──────┐    ┌──────┬──────┬──────┬──────┐
        生产   专业    最终   物流   市场   广告   金融
        机构   流通    用户   服务   研究   代理   保险
              机构          机构   机构   机构   机构
       ┌──┬──┐ ┌──┬──┐ ┌──┬──┐
      大  小  批  零  产  个
      规  规  发  售  业  人
      模  模  中  中  用  用
      生  生  介  介  户  户
      产  产  机  机
      机  机  构  构
      构  构
```

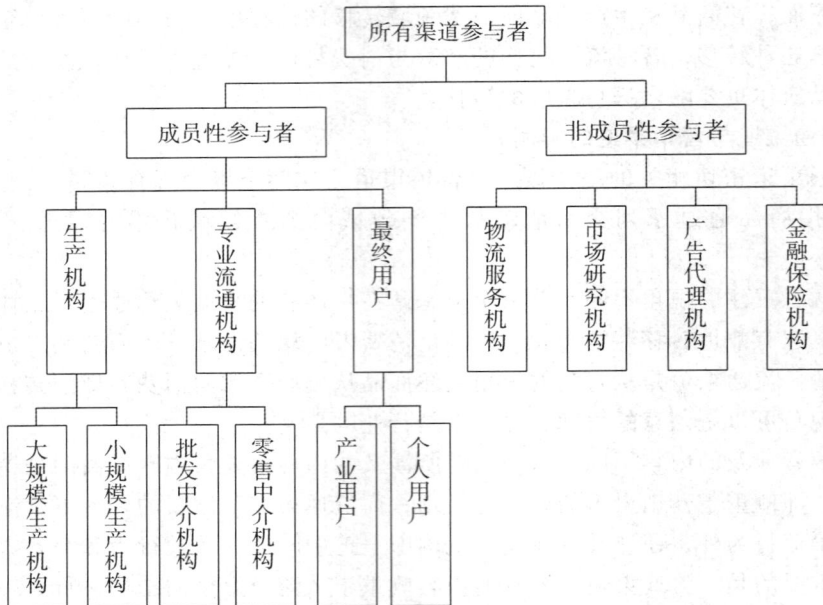

图 4-1   流通渠道参与者的分类示意图

1）生产机构

流通渠道中的生产机构是指那些生产或制造产品的经济组织，其所涵盖的行业范围是十分广泛的，从从事农业生产的基本农户到生产制造行业中的企业，都在从事商品的生产活动。这些生产机构在流通渠道的运行中起着举足轻重的作用，因为它们所生产的产品是整个流通过程的核心，没有这些产品，流通渠道也就失去了赖以存在的基础。虽然这些经济组织在其规模、生产的产品类别等方面存在巨大的差别，但是它们的生产经营活动都有一个相同的目标，即满足市场的消费需求。显然，要使商品满足消费者的需求，生产机构必须通过某种方式将其所生产的商品投入相应的目标市场，即完成商品从生产领域向消费领域转移的过程。要完成这个过程，生产机构有两种基本的选择：一种是依靠自己的力量；另一种是依靠外力。然而，一个基本的事实是，无论是小型的生产机构，还是大规模的生产制造企业，一般都没有合适而有效的方式推动商品完成流通过程，因为要有效地将商品从生产领域转移到消费领域，需要具备完成这一任务所必需的专业技能和规模经济，而这些生产机构往往非常缺乏这些专业技能，难以获得推动商品流通的规模经济。

一方面，绝大多数生产机构在商品流通方面的专业技能远没有达到其在生产制造领域所拥有的水平。一个农业技术能手能够利用最新的农业科技成果生产出品质优良的农产品，但他可能并不知道怎样才能将他的产品高效率、低成本地供给全国乃至世界各地的消费者；同样，一个家电生产企业可能处于电子科学技术的前沿，并能够以先进的生产技术和较低的成本研制、开发和生产出高品质的家电产品，但它可能同样在如何将产品销售给成千上万的终端消费者方面知之甚少。实际上，我们在现实生活中可以接触到许许多多这样的例子。这种情况说明，生产者在商品生产过程中所掌握的高水平的专业技能并不能自动地转换为商品流通方面的专业技能。也就是说，生产机构在生产运营方面的高超技能并不能使它们具备同样出色的流通技能，这是渠道专业分工的结果。

另一方面，即使一些生产机构已经拥有了或者正在学习掌握高水平的商品流通技能，也可能由于缺乏规模经济而不能有效地自主完成商品的流通过程。生产机构在生产过程中的规模经济能够使其单位产品的生产成本处于一个合理的水平，同样，在商品流通过程中的规模经济也能够有效降低单位产品的流通成本。如果生产机构要自己完成商品流通过程，那么为了让终端用户十分方便地购买到商品，它们不仅要建立一个规模庞大的订单处理机构来处理所收到的订单，还必须在其目标用户所在的市场上设立若干销售网点；为了持续地满足其用户的需求，它们必须保有充足的库存；为了更快地将商品送达目标市场或用户的手中，它们还需要在不同地区建立若干仓库，并要拥有自己的车队等。可见，任何生产机构要独立完成商品的流通过程，就要为建立庞大的流通系统付出昂贵的代价。问题在于其在商品流通环节缺少规模经济。一个生产机构必须大规模生产才能获得生产的规模经济，其用户的需求却是小批量的；某种商品的用户往往分散在地域广阔的市场中，而生产机构无法在每个目标市场上都设立工厂；任何一个生产机构，无论其规模大小，其所生产的商品类别总是有限的，而终端用户所需要的商品类别却是千差万别的。这些矛盾使得生产机构在独立完成商品流通过程中很难获得规模经济。

因此，生产机构在流通渠道中的基本职能就是按照市场的需求生产相应的商品，并把商品流通职能交给那些既具备专业的流通技能又能够获得商品流通规模经济的专业流通机构，从而高效率、高质量、低成本地完成商品流通过程。

2）专业流通机构

专业流通机构是介于生产机构和最终用户之间专事商品流通活动的经济组织，其基本形式主要有两种，即批发商和零售商。

（1）批发商。批发商是从生产者或其他经营者那里购进商品，然后转售给其他批发商、零售商、产业用户的流通组织。批发商是流通渠道的中间环节，它上游联结生产机构，下游联结其他批发商、零售商及产业用户。从批发商下游交易的对象来看，批发商的经营业务完成以后，商品一般不进入最终消费领域，而是进入流通渠道的下游流通组织，继续向终端消费者移动，或是为其他产业用户所消费。作为商品流通渠道中重要的中间环节，批发商在流通渠道中发挥着重要功能。有关内容详见本书第6章。

（2）零售商。零售商是将商品直接销售给个人或家庭消费者的流通组织，它是联结生产者与消费者或批发商与消费者的重要机构。通过零售商的经营活动，商品才真正进入最终消费领域。直接与最终消费者交易的零售商也在流通渠道中发挥重要的功能。有关内容详见本书第5章。

3）最终用户

根据用户购买动机和行为的不同，最终用户可以分为个人用户和产业用户两类。个人用户是那些为满足自身及其家庭成员的需要而购买商品的人；产业用户是所有非个人消费者，包括工业企业、商业企业、服务企业、政府机构、民间团体以及各种非营利组织，它们购买商品的目的是从事生产经营活动并进一步向社会提供服务。显然，从社会再生产的角度来看，个人用户的消费是最终消费，而产业用户的消费则属于中间消费。

无论是个人用户还是产业用户，它们都是整个流通渠道的终点，流通渠道的所有活动都是为了能够在适当的时间、适当的地点，以适当的价格、适当的商品形式满足最终用户的需求。最终用户虽然是商品的消费者，但在流通渠道中仍然承担一些渠道功能。例如，当消费者在大型超市购买大量食品并在家中储存时，他们就承担了如下功能：首先，他们在商品使用之前就向零售商支付了货款，因此将现金注入了渠道，承担了部分融资功能；其次，他们自己把商品运送回家，从而承担了部分运输功能；最后，他们在家中储存尚未消费的商品不仅发挥了储存功能，还为零售商节省了仓库空间，并同时承担了与所有权相关的诸如遗失、破损、变质等风险。因此，从这一意义上讲，最终用户也是渠道的成员性参与者。

4）流通辅助机构

流通辅助机构是流通渠道的非成员性参与者，它们本身并不参与商品的买卖，而是帮助渠道的成员性参与者执行商品买卖、商品实体转移以及商品所有权转移等渠道功能的流通组织。虽然这些流通辅助机构不是渠道的成员，但它们在渠道中发挥非常关键的作用。流通辅助机构根据其主要承担的流通功能，可以分为以下四类：

（1）物流机构。物流机构是为委托人（生产者或中间商）提供各种物流服务的流通组织，根据它们提供的主要服务的类别，可分为运输机构、仓储机构、配送机构及物流信息机构等专业机构。这些物流机构在为生产机构和中间商提供物流服务时，都不拥有商品的所有权，而只是帮助交易双方更高效地完成商品实体在空间上的位移和在时间上的滞留。

（2）市场调研机构。市场调研机构是在流通渠道中对市场信息进行搜集、整理与分析的专业化流通组织，它们能够向生产机构或中间商提供市场需求、消费行为等方面的信息，有助于生产机构和中间商更好地了解最终用户的需求，从而使商品的流通过程更加顺畅。

（3）广告代理机构。这类机构是为生产机构或中间商提供广告服务的专业组织，它们在流通渠道中的主要功能是帮助生产机构和中间商进行广告策划、设计、发布及效果评估等活动，向市场传递关于商品和企业的信息，促进商品的销售。

（4）金融保险机构。这类机构是为渠道参与者提供资金融通和保险服务的专业组织，它们在渠道中的主要功能是为渠道的成员性参与者和非成员性参与者提供资金融通服务，加速资金流动，以及帮助它们规避经营过程中可能发生的风险等。

除上述四类流通辅助机构以外，还有电信和邮政部门、会计师事务所、律师事务所等专业机构，为渠道参与者提供所需的专业服务。

4.2　流通渠道结构及其影响因素

4.2.1　流通渠道结构

流通渠道结构是指参与完成商品由生产领域向消费领域转移过程的各种组织机构的

构成方式。对流通渠道结构的考察有多个维度，在从计划经济向市场经济转轨的过程中，考察流通渠道结构的传统视角是所有制和计划管理的程度两个方面，相应地出现了所谓国有渠道、集体渠道、个体私营渠道，或计划渠道与计划外渠道等提法。[①]以下我们从流通渠道终端用户的类型和流通渠道的长度两个方面对流通渠道的结构进行考察，这两个方面是从宏观角度考察流通渠道结构的基本维度。[②]

1）流通渠道的类型结构

根据终端用户的不同，流通渠道可以分成消费品流通渠道和工业品流通渠道两类。其中，消费品流通渠道的终端用户是个人及家庭消费者，工业品流通渠道的终端用户为产业消费者。

（1）消费品流通渠道结构。消费品流通渠道的基本结构如图4-2所示。从图中可以看出，消费品流通渠道的基本结构形式是多样的，既可能非常简单，也可能比较复杂。渠道模式1代表一种最简单的渠道结构——生产者直接将商品销售给最终消费者，这种渠道也称为直接渠道。这种模式虽然不是消费品流通渠道的主流模式，但也很常见，比较具有代表性的就是农民将自己种植的农产品带到城市农贸市场直接出售给城市居民，或者生产制造商通过电子商务网站等形式直接向消费者销售产品。渠道模式2、3和4都是有中间商参与的渠道，不同模式所包含的中间商数量不同。渠道2只有一个零售商参与商品流通，它直接从生产者采购商品，然后将商品转售给消费者。例如，大型家电商场直接从生产厂家采购家电，然后销售给消费者。渠道模式3是消费品流通渠道的典型模式，商品依次经过批发商、零售商，再到消费者的手里。对于一些消费品而言，其经过的批发环节可能不止一个，即经过多次批发，然后由零售商销售给消费者，这就是渠道模式4。

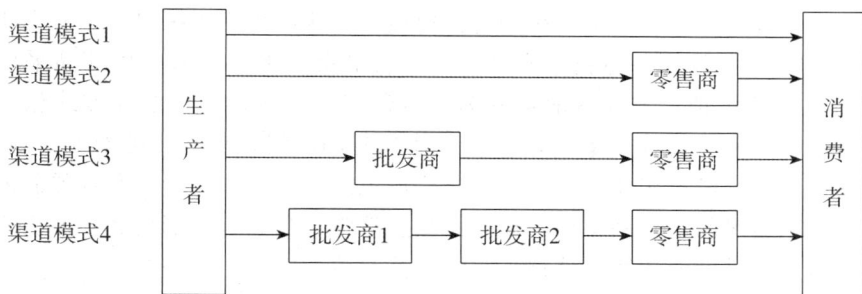

图4-2 消费品流通渠道的基本结构

（2）工业品流通渠道结构。工业品流通渠道的基本结构如图4-3所示。从图中可以看出，工业品的流通渠道比消费品的流通渠道更简单，主要是制造商与产业用户之间的中间商数量要少一些。另外，由于工业品流通渠道的服务对象是产业用户，所以它区别于消费品流通渠道的一个显著特征就是渠道中不包含零售商。根据是否有中间商参与，工业品流通渠道的形式也可以分为直接渠道和间接渠道两种。图4-3中的渠道模式1就是直接渠道，这种模式在工业品流通渠道中很常见。工业品的用户往往在地理位置上比

① 夏春玉. 现代商品流通：理论与政策［M］. 大连：东北财经大学出版社，1998：207-208.
② 从微观视角来看，流通渠道的结构除了类型和长度两个考察维度外，还包括宽度结构，即一条渠道中某个环节所包括的中间机构的数量，数量越多，则渠道越宽。营销学中一般站在生产者的角度使用密集型分销、选择性分销和独家分销来说明渠道宽度的三种典型结构。由于本节内容侧重于从宏观视角考察流通渠道的结构，所以对渠道的宽度结构不做详细介绍。

较集中，购买批量大，产品的单位价值也较大，加之工业品往往需要厂家提供更多的售后服务和技术支持，所以采用直接渠道模式可以更好地为产业用户服务。根据参与渠道的中间商类型的不同，工业品流通渠道的模式有多种，如图 4-3 中的模式 2、3、4、5。它们的不同之处在于制造商的分销机构是制造商自有的批发机构，而代理商和工业品经销商是独立的批发机构。

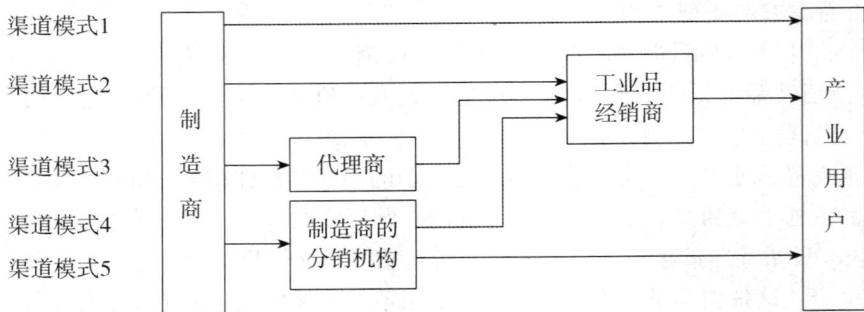

图 4-3　工业品流通渠道的基本结构

2）流通渠道的长度结构

流通渠道的长度结构也被称为渠道的层级结构，是指一个渠道中所包括的中间机构的层次数量。每个中间机构只要在推动产品及其所有权向最终用户转移的过程中承担若干工作，就是一个渠道级，我们用中间机构的级数来表示渠道的长度。[①]按照渠道中间商层级的多少，流通渠道可以分为零级渠道、一级渠道、二级渠道和三级渠道。

（1）零级渠道。零级渠道是指产品从生产者直接流向最终消费者，而不经过任何中间机构的渠道。零级渠道一般也被称为直接渠道。工业品采用零级渠道，有助于生产商更好地为产业用户提供服务与技术支持。在消费品市场上，也有一些商品采用零级渠道，在营销学中这种销售方式一般被称为直接营销。直接营销的主要方式包括上门推销、邮购、电视直销，以及随着互联网的普及兴起的网络营销等。随着互联网的普及，一些商品甚至不需要经过实体的流动就可以完成流通过程，如电子书和音像制品就属于这类产品。越来越多的消费品生产者通过网络直接将产品销售给消费者，但大多数消费品的生产者都需要借助专业物流公司来完成商品实体的转移。

（2）一级渠道。一级渠道是指渠道中只包括一个中间商。在消费品流通渠道中，这个中间商通常是零售商；在工业品流通渠道中，它通常是一个工业品批发商。近年来，随着一些大型零售企业规模的扩大，零售商越过批发商直接向消费品生产商采购商品的渠道模式越来越常见，与之相应，零售商在渠道系统中的影响力也越来越大。例如，国美、苏宁等大型家电连锁企业直接向家电生产企业大批量采购家电产品，然后通过连锁店铺或者网上商城销售给消费者，业界一般把这种渠道的运作模式称为厂家直供模式。

（3）二级渠道。二级渠道是指渠道中包括两级中间机构。在消费品流通渠道中，两级中间机构通常是一个批发商和一个零售商；在工业品流通渠道中，它们可能是两个不同的批发商，或者是一个代理商和一个经销商，也可能是一个制造商的分销机构和一个

---

① 科特勒. 营销管理：分析、计划、执行和控制［M］. 梅汝和，梅清豪，张桁，译. 9 版. 上海：上海人民出版社，1999：594.

经销商（见图4-3）。在消费品市场上，二级渠道是一种标准的渠道形式。

（4）三级渠道。三级渠道是指渠道中包括三个中间机构。在消费品流通渠道中，这些中间机构往往是两个批发商和一个零售商，而这两个批发商可能是同一种类型，也可能是不同的类型；在工业品流通渠道中，这种渠道模式比较少见。实际上，一些消费品的流通渠道包括的中间商数量可能更多，即商品经过多级批发商，再经过零售商，最终到消费者的手中。所以，消费品的流通渠道一般比工业品的流通渠道更长。

4.2.2　流通渠道结构的影响因素

如上所述，商品流通渠道的形式是多种多样的，既有直接流通渠道，也有间接流通渠道；既有长渠道，也有短渠道。在现实的商品流通过程中，必须依据市场状况、商品特性，以及生产者、流通者和消费者等因素来科学合理地确定流通渠道的形式，以实现高效、快速、低成本的商品流通。

1）市场因素

满足市场需求是商品流通活动的最终目的，因而市场因素对流通渠道的结构将产生巨大影响。一般而言，市场因素中的市场性质、市场区域、市场规模、市场密度和市场行为是影响流通渠道结构的主要因素。[1]

（1）市场性质。市场性质是指产品类型，一般而言，工业品市场较多采用不包括零售商的短渠道，而消费品市场一般采用包括零售商的较长的流通渠道。

（2）市场区域。市场区域是指市场的地域规模、地理位置以及与生产者之间的距离。一般而言，生产者距离市场越远，市场的地域规模越大，在流通渠道中越有可能包括更多的中间机构，因为间接的长渠道往往能够比直接渠道节省更多的流通成本。

（3）市场规模。市场规模是指市场中最终用户的数量。一般而言，市场规模越大，渠道可能越长；如果市场规模较小，直接渠道可能较为有效。

（4）市场密度。市场密度反映最终用户在空间上的集中程度，用每单位区域内终端用户的数量来表示。从总体上讲，市场密度越低，将商品有效地销售给最终用户的难度越大，因而需要采用间接渠道；相反，市场密度越高，则越可能使用直接渠道。

（5）市场行为。市场行为是指终端用户购买行为的特征，包括用户购买的方式、时间、地点，以及实施购买的主体类型等。不同的市场行为会对渠道结构产生重要影响。如果用户的购买方式为少量、多频次购买，则需要使用长渠道来满足用户的需求；如果用户的购买行为受季节的影响较大，则需要使用长渠道，让中间商担负起存货职能，以减少生产过程的波动；如果用户喜欢在网上购物，则可以取消中间商，采用直接渠道；在消费品市场上，如果商品是由夫妻双方共同参与购买的，则可以将服务于夫妻双方的零售商纳入流通渠道；在工业品市场上如果有多个主体影响采购决策，则可以采用对决策各方能够成功施加影响的直接渠道。

2）商品因素

商品是商品流通的对象，因此商品因素是选择商品流通渠道的"决定性因素"。一

---

① 参见：[1] 夏春玉. 现代商品流通：理论与政策 [M]. 大连：东北财经大学出版社，1998：211. [2] 罗森布罗姆. 营销渠道管理 [M]. 李乃和，奚俊芳，等译. 6版. 北京：机械工业出版社，2003：170-171.

般来说，影响商品流通渠道结构的商品因素包括以下几个方面：

（1）商品种类。如前所述，工业品的流通渠道一般要短一些，而消费品的流通渠道比较长。在消费品市场中，非选择性商品即消费者经常购买、价格低廉且消费者数量众多、分布广泛的商品，渠道要长一些；相反，选择性商品和特殊商品的渠道则要短一些，因为这类商品的价格较高，使用时间较长，消费者的购买频次也较低。

（2）体积与重量。体积大且较重的商品，其流通渠道短一些，因为这类商品的物流成本很高，在多个渠道成员之间转移时需要花费大量的物流成本，所以这类商品适用于由生产者直接向用户供货的方式。体积小、重量轻的商品，其流通渠道则可以长一些。

（3）易腐性。易腐性包括实体商品容易腐烂变质和商品的有效期或流行期较短两项内容。易腐商品的流通渠道一般要短一些，以减少商品在流通渠道中滞留的时间。这类商品可以采用直接渠道，而当直接渠道到达市场的成本过于高昂时，也可以合理地使用中间商。

（4）单位价值。总体来说，产品的单位价值越低，其流通渠道可能越长，这是因为低单位价值的产品所发生的流通费用较低。这也是日用消费品流通渠道比工业品流通渠道长的原因。

（5）标准化程度。标准化程度较低的定制品一般采用直接渠道，由生产者直接提供给消费者；而标准化程度较高的商品则可以通过间接渠道由中间商销售给终端用户。

（6）技术服务要求。商品使用过程中所需要的技术服务越多、要求越高，流通渠道的长度就越短，通常采用直接渠道，以保证生产者向用户提供此类服务的质量；相反，技术服务要求不高的商品，流通渠道则可以长一些。

3）生产者因素

对流通渠道结构产生较大影响的生产者因素主要是生产者的流通策略，流通策略的变化将会影响生产者对流通渠道类型的选择。例如，如果生产者采取保护市场份额的垄断竞争策略，那么它就必须对流通渠道实施程度较高的控制，这就会强化其直接渠道的功能。另外，生产者的财务能力、产品组合的宽度和管理能力等，也会对流通渠道的结构产生影响。

4）流通者因素

流通者对流通渠道结构的影响主要源于其对规模经济的追求。例如，为了获得规模经济，零售商通过连锁经营或组建集团等方式代行批发商职能，直接从生产者处采购商品。这些行为会导致原有流通渠道的结构发生变化。

5）消费者因素

消费者的购买习惯和生活方式等也会对渠道结构产生影响。例如，为了购物的方便，消费者倾向于将所需物品一次购全，从而促进了经营非选择性商品的超级市场的发展。再如，如果消费者喜欢在住所附近的杂货店或便利店购买某类商品，则这类店铺可能会发展成为经营该类商品的有效渠道。

4.3　流通渠道系统

4.3.1　流通渠道系统的构成

所谓系统，是指由相互作用和相互依赖的若干部分组合而成的、具有特定功能的整体。要正确地分析流通渠道的结构，首先要明确流通渠道是由一组相互依赖的组织或机构组成的一个系统，一个为了共同的目标——满足用户的消费需求——而相互联系、相互作用、相互依赖的系统。这个系统由两个子系统组成，即营利子系统和用户子系统。前者包括一系列纵向排列的组织机构，即生产者、批发商和零售商等；后者包括个人用户与产业用户。由于流通渠道系统的运营目是促使商品顺利地被使用和消费，满足渠道终端用户的消费需求，因此用户子系统对营利子系统的结构起着决定性作用。同其他系统一样，流通渠道系统从属于一个更大的系统——流通经济系统，大系统提供输入，并规定子系统的运行规则。经济系统是一个包括众多子系统的更大的系统，流通经济系统是其中之一。经济系统又是国家系统的子系统，而国家系统又是国际系统的子系统。国家系统和国际系统都包括自然的、经济的、社会的、技术的、文化的以及政治和法律的子系统，它们对某个特定系统的发展变化产生各种影响。流通渠道系统在各大系统中的位置如图4-4所示。[①]

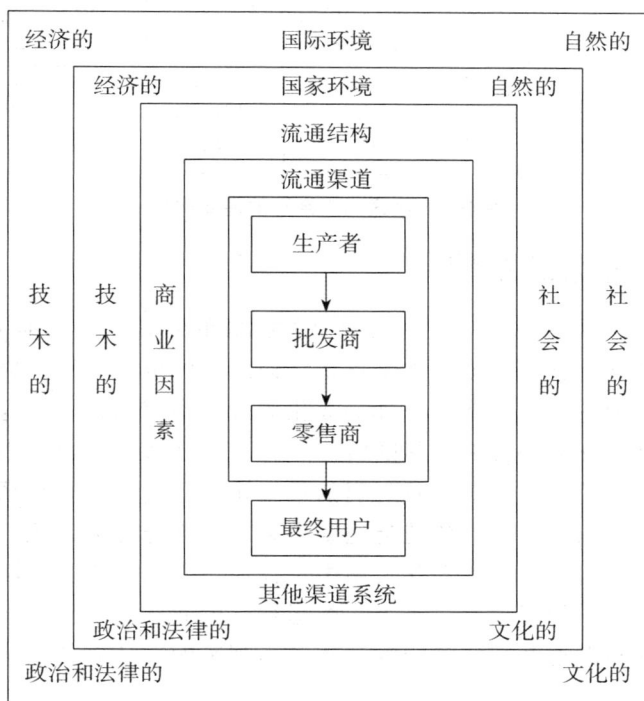

图4-4　流通渠道系统在各大系统中的位置

---

①　STERN L W，ANDERSON E，COUGHLAN T A. 市场营销渠道［M］. 赵平，等译. 5版. 北京：清华大学出版社，2001：11.

同所有的系统一样，流通渠道系统也是有界限的。这些界限包括地理上的（市场区域）、经济上的（处理一定业务的能力）以及人事上的（系统涉及的人员范围）。而流通渠道结构的不断变化说明渠道系统是一个开放的系统，每一个渠道成员都必须适应不断变化的环境，尤其是环境中的关键要素——用户需求——的变化。因此，流通渠道结构的演变过程实际上是渠道中各个组织机构对渠道内部与外部环境中的经济、政治、技术、社会力量等不断适应的结果。关于流通渠道结构的变迁，我们将在 4.4 节详细介绍。

按照渠道成员相互联系的紧密程度，我们可以将流通渠道系统划分为两大类，即传统流通渠道系统和整合流通渠道系统，其基本构成如图 4-5 所示。下面我们就来详细考察这两类系统的结构与组织方式。

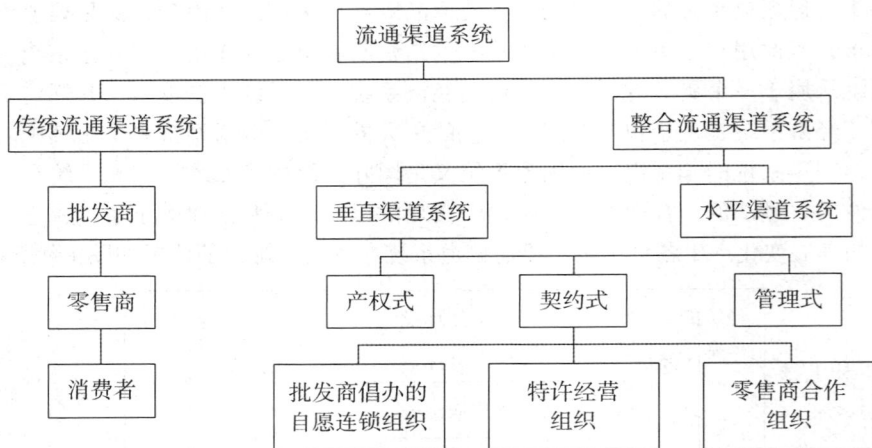

图 4-5　流通渠道系统的基本构成

4.3.2　传统流通渠道系统

流通渠道是由一系列相互独立的组织机构构成的，它们在功能上是相互依赖的。在传统流通渠道系统中，渠道成员并不承认它们之间的依赖关系，成员之间在一定程度上相互合作是因为它们认为能从这种专业化的分工中获利，一旦这种合作关系不能令其达到预期目标，任何一方都可能随时终止合作。在传统流通渠道系统中，渠道成员都是作为一个独立的实体追求自身利润的最大化，即使损害整个系统的利益也在所不惜，因此，从严格意义上讲，传统流通渠道系统并不能称为系统，成员间只是一种松散的合作关系。在这种松散的合作关系中，任何一个渠道成员都没有全部或足够的控制权去影响其他成员的行为和整个系统的运行。因此，完全依靠市场的力量进行调节的合作关系给这种渠道系统的稳定性带来了不利影响，从而使系统的运行效率也处于比较低的水平。

4.3.3　整合流通渠道系统

为了使渠道系统的运作更加高效，每一个渠道成员都必须履行相应的职责，并采取协调一致的行动，因而必须改变传统渠道的松散状态，创造一种能够使渠道协调一致高效运行的机制。垂直渠道系统和水平渠道系统就是实现渠道协调的两种典型形式。

1）垂直渠道系统

垂直渠道系统是由生产者、批发商和零售商构成一个统一的联合体，每个渠道成员都把自己看作系统的一部分，着眼于整个渠道系统的运营效率。根据渠道成员之间联结方式的不同，垂直渠道系统包括产权式、契约式和管理式三种典型形态。

（1）产权式垂直渠道系统。产权式垂直渠道系统也称公司式垂直渠道系统，它依靠产权关系使渠道成员之间建立关联，通过生产者对中间商或中间商对生产者实施控股或参股的形式，加强渠道成员之间的联系，是一种最为紧密的组织形式。因此，产权式垂直渠道系统的主导者可能是生产者，也可能是中间商。

（2）契约式垂直渠道系统。契约式垂直渠道系统依靠合作契约使独立的渠道成员之间建立起比较紧密的联系，从而形成一个统一的联合体。契约式垂直渠道系统可以分为特许经营组织、批发商倡办的自愿连锁组织和零售商合作组织。特许经营是指特许者将自己所拥有的商标、商号、专利和专有技术、经营模式等以合同的形式授予被特许人使用，后者按合同规定，在特许者统一的业务模式下经营，并向特许者支付相关费用。[①]特许经营组织主要有三种模式：第一种是由生产者组织的零售商特许经营组织，如汽车生产企业以特许方式建立的汽车专营店；第二种是由生产者组织的批发商特许经营组织，如可口可乐公司特许各地的饮料灌装公司生产饮料并出售给当地的零售商；第三种是由服务企业组织的特许经营组织，如麦当劳通过特许的方式开设餐厅等。批发商倡办的自愿连锁组织是由批发商组织独立的零售商成立的连锁组织，以与大型零售商抗衡。零售商合作组织是由若干独立的零售商组成的一个开展批发业务和可能的生产业务的新实体，以获得规模经济。

（3）管理式垂直渠道系统。管理式垂直渠道系统是由某个实力强大的渠道成员联合其他成员结成的一个统一体。这是一种实力联结方式，其他成员愿意接受实力强大的渠道成员的领导，整个渠道系统统一运行。充当渠道领袖的成员可能是生产者，也可能是大型批发商和零售商。相对于产权式垂直渠道系统和契约式垂直渠道系统而言，这种渠道系统的紧密性要差一些。

2）水平渠道系统

水平渠道系统是流通渠道内同一层次的若干企业通过合资或合作等多种方式横向联合、组成新的渠道系统。这种联合的主要目的是充分利用其他渠道成员的资源获得单独行动难以达到的效果，也就是协同效应。水平渠道系统可以在生产者之间建立，也可以在中间商或消费者之间建立。

（1）生产者层次的水平渠道系统。生产者层次的水平渠道系统是指同一层次的生产者共同组建和利用流通渠道、服务与销售支持网络、物流系统等，其典型形式是农业合作组织。农业生产是一种小规模的分散生产，每个生产者都无法对市场产生影响，而当

---

① 邹树彬. 分销渠道管理［M］. 广州：广东经济出版社，2001：113.

其面对相对处于垄断地位的农产品流通渠道中间商和农资流通渠道中间商时，就处于不利地位。农业生产者共同组建合作社来销售成员的农产品和购入农资，则可以增强农业生产者在流通渠道中的影响力。在许多国家这样的合作组织已经成为农产品流通的支配机构，例如日本全国农业协同组合遍布日本城乡，99%以上的农民都加入了该组织，超过90%的农产品和80%的农资销售是通过该组织完成的。[①]在我国，农民专业合作社已成为农民群众的组织者、乡村资源要素的激活者、乡村产业发展的引领者和农民权益的维护者，在建设现代农业、带领农民增收致富中发挥了重要作用。[②]

（2）中间商层次的水平渠道系统。中间商层次的水平渠道系统的典型形式是前文提到的零售商合作组织，也称为零售商合作社。它在本质上也是若干小型零售商共同组建的一个渠道上游机构，以实现对批发和生产环节的控制。在垂直渠道系统中，我们是站在渠道上下游的整合角度来看待零售商合作组织的，而这种合作组织的本质是零售商层面的水平渠道系统。

（3）消费者层面的水平渠道系统。消费者层面的水平渠道系统的典型形式是消费合作社。消费合作社是消费者集资入股、自愿联合建立的以微利价格向社员销售商品的准商业组织，因而消费合作社的经营目的是提高消费者的经济福利，而不是获得利润。[③]消费合作社为了以较低的价格向社员提供商品，或以与市场相同的价格提供更高质量的商品，就必须采取大规模采购和大规模销售等合理化经营手段来降低经营成本。正是这种大规模采购与大规模销售行为，使消费合作社具备了批发商的职能，还有一些消费合作社甚至从事商品生产活动，从而具有垂直渠道系统的特征。

4.4　流通渠道行为

西方学者对流通渠道的研究主要集中在两大领域：一个领域的研究重点是渠道的结构，关注渠道设计、成本与功能差异等问题；另一个领域的研究重点是渠道行为（渠道权力与冲突等），关注渠道成员对渠道关系的感知与处理，后者一般被称为渠道行为理论。[④]本节将在考察渠道成员之间相互依赖关系的基础上着重介绍渠道行为理论的两大核心理论——渠道权力理论与渠道冲突理论。

4.4.1　渠道成员之间的依赖关系

渠道成员之间的依赖关系是渠道行为的基础，它一方面为渠道成员提供了合作的必要性和冲突的可能性，另一方面也提供了针对彼此的权力。[⑤]因此，要深入地认识渠道成员之间的交互行为，首先要明确渠道成员之间的依赖关系。

①　戴广忠. 日本农协发展的几点启示［J］. 农产品市场，2017（41）：56-58.
②　农业农村部农村合作经济指导司. 农民合作社已成为振兴乡村的中坚力量［J］. 农业工程技术，2019（33）：51-52.
③　孟韬，等. 论发展消费合作社［J］. 中国集体经济，1999（3）.
④　STERN L W，REVE T. Distribution channels as political economics：A framework for comparative analysis［J］. Journal of Marketing，1980，44（3）：52-64.
⑤　庄贵军，等. 营销渠道中依赖的感知差距对渠道冲突的影响［J］. 系统工程理论与实践，2003（7）.

1）渠道成员之间的相互依赖性

在渠道行为理论中，依赖一般被定义为一个渠道成员为实现期望的目标而需要保持与特定渠道成员关系的程度。渠道成员在功能上的专业化分工决定了渠道成员之间的相互依赖性，只有它们展开协作，渠道才能正常运转。在一个非专业化的经济系统中，生产者将产品直接销售给最终消费者，根本不需要依赖其他组织或个人的协助就可以完成再生产过程。然而，人类社会的发展出现了社会分工，而专门媒介商品交换的商业组织的出现则是社会分工的直接结果。随着社会分工的深化和社会经济系统的发展，产消直接见面的交易方式变得越来越不经济，因此专业化的流通机构开始参与商品流通过程，间接流通逐渐成为商品流通的主流形式。在有若干中间机构参与的多层级渠道中，渠道成员都专注于它们具有比较优势的功能，这种专业化分工的结果一方面使渠道成员能够获得规模经济，从而提高整个渠道的运营效率，另一方面增进了渠道成员之间的相互依赖关系。这种依赖关系使它们在参与渠道运营时首先必须关注整个渠道的运行绩效，因为只有整个渠道的运营目标实现了，渠道成员才可能实现它们各自的目标。

2）渠道成员间依赖关系的确定及测量

虽然渠道成员之间是相互依赖的，但任何两个渠道成员之间的依赖水平与结构都存在较大的差异。其中，依赖水平指的是一个渠道成员对另一个渠道成员依赖程度的高低；依赖结构表示相互依赖的渠道成员之间依赖水平的对称性，即一个渠道成员对另一个渠道成员的依赖水平与后者对前者的依赖水平相比是更高还是更低，或者两者相当。那么，如何才能确定一个渠道成员对另一个渠道成员的依赖水平呢？

美国社会学家理查德·爱默森（Richard Emerson）指出，B对A的依赖水平与B对A所介入和控制的目标的激发性投入（motivational investment）成正比，而与B由A-B关系以外的途径达到其目标的容易程度成反比。这说明，A对B的目标实现的直接影响越大，B正常运转所需要的A以外的替代来源越少，A对B的影响力就越大。在爱默森的结论中，有两个方面是值得注意的：一是A对B的目标实现的影响力越大，B对A的依赖性就越强。这里的目标既包括显性的目标，如报酬，又包括隐性的目标，如在关系中得到的心理满足。安妮·科兰（Anne Coughlan）等学者将这个目标的内容称为"效用（价值、利益和满足感）"，这就意味着，B对A的依赖使B能够从A处得到其所期望的效用，而B的这种期望产生于A占有对B实现目标非常有价值的资源。[①]二是B能否从A以外的来源获得对其实现目标非常有价值的资源决定了它对A的依赖程度，可替代的来源越少，B对A的依赖性就越强。综合以上两点，科兰等学者将渠道中的依赖性描述为"由替代来源的稀缺性造成并放大的效用"。如果B从A那里得不到太多有价值的资源，那么是否存在替代来源都无关紧要，因为这时B对A的依赖程度比较低；如果A能够为B提供较高的效用，而B很容易找到其他可以提供相同价值的来源，那么A对B的影响力也就无从谈起，因为B可以轻易地转向其他效用提供者，B对A的依赖程度仍然比较低。因此，较高的效用和替代来源的稀缺性是构成渠道依赖关系的两个不可缺少

① 科兰，等. 营销渠道［M］. 蒋青云，孙一民，等译. 6版. 北京：电子工业出版社，2003：169.

的要素。

从上述分析思路出发，我们可以从以下两个方面来衡量一个渠道成员对另一渠道成员的依赖程度：一是对一个渠道成员向另一个渠道成员提供的效用进行评估；二是对提供效用的渠道成员的稀缺性进行评估。对于效用的评估主要是评估效用提供者为渠道伙伴所提供的利益及其重要程度，一个可选的衡量指标是估计效用提供方所提供的利益在其渠道伙伴的销售额和利润额中所占的比例，这个比例越高，说明后者对前者的依赖性越强。对于稀缺性的评估主要考虑两个因素：一是可以提供类似效用的竞争者的多少；二是渠道伙伴转向竞争者的难易程度。竞争者越少、渠道伙伴的转换成本越高（难度越大），说明渠道伙伴对效用提供者的依赖性越强。[①]

4.4.2　渠道权力

1）渠道权力的概念与来源

英语中的"power"（权力）一词来源于拉丁语的"potestas"或"potentia"，其基本含义是"能力"。在渠道行为理论中，渠道权力一般被定义为一个渠道成员对渠道中其他成员的行为和决策变量施加影响的能力。当一个渠道成员使另一个渠道成员做了它原本不会去做的事情时，我们就认为前者拥有影响后者的权力。权力是一种潜在的影响力，权力的运用意味着发挥这种影响力。

渠道权力的来源是指渠道权力赖以产生的源泉或基础。关于渠道权力的来源，有两个重要的理论：一个是依赖–权力理论；另一个是权力基础理论。

依赖–权力理论由社会学家爱默森提出，他认为渠道权力产生于依赖，当 A 依赖 B 时，B 就对 A 拥有权力，A 对 B 的依赖水平越高，B 的权力就越大。这种观点得到了大多数渠道行为理论学者的认同。值得注意的一个问题是，在功能专业化的渠道系统中，渠道成员之间的依赖关系是相互的，即如同 B 依赖 A 提供某种效用一样，A 也依赖 B 提供另一种效用。在这种相互依赖的关系中，A 对 B 的依赖赋予了 B 对抗 A 的影响的抵消性权力，这削弱了 A 对 B 的影响。因此，单方面衡量一个渠道成员对另一个成员的依赖程度是不够的，为了全面理解渠道权力的作用，还要评估渠道成员依赖关系中的净依赖程度。这种净依赖程度直接决定渠道关系中权力的均衡程度和结构特性，进而影响整个渠道的运行效率。

权力基础理论来源于社会心理学家约翰·弗伦奇（John French）和伯特伦·雷文（Bertram Raven）。该理论认为渠道权力的来源有以下五个方面：奖赏、强制、专业知识、合法性和参照与认同。

（1）奖赏。奖赏是某一渠道成员因为改变其行为而得到的作为补偿的利益。来自奖赏的权力（奖赏权）是指某个渠道成员通过向其他渠道成员提供某种利益而对其产生的影响力。奖赏权的有效行使取决于渠道权力主体拥有权力客体认可的资源，以及权力客体的一种信念，即它如果遵从权力主体的要求就会获得某些报酬。

（2）强制。来自强制的权力（强制权）是指某个渠道成员通过行使某种强制性的措

① 科兰，等. 营销渠道［M］. 蒋青云，孙一民，等译. 6版. 北京：电子工业出版社，2003：170-171.

施而对其他渠道成员产生的影响力。强制权行使的前提是渠道权力客体如果没有遵从权力主体的要求就会遭受某种惩罚的心理预期。

（3）专业知识。来自专业知识的权力（专长权）是指某个渠道成员通过某种专业知识而产生的对其他渠道成员的影响力。专长权在渠道功能组织中居于劳动分工、专业化和比较优势的核心地位，正是这种专业分工使得渠道系统内的每一个成员都具有一定的专长权。

（4）合法性。来自合法性的权力（合法权）是指某个渠道成员通过渠道系统中的权利与义务关系的合法性而产生的对其他渠道成员的影响力。合法权的重要特点是渠道权力客体感到从道德、社会或者法律的角度出发他都应该同权力主体保持一致，或者他有义务去遵从权力主体的要求。这种责任感和职责感有两种来源：法律和规范；价值观。前者产生了法律上的合法权，后者产生了传统的合法权。

（5）参照与认同。来自参照与认同的权力（感召权）是指某个渠道成员作为其他渠道成员参照与认同的对象而对他们产生的影响力。感召权本质上是渠道权力客体对权力主体的一种心理认同，并且权力客体希望成为和权力主体一样的类型，这种权力的深层来源是权力主体的声望与地位。

另外，还有学者认为信息也是产生权力的基础，它表现为一个渠道成员提供某种有价值的信息的能力。信息权与专长权相似，只不过专长权是长期经验积累或专业学习的结果，而信息权源于某一渠道成员更容易接触到某些信息以及拥有对信息的掌握能力。综上，我们将渠道权力分为六种，依次为奖赏权、强制权、专长权、合法权、感召权和信息权。

2）渠道权力的结构[①]与平衡

渠道成员间的相互依赖关系为我们分析渠道权力的结构提供了一个较好的视角。以下我们以渠道成员 A 和 B 之间的依赖关系为例分析他们之间的权力结构。以 A 和 B 之间的相互依赖程度为二维坐标，我们可以将该渠道系统中的权力关系区分为如图 4-6 所示的四种类型。

A对B的依赖程度

		高	低
B对A的依赖程度	高	高度权力均衡	权力倾斜（A）
	低	权力倾斜（B）	低度权力均衡

图4-6 渠道权力结构四分图

（1）高度权力均衡。在图 4-6 的左上角，A 与 B 之间处于彼此高度依赖的状态，这意味着双方拥有高度均衡的权力，任何一方对另一方的净依赖程度均很小。这种状态的形成或是由于双方都在占有对方认为"有价值的资源"的基础上为对方提供高效用；或是由于双方各自"有价值的资源"的替代来源具有很高的稀缺性；或是即使存在替代来

---

① 张闯，夏春玉. 渠道权力：依赖、结构与策略 [J]. 经济管理，2005（2）：64-70.

源，但双方之间的"双边锁定"导致了共同的高转换成本。

（2）低度权力均衡。渠道权力结构的另一种极端情况是图4-6中右下角的状态，即A与B之间彼此低度依赖，这意味着双方都缺乏对对方的权力，任何一方对另一方的净依赖程度均很小。这种状态的形成最重要的原因或许在于二者处于一个竞争比较充分的市场环境当中，任何一方所占有的资源对于另一方而言或是没有吸引力，或是能够轻易地从替代来源处获得，双方解散与重建依赖关系的成本均很低。

（3）权力倾斜（A）。处于图4-6中右上角和左下角的权力关系与前面两种状态不同，在这样的权力关系中，渠道权力处于不均衡的倾斜状态。在右上角的依赖关系中，B对A的依赖程度高于A对B的依赖程度，或者说除去A对B的依赖后，B对A的净依赖程度较大，这导致了渠道权力向A倾斜，A对B的影响力较大。

（4）权力倾斜（B）。与上一种情况完全相反，处于图4-6中左下角的权力关系向B倾斜。在这样的依赖关系中，A对B的依赖程度高于B对A的依赖程度。这种依赖关系的直接后果就是渠道权力向B倾斜，B对A的影响力较大。

可见，虽然渠道成员之间是相互依赖的，每个渠道成员都拥有一定的权力，但渠道系统的运作效率取决于特定渠道关系中权力的平衡性。高度的相互依赖可以使渠道成员创造更高的渠道价值。因此，较高水平的依赖关系和相互平衡的渠道权力是促使渠道成员协调一致的有效方式，其原因有两个：第一，渠道权力双方都可以促使对方形成并且实施创造性的双赢方案。而在不平衡的权力结构中，较弱的一方没有办法让较强的一方对它们的合作关系给予足够的投资，这无疑会妨碍附加价值的创造。第二，高度平衡的权力能够防止剥削。由于双方都很强大，因而每一方都可以迫使对方平等地分享收益。这促进了公平和团结规范的形成，使双方更容易协调一致，也会提高渠道的运行效率。[①]

3）渠道权力的使用

渠道权力是一种潜在的影响力，而权力的运用过程就是渠道成员发挥影响力的过程，即将潜在的影响力转变为对对方行为的实际改变，这需要进行沟通，让对方感知到这种影响力。我们将一个渠道成员对另一个渠道成员运用权力的方式称为影响战略，渠道成员可以选择下列六种战略来发挥影响力：[②]

（1）许诺战略。如果你按照我的要求去做，我就会奖励你。

（2）威胁战略。如果你不按照我的要求去做，我就会惩罚你。

（3）法律战略。你必须按照我的要求去做，因为根据协议，你曾经答应这样做。

（4）请求战略。请按照我的要求去做（没有更进一步的说明）。

（5）信息交换战略。无须说明我的要求是什么，只是为对方提供信息，或与对方探讨什么方式对双方的合作更加有利，其目的是改变对方的态度与看法，让对方自愿做出有利于己方的决定。

（6）建议战略。这种战略与信息交换战略相似，但它指明了结果，即"如果你按照

---

① 科兰，等. 营销渠道［M］. 蒋青云，孙一民，等译. 6版. 北京：电子工业出版社，2003：182.
② 科兰，等. 营销渠道［M］. 蒋青云，孙一民，等译. 6版. 北京：电子工业出版社，2003：189-190.

我的要求去做，你的盈利情况会更好"。

每一种战略都是基于特定的渠道权力，它们之间的对应关系如图4-7所示。

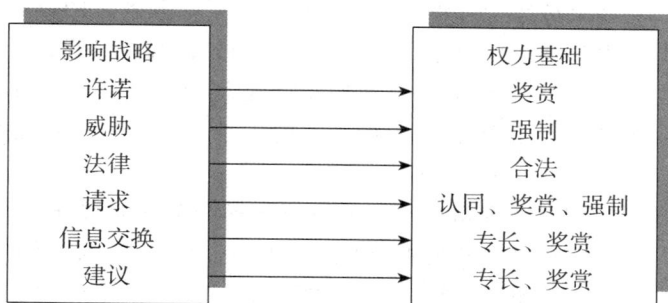

影响战略	权力基础
许诺	奖赏
威胁	强制
法律	合法
请求	认同、奖赏、强制
信息交换	专长、奖赏
建议	专长、奖赏

图4-7 影响战略与权力基础的对应关系

4.4.3 渠道冲突

1）渠道冲突的概念与类型

英语中的"conflict"（冲突）一词来源于拉丁语"confligere"，意为"碰撞"。从其本义来看，"冲突"经常与争夺、分裂、分歧、争论、摩擦、敌意、对抗等具有消极意义的词语联系在一起。在渠道系统中，冲突的含义并非只有上述消极的一面，我们应该以一种中立的观点来看待渠道成员之间的冲突，因为有些冲突不仅不是消极的，还具有一定的建设性，它会提高渠道的运行效率。[①]渠道冲突是渠道关系中的一种常态，其根源在于渠道成员之间既相互独立又相互依赖的关系。

在渠道行为理论中，渠道冲突一般被定义为渠道成员之间相互对立的不和谐状态。一般来说，渠道中的冲突可分为两种类型：一种是水平冲突；另一种是垂直冲突。水平冲突主要指处于同一流通阶段的流通主体之间的冲突，即买方之间的冲突或卖方之间的冲突，具体包括生产者之间的冲突、批发商之间的冲突及零售商之间的冲突。当然，水平冲突还可以细分为多种类型，如生产者之间的冲突主要有不同规模或相同规模的生产者之间的冲突、不同地区或同一地区的生产者之间的冲突，以及专业化生产者与综合性生产者之间的冲突等；批发商与零售商层次上的水平冲突可以分为相同业种或业态的批发商/零售商之间的冲突、不同业种或业态的批发商/零售商之间的冲突等。垂直冲突主要指处于不同流通阶段的流通主体之间的冲突，如生产者与批发商之间的冲突、批发商与零售商之间的冲突、生产者与零售商之间的冲突，以及生产者、批发商与零售商之间的冲突等。对渠道冲突问题的研究主要集中在垂直冲突方面。

2）渠道冲突产生的原因

渠道冲突产生的原因主要有以下七个方面：[②]

（1）角色对立。角色是对各个渠道成员在渠道中应该发挥的功能和行为范围的界定。由于渠道系统是由功能专业化的成员构成的，每一个渠道成员都必须承担它应该执

---

① 科兰，等. 营销渠道［M］. 蒋青云，孙一民，等译. 6版. 北京：电子工业出版社，2003：196.
② 罗森布罗姆. 营销渠道管理［M］. 李乃和，奚俊芳，等译. 6版. 北京：机械工业出版社，2003：100-102.

行的任务，任何一个渠道成员偏离了自己的角色范围，都可能造成成员之间的对立，从而产生渠道冲突。

（2）资源稀缺。在渠道运行过程中，渠道成员为了实现各自的目标，往往会在稀缺资源的分配问题上产生分歧，从而导致渠道冲突。例如，特许经营者所服务的市场就是一种稀缺资源，如果该市场上增加一个新的特许经营者，就会造成市场资源的重新分配，原有的特许经营者会认为新进入者抢了它的生意，导致特许者与受许者之间产生冲突。

（3）感知差异。感知是指人对外部刺激进行选择和解释的过程。由于背景、知识、个性等方面的差异，人们在对相同刺激物的感知方面存在差异。在渠道系统中，面对同一事物时，不同的渠道成员的解释与态度大相径庭。例如，生产商认为POP（point of purchase，卖场）广告是一种有效的促销方式，而零售商却认为现场宣传材料对销售并没有多大影响，反而占用了卖场空间。这种感知差异无疑会导致渠道冲突。

（4）期望差异。渠道成员往往会对其他成员的行为有所预期，并根据这种预期采取相应的行动，而当这种预期存在偏差或错误的时候，该渠道成员就可能采取错误的行动，继而导致其他渠道成员采取相应的行动，从而引发渠道冲突。例如，苏宁根据自己在竞争激烈的家电零售业中的龙头地位预期，只要向格力提出价格上的要求，后者一定会接受，但现实的情况是格力认为自己在苏宁的销售额占其总销售额的比例较小，况且还有其他渠道伙伴可以依靠，就没有接受苏宁的要求，从而引发了渠道冲突。①

（5）决策领域分歧。每一个渠道成员在渠道系统中都承担着特定的职能，因而都有一个属于自己的决策领域，如果渠道成员认为其他成员侵犯了它的决策领域，就会引发冲突。例如，就商品价格而言，零售商可能认为价格决策属于他们的决策领域，而生产者则认为他们才有对商品的定价权，这种分歧将导致渠道冲突。

（6）目标不一致。在渠道系统内各渠道成员都是独立的经济组织，因而都有自己相对独立的组织目标，并试图实现这些目标。当各渠道成员的组织目标出现不一致甚至矛盾时就会引发冲突。目标不一致是渠道冲突产生的重要原因。

（7）沟通障碍。沟通是渠道成员之间相互了解、化解误会的重要手段。如果某个渠道成员不向其他渠道成员及时传递重要信息，或在信息传递过程中出现失误或偏差，导致对方不能准确地接收、理解信息，就会引发渠道冲突。

3）渠道冲突的发展阶段

渠道冲突并不是突然爆发的，而是逐渐发生的，也就是说冲突的发生要经历一个过程。渠道冲突过程一般包括以下几个发展阶段：②

第一阶段：冲突的酝酿阶段。只要建立渠道系统就存在冲突的根源，这种根源产生于渠道成员之间为进行交易而发生的相互作用以及渠道系统所固有的垂直关系（管理与被管理）。当然，渠道成员有时能意识到冲突根源的存在，有时则不能意识到冲突根源的存在。

第二阶段：冲突契机出现，即成员意识到冲突的存在或冲突即将发生。发生冲突的

---

① 庄贵军，等. 营销渠道管理［M］. 北京：北京大学出版社，2004：308.
② 夏春玉. 营销渠道的冲突与管理［J］. 当代经济科学，2004（6）：73-79.

契机就是前面所说的引起冲突的具体原因。渠道成员之间一旦出现上述任何一种情况，就很有可能导致冲突。在该阶段，渠道成员只是意识到了冲突即将发生或已经存在，但还没有出现具体的冲突行为。

第三阶段：成员做出冲突行为。渠道成员意识到冲突存在以后，可能会做出具体的冲突行为。这时的冲突行为一般有两种：一种是某个渠道成员对采取敌对行为或破坏行为的其他渠道成员直接做出冲突行为，从而使冲突显在化；另一种是某个渠道成员对采取敌对行为或破坏行为的其他渠道成员不直接做出冲突行为，从而使冲突潜在化。之所以会有两种不同的冲突行为，是因为每个渠道成员的能力存在差异，或者每个渠道成员对渠道系统的依赖程度不同。采取第一种冲突行为的渠道成员一般对渠道系统的依赖程度较低，或者能力较强，从而能够承受其他渠道成员的敌对行为或破坏行为所产生的副作用（冲击）；相反，采取第二种冲突行为的渠道成员一般对渠道系统的依赖程度较高，或者能力较弱，从而不能承受其他渠道成员的敌对行为或破坏行为所产生的副作用（冲击），或者担心直接采取冲突行为会损害与其他渠道成员的关系并遭到报复，因而不得不采取避免冲突显在化的行为。显然，第一种冲突行为是显在性冲突行为，第二种冲突行为是潜在性冲突行为。

第四阶段：冲突带来的结果。渠道成员采取以上冲突行为后，可能会带来如下结果：

（1）使渠道冲突显在化。如前所述，一些意识到渠道冲突的成员可能不直接采取与敌对成员相对抗的冲突行为，从而使渠道冲突潜在化。这时，虽然在表面上看不到明显的冲突行为，渠道系统也可以正常运转，但成员之间的冲突仍然存在。面对这种情况，如果将冲突潜在化的渠道成员未能采取一定的办法或者按照渠道系统的要求适当化解与其他成员的矛盾，或者导致冲突的原因反复出现或持续存在，那么这些成员的不满程度会逐渐提高，最终可能做出极具破坏性的显在冲突行为，使长期的潜在性冲突转化为显在性冲突，其激烈程度往往会超过直接做出显在性冲突行为的情况。

（2）强化渠道系统的统一性或渠道成员对系统的凝聚力。如果渠道成员所采取的冲突行为（特别是显在性冲突行为）能够解决成员之间的矛盾，使成员之间相互理解，那么渠道系统的统一性或一体化程度就会提高，渠道成员对系统的凝聚力也会增强。

（3）渠道系统解体。如果渠道成员的冲突行为使成员之间的关系恶化，或者找不到令人满意的解决矛盾的办法，则可能导致一部分渠道成员脱离系统或者使渠道系统解体。

对于渠道冲突的结果，我们还可以从渠道冲突水平对渠道效率的影响来考察。图4-8是一条表示渠道冲突水平与渠道效率关系的曲线，[①]从图中可以看出，当渠道冲突水平不超过 C_1 点时，冲突不会对渠道效率产生影响，冲突水平处于可以承受的区间内；当渠道冲突水平位于 C_1 至 C_2 之间时，冲突对渠道效率的影响是积极的；当冲突水平继续提高时，冲突对渠道效率将产生负面影响。

---

① ROSENBLOOM B. Conflict and channel efficiency：Some conceptual models for the decision maker［J］. Journal of Marketing，1973，37（3）：26-30.

渠道效率

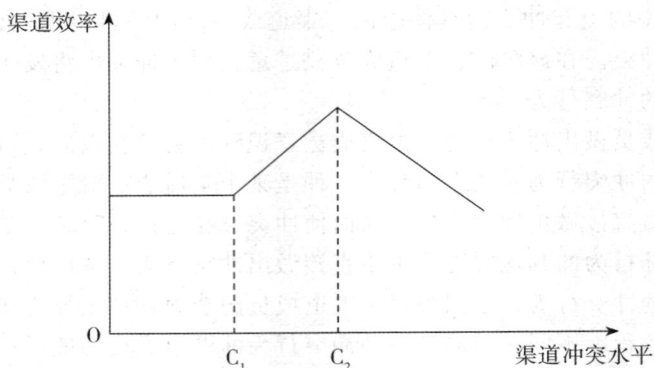

O　　　　　　C₁　　C₂　　　　　渠道冲突水平

图4-8　渠道冲突水平与渠道效率关系曲线

4）渠道冲突的解决方法

渠道冲突是很难避免的，因此，重要的是采取有效的方法解决冲突或者将冲突控制在对渠道系统无害的水平上。解决渠道冲突主要有以下方法：①

（1）说服。说服不仅可以促进冲突各方之间的沟通，还可以影响他们的行为，对缓解或解决渠道成员之间因职能分工及应履行的职责而发生的冲突是比较有效的。

（2）宣传与教育活动。宣传与教育活动可以使渠道成员之间的观念或认识相互渗透，从而有利于缓解或解决冲突。

（3）融合。融合是为了防止对组织稳定性的威胁或破坏而在组织领导成员或决策机构中吸收新要素的过程。例如，在生产者支配的渠道系统中，当生产者受到中间商的威胁时，前者可以将后者作为"新要素"吸收到自己的决策机构中，从而避免该中间商对组织稳定性造成威胁或破坏，进而解决渠道冲突。

（4）制定高级目标。所谓高级目标，是指冲突各方都希望实现且需要各方共同努力与协调才能实现的目标。制定这样的目标能够使冲突各方超越各自的立场，围绕该目标的实现来共同解决问题，有利于将渠道成员统一到渠道系统中来，并使冲突得以解决。

（5）提高信息准确度。提高信息准确度是指处于系统中心地位的渠道成员通过向其他渠道成员传递正确的信息来减少或纠正其他渠道成员的信息失真或信息错误。显然，这有利于解决因渠道成员对现实的认识不同而产生的冲突。

（6）游说。这是指通过游说活动影响立法机构和政府的立法和决策，从而解决一些渠道冲突问题。

（7）等待。等待是指对渠道冲突状况进行观察、监视，直到冲突水平严重影响或破坏渠道绩效时予以处理。实际上，等待也是为制订冲突解决方案做准备的过程。

（8）谈判。渠道成员之间通过谈判可以发现或找到解决渠道冲突的具体方案。

（9）人员交换。渠道成员之间相互派遣工作人员可以加深成员之间的相互了解，从而有利于解决冲突。

（10）共同加盟同业合作组织。生产者加盟中间商的同业合作组织，或中间商加

---

① 夏春玉. 营销渠道的冲突与管理［J］. 当代经济科学，2004（6）：73-79.

盟生产者的同业合作组织，可以加深二者的相互了解与合作，从而有利于解决渠道冲突。

（11）外交。渠道成员共同设立"渠道外交官"，并与其共同制定有关工作规则，当渠道出现冲突时，授权该外交官与冲突各方进行谈判，同时对有关成员进行考察，提交考察报告。这种方法有助于解决部分冲突问题。

（12）调解与仲裁。调解是指通过调解者的介入来增强冲突各方之间的协调意识，帮助各方在平等协商基础上自愿达成和解协议，解决冲突。仲裁是比调解更积极的第三方干预，担当仲裁任务的第三方对冲突各方是继续进行谈判还是采纳仲裁者的意见进行说服，从而结束冲突各方的争论。

（13）法律诉讼。当冲突达到一定的程度，采用上述方法均无法解决时，就要通过法律诉讼途径来解决。该方法主要由渠道领导者以外的其他渠道成员使用。

（14）联合。一些实力弱小的渠道成员没有能力单独与实力强大的渠道成员抗衡，便联合起来共同与后者抗衡。因此，联合是实力弱小的渠道成员解决冲突的重要手段。

（15）退让，即某些渠道成员做出退让以结束冲突。

如前所述，渠道冲突是不能完全避免的，因此上述解决渠道冲突的各种方法自然也不能从根本上杜绝渠道冲突，但是可以在一定程度上缓解渠道冲突或者消除一部分渠道冲突，从而将渠道冲突控制在系统可承受的范围内。

4.5 流通渠道结构的变迁

4.5.1 流通渠道结构变迁的原因

流通渠道的结构不是一成不变的，随着经济社会的发展，它也会发生相应的变化。引起流通渠道结构变迁的原因是多方面的，我们将其归结为消费需求、渠道效率、渠道竞争和渠道环境四个方面。[①]

1）消费需求是流通渠道结构变迁的拉动因素

消费是人类社会存在的前提条件，在社会再生产过程中，生产是起点，消费是终点，而流通则表现为中间环节。在市场经济条件下，消费是流通活动存在的前提条件和最终目的，以消费者为中心，满足消费者的消费需求是流通活动的永恒主题。而商品流通渠道作为连接生产与消费的纽带，其核心功能是完成商品从生产领域向消费领域的转移，满足消费者的消费需求。流通渠道必须根据终端市场的需求状况，采取适当的组织形式和运营方式，才能高效率、低成本地完成商品的转移。因此，消费需求的水平、结构与规模及其变动是流通渠道结构发生变化的主要拉动因素，这表现为以下几个方面：首先，消费需求不仅是流通渠道存在的前提条件，也是流通渠道存在的目的与活动的动力。没有消费需求，就没有交换的需要，也就不会有流通渠道的存在。而为了更好地完成商品从生产领域向消费领域的转移，流通渠道必须按照消费需

---

① 杨慧. 流通渠道的变革研究［M］. 北京：中国财政经济出版社，2004：42.

求合理地组织商品的流通过程，为流通活动提供动力，提高流通效率。其次，消费需求的规模、水平和结构不仅对流通的规模、水平和结构提出了相应的要求，还对流通组织的运行模式与效率提出了要求。因此，消费需求的不同状态实际上制约着流通渠道的组织方式与运行模式。再次，消费需求水平与结构的变化要求流通渠道的组织方式与运行模式进行相应的变革。最后，消费者消费行为与消费习惯的变化会对流通渠道的组织与运行产生直接的影响。

2）渠道效率是流通渠道结构变迁的内在驱动因素[①]

渠道效率是指渠道的投入产出比。在渠道投入一定的情况下，渠道产出越高，渠道效率也就越高。渠道效率是渠道创造经济效益、渠道成员获得经济收益，并使渠道得以顺利运转的重要保证。一方面，渠道效率对渠道价值创造的主要贡献就在于交易成本的节约上，专业流通组织的介入和渠道系统的合理组织有效降低了商品从生产领域向消费领域转移的成本。另一方面，为完成商品的转移，渠道系统中的成员之间要不断进行交易，而这些交易行为都表现为这些渠道成员的经营成本。如果在这些交易活动中，每个参与商品流通的组织都无法获得能够弥补各种投入并有所剩余的收益，商品的转移过程就会在某个环节停滞下来。可见，要有效降低商品流通过程中的交易成本，就必须提高渠道的运行效率，即提高渠道系统中各个构成要素的结构的合理性、资源配置的合理性以及运营方式的合理性，最大限度地提高渠道主客体在系统中的运行效率。要实现这一点，就要使渠道结构与行为根据经济社会的发展水平和最终需求的状态持续不断地创新与变革。因此，渠道效率是流通渠道结构变迁的重要内驱力。

3）渠道竞争是流通渠道结构变迁的推动因素

流通渠道系统中的竞争通常有以下几类：[②]

（1）水平竞争。这是指渠道中同一层级上相同类型的机构之间的竞争，如两家汽车生产企业之间的竞争、两家服装批发商之间的竞争、两家超市之间的竞争等。

（2）类型间竞争。这是指渠道中同一层级上不同类型的机构之间的竞争，如百货商店与超市之间的竞争、经销商与代理商之间的竞争等。

（3）垂直竞争。这是指渠道中不同层级上的成员之间的竞争，如零售商和批发商之间的竞争、批发商与生产商之间的竞争等。这种竞争不同于前两种竞争形式，其本质是对渠道系统中经济利润的争夺，如零售商使用自有品牌（PB）商品与制造商品牌（NB）商品进行竞争就是典型方式。

（4）渠道系统间竞争。这是指一个渠道系统与另一个渠道系统之间的竞争，这实际上引发了渠道系统内所有成员协调一致的需要。无论何种形式的竞争，其本质都是对利益的争夺。就流通渠道系统而言，这种利益的来源就是消费者需求这种"稀缺资源"。在各种竞争形式中，渠道成员或渠道系统为了获得更多的利益，就需要认真研究消费者的需求，寻求提高渠道运行效率、降低交易成本的方式。其结果将是，效率高、成本低、能够更好地满足消费需求的渠道结构与行为方式淘汰那些效率低、成本高、不适应市场需求的渠道结构与行为方式，从而推动渠道结构的变迁。

① 杨慧. 流通渠道的变革研究［M］. 北京：中国财政经济出版社，2004：51-53.
② 罗森布罗姆. 营销渠道管理［M］. 李乃和，奚俊芳，等译. 6版. 北京：机械工业出版社，2003：73-74.

4）渠道环境是流通渠道结构变迁的宏观影响因素

任何流通渠道都不是在真空条件下运行的，它必然受到各种环境要素的影响。就环境要素而言，对渠道结构产生较大影响的是社会文化环境、经济环境、政治法律环境和技术环境。

第一，社会文化环境中影响最大的是人口因素和文化因素。人口因素是与消费需求密切相关的因素。人口规模与增长率、年龄结构、家庭结构、民族结构、性别结构、受教育程度、地区分布以及地理迁移等因素中的任何一个发生变化，都会对流通渠道的结构产生影响。同时，一个渠道系统所处的社会文化环境中的历史文化传统、主流价值观、交易习惯、消费习惯等都会对渠道的结构产生直接的影响。许多学者针对不同国家的流通渠道结构的研究都证实了这一点。

第二，经济环境对于作为流通经济系统中的子系统的流通渠道系统来说是最为重要的环境因素。一个地区的经济发展水平、消费者的收入水平以及消费水平与结构等因素无不对流通渠道的结构与运行产生直接影响。

第三，政治法律环境主要包括国家的政策、法律法规等因素。国家政策引导流通渠道的运行方向，法律法规则规定流通渠道的行为准则。这些因素无疑会对渠道系统的结构产生影响，如在中国传销是被法律禁止的，传销行为一经查实，将受到法律的制裁。

第四，技术的革新与发展不仅能为渠道系统的创新提供动力，而且会对渠道结构的变化产生重要影响。例如，随着网络技术的发展，以网上购物为代表的直接渠道给传统的渠道结构带来了冲击。

4.5.2 中国商品流通渠道的结构变迁

中国商品流通渠道的结构变迁是伴随着中国经济体制改革的推进而进行的。按照中国经济体制改革的不同阶段，我们将中国商品流通渠道结构的变迁归纳为三个时期：计划经济时期的流通渠道、转轨经济时期的流通渠道和市场经济时期的流通渠道。

1）计划经济时期的流通渠道

从1949年到20世纪70年代末，中国处于计划经济时期。在这一时期，我国沿袭了苏联高度集中的计划经济体制，同时受《苏联社会主义经济问题》和《政治经济学教科书》等的影响，从苏联引进了"贸易经济学"，继承了斯大林对社会主义阶段的商品和流通的认识，形成了"无商品流通论"的观点，即否认在社会主义条件下存在商品流通。在这样的认识下，商品流通渠道完全被置于国家计划之内，分配代替了流通。

计划型商品流通渠道具有以下特点：一是渠道主体单一化，即生产者（包括工业和农业生产者）所生产的产品按计划由国营商业部门统一采购、统一经营。二是流通机构的经营范围实行"三固定"，即对批发企业等相关商品流通企业的经营范围和经营行为进行严格的限定，固定供应区域、固定供应对象、固定折扣定价率。三是对流通的商品按照重要程度分为三类，对一、二类商品实行严格的计划配额制。四是批发机构按照行政区域设置分为一级批发站（中央级）、二级批发站（省级）和三级批发站（市县级），整个流通渠道系统必须严格按照规定的层次进行运作，不许越级采购与销售。

以市场经济的要求来看待计划型流通渠道，其弊端是十分明显的，但客观地看，这种渠道结构是与当时中国的社会、政治与经济背景直接相关的，它对保证人们的基本生活需要和稀缺资源的合理配置发挥了一定的积极作用。

2）转轨经济时期的流通渠道

20世纪70年代末80年代初，中国经济开始了由计划经济体制向社会主义市场经济体制转型的历程。与之相应，中国的商品流通渠道也发生了显著的变化：从计划型渠道逐步向市场型渠道转型。

这种转型最先体现在对流通的认识方面。以孙冶方为代表的经济学家在20世纪80年代发起了对"无商品流通论"的挑战与批判，并形成了一套有中国特色的社会主义流通理论。孙冶方提出的"生产企业的服务对象是消费者""生产机构要有流通"等重要观点对20世纪80年代的流通体制改革产生了很大的影响。有了这种认识上的转变之后，我国商品流通渠道的结构也开始出现明显的变化。首先，取消了对流通机构经营范围的"三固定"政策，给予工商企业商品经营的自主权。其次，商品流通渠道开始从单一的国营渠道向"三多一少"模式转型。"三多一少"是指"多种经济成分、多种流通渠道、多种经营方式、少环节"的流通体制改革的目标模式。显然，"三多一少"改革思路的提出对我国商品流通渠道中存在的统得太多、管得太死、经济成分单一、企业管理行政化、不必要的中间环节过多的弊病能够起到一定的缓解和改变的作用。

由于处于改革的初期阶段，这一时期的商品流通渠道尚未完全消除计划经济时期的影响和痕迹，如国有商业仍然占据支配地位，部分重要商品的价格仍由国家制定等。因此，这一阶段的商品流通渠道处于从计划型渠道向市场型渠道转型的时期。

3）市场经济时期的流通渠道

自1992年以来，随着中国经济体制改革的进一步深化，一系列改革措施有力地推动了商品流通渠道向市场型渠道的进一步转变。这一时期改革的核心问题是国家逐渐退出对商品流通领域的直接计划，而代之以间接的宏观调控。

这一时期商品流通渠道结构的转变主要体现在以下几个方面：一是党的十四届三中全会提出建立现代企业制度，这项改革措施使工商企业的性质与行为方式发生了根本性的变化，它促使工商企业开始真正以市场主体的身份、以市场需求为导向进行商品的生产与流通活动。二是政企分开这一改革措施的推进使传统的国有商业企业逐步脱离上级主管部门的直接控制，与其他经济类型的流通企业一样，独立自主地进行商品流通活动。三是"三多一少"政策的推行使流通领域的非国有经济成分蓬勃发展，国有商业企业的比重逐渐下降，进一步丰富了商品流通渠道主体的类型。四是商品流通领域的对外开放政策的推行使大型跨国流通企业逐渐进入中国市场。跨国流通企业的进入不仅活跃了商品流通渠道的经营活动，也带来了先进的经营理念和经营管理方式，这对提高本土流通企业的经营管理水平非常有利。

以市场为导向的流通渠道系统的建立是我国商品流通渠道变革的一次质的突破，它彻底改变了以往计划型渠道效率低、成本高、商品流通不畅的现状，为适应社会主义市场经济体制要求的流通渠道体系的建立提供了保障。

学思践悟

C2M电商模式助力"中国制造"转型升级

流通作为生产和消费的中间环节，承担着促进消费和引领生产的职能。互联网和信息技术的发展催生出以C2M为代表的新的流通模式，并推动生产方式变革，推动企业向定制化、智能化转型，实现以销定产模式，更好地满足消费需求，提升消费质量。C2M（Customer-to-Manufacturer）的含义是用户直连制造，它是产业互联网时代新型的生产制造和商业形态。该模式是基于互联网、大数据、人工智能、工业互联网等新兴信息技术，推动生产线自动化、柔性化、定制化改造，消除中间环节，将消费者的需求直接与供应商对接的"短路经济"新模式。传统的零售制造业从产品出厂到最终消费，需要经手制造商（OEM代工企业）、品牌商、分销商，历经库存、物流、总销、分销等多个中间环节。在C2M模式下，制造商跳过了品牌商、分销商，直接根据消费者的需求进行生产制造。从商业模式升级的角度来看，C2M模式具备去库存、去中间商、以量定产等特点，消除不必要的中间环节，将生产本身的价值最大化；从工业产业升级的角度来看，C2M意味着对供应链的赋能和优化，推进了制造业供给侧的柔性改造和重塑升级，加速大规模定制化工业生产的实现。

从实践角度来看，以必要商城、苏宁、京东、阿里巴巴和拼多多为代表的互联网平台企业相继推出C2M战略发展规划，构建"线上+线下、前台+后台"的"全渠道"数据优势。在平台数据赋能驱动作用下，制造企业的生产运营管理模式发生了颠覆性的创新变化。大数据的交互、渗透与融合消除了客户、企业和潜在合作商之间的距离，数据流动与可视化属性激活也使得制造流程趋于敏捷，基于大数据的深度分析，企业能够即时洞察客户需求，实现从随需而变到主动引导和创造需求，推动C2M反向定制模式创新实现。

C2M模式的优势在于解决C端和M端的痛点。对于消费者来说，C2M模式切中消费升级趋势下消费者对高性价比商品的追求，同时满足部分用户的个性化消费需求；对于制造商来说，企业的生产模式由粗放式批量生产向精益式定制生产创新转变，反转了生产制造环节在"微笑曲线"中的低谷，并且从根本上解决了制造企业生产利润薄弱、同质化库存积压、定制效率低下等问题。

2022年1月10日工业和信息化部发布的《关于加快现代轻工产业体系建设的指导意见（征求意见稿）》提到，大力发展C2M、B2M等新型商业模式，利用大数据分析挖掘消费者个性需求，实现工业互联网与消费互联网融合对接。在我国迈向制造强国的路上，C2M、B2M等产业创新模式能进一步连接供给侧和需求侧，促进优质产能和品质消费的双双升级，也是引导制造业高质量发展的可行路径。

本章小结

　　流通渠道是为促使商品从生产领域向消费领域转移而由生产者、流通者、消费者等流通机构构成的一系列相互依存的组织。渠道参与者包括生产者、专业流通者、终端用户，以及各类提供专业服务的辅助机构。

　　流通渠道结构是指参与完成商品由生产领域向消费领域转移过程的各种组织机构的构成方式。我们可以从终端用户的类型、渠道的长度等方面考察流通渠道的结构。影响流通渠道结构的因素包括市场、商品、生产者、流通者和消费者等。流通渠道是一个系统，按照渠道成员联系的紧密程度，可以将流通渠道系统分为传统流通渠道系统和整合流通渠道系统两类，其中后者包括垂直渠道系统和水平渠道系统。

　　渠道权力是一个渠道成员对其他成员的行为和决策变量施加影响的能力。渠道权力的来源有奖赏、强制、专业知识、合法性和参照与认同。一个渠道成员对另一个渠道成员运用权力的方式叫作影响战略，渠道成员可以选择许诺、威胁、法律、请求、信息交换和建议等战略实施权力。

　　渠道冲突是渠道成员之间相互对立的不和谐状态。渠道冲突产生的原因包括角色对立、资源稀缺、感知差异、期望差异、决策领域分歧、目标不一致和沟通障碍。解决渠道冲突的方法有说服、宣传与教育活动、融合、制定高级目标、提高信息准确度、游说、等待、谈判、人员交换、共同加盟同业合作组织、外交、调解与仲裁、法律诉讼、联合和退让等。

　　流通渠道的结构是随着经济社会的发展而不断变化的。引起流通渠道结构变迁的原因包括消费需求、渠道效率、渠道竞争和渠道环境四个方面。中国商品流通渠道结构的变迁经过了计划经济时期的流通渠道、转轨经济时期的流通渠道和市场经济时期的流通渠道三个阶段。

复习思考题

1.什么是商品流通渠道？它与营销渠道有什么区别？

2.流通渠道的参与者有哪些？

3.商品流通渠道的结构有哪些类型？

4.垂直型渠道系统和水平型渠道系统的构成方式各有哪些？

5.什么是渠道权力？其来源是什么？

6.引起渠道冲突的原因是什么？解决渠道冲突有哪些方法？

7.引起商品流通渠道结构变迁的主要原因是什么？

拓展阅读：美国商品流通渠道的结构与变迁

第 5 章

零 售

学习目标

通过本章的学习，正确理解零售的概念、特点与功能，掌握零售商的分类方法，了解零售业态的变迁及理论假说，准确把握零售经营环境及零售经营要素的构成，了解集市和商业街的特点、功能、分类等及商业街的发展趋势。

5.1 零售与零售商

5.1.1 零售的概念与功能

1）零售的概念

零售（retailing）是指将商品或服务直接出售给最终消费者，以满足其个人和非商业性使用目的的所有活动。[①]这里所说的最终消费者，是指为了进行生活消费的消费者。商品经过零售，出售给最终消费者，就从流通领域进入了消费领域。为了正确理解零售的概念，需要把握以下几点：

（1）零售的服务对象是最终消费者，最终消费者购买商品或服务是为了生活消费，而不是为了生产或再销售；

（2）零售作为一种销售活动，其经营的商品或服务主要是消费品，而不是投资品；

（3）零售的主体是个体零售商（业户）和法人零售商（企业），虽然制造商或批发商也从事一些零售业务，但它们不是主要的零售事业主体；

（4）零售不仅要销售商品，而且要提供与购买或消费商品有关的各种服务；

（5）零售对经营场所（店铺）有较高的依赖性，对店铺选址、店铺设计等有特别的要求，但也存在无店铺零售。[②]

由此，我们可以将零售的主要特点概括如下：

（1）交易次数频繁，交易批量小。因为零售的服务对象主要是个人消费者，销售的商品种类多，商品周转率高，所以，零售商必须有充足的备货、精美适用的包装及准确的价格明示。

（2）对店铺选址及店铺设计有较高的依赖度。由于个人消费者购买行为有一定的随意性，容易发生冲动或情感购买行为，而且多为"来店购买"，因此，零售商必须充分考虑店铺选址、营业时间、商品陈列、店堂布置、橱窗广告等要素，以提高经营效率。

（3）经营场所分散，经营活动受商圈的限制。所谓商圈，是指一家店铺能够有效吸引顾客来店的空间范围。由于个人消费者是分散的，因此，零售店铺的分布也是分散的。一般来说，每个零售店铺都存在一个或大或小的零售商圈，零售商必须根据商圈的大小来设置零售店铺。

2）零售的功能

由于零售是直接面对最终消费者的销售行为，是商品流通的最终环节，所以决定了它在商品流通过程中具有如下功能：

（1）分类、组合与包装。消费者往往需要许多类别的商品，每次购买的数量又很少。零售商为满足消费者的这种需求，从制造商或批发商那里购进商品，为消费者提供丰富多彩的商品组合，并将这些商品按照消费者适合购买的批量进行分类、组合与包

[①] 科特勒，凯勒. 营销管理［M］. 何佳讯，于洪彦，牛永革，等译. 15 版. 上海：格致出版社，上海人民出版社，2016：495.

[②] 近年来，随着城市地价及各种经营成本的上升，实体零售业的发展遭遇瓶颈，明显萎缩；相比之下，以互联网、移动互联网为技术平台的无店铺零售业却迅猛增长。

装，从而方便消费者的购买。

（2）提供服务与娱乐休闲。零售商可以为消费者提供各种售前、售中与售后服务，为个人消费者购买和使用商品提供便利条件。零售商提供的服务具体包括购物咨询、商品展示、免费送货、电话预约、举办各种文化活动、提供托儿所和儿童游乐设施等。另外，随着社会经济的发展、消费者生活水平和文化素质的提高，购物已不仅是满足消费者物质需求的手段，零售店铺的商品陈列、店内装饰及文化设施还会使消费者在购买商品之余获得闲适和审美愉悦，从而满足消费者的娱乐、休闲需求。

（3）保有存货与承担风险。为了使消费者在希望购买的时间买到其所需要的商品，零售商必须保持一定量的存货，从而使消费者小批量、高频度地购买成为可能。同时，零售商的存货不仅会降低消费者储存商品占用现金的成本，还承担了在商品储存期间可能发生的各种风险，如商品丢失、霉变、破损等。

（4）节约消费者的购买成本。消费者的购买成本包括两部分：一是消费者购买商品的价格；二是消费者的购物行为成本，即消费者为购买商品所支付的交通费用、时间消耗费用及体力消耗费用等。由于零售商的店铺是按接近个人消费者的原则设置的，因此，可以大大节约消费者的购物行为成本。

（5）搜集与传递市场信息。一方面，零售商处于商品流通的最终环节，直接联结消费市场，因而能够更加迅速、准确地获得消费市场上关于消费者需求等方面的信息，并能够将这些信息及时传递给批发商和制造商，使其能够及时调整生产经营策略，更好地满足市场需求。另一方面，零售商可以通过各种信息传播渠道将批发商和制造商的商品信息传递给消费者，从而起到促进销售的作用。实际上，在信息技术已经相当发达的今天，零售商借助编码、扫描、数据分析等技术掌握了非常详尽的市场信息，甚至成为在整个商品流通过程中拥有最完备市场信息的流通主体。大型零售商通过庞大的信息系统不但可以对成百上千家店铺的进、销、存进行高度自动化、即时化的管理，而且可以将搜集、整理的消费者信息准确、快速地传递给制造商，从而影响制造商的决策。可见，搜集、加工、传递信息日益成为现代大型零售商整合零售供应链、获取竞争优势的重要职能。

（6）金融。零售商的金融功能主要是通过向消费者提供赊购分期付款、票券购物等消费信用来实现的。向消费者提供消费信用，不仅可以方便消费者的购买，还可以加速商品的流通与消费，从而扩大商品流通规模。

5.1.2　零售商的分类体系

零售商是指向最终消费者销售商品或提供服务的个人或企业。对零售商进行分类的方法有很多，以下几种是比较常见的分类方法。

1）按组织形式分类

按照组织形式不同，零售商可被划分为以下几种：

（1）公司连锁零售商。公司连锁（corporate chain）是连锁经营的基本形态，也称正规连锁（regular chain）或直营连锁，是指两个或两个以上的店铺同属一个所有者所有和管理、经销同类商品的零售商。根据美国商务部的定义，正规连锁是指："由总公司管辖下的许多分店组成，它往往具有行业垄断性质，利用资本雄厚的特点大量进货，大量销售，具有很强的竞争力。"日本通产省对正规连锁的定义是："处于同一流通阶段，经营同类商品和服务，并由同一经营资本及同一总部集中管理，进行共同经营服务的组织化的零售企业集团。"另外，各国还规定了正规连锁商店的分店数。例如，美国规定必须要有11个分店以上，英国规定必须有10个分店以上，日本规定只需2个分店以上。国际连锁商店协会对正规连锁的定义为："以单一资本直接经营11个商店以上的零售业或餐饮业组织。"①

虽然各国对正规连锁的定义有一定的差别，但从总体上看，正规连锁一般具有以下特点：①所有分店必须归一家公司、一个联合组织或单一个人所有，各分店不具备法人资格；②连锁总部对各店铺拥有全部所有权、经营权、监督权，实施人、财、物与商流、信息流、物流、资金流等方面的集中统一管理，分店的业务必须按总部指令行事；③整个连锁集团实行统一核算制度，工资、奖金由总部确定；④分店所有员工由总部统一招募，分店经理也由总部委派；⑤各分店实行标准化管理，如商店规模、店容店貌、经营品种、商品档次、销售价格、服务水平等高度统一。

公司连锁零售商的主要经营优势是：可以统一调度资金，统一经营战略，统一管理人力资源，统一开发和利用企业整体性资源，易于同金融机构、制造商打交道；可以充分规划企业的发展规模和速度；在新产品开发与推广、信息管理现代化方面能发挥出整体优势。但公司连锁零售商也有一些缺陷，如发展速度易受资金、人力、时间等方面的限制，各分店自主权小，利益关系不紧密，其积极性、主动性、创造性难以发挥等。

（2）自由连锁零售商。自由连锁又称自愿连锁（voluntary chain）。美国商务部对自由连锁的定义是："由批发企业组织的独立零售集团，即所谓批发企业主导型任意连锁集团，零售店铺成员经营的商品全部或大部分从该批发企业进货。作为对等条件，该批发企业必须向零售企业提供规定的服务。"日本通产省对自由连锁的定义是："分散在各地的众多的零售商，既维持着各自的独立性，又保持着永久性的连锁关系，使商品的进货及其他事业共同化，以达到共享规模利益的目的。"②

可见，自由连锁的一般特点是，各成员企业保持自己的经营自主权和独立性，不仅独立核算、自负盈亏、人事自主，而且在经营品种、经营方式、经营策略上也有很大的自主权，但要按销售额或毛利的一定比例向总部上交加盟金及指导费。连锁总部则应遵循共同利益原则，统一组织进货，协调各方面关系，制定发展战略，搜集信息，并及时反馈给各成员店。

自由连锁零售商主要有3种模式：

第一种是以大型零售企业为骨干，利用大企业在进货渠道和储运设施方面的优势开设总店，再以自由连锁方式吸收中小企业加盟；

第二种是以几家中小企业联合为龙头，开办自由连锁的总店，然后吸收其他中小企业加盟，建立共同配送中心，所需资金可以通过向分店集资解决；

第三种是由某个批发企业发起，与一些具有长期稳定交易关系的零售企业在自愿原则下结成连锁集团，批发企业作为总部承担配送中心和服务指导功能。

（3）特许连锁零售商。特许连锁（franchise chain）是指企业把自己开发的商品、

① 陈志英. 商业连锁和谐内治机制研究［D］. 上海：复旦大学，2008：31.
② 陈志英. 商业连锁和谐内治机制研究［D］. 上海：复旦大学，2008：35.

服务和营业系统，以合同形式授予加盟店在规定区域内的经销权和营业权，加盟店必须交纳一定的特许权使用费，并承担合同规定的责任与义务。

特许连锁的特点是：所有加盟店都是以独立的所有者身份加入特许经营系统。加盟者在人事、财务上保留自主性，在经营业务及方式上则高度统一，并接受加盟总部的指导和控制；系统内各加盟店之间没有横向联系，只存在加盟店与加盟总部之间的纵向联系。加盟双方既是独立的事业者，又必须在合同的规则下形成一个统一经营的外在形象，实现联合经营效益。特许连锁已有100多年的历史，直到20世纪80年代才飞速发展起来。现在，特许连锁已经渗透到商业、服务业的各个领域。

特许连锁具有正规连锁所无法比拟的优越性。特许连锁以特许权向市场辐射。对加盟总部而言，企业无须投入大量资金与人力，可以借助他人的力量，将已经成熟的、规范化的管理方式和独具特色的经营技术，以及已经名牌化的品牌，通过转让和受让的方式来占领市场，有较强的市场倍增驱动力，是一种安全且能迅速扩大知名度、拓展市场的经营方式；对加盟店而言，无须拥有一定的技术和经验，只要支付一定的加盟费，就可以直接套用他人成功的经验和管理技术，得到加盟总部的长期指导和服务，从而省去探索时间，降低投资风险。[①]

连锁经营形态比较见表5-1。

表5-1　　　　　　　　　　　　　连锁经营形态比较

连锁形态	公司连锁	自由连锁	特许连锁
决策	由总部做出	参考总部决策，分店有较大的自主权	以总部为主，以加盟店为辅
资金	总部出资	加盟店出资	加盟店出资
经营权	非独立	独立	独立
分店经理	总部任命	加盟店主	加盟店主
商品来源	经由总部	大部分经由总公司，部分自己进货	经由总部供应
价格管理	总部规定	自由	原则上总部规定
促销	总部统一实施	自由加入	总部统一实施
总部与分店的关系	完全一体	任意共同体	经营理念共同体
分店建议对总部的影响		大	小
分店上交总部的指导费		5%以下	5%以上
合同约束力	总部规定	松散	强硬
合同规定加盟时间		多为1年	多为5年以上
外观形象	完全一样	基本一样	完全一样

（4）零售商合作社（retailer co-operative）。其是由各独立零售商共同组成的组织，实行商品集中批发，并进行联合销售和促销。

---

① 肖怡，徐印州. 我国特许经营发展的难点及对策［J］. 商场现代化，1997（6）：15-17.

1844年成立的罗虚代尔公平先锋社（Rochdale Equitable Pioneers Society）是第一家零售商合作社。零售商合作社是自愿连锁的一种形式或变种，二者的区别主要有以下三点：

①成员特征。二者都由众多的独立零售商组成，但自愿连锁常常以一个现有的批发公司为核心，而零售商合作社是成员共同投资组建一家新的批发公司，作为连锁的总部。

②资金来源。二者都是凭借自愿协商的合同协调关系，但自愿连锁没有资本关系，而零售商合作社由自下而上的各家出资，与所有权连锁的自上而下恰恰相反。

③总部与店铺关系。二者都是接受总部的指导和服务，但自愿连锁没有股东关系，而零售商合作社各成员是联合批发公司或总部的股东，参与并影响整个体系的运作。[①]

零售商合作社之所以具有特别的吸引力，原因在于：①自愿和开放的会员资格，即无论什么种族、信仰或者政治派系，任何人都可以参加；②民主控制，即合作社的最终控制权在社员，每人一票；③股本，只能获得有限的利息；④剩余（利润）应该按照会员的采购量进行分配，即会员分红。

（5）消费者合作社（consumer co-operative）。其是指消费者共同出资组成的，主要通过经营生活消费品为社员自身服务的零售商合作组织。消费者合作社的基本原则是：自集资金，现金交易，股权不论股金多少，一律平等，利润按交易额分配。消费者合作社与零售商合作社有着相同的原则，其差异主要体现在：前者由消费者组成，后者由零售商组成；前者入社目的是以低廉价格取得消费品，后者入社目的是以优惠价格取得供转卖的商品。

2）按业种分类

"业种"是从日本引进的专业用语，意指经营商品的种类或行业的种类，而且多被用于流通领域，如"批发业种"或"零售业种"等。"业种"强调的是"卖什么"，它与产业结构和产品结构有着密切的联系。产业结构与产品结构不断细分出更多的批发或零售业种。按业种分类实质上也就是按经营的商品分类。国家统计局在2021年所做的零售业种分类如下：①食品、饮料及烟草制品专门零售；②纺织、服装及日用品专门零售；③文化、体育用品及器材专门零售；④医药及医疗器材专门零售；⑤汽车、摩托车、零配件和燃料及其他动力销售；⑥家用电器及电子产品专门零售；⑦五金、家具及室内装饰材料专门零售；⑧货摊、无店铺及其他零售业。[②]

3）按业态分类

"业态"也是从日本引进的专门用语，意指商品销售形态或方式，且多被用于流通领域，如"批发业态"或"零售业态"等。零售业态是指零售商销售商品的形态或零售经营形态，如面对面销售（百货店、专业店等）、开架自选销售（超级市场）、网上销售（网上商店）等。与"业种"不同，"业态"强调的是"怎么卖"。

世界各国对零售业态的分类各有不同，有些国家分类较粗，有些国家分类较细。在我国，由国家市场监督管理总局、国家标准化管理委员会于2021年联合发布的国家标准《零售业态分类》（GB/T 18106—2021）对零售业态的划分见表5-2和表5-3。

---

① 李飞. 零售革命［M］. 北京：经济管理出版社，2003：155-156.
② 国家统计局. 15-4 按登记注册类型和行业分限额以上零售业企业主要指标（2021年）［EB/OL］.［2022-11-30］. http://www.stats.gov.cn/tjsj/ndsj/2022/indexch.htm.

有店铺零售业态分类和基本特点

表5-2

序号	业态		选址	商圈与目标顾客	基本特点		
					规模	商品（经营）结构	服务功能
1	便利店（convenience store）	社区型便利店	位于社区周边	主要顾客为社区内常住人员，客流稳定	门店面积一般在50~199平方米，货架组数在15~25组	以日常生活用品、饮料、烟酒等应急性商品以及鲜生鲜商品为主	营业时间通常为16小时以上，有些店铺支持线上订货，送货上门及多种便民服务
		客流型配套型便利店	位于火车站、公交站、码头、地铁站等公共交通枢纽，以及景点、商业中心等区域人流较为密集的区域周边	顾客群体以上班族和出游人群为主	门店面积一般在50~120平方米，货架组数在15~25组	以饮料、香烟、即食商品、休闲食品、报刊为主，位于旅游景点的店铺销售旅游纪念品	以提供即食商品（早餐、盒饭）服务，手机充电、ATM取款、上网等服务为主
		商务型便利店	位于写字楼集中的区域及周边	顾客群体以商务人士为主	门店面积一般在20~80平方米，货架组数在10~20组，设置就餐设施	以鲜食盒饭、即食商品、现冲饮料、新鲜水果、功能性饮料、蜜饯糖果、时尚小商品为主	以提供早、中、晚即食品，以及信用卡还款、网等服务为主，有些提供线上订货服务
		加油站型便利店	加油站内	顾客群体以司乘人员为主	门店面积一般在10~120平方米，货架组数不等	以食品、饮料、应急商品，以及汽车养护用品为主	提供ATM取款等金融服务，以及洗车等汽车相关服务
2	超市（supermarket）（按营业面积分类）	大型超市	市、区商业中心或城乡接合部、交通要道及大型居住区	辐射半径在2千米以上，目标顾客以居民、流动顾客为主	6000平方米及以上	各类生活用品、包装食品、生鲜食品、一次性购齐，注重自有品牌开发	通常设不少于营业面积40%的停车场，营业时间为12小时或以上，可提供线上订货服务

续表

序号	业态		基本特点				
			选址	商圈与目标顾客	规模	商品（经营）结构	服务功能
	超市（按营业面积分类）	中型超市	市、区商业中心、居住区	辐射半径为2千米左右，以商业区目标顾客、社区居民消费为主	2 000~5 999平方米	日常生活用品及生鲜食品、包装食品，单品数少于大型超市	营业时间为12小时或以上，可提供线上订货服务
		小型超市	市、区商业中心、居住区	辐射半径为1千米左右，以社区居民消费为主	200~1 999平方米	以包装食品及生鲜食品为主，提供日常生活必需品	营业时间为12小时或以上，通常提供便民服务
2	超市（按生鲜食品营业面积占比分类）	生鲜食品超市	社区周边、大型购物中心的配套业态	辐射半径为2千米左右，以商业区目标顾客、周边居民为主	一般为200~6 000平方米	以生鲜食品、包装食品为主，配置必需的非食品商品，加工总经营品种在0.7万~1.5万	营业时间为12小时或以上，提供生鲜食品简单处理、加工服务，可提供线上订货服务
		综合超市	市、区商业中心、居住区	辐射半径为5千米左右，以商业区目标顾客、周边居民为主	一般为0.2万~1万平方米	非食品类商品数量较多，品种齐全，营业品种数量为1.5万~3万，满足顾客日常生活用品一次购齐的需求	营业时间为12小时或以上，可提供线上订货服务
3	折扣店（discount store）		居民区、交通要道等租金相对便宜的地区	辐射半径为2千米左右，目标顾客主要为商圈内的居民	一般为300~500平方米	商品平均价格低于市场平均水平，自有品牌占有较大比例	用工精减，提供有限服务，有些可提供线上订货服务
4	仓储会员店（warehouse club）		城乡接合部的交通要道	辐射半径为5千米以上，目标顾客以中小零售店、餐饮店、集团购买和流动顾客为主	一般为5 000平方米以上	以大众化的衣、食、日用品为主，自有品牌占有相当部分，商品种类通常在0.4万~1.2万，实行低价、批量销售	设相当于经营面积的停车场，有些可提供线上订货服务

续表

序号	业态	基本特点				
		选址	商圈与目标顾客	规模	商品（经营）结构	服务功能
5	百货店（department store）	市、区级商业中心，历史形成的商业集聚地	以追求时尚和品质的顾客为主	一般为1万~5万平方米	商品种类齐全，以服饰、鞋类、箱包、化妆品、家庭用品、家用电器为主	注重服务，逐步增设餐饮、娱乐、休闲等服务项目和设施
6	购物中心（shopping center; shopping mall）	都市型购物中心：都市的核心商圈或中心商务区，街区型或封闭型建筑结构	商圈覆盖范围至超出所在城市，满足顾客购物、餐饮、商务、社交、休闲娱乐等多种需求	不包含停车场的面积通常为5万平方米以上	购物、餐饮、休闲和服务功能齐备，时尚、休闲、商务、社交特色较为突出	提供停车位、导购咨询、个性化休息区、手机充电、免费无线网络、ATM取款等多种便利设施
		区域型购物中心：位于城市新区或城乡接合部的商业中心或社区聚集区，紧邻城市主干道或城市交通节点，以封闭型的独立建筑体为主	辐射半径约在5千米以上，满足不同收入水平顾客的一站式消费需求	不包含停车场的面积通常在5万平方米以上	购物、餐饮、休闲和服务功能齐备，所提供的商品和服务种类丰富	提供停车位、导购咨询、手机充电、免费无线网络、免费针线包、ATM取款等便利设施
		社区型购物中心：位于居民聚居区的中心或周边，交通便利；以封闭型的独立建筑体为主	辐射半径约在3千米以内，以满足周边居民日常生活所需为主	不包含停车场的面积通常在1万~5万平方米	以家庭生活、休闲娱乐为主，配备必要的餐饮和休闲娱乐设施，服务功能齐全	提供停车位、休息区、手机充电、免费无线网络、ATM取款等便利措施
		奥特莱斯型购物中心：在交通便利或远离市中心的交通主干道旁，或开设在旅游景区附近，建筑形态为街区型或封闭型	辐射所在城市或周边城市群，目标顾客为品牌拥护者	不包含停车场的面积通常为5万平方米以上	以品牌生产商或经销商开设的零售店为主体，以销售打折商品为特色	提供停车位

续表

序号	业态	基本特点				
		选址	商圈与目标顾客	规模	商品(经营)结构	服务功能
7	专业店 (specialized store)	在交通便利或远离商市中心的交通主干道旁,或者在市、区级商业中心、购物中心以及百货店以及购物中心内	目标顾客以有目的地选购某类商品的流动顾客为主	根据商品特点而定	以销售某类商品为主,体现专业性、深度性,选择余地大,品种丰富	现场售卖人员可提供专业店建议。无人值守专卖店,由消费者自助完成购物
8	品牌专卖店 (brand exclusive shop)	在市、区级商业中心、专业街、百货店以及购物中心内	目标顾客以中高档消费者和追求时尚的年轻人为主	根据商品特点而定	以销售某一品牌系列商品为主,销售量少,优质,高毛利	注重品牌声誉,从业人员专业知识丰富,提供专业服务。无人值守专卖店,由消费者自助完成购物
9	集合店 (selection shop)	在市、区级商业中心、专业街、百货店以及购物中心内	目标顾客为品牌特定消费者	面积通常为300~1 500平方米	汇集多个品牌及多个品类的商品,产品间有较强关联性	注重品牌声誉,从业人员专业知识丰富,提供专业服务
10	无人值守商店 (unmanned store)	位于大卖场周边、社区、办公楼周边、购物中心内等可以补充其他业态销售的区域	主要顾客群体为周边客群,其追求快捷、方便	经营面积一般在25平方米以下	以饮料、休闲食品、应急性商品为主。根据商品结构有所不同	可24小时营业

资料来源　国家市场监督管理总局,国家标准化管理委员会. 零售业态分类(GB/T 18106—2021)[S]. 北京:中国标准出版社,2021.

表 5-3

无店铺零售业态分类和基本特点

序号	业态	基本特点			服务功能
		目标顾客	商品（经营）结构	商品售卖方式	
1	网络零售 （online retail）	追求便捷、省时省力	根据目标顾客设定商品结构	在线交易	送货到指定地点或指定自提点
2	电视广播零售 （television/broadcast shopping）	以电视观众、收音机听众为主	商品具有某种特点，与市场上同类商品相比，有一定差异	以电视、广播向消费者推介商品，通过电话订购	送货到指定地点
3	邮寄零售 （mail order）	商品目录或报刊的阅读者	商品适宜储存和运输	以商品目录、报纸、杂志等形式向消费者进行商品宣传，消费者事先汇款，通过邮购或快递收到货物	邮寄或快递到指定地点
4	无人售货设备零售 （unmanned equipment retail）	以交通节点、商业区等流动顾客和固定区域（如办公区、生活区）顾客为主	以饮料、预包装食品和简单日化用品为主，商品单品数通常在30种以内	通过自助售货机、无人货架、智能货柜等设备，消费者自助购买	自助服务
5	直销 （direct selling）	根据不同的商品特性，目标顾客不同	商品以某一类或多品类为主，系列化	销售人员直接与消费者接触，销售其产品	送货到指定地点或自提
6	电话零售 （tele-shopping）	根据不同的商品特性，目标顾客不同	商品单一、以某类品种为主	通过电话完成销售	送货到指定地点
7	流动货摊零售 （retail sale via mobile stalls）	随机顾客	商品单价较低，满足即时性、冲动性购物需求	面对面销售	立刻获得商品

资料来源　国家市场监督管理总局，国家标准化管理委员会．零售业态分类（GB/T 18106—2021）[S]．北京：中国标准出版社，2021．

5.2 零售业态的变迁及理论假说

5.2.1 零售业态的变迁

随着经济的发展，零售商业环境不断发生变化，从而导致零售商业在选址、商品组合、营业时间、技术与服务及销售方式上的变化，这些变化最终导致了零售业态的变迁。

1）选址的变化

传统零售商业的选址多在流动人口相对集中的地方，如车站附近和城市中心，但现代零售商业的选址已扩大到郊外、高速公路出口和居民区。从发展趋势来看，许多国家的零售商业已出现"空心化"现象，即城市中心的零售商业经营困难，开始向郊外扩散。这主要是由消费者居住地的变化、交通条件的改善及城市中心地价上升所致。选址的变化导致郊区购物中心、仓储店及便利店等业态的出现。

2）商品组合的变化

传统零售商业多以商品组合较宽的业态为主，其代表性业态是杂货店及后来出现的百货店。现代零售商业的商品组合则发生了很大变化，既有宽度上的变化，也有内容上的变化。宽度上的变化出现了两极：一极是商品组合越来越宽，已远远超过传统百货店的商品组合宽度，如超大型购物中心；另一极是商品组合越来越窄，甚至窄到一个品种、一个品牌，如各种专业店和专卖店。从内容的变化上看，现代零售商业对传统的商品组合进行了重新调整，从而产生了许多新的业态，如家居改建中心、细分食品超市等。

3）营业时间的变化

传统零售商业的营业时间多为正常工作日，但随着消费者生活时间的改变，夜间购物的消费者越来越多，从而使零售商业向全天候营业转变。一方面，许多传统零售业态的营业时间延长；另一方面，24小时、全年无休日的业态出现，如便利店等。

4）技术与服务的变化

通信与电子技术的发展，促进了新型业态的产生与发展。例如，邮寄商店、网上销售、自动售货机、手机微店等就是通信及电子技术革命的结果。此外，零售商业竞争日益激烈，消费者消费偏好发生变化，促使零售商业经营者不断增加服务内容，休闲、娱乐、赊销、餐饮、保健、送货等都已成为零售商提供的服务，从而大大改变了传统零售业态的内涵与外延。不仅如此，零售商还针对消费者的某些偏好，不断开发新的业态。例如，折扣店、仓储店、剩余品商店就是满足消费者低价格取向的业态；电视购物、网上购物、移动购物则是满足消费者时间及场所便利偏好的业态。

5）销售方式的变化

零售商业的销售方式发生了以下变化：由讨价还价到明码标价；由封闭式（柜台）销售到开架销售；由坐卖到访问、送货销售；由散装销售到包装销售；由现金销售到信用卡销售；由钱货两清销售到分期付款销售等。销售方式变化的直接结果是新业态的出现，如超级市场、访问销售、会员制商店、单一价商店等。

但是，新业态的出现并不意味着传统业态的完全消失，由于消费层次和消费偏好的多样化，许多传统业态仍有一定的生存空间。例如，历史悠久的百货店业虽然在今天日益受到大卖场、购物中心、会员商店、在线商店、手机微店等新业态的冲击，但并没有迅速消亡，百货店仍然在各国城市零售市场中占有一席之地。

5.2.2 零售业态变迁的理论假说[①]

1）零售轮假说

零售轮假说（Wheel of Retailing Hypothesis）是由哈佛大学的马尔克姆·麦克奈尔（Malcolm P. McNair）最早提出来的。[②]他认为，任何一种零售业态都是从大胆创新的观念开始，不断改进，然后逐步失去竞争力，变得十分脆弱，处于不可救药的境地，最终让位于新的业态。通常每次的轮转包括3个阶段——导入阶段、成熟阶段和脆弱阶段。在导入阶段，零售商一般降低运行成本，以低价格和低利润占领市场，利用薄利多销和商誉争取社会效益和经济效益。显然，零售商在这个阶段比较适合销售低毛利、高流转的商品。零售商通过低价渗透策略占领市场，成为人们关注的竞争目标后，便进入第二阶段。大量的模仿者逐步跟进，迫使初始创新者无法通过低价渗透策略来进行差别定位，而是要向顾客展示更为舒适的购物场所和环境，提供广泛的服务项目、多样化的商品类别，特别是趋向于时尚化的商品；同时，为了竞争的需要，加大营销投入，增强宣传力度，这些措施都会导致营销成本的增加，使最初的创新零售业态经过成熟阶段演变为高定位、高毛利的业态，这样轮转进入第三阶段。由于零售商面临高定价、保守、经营负担过重、投资回收率降低等问题，为后来者以低成本渗透留出空隙，如此零售轮又转动起来了。这种学说很好地解释了零售业态从百货店向专卖店、连锁店进而向仓储店、折扣店的变迁。

2）真空地带假说

真空地带假说（Vacuum Hypothesis）是由丹麦学者尼尔森（O. Nielsen）于1966年提出的。该假说根据消费者对零售商的服务、价格水平存在偏好空隙来解释新零售业态的产生。[③]真空地带假说首先假设经营同种商品的各种业态的特性是由店铺设施、选址、商品组合、销售方式、附加服务等综合性服务以及与此相对应的价格水平来决定的，并认为服务水平越高，价格也就越高。然后，该假说假设存在一组由高到低的服务与价格组合带，以及消费者对不同水平的服务与价格组合的偏好分布曲线。例如，有3个零售商：一个是低服务、低价格组合的零售商A，一个是中等服务、中等价格组合的零售商B，还有一个是高服务、高价格组合的零售商C。零售商A为了吸引更多的消费者，便将其服务与价格水平逐渐向最受消费者欢迎的零售商B的服务与价格水平靠拢（提高档次）；同样，零售商C为了吸引更多的消费者，将其服务与价格水平向零售商B的服务与价格水平靠拢（降低档次），结果就使高服务水平、高价格组合的零售商与低

① 夏春玉. 零售业态变迁理论及其新发展［J］. 当代经济科学，2002，24（4）：70-77.
② MCNAIR M P. Significant trends and developments in the post-war period［M］//SMITH A B. Competitive distribution in a free high level economy and its implications for the university. Pittsburgh：University of Pittsburgh Press，1958.
③ NIELSEN O. Development in retailing［M］//HANSEN M K. Reading in Danish theory of marketing. Amsterdam：North-Holland，1966.

服务水平、低价格组合的零售商消失了，从而产生了真空地带，即空白部分。于是，新进入者就将这个真空地带作为自己的目标市场，从而产生了新的业态。也就是说，低价低级店和高价高级店又作为新的业态而诞生了。

3）零售手风琴假说

零售手风琴假说（Retail Accordion Hypothesis）是由布兰德（E. Brand）于1963年提出的，1966年，赫兰德（S. C. Hollander）将其命名为零售手风琴假说。①零售手风琴假说主要是从商品组合宽度的扩大与缩小的角度来解释新业态的产生。该假说首先假定商品组合很宽的零售业态（如杂货店）已经存在，并且在零售业中是很有竞争优势的业态，接着就出现了商品组合较窄的新业态（如专业店）。随着时间的推移，这种业态也取得了竞争优势。在此之后，商品组合更宽的新业态（如百货店）出现了，继百货店之后又出现了商品组合更窄的服装专卖店，在服装专卖店之后又出现了商品组合更宽的超级市场……因此，该假说认为零售业态的变迁是沿着"宽—窄—宽—窄—宽……"即"综合—专业—综合……"往复循环的路径进行的，就像手风琴一样一张一合，在专业化和综合化之间不断反复，每次都演变出一种新的业态。

4）自然选择假说

自然选择假说（Natural Selection Hypothesis）是由美国学者吉斯特（R. R. Gist）和迪斯曼（A. C. R. Dreesman）提出的。他们用达尔文的进化论思想来解释零售业态的变迁，认为可以把各种零售业态看作不同的经济"物种"，它们都面临着不断变化的消费者需求、竞争者策略、政治经济格局、文化变迁、技术革命、自然环境等。零售业态也有适应环境、物竞天择、适者生存的问题。当环境因素，特别是宏观环境这些不可控制的因素发生变化时，某种零售业态如果不能适应其变化，进行变革，就会失去生命力。比如购物中心的出现，就是适应了城市中心百货店出现的停车难、交通不便等问题，人们需要一种更大的、购物方便的，同时满足娱乐、休闲等多种需求的场所。

迪斯曼认为，零售业态在以下方面与生物物种具有类似性：①二者都能正确地把握其产生的时间与地点；②革新或突然变异很明确，其边界也很清晰；③二者只有适应时代或环境的变化才能生存。

迪斯曼还应用进化论的理论与概念进行了如下推理：①各种业态具有向同一方向收敛的趋势。②各种零售业态在发展过程中可能出现突然变异的现象。③在零售业态的发展过程中，退化与同化是并存的。所谓退化，是指由于新业态的产生，原有业态失去了往日的优势，其地位也日益降低；所谓同化，是指原有业态看到新业态的迅速成长，而对新业态所采用的新经营技术与方法进行的模仿。

5）辩证过程假说

辩证过程假说（Dialectic Process Hypothesis）是借用黑格尔的正反合原理来解释零售业态变迁的理论。托马斯·马罗尼克（Thomas J. Maronick）和布鲁斯·沃克（Bruce J. Walker）认为，把现有的零售业态看作"正"，"反"就代表它的对立面，"合"指两者的结合体。零售业态正是在与竞争者的挑战中，不断完善自身，不断"否定自己"，

---

① HOLLANDER S C. Notes on the retail accordion [J]. Journal of Retailing, 1966, 42 (2): 29-40.

扬弃其不合理的"内核",上升到"否定之否定"的境界。[①]例如,高毛利、慢周转、高价格、高服务水平的百货店作为"正"存在时,就会导致低毛利、快周转、低价格、低服务水平的折扣店作为"反"而出现;折扣店的出现又会导致兼有前两者特点的中等毛利、中等周转、中等价格和有限服务水平的廉价百货店作为"合"而产生。于是,这个"合"成为新的"正",进而促使新的"反"的出现。

6)零售生命周期假说

零售生命周期假说(Retail Life Cycle Hypothesis)是于1976年由达维德森(W. R. Davidson)、贝茨(A. D. Bates)和巴斯(S. J. Bass)共同提出的。该假说应用产品生命周期理论来解释零售业态从产生到衰退的发展过程。[②]零售生命周期假说认为,与产品生命周期一样,零售业态也要经过导入(革新)、成长、成熟、衰退4个发展阶段,并指出了各种零售业态的零售商在各个阶段所应采取的经营策略。同时,该假说以美国的零售业为研究对象,指出各种新型业态从导入期到成熟期的过程在逐渐缩短(见表5-4),因此,零售商应该不断进行业态革新。

表5-4　　　　　　　　　　　　　　　美国零售业态的生命周期

业态类型	成长期	从导入期到成熟期的年限
杂货店	1800—1840年	100
专业店	1820—1840年	100
百货店	1860—1940年	80
邮寄商店	1915—1950年	50
超级市场	1935—1965年	35
折扣店	1955—1975年	20
购物中心	1950—1965年	40
消费合作社	1930—1950年	40
便利店	1965—1975年	20
家居改建中心	1965—1980年	15
仓储店	1970—1980年	10
专卖店	1975—1985年	10

资料来源　黄桂芝. 零售营销[M]. 北京:清华大学出版社,1998:28.

---

① MARONICK T J, WALKER B J. The dialectic evolution of retailing [C]. Proceedings of Southern Marketing Association, 1974:147.
② DAVIDSON W R, BATES A D, BASS S J. The retail life cycle [J]. Harvard Business Review, 2006, 54 (6):89-96.

7）其他理论假说

除了上述6种有代表性的理论假说之外，还有两种理论假说对零售业态的变迁进行了理论上的解释：一是环境理论，即零售业态变迁或革新是不断变化的环境条件的函数；二是冲突理论，即新业态的产生来自传统业态之间的冲突。

（1）环境理论（Environmental Theory）认为，零售业态的发展变化是由经济、人口、社会、文化、法律及技术等环境条件的变化决定的。其主要代表人物是瓦蒂南比拉奇（G. H. Wadinambiaratchi），他提出了"零售业态的革新只发生在经济高度发达的国家，其他国家则只能移植这种革新，而能否移植成功与经济发展水平直接相关"，以及"零售业态是近期环境的函数，而零售业的经营方法与技术是周围环境的函数"等命题。同时，该理论将社会经济发展阶段划分为部落阶段（tribe stage）、小农阶段（peasant stage）、初期商业阶段（early commercial stage）、发达商业阶段（highly commercial stage）、初期产业阶段（early industrial stage）和发达产业阶段（highly industrial stage），与此相适应，行商、市场（集市）、地方商人、杂货店、专业店、大型超市6种零售业态分别是上述各个经济发展阶段的代表性业态。

还有学者从长期视角对特定的环境因素，如社会因素、法律因素、技术因素及经济因素中的某一个因素进行了重点研究。例如，巴克林（L. P. Bucklin）特别重视对经济因素的分析，并建立了经济发展阶段与零售结构之间函数关系的分析模型。在模型中，他把零售商业划分为从定期集市到现代复合型零售商业的5个发展阶段。

另外，还有学者主张环境因素不仅对零售业态的产生具有决定性作用，而且对零售业态的成熟与发展产生重要影响。例如，调整理论（Adjustment Theory）认为，一种零售业态越能适应消费者的特性（民主性、社会性、经济性、文化性）、技术、竞争等主要环境的变化，其生存的可能性就越大。

（2）冲突理论。该理论的主要代表人物是吉斯特和布朗（S. Brown）。该理论认为零售业态的发展变化是新业态与旧业态之间的相互冲突，即相互作用下进行的。吉斯特的模型即辩证过程假说，我们在前面已作介绍。在此，我们主要介绍布朗的冲突–防御性撤退–认知–适应假说。该假说认为：①新业态的出现对旧业态产生了强烈的冲击；②为了避免与新业态产生直接的对抗，旧业态一般采取防御性的撤退策略；③由于新业态继续进攻，因此，旧业态也开始认识到必须对新业态的进攻予以反击；④进入适应阶段，原来的冲突问题得以解决，并进入新均衡状态。当然，这种均衡又孕育着新的冲突。冲突理论与加尔布雷思（J. K. Galbraith）的"对抗力概念"很相似。对抗力是指在流通渠道中一些弱小的流通当事人会相互结合在一起，以对抗来自势力强大的竞争者的压力。

上述理论假说各自从某一侧面解释了零售业态变迁的4个问题：①零售业态为什么会出现（自然选择假说、真空地带假说）；②零售业态是怎么出现的（零售轮假说和零售手风琴假说）；③新零售业态出现以后是如何发展的（零售轮假说、辩证过程假说和零售生命周期理论）；④新零售业态出现以后为什么会这样发展（零售轮假说和零售生命周期假说）。然而，这些理论假说只是对单体业态的演化做出了一定的解释，没有回答零售业态群体的演化规律。纵观西方国家零售业态的发展，出现了零售业态的多样化、差异化、细分化、连锁化和国际化等特点。业态之间并没有出现完全的替代现象，而是多种业态并存，相互补充。事实证明，每一种零售业态都是构成现代商业零售体系不可缺少的部分。因为它们各具特色，有着明确的分工和特定的市场定位，因此很难判断一种业态能否完全取代另外一种业态。除此之外，上述理论假说至少还存在以下不足：

①将零售业态、零售商及零售店铺相混同。例如，零售轮假说将零售商与零售业态相混同，零售生命周期假说则将零售商的发展与零售业态的发展相混同。

②缺乏对消费者因素的分析。零售业态的变迁不仅取决于零售商之间的竞争及模仿因素，还取决于消费者对新业态的反应及偏好程度，因此，一个不考虑消费者因素的理论假说是不可能完全解释零售业态变迁的真正原因的。

③缺乏对世界各国零售商业史实及各国零售业态相互传播、影响的分析。例如，日本的超市、便利店业态及其经营技术就是从美国引进的。

另外，中国从20世纪90年代以来也从国外引进了诸如超市、综合超市、便利店、仓储店等许多新业态，而且这些新业态几乎是同时引进的，各种业态的发展并没有明显的时间阶段性。

5.3 零售经营

5.3.1 零售经营环境

零售经营环境是指影响零售商业发展变化的各种外在因素的集合，主要包括政治法律环境、宏观经济环境、科学技术环境、消费者需求、行业竞争状况及地区经济环境等。

1）政治法律环境

政治法律环境主要由国家的政治体制、政府经济政策、政治局势、法律、法规等因素构成。通常，一国政府要通过政治和法律手段对社会经济的运行进行规范和干预，其中自然包含了对零售商业的规范和干预。政府对零售商业的规范和干预大致被分为两个层次：一是通过一般经济政策对零售业进行规范和干预，如有关反垄断或反不正当竞争的法律、法规；二是通过专门的法律、法规或政策对零售业进行规范和干预，如专门对大型零售店的经营行为进行规制的法律。就第一层次的干预而言，显然不只是针对零售商业的干预，而是对所有产业的干预，因此，各国情况大体相同；就第二层次的干预而言，则是针对零售业的特别干预，而且有些国家（如法国和日本）对零售业的这种特别干预还是相当精细化的，对诸如大型店的开设、有奖销售、访问销售、分期付款销售、邮寄销售、商品表示等都有详细的规定。[①]

2）宏观经济环境

宏观经济环境主要包括经济增长、就业水平、产业结构、国民收入及其分配等

---

① 夏春玉. 流通概论 ［M］. 北京：中央广播电视大学出版社，2002：37-39.

因素。

一个国家或地区的经济总量和增长速度显然会对该国家、地区内的零售业发展产生多方面的影响。当前世界大多数国家，特别是发达国家的经济增长都处在低速增长阶段。低速增长的一个直接结果就是就业及收入的低增长甚至负增长，这影响了社会居民的消费能力和消费意愿，使零售业的经营面临困难。但是，就业和收入的低增长或负增长对零售业来说可能是柄双刃剑：一方面，就业机会减少，收入水平降低，这影响了人们的消费意愿和消费能力，进而不利于零售业的经营；另一方面，由于社会就业压力增大，因此政府更希望通过扶持零售业的发展来吸纳更多的就业，这显然又是有利于零售业发展的。另外，经济增长速度放缓虽然在总体上不利于零售业提高经营效益，但在客观上也促进了零售业态的发展和创新，即那些"低价"和"大众化"的零售业态会得到发展机会。从这个意义上说，低经济增长的宏观环境可能促进零售业经营能力的增强以及业态组合的动态变化。

产业结构作为宏观经济环境的重要组成部分，也会对零售业的发展产生多方面影响。世界各国产业结构变化的共性表现在以下方面：第一，从产业总体来看，渐次由以第一产业为主向以第二产业为主，进而向以第三产业为主演化；第二，从不同产业的产品结构来看，逐渐由附加值低、技术含量低的产品向附加值高、技术含量高的产品演化；第三，从产业组织结构来看，行业集中度渐次提高，大型垄断组织对生产和流通的支配地位日益明显。产业结构的演化推动了产品结构的演化，从而不但使零售业的业种结构发生变化，也使零售业的业态结构发生变化。

国民收入及其分配对零售业的影响主要体现在国民收入的增长及收入分配的地区分布方面。第一，如果一段时期内国民收入水平有较大幅、较稳定的提高，则显然有利于零售业的发展。第二，当国民收入水平有显著变化的时候，居民的很多消费特征也会发生改变，进而对零售业的经营方式提出新的要求，最终影响零售业的规模和结构。第三，国民收入增长在地区间分布是否平衡也影响着零售业的经营形态、空间分布和竞争战略。在国民收入水平高、增长快的地区，零售业可能获得持续稳定的客流和高毛利率，因此，零售企业乐于向这样的地区集聚，也造成这些地区零售业竞争的日益激烈；相反，在国民收入水平低、增长缓慢的地区，零售业要想生存和发展，就必须降低经营成本，保持相对低的毛利率，并通过加快货品周转率，以"薄利多销"的策略来维持经营。

3）科学技术环境

影响零售业的技术环境被分为一般技术环境和专门技术环境。

一般技术环境是指整个社会科技发展的综合水平，它对各行业均产生影响，对零售业的影响也是这些共性影响的一部分，并且一般技术环境对零售业的影响通常是间接的。例如，以新材料、新能源的开发为基础的新技术进步改变了整个社会的产业结构和产品结构，这些改变最终也波及零售业的经营行为，表现为零售业种结构和业态结构的改变。

所谓专门技术环境，是指对零售业影响直接而显著，并且具有一定的零售行业专用性的技术环境。比如，专门用于零售店对种类繁多的货品进行编码管理的信息系统的开发，就是一个专门技术环境方面的改进；可远程搭载的移动冷柜技术的发展也使得超级市场能够更有效地保证食品的鲜度。

不管是一般技术还是专门技术，都并非单指"硬技术"（新设备、新工艺），而是还包括"软技术"（新理论、新方法）。

此外，作为技术成果载体的社会基础设施也是技术环境中重要的一方面。一定的技术条件决定了特定的基础设施建设水平，而这些基础设施的建设、维护水平又影响着零售业开展经营活动的方式和效率。比如，在高速公路网络不甚发达的国家或地区，零售企业要想保证食品的鲜度，就不得不就近采购生鲜食品；在银行业发达、电子支付手段完备的国家或地区，倘若零售企业不积极地与银行信用卡部门取得密切合作，就难免在竞争中处于不利地位。因此，考察零售业的技术环境时也包括考察社会基础设施状况。

4）消费者需求

决定消费者需求变化的因素包括收入水平、人口结构、家庭规模以及生活方式与价值观念等。

（1）收入水平。尽管自20世纪70年代以来，许多国家长期处于低速经济增长阶段，但是消费者的收入水平还是有所增长的。消费者收入水平的增长会导致两方面的变化：一是消费倾向降低，即收入水平越高，用于直接消费的收入比例越低。从这个意义上说，收入差距的扩大不利于扩大整体消费规模，从而不利于零售业经营。二是消费结构的变化，即随着收入的提高，消费者用于食品及其他生活必需品的支出比例会降低，即恩格尔系数变小，从而使零售业结构发生变化。

（2）人口结构。人口结构的变化决定着消费结构的变化，也是影响零售业经营的重要因素。世界人口结构的变化趋势是：老龄人口、单身人口、城市人口及郊区人口在总人口中的比重逐渐提高。零售业经营与居民的生活习惯密切相关，零售业只有充分适应人口结构方面的这些变化趋势，才能维持自身的生存和发展。

（3）家庭规模。家庭规模变化的一个趋势是小型化。家庭平均人口的减少、家庭单位的增多，除带来商品房需求的增加以外，还带动了对家具及厨房用品需求的增加。在这种背景下，作为一个新型业态出现的"家居用品中心"在世界各国纷纷兴起，这类新型店铺的产生正是零售业对家庭小型化变化趋势的一种反映。

（4）生活方式与价值观念。人们生活方式与价值观念的变化是对零售业有着直接影响的重要因素。例如，女权运动不仅导致女性就业机会的增加，而且大大改变了女性的生活方式和价值观念。再如，经济增长速度的减慢促使消费者不得不精打细算，进而使他们的消费日趋理性。与此同时，人们的消费越来越个性化，模仿与趋同的做法已逐渐被人们所排斥。另外，消费者闲暇时间的增加、生活时间带的改变（夜生活时间延长），以及人们追求享乐的人生态度等，都对零售业产生了直接的影响。

5）行业竞争状况

零售业的竞争包括水平竞争和垂直竞争两个方面。

（1）水平竞争，是指零售商与零售商之间的竞争，包括不同业种之间的竞争和不同业态之间的竞争。例如，体育用品商店与一般服装店之间的水平竞争关系就属于业种之间的竞争，这种竞争根源于零售商各自所经营商品之间的竞争关系（替代关系）。而传统百货店与购物中心之间的水平竞争关系属于业态之间的竞争，这种竞争表现为零售商分别以各自独特的售卖方式去争取顾客，其产生的根源是不同业态为顾客创造价值的可替代性以及新旧零售业态的历史更迭。如果不同业态为顾客所创造的价值是绝对独特和不可相互替代的，即到传统百货店购物得到的满足不能替代到购物中心购物得到的满足，那么意味着百货店和购物中心都仍将留住自己原有的顾客，也就不存在不同业态对顾客资源的争夺，即不存在业态间竞争了。同时，新零售业态出现、老零售业态衰落与演变又是一个历史过程，新业态总是在改进老业态的基础上发展而来的，从一开始就有从老业态手中抢得市场份额的动机，这必然造成新老业态之间的竞争。总之，由于零售业具有较小的"进入障碍"，因此，其竞争比其他产业更为激烈。

（2）垂直竞争，是指零售商与批发商之间、零售商与制造商之间、零售商与非商业性销售组织（如消费合作社）之间的竞争。一方面，零售业之外的一些主体的行为因具有零售职能而与零售业经营形成了竞争，如在现实生活中，厂家直销、批发兼零售、消费合作社等是大量存在的，这些零售行业之外的主体所实施的零售行为显然直接对零售业的经营造成了冲击；另一方面，零售商与批发商、制造商同处于一个垂直的渠道链条上，作为渠道成员，零售商、批发商、制造商之间不可避免地存在一种垂直竞争关系，它们通过在交易条件上的博弈来对渠道总收益进行分配。

6）地区经济环境

地区经济环境是指零售商所处地区的经济环境，主要包括两个方面：

（1）地区经济发展综合水平，包括零售企业所在地的地区生产总值及其增长率、人均地区生产总值及其增长状况，尤其是人均地区生产总值这一因素，是影响零售企业经营规模和业态选择的关键因素之一。

（2）地区商业基础设施状况。地区商业基础设施包括已有和在建的各种零售商业网点，如商业街、商业区、便利店网点等；与零售业有关的公共硬件基础设施，如公路、铁路、码头等交通运输资源，以及地区性物流中心、配送中心、批发市场等；与零售业有关的公共软环境，如地区金融机构的分布和业务开展状况、地区商业往来机构及政府机构的总体信息化水平等。

5.3.2 零售经营要素

零售经营要素是指零售商在进行经营活动过程中为实现经营目标而需要进行设计和管理的各种营销要素。其一般包括商品、价格、广告与销售促进、店址、店铺设计与商品陈列、销售过程、顾客服务等。零售商为了满足顾客需求、实现自身经营目标，需要根据具体的环境条件对多种零售经营要素进行特定的组合和搭配，形成特定的零售营销组合。

1）商品

商品是零售商最基本的经营要素。商品的特性不仅决定着零售业种，也在一定程度上决定着零售业态。因此，零售商要考虑一个适当的商品组合，在此基础上组织整个零售经营活动。

对零售商而言，商品采购是商品管理的核心环节。为了有效地进行商品采购，必须做好两项基本工作：一是商品分类；二是选择供应商。

（1）商品分类。由于零售商所要采购的商品种类繁多，采购部门的人员必须按照商品种类进行合理的分工，分别去完成采购任务，因而进行商品分类是组织采购活动的前提。科学的商品分类是采购人员做出有针对性的采购决策的有力保证。许多大型零售商都建立自己的商品分类体系，这些体系往往存在很多共同点。例如，美国零售联合会（NRF）制订了一个标准的商品分类方案，将商品分为以下等级：第一级是商品组；第二级是商品部；第三级是商品类别；第四级是同类商品组；第五级是存货控制单位（stock keeping unit，SKU）。依据这样的分类，就可以对商品的采购活动进行明确合理的分工。

（2）选择供应商。这是采购中的重要问题。对零售商来说，可供选择的供应商主要有三类：第一类是商品制造商；第二类是中转商，如批发商、代理商及具有经销职能的物流公司等；第三类是自有品牌（PB）商品加工商。不同种类的供应商具有不同的特点，为零售商提供的价值也有所不同。商品制造商具有比较强的供货保障能力，由于交易的中间环节少，供货价格往往也具有优势。当零售商持续、大量地采购某种商品时，适宜选择制造型的供应商直接进货；但是当采购的商品批量小、需求不持续、品种又比较分散的时候，分别从多家制造商直接进货的行为有可能导致总交易成本（包括谈判成本和远距离运输成本等）迅速上升，此时，为减少交易成本，零售商可以选择中转商为部分商品的供应商。当然，与制造商相比，中转商的供货价格要高一些，在持续供货的保障能力上也不如制造商。自有品牌商品加工商一般是零售商所在地的中小加工、制造企业，它们没有自己的品牌和专有技术，往往缺乏自主开创品牌和开拓市场的实力，但是它们能够提供必要的生产设施和人工，由零售商自行开发品牌及生产工艺，而后授权这些加工制造企业实行生产。这样，零售商可以不必对生产管理环节投入过多精力而专注于自有品牌的开发和运营。自有品牌商品加工商面向零售商的供货价格都比较低廉，但所能提供的商品品种也非常有限。一般来说，仅对于附加值低、工艺简单、销量比较大的商品（如方便食品、生鲜半成品、通用洗涤用品等），零售商才更倾向于通过自有品牌委托加工制造的方式来取得供货。当然，也并不是所有零售商都有实力和精力开发自有品牌，只有那些具备一定品牌优势的大型零售商才能成功开发并运作自有品牌商品。总之，零售商在选择供应商种类的时候要根据各类供应商的特点和拟采购商品的属性等因素灵活地进行决策。

2）价格

在进货价格一定的情况下，商品销售价格决定着零售商的毛利水平。与此同时，对消费者而言，商品销售价格又是一种成本负担。如何在保证自身毛利水平的同时使价格对消费者具有吸引力，这就涉及零售商的定价策略问题。商品销售价格的形成主要受到以下因素的影响：一是零售商的进货价格（进货成本）；二是消费者的需求状况；三是竞争者的定价策略。据此，就有3种基本的定价方法可供选择：

（1）成本导向定价法（cost-oriented pricing method），是零售商在进货成本基础上增加一个固定百分比来确定销售价格的方法。这种定价方法类似于制造业中的成本加成定价法，只不过这里的定价起点是进货成本，而非生产成本。

（2）需求导向定价法（demand-oriented pricing method），是基于消费者的意愿价格来制定最终售价的方法。零售商要充分了解顾客对商品价格的敏感程度，即需求价格弹性。如果需求价格弹性大，价格变动会引起需求量的大幅变动，则宜采取薄利多销的策略；反之，如果弹性小，价格变动不会引起需求量的大幅变动，则可以将价格维持在较高水平上。除了估计消费者的需求价格弹性之外，零售商还要对消费者进行更为细致的意向调查。这些调查可以通过问卷或访谈的方式进行。通过调查，零售商有机会了解顾客对某种商品价格的接受程度和期望水平，这使零售商容易发现自身定价策略上的不足之处，进而付诸调价行动，以使消费者更加满意；同时，这些来自调查的信息对于即将上市的新商品是一个极为重要的定价依据。

（3）竞争导向定价法（competition-oriented pricing method），是指零售商根据竞争对手的价格策略来制定有针对性的价格策略的定价方法。如今，很多零售商，特别是实力雄厚的大型零售商纷纷采用每日低价（everyday low pricing，EDLP）策略，这就是一种典型的竞争导向定价策略。该策略强调将价格定得低于一般市场价，但要高于竞争对手打折时的价格。另一种竞争导向的定价策略是高低价并行（high/low pricing）策略，即零售商的价格有时高于竞争对手的每日低价的水平，但是会经常进行一些短期的降价促销，所以一段时期内看起来价格有高有低。这种策略适合那些受到大型零售商每日低价策略威胁的中小零售商。这种策略虽然能够在短期内扩大销量，但是如果运用过于频繁和广泛，难免造成对零售商价格信誉的破坏，一些高价购买的顾客得知降价消息后会不满，甚至在以后的购买活动中会形成观望、等待的习惯。因此，这种定价策略要谨慎运用，以不破坏零售商的价格信誉为前提。

以上3种定价方法在零售经营实践中很少单独应用，零售商应根据商品的不同属性和市场环境的变化综合运用不同的定价方法来制定商品的销售价格。

3）广告与销售促进

在零售经营中，零售商往往要通过广告、销售促进等手段与顾客进行信息交流，目的是影响顾客的购买行为，促进销售目标的达成。

广告（advertising）是支付费用并运用网络、报纸、电视、广播以及直接邮寄物等公共传播媒介与顾客进行信息沟通的方式。销售促进（sales promotion）是通过向顾客提供超额的价值和奖励以使其在特定的时段内光顾商店或者购买商品的营销行为。虽然销售促进不像广告活动那样需要向媒体支付很多费用，但是提供超值服务和奖励也会增加零售商的成本。零售商需要考虑如何将有限的促销费用在广告与销售促进之间进行分配，以使这部分资金获得相对好的促销回报。通常，广告活动对于树立零售商的形象、吸引新顾客来店比较有效，而销售促进活动在促进现有顾客增大当期购买量方面比较有效。此外，由于广告的沟通对象分布比较广泛，广告沟通又是一种长期、平稳、见效缓慢的沟通方式，因此，在零售商的促销预算中，广告预算所占的比例一般维持在一个相对稳定的水平。而销售促进的影响对象是来店顾客，影响过程也往往是短期的、集中的、高强度的，因而销售促进预算经常随着商品周转周期、季节变化、市场波动情况等不断变化。

4）店址

店址即零售店所处的地理位置。长久以来，零售业被认为是一种"选址"产业，可见，店址的选择对零售商的经营至关重要。店址之所以重要，是因为：第一，顾客在选择商店进行购物时，店铺的地理位置是其所考虑的最为重要的因素；第二，零售店空间位置一旦确定，就具有相当大的稳定性和排他性，独特而具有天然优势的空间位置是零售店形成差别化经营甚至是垄断经营的重要因素。店址的稳定性是指零售店一经确定选址并开展经营，就很难再行改变商店位置。店址这一经营要素并不像商品、价格、顾客服务等其他要素那样容易调整，因此零售商在进行店址选择决策时都格外慎重。店址的排他性是指某一零售店选定一个位置开店以后，这个位置实际上就被其独占，其他零售店只能选择别的位置进行经营。正因为空间位置具有排他性，所以店址有可能为零售店带来一种垄断优势。[①]

5）店铺设计与商品陈列

在早期的零售店铺中，店铺的布置和商品陈列并不被零售商视为经营要素，因为那时的商品数量和品种较少，消费者到商店购物时最为重视的是商品种类是否齐全、商品质量是否合格。只要有合适的品种和满意的质量，消费者就会产生购买行为，店铺的布局设计、外在形象、商品陈列样式等因素对消费者的购买决策几乎没有什么影响。随着社会经济的发展，商品的种类和数量大幅度增加，整个社会经济进入产品相对过剩的"买方市场"阶段，消费者的观念和习惯也发生了很大的转变。他们在消费活动中的着眼点已经远不止于商品本身，人们越来越重视购物过程中的感受，诸如品牌价值、零售商声誉、卖场环境、商品展示的风格等因素对消费者购买行为的影响越来越大。与此同时，城市里零售店铺的分布密度也明显增大，零售商之间的竞争日益激烈，在店铺设计与商品陈列上增加投入成为零售商夺取竞争优势的有力手段。

6）销售过程

对于许多顾客而言，销售人员就是商店，因为销售人员是顾客与零售商建立联系的唯一途径。销售人员的行为在使顾客满意、建立顾客忠诚度方面具有至关重要的作用，同时，他们也是零售商借以了解顾客需求信息的重要力量。因此，零售商必须重视对销售人员的培训，要设计有效的销售人员激励机制，激发他们的工作热情和责任心。

销售人员要圆满地完成销售任务，首先，要充分了解标准的销售过程。所谓销售过程，就是销售人员为促进顾客做出购买决策而采取的一系列行动的集合。其次，根据销售的一般流程及与每个销售步骤相对应的顾客的购买过程，销售人员必须有针对性地从事销售工作。在接近顾客阶段，销售人员要设法引起顾客的注意，帮助顾客发觉其自身某种需求没有被满足的状态，使其对所需要的商品产生兴趣。在搜集信息阶段，销售人员要从顾客那里得到如下信息：顾客寻找的商品的类型、顾客可接受的价格范围、顾客打算如何使用该商品、顾客的生活方式、顾客现在拥有哪些商品、顾客喜爱的商品样式及颜色。通常，销售人员要通过与顾客的口头交流来获得上述信息。在介绍商品阶段，

[①] 根据传统经济学关于市场结构的观点，零售业是一个高度竞争的行业，但是越来越多的学者开始重新考虑这一判断的正确性。至少从店址这一零售经营要素上看，零售商是容易凭借店址优势在局部市场上形成垄断力量的，如何识别和评估这种潜藏的垄断力量，仍是零售学者们需要进一步探索的问题。

销售人员需要对顾客进行商品的展示和介绍。有效的促销介绍必须将商品的特性和功能有机地结合起来，并能适时地帮助顾客进行实际操作体验，让顾客很好地了解商品的优点，最终促成购买行为。在实现销售阶段，销售人员要选择合适的时机鼓励顾客发生购买行为，敏锐地识别顾客即将做出购买活动的信号（语言、神态、动作等），并消除顾客对购买活动的疑虑。当整个销售活动即将完成时，销售人员还应当谋求与顾客建立良好的关系，赞赏顾客的选择，提供额外的服务信息，记住多次光临的老顾客，与之建立友好和充满信任的长期关系。

7）顾客服务

顾客服务（customer service）是零售商为了使顾客购物更加方便、更有价值而进行的一整套活动和计划。零售商为顾客所提供的服务项目包括电子支付、信用卡支付、商品调换、商品包装、儿童看护、送货上门、商品展示、商品试用、延长营业时间、提供停车场和休息室等。相对于提供商品而言，零售商提供的服务具有两个特点，即无形性（intangibility）和变动性（inconsistency）。很多服务本身是无形的，消费者在评价零售商服务水平时往往缺少物化指示器可资参照，这使得零售商很难真正了解顾客对服务的敏感程度，更难维持高水平的服务。服务的变动性是指零售商服务的质量对于不同商店甚至同一商店里的不同顾客有着巨大的差别。所有的服务项目都是由商店员工完成的，对于零售商而言，控制所有员工的工作表现并不是容易的事。也正因如此，那些真正做到了提供稳定服务质量的零售企业才具有一种很难被模仿的竞争优势。

5.4 集 市

5.4.1 集市的产生与发展

1）集市的产生

集市是一个古老的概念。《易·系辞下》中有"日中为市，致天下之民，聚天下之货，交易而退"的记载，这里的"市"指的就是集市。

集市概念有广义和狭义之分。广义的集市是指人们聚集于一处集中从事商品交换及有关活动的场所。狭义的集市是指那些以调剂余缺为主要目的、参与交易者以生产者为主，并且由于不常设而规定交易日的商品交换场所。

集市几乎是伴随着人类社会商品交换行为的产生而产生的，其起始年代已经无从考证。关于集市为什么会产生，我国学者认为："在人们的日常生活中，需要是多种多样的。即使在自然经济占统治地位的地方，广大小生产者的生产与生活资料，有些总需要购买，某些剩余产品，也总需要出卖。集市正是在这种情况下逐渐产生和发展起来的。"[①]其实，从经济学的视角来看，只要人类社会存在剩余产品，并且交换这些产品能增加社会总收益，就会不断发生交易行为。集市的出现使人们能够在短时间内集中换取自己所需的物品，这大大增加了社会总收益，降低了个人及全社会的交易

---

① 韩大成. 明代的集市 [J]. 文史哲，1987（6）：17-25.

成本。

2）集市的发展

集市的发展大致上经历了如下几个阶段：

（1）远古集市阶段。早在氏族部落时代，部落之间就已有一些交换活动。但受当时的技术条件限制，原始集市的开办是随机的事件，部落之间偶尔的汇合可能触发相互交换物品的动机，于是就地开市，展开以物易物的交换活动。这个阶段的集市交易行为还只是偶然事件，开市时间与地点往往不是固定的。

（2）自主交易阶段。从奴隶社会至封建社会初期，社会生产力大幅发展，人们不再像原始社会那样为了生存而频繁迁徙。社会产品的丰富、定居生活方式的确立，以及封建农业生产方式的发展，促使这个阶段的集市相对于远古集市有了很大改观。根据我国商周时期的文献记载，这个时候的集市已经具有一定的组织化程度，在开市地点、时间上都日趋固定化。

（3）城镇集市与农村集市分化阶段。随着封建社会农业经济的发展以及政治、军事格局的不断变迁，城市开始高速发展。大量的人口开始向城市集中。城市的发展使位于城市内部及城市近郊的集市获得了更好的发展机会。在这个阶段，城镇集市在交易规模、交易品种、交易的组织化和专业化程度上都开始大大超越农村集市，以适应城市经济发展。

（4）现代集市阶段。时至今日，集市仍然存在。除大量农村集市外，还有各种各样的新型城市集市。如在城市中开办的旧货集市、古董饰品集市、近郊农副产品集市、手工艺品集市等，都很受消费者的欢迎。但这些新型城市集市主要满足市民的文化、休闲需求，传统城市集市的日常化、大量化的交易职能早已被各类专业批发市场及零售商所取代。

5.4.2　集市的特点、功能与分类

1）集市的特点

（1）集市对交易者的资格几乎没有限制。任何人只要有需要出售或交换的物品，都可入市交易。从硬件设施上看，集市的设施一般比较简单。我国很多集市至今仍沿路而市，售卖者仅利用自己的运载工具即可设摊叫卖，不需要租用任何设施。从软件上看，地方政府对集市的管理也奉行从简、自由的原则，只要市场秩序正常，就不会频繁干预集市上的交易。

（2）集市对入市交易的商品不设限制。除了对交易者不设资格限制外，集市对入市交易的商品也并没有严格的审核和准入制度。集市上的商品种类一般较为庞杂，有工业制成品，有时令农产品，有二手货，有农畜，有各种日常生活用品，也有农业生产资料和农用机具等。集市管理部门不会对商品的种类、新旧程度、质量等级加以检查和限定，只要不存在市场欺诈等违法犯罪行为，任何交易品种就都是可以接受的。

（3）集市的交易规则相当宽松。集市并不规定标准的交易规则，而是遵循集市当地传统的交易惯例。诸如在买卖双方运输费用的分担、售后服务条款、结算方式、价格或质量条款等方面，集市管理者均不会有硬性规定，而是在很大程度上取决于买卖双方讨

价还价的结果。因而在集市上，讨价还价行为是司空见惯的。

（4）集市的主要交易目的是满足生活需求、调剂余缺。大多数集市交易主体并不是职业商人，交易者本身大多也是农业生产者或者手工业者。他们来集市上开展交易活动的目的并不是像职业商人那样最大限度地赚取商业利润，而是方便生活和调剂余缺。因此，集市主要是作为农村地区自给自足的自然经济体系的一个补充来发挥市场作用的。

（5）集市不常设。由于绝大多数交易者并不是专职商人，加上人们并不经常地产生调剂余缺的需要，因此集市并没有必要常设。此外，集市连续开办下去也必定大幅度增加管理成本和费用，这对于并非职业商人的广大交易者来说是得不偿失的。因此，绝大多数集市不会连续开办，而是间歇性地开办，每次开市的持续时间也很短，这正是我国一些地区将前往集市的行动叫作"赶集"的原因。从经济学的角度分析，集市的不常设、不连续经营的做法也正是集市参与者们维持低廉交易成本的一种理性选择。

2）集市的功能

在漫长的农业经济时代，集市一直是城乡各地应用最为广泛的商品流通形式。集市为整个社会的商品流通、居民生活的便利、各地文化的交流等做出了重要贡献。从现实来看，集市主要具有以下功能：

（1）满足居民对生活用品的需求。集市是对农村自然经济体系下商品流通机制的必要补充。城乡之间的空间区隔以及城乡消费方式的迥异，经常促使集市成为农村居民主要的日常生活用品来源。但是随着城乡之间交通便利性的发展、城乡居民消费方式的趋同化，集市为农村居民提供日常生活用品的功能会逐渐淡化。

（2）互通有无，调剂余缺。这是集市最为古老的功能。传统集市上的交易物有相当一部分属于旧货、生产资料或生产工具，交易者对物品的使用价值的重视程度要远远大于对物品价值及交易利润的重视程度。

（3）丰富居民的社交、文化生活。我国很多历史悠久的集市是由一些地区性节日及宗教庆典活动发展而来的。这些集市天然带有社会文化活动的属性。由于农村地区居民居住相对分散，加上交通不便，居民们与外界进行信息沟通与交流的机会并不多。集市为大家提供了一个社交、文化生活的空间。

（4）活跃地区经济，扩大需求。在城市中，零售商业的发展有着刺激消费、活跃经济、拉动生产的功能；在农村地区，大部分商品零售职能是由集市承担的。集市的开办在一定程度上刺激了农村居民的日常消费，并逐渐吸引城市制造业向农村市场输出工业制成品。

3）集市的分类

依据不同的分类标准，我们可以对集市进行多种分类。

（1）按照交易品种，集市被分为综合集市和专业集市。在综合集市中，交易品种包罗万象；在专业集市上，交易品种则主要集中在少数商品上。一般在某种农副产品的原产地或具有历史渊源的集散地，容易形成专业集市。从时间上来看，如果一段时间内恰逢某种农副产品大量收获，就容易形成集中交易少数几个品种商品的专业集市。在我国，专业集市形成于唐代以后。[①]古代的专业集市分为两种：一是季节性的，如《成都古今记》所记载的"正月灯市，二月花市，三月蚕市，四月锦市"等；二是非季节性的，一般以生活必需品为主要交易品种，如菜市、鱼市、米市、马市等。今天，我们能够看到的专业集市并不多，其职能在很大程度上被现代的专业批发市场所取代。

（2）按照交易方式（批发与零售），集市被分为零售集市和批发集市。多数集市交易行为属于零售，即使集市上有从事批发业务的交易者，其在整个交易活动总体中所占的比重也非常小，只有一些专业集市才大量从事批发交易。

（3）按照开市日期的固定程度，集市被分为定期集市和非定期集市。定期集市是对开市日期规定一个较为稳定的时间表，每次开市遵照这个时间表的安排，如我国北方一些农村集市有每隔一旬开市一次的惯例。非定期集市是对于开市时间不做事先约定，而是根据特定条件临时安排开市。

（4）按照开市持续的时间，集市被分为日集和期集。每次开市只经营一天的集市为日集；每次开市后经营数天的集市为期集。

（5）按照开办主体，集市被分为官方集市和民间自发集市。前者是由地方政府主导开设的集市，后者是民间自发形成的集市。官方集市多是从地方经济发展的角度考虑而开办，往往经过考察和规划后开办，管理相对正规。而民间自发集市多为居民出于方便生产、生活的考虑而自主创设，一般没有正规的管理，交易秩序依赖惯例或人际关系。

（6）按照规模与辐射范围，集市被分为中心集市、次中心集市、地方中心集市和地方性小集市。在一定范围的农村区域，存在众多集市，这些集市各自覆盖的市场规模、辐射区域、承担的职能与服务范围等都有明显的差异，从而形成一个等级有序的集市体系。一般来说，人口越多、规模越大的集市在体系中的等级越高。例如，河南省农村集市划分表见表5-5。

表5-5　　　　　　　　　　　　河南省农村集市划分表

级别	名　称	占地面积（平方米）	集镇人口（人）	上市交易人数（万人）	集市成交额（万元）
1	中心集市	>8 000	>50 000	>12	>10
2	次中心集市	5 001～8 000	10 001～50 000	7～12	6～10
3	地方中心集市	2 000～5 000	3 000～10 000	1～6	2～5
4	地方性小集市	<2 000	<3 000	<1	<2

注：本表数据测算源自河南省农村集市情况，不适用于专业集市。

资料来源　田广增. 河南省农村集市等级体系［J］. 殷都学刊（自然科学版），1998（6）：84-87.

　　中心集市是指规模较大，辐射全县乃至跨县、跨市、跨省的集市。它在区域集市体

---

① 胡新德. 集市贸易琐谈［J］. 经贸导刊，1997（3）：19.

系中处于中心地位，对区域商品流通起到"领头"作用。

次中心集市在规模上次于中心集市，辐射几个乡镇，但不能辐射全县，多为综合集市，对区域商品流通有着重要影响。

地方中心集市是规模一般、辐射一个乡镇辖区或稍微波及邻近乡镇的集市。其多为综合性农贸集市，在区域经济中主要起到方便本乡镇居民生活和组织本乡镇农副产品外销的作用。

地方性小集市等级最低，规模较小，经营品种少，覆盖范围仅达附近少数几个村庄，多为自发产生，主要为方便居民生活。[①]

5.5　商业街

5.5.1　商业街概述

1）商业街的概念

商业街是以零售店铺为主、以其他相关行业店铺为辅的众多店铺集聚的街区。商业街既是一个组织概念，也是一个地理概念。作为一个组织，商业街由众多独立经营的零售商及其他行业经营者所组成；作为一个地理区域，商业街是一条或数条以人行为主的道路。可见，商业街的基本构成要素是店铺与人行道路。可以认为，商业街是众多相关行业的店铺在城市街区的集聚形态，不属于一种零售业态。

2）商业街的特点

从商业街的定义来看，商业街具有如下特点：

（1）以零售为主。零售店铺是商业街内店铺的主要组成部分。

（2）功能复合。商业街内聚集着其他相关行业的店铺，如餐饮、娱乐、文化等产业的店铺。

（3）店铺协同。商业街上的店铺之间有能力互补、相互促进的协同关系。

（4）空间跨越。商业街通常跨越一段空间距离，少则占据街道的一段，多则占据整条街乃至整个街区。

3）商业街的功能

商业街主要具有如下功能：

（1）购物。这是商业街的基本功能。大量的零售店铺聚集在商业街，商品种类齐全，款式繁多，方便消费者的选购。由于店铺的集中分布，消费者很容易对各家店铺的情况做出横向比较，即俗话所说的"货比三家"，这就增强了市场信息的透明度，减少了消费者由信息不对称产生的消费顾虑。

（2）休闲娱乐。商业街上不单有各种零售店铺，还有很多其他相关行业的店铺，有各种餐馆、饭店、咖啡店、冷饮店，有各种文化、娱乐设施，如剧院、音乐厅、照相馆等，还有宾馆、酒吧、洗浴中心、发廊、健身中心等服务业机构。这些非零售类店铺和

---

① 田广增. 河南省农村集市等级体系［J］. 殷都学刊（自然科学版），1998（6）：84-87.

机构使商业街的功能更为综合、全面，立体化地满足消费者的多种需求，从而使商业街更具吸引力。

（3）繁荣城市经济。商业街的发展能加速城市商品流通，刺激居民消费，促进城市人口就业，拉动整个城市经济发展。世界范围内的商业实践和城市发展表明，商业街蓬勃发展的地方也是地区经济极具活力的地方。世界上著名的繁华都市一般都有独具城市特色的商业街，这在一定程度上说明商业街发展与城市经济发展之间存在某种正向联动的关系。

（4）改善城市景观。繁华的商业街总是能够为城市增添生机与活力，构成城市中一道华丽的风景线。商业街建筑或古朴浑厚，或时尚典雅，高楼大厦，灯火辉煌，为生活在城市中的人们带来环境美的享受。商业街的建设规划往往是城市建设规划中的重点。

4）商业街的类型[①]

一般来说，商业街主要有4种类型：

（1）近邻型商业街，是指城市周边和居民区内的小型商业街，主要由中小型零售店铺组成，顾客主要是邻近商业街居住的居民。此类商业街商圈内人口往往不足万人，经营品种以烟酒食杂等日常生活用品为主。近邻型商业街一般坐落在居民区内或位于毗邻居民区的周边地带。

（2）地域型商业街，是指大中城市中的中型商业街，如我国许多城市中都有的"站前商业大街"。地域型商业街的客源主要来自周围居民，商圈人口不到10万，经营品种中既有日用品，也有耐用品，常见的业种包括家具店、钟表店、眼镜店、医疗用品商店、体育用品商店、茶叶店、文具店、书店、小型百货店等。前来购物的顾客通常以汽车和短途火车为交通工具。因此，此类商业街一般地处市中心外部交通比较便利的地方，如车站周围或其他文化和娱乐设施比较集中的地方。

（3）广域型商业街，是指地方中心城市的较大型商业街，顾客群以本市和周边地区的消费者为主。这类商业街位于地方市政府所在地，街内有美术馆、银行分行或支行等，其商圈人口为15万~20万，主要经营品种是耐用品，而非日常用品。此类商业街中有大型百货店、大型综合超市、高档专业店、高级食品材料店、专业食品店（如蛋糕店、水果店、茶叶店等）。顾客以公共汽车、家用小汽车、地铁等为交通工具，每月来此商业街购物1~2次。因此，这类商业街一般分布在地方中心城市的外部交通便利、聚客能力强的地区。

（4）超广域型商业街，是指位于大型城市的中心商业区，以具有巨大聚客能力的大型零售商店为中心构成的超大型商业街。如日本东京的涩谷、银座、新宿就是典型的超广域型商业街，其商圈人口达20万以上，百货店和大型商场出售的商品以耐用品为主。顾客利用铁路、地铁等交通方式，不定期地从远处来此商业街购物。此类商业街一般选择在流动人口多、外部交通便利、聚客能力较强或具有传统特色的地区，而且主要限于大型城市。

---

① 王学军，刘伟芳. 国外商业街发展的特征、趋势及启示［J］. 广东商学院学报，2003（3）：21-24；29.

上述4种类型商业街的外在特征参见表5-6。

表5-6 不同类型商业街的外在特征比较

特征＼类型	近邻型商业街	地域型商业街	广域型商业街	超广域型商业街
立地环境	①居民住宅地域，城市周边地域 ②即便有交通线路通过，也缺乏集中性 ③商圈人口不超过1万	①地区性城市的中心地带 ②交通中心地 ③商圈人口为3万～10万 ④在其后方有多个近邻型商业街	①市政府所在地 ②大批量交通运输线路的集中地 ③商圈人口在15万～20万，聚客能力较强，辐射范围较广 ④其后方有多个地域型商业街	①大城市商业中心部 ②大批量交通运输线路的集中地，交通便利 ③商圈人口在20万以上，聚客能力强，能吸引外地流动人口购物 ④在其后方拥有多个广域型商业街
规模与密度	①街区长度为100～200米 ②商店密度为50%～80%	①街区长度为500～700米；在街区边缘，多转变为近邻型商业街 ②商店密度为70%～90%	①街区长度为1 000～1 500米 ②店铺密度为80%～100%	①街区长度为2 000米以上 ②店铺密度为90%～100%
业种构成	①以日常用品为主，加少量耐用品 ②重视实用性，低价格	①耐用品加日常用品 ②顾客层分布和价格都较为广泛，重视感觉、流行性、品质等	①以耐用品为主体 ②顾客层较窄，重视感觉、流行性、品质等	①耐用品为主体 ②顾客层较窄，重视感觉、流行性、品质等
店铺构成	①店面亲切，大众形象 ②核心店铺为地方连锁店、超级市场、廉价杂货店	①高级个性的形象与亲切感并存 ②核心店铺为全国性连锁店、地方性百货店、超市等	①豪华高级的形象，强调个性 ②核心店铺为全国性连锁店、地方性百货店、超市等	①豪华高级的形象，强调个性、享受 ②核心店铺为全国性连锁店、地方性百货店、超市等

资料来源 王学军，刘伟芳. 国外商业街发展的特征、趋势及启示［J］. 广东商学院学报，2003（3）：21-24；29.

5.5.2 商业街的规划与管理

1）商业街的规划与管理的一般原则

商业街是众多商业机构在空间上的一种集聚、组合形态，是企业组织的集合，从而具有一定的"私人"设施的属性；同时，它是城市设施、环境要素中极为重要的一部分，因而具有城市公用设施的属性，具有一定程度上的公共性。这两方面的属性决定了商业街的规划与管理既要考虑个别企业（店铺）的经营效果，又要考虑商业街的整体经营效果及作为城市公共设施的公共效应。因此，为了协调商业街的个体效果与整体效果的矛盾，通常需要组建一个共同管理机构，如商业街管理办公室，来进行商业街的整体规划及经营指导。具体来说，商业街的规划与管理应遵循以下原则：

（1）市场化原则。商业街的规划与管理首先要立足于市场需求，遵从市场经济规律配置商业街资源，使商业企业在商业街上的集聚真正成为一种市场行为。

（2）企业利益与社会公共利益兼顾原则。商业街规划与管理既要保证众多商业企业的利益，也要照顾到社会公共利益，毕竟商业街不单是企业的经营资源，更是城市公共基础设施的一部分。这要求包括政府、市民代表、企业家、艺术家等在内的多方主体共同参与商业街的规划与管理。

（3）整体优化、内部协调原则。商业街是一个整体，其整体的优势和竞争地位对每一个成员企业都很重要。因此，当个别成员企业与整个商业街的利益发生冲突时，应当建立一个内部协调机制来约束成员企业，以使商业街的整体利益被适当优先考虑。

（4）科学化原则。商业街的规划与管理涉及多方面的利益，对企业和消费者造成多方面的影响，因而要遵循科学规律去规划与管理。比如，在设计商业街配套的交通系统运载能力时，涉及一系列空间、时间、能源消耗等问题的测算和优化，要用严谨的态度、科学的方法，实事求是地得出这些问题的答案，而不能单凭借经验和好恶来决策。

（5）法治化原则。商业街的规划与管理是一个复杂的系统，其中会涉及很多经营主体及其错综复杂的关系。为了减少破坏性的纠纷，在商业街规划与管理中应当事先制定游戏规则，将各方的权利和义务以法规和制度的形式固定下来，并尽力依法、依规行事。

2）商业街规划与设计的主要内容

（1）商业街的交通。商业街是由众多店铺所构成的"街"，而作为"街"，又必须有"路"与"行"。因此，商业街的规划与设计的首要问题就是交通。商业街的交通包括两个方面：一是外部交通；二是内部交通。

就商业街的外部交通而言，主要应考虑3个问题：公共交通、停车场及货运车辆的通行。公共交通是顾客到达商业街的重要工具，因此，在进行商业街的交通规划时，首先必须考虑公共交通问题。其基本原则是，应在商业街的两端或周围设立若干车站。从国际经验来看，车站到商业街的距离应保持在5分钟的步行路程之内；对于规模较大的商业街来说，还要考虑方便流动性顾客到达商业街，因此，可以考虑开辟从车站、码头、机场到商业街的公共交通线路。为了满足驾车顾客的停车需要，还要考虑停车场的规划。停车场可以设置在商业街的两端或周围，且以专用停车场为好，而不要在道路两边设置临时停车场。为了有效利用空间，可以将停车场设置于建筑物顶上或地下，也可以考虑建设立体停车场。除顾客交通外，还要考虑商业街的货物交通问题。其一般原则是，尽量避免货运车辆直接穿行商业街，而应规划出货车的专用通道和停车场，或者让货车夜间通行，或者在街后通行等。

就内部交通而言，应禁止机动车与非机动车进入街内，以保证顾客在商业街内安全通行。为此，世界上有许多商业街通常采取全封闭或半封闭的办法来保证顾客在商业街内通行的安全。全封闭是指在任何时间及商业街的任何地点，都绝对禁止车辆通行。半封闭是在规定的时间或地点禁止车辆通行，而在其他时间和地点准许车辆通行。例如，在店铺闭店休息时准许车辆通行，在营业时间内则禁止通行，或者在商业街道路中央将机动车道封闭起来，而在道路两侧设有较宽的人行道，隔断设置过街天桥或地下通道。

（2）商业街的规模。商业街的规模包括两个方面：一是商业街街道的长短、宽窄；二是商业街店铺的数量。在设计商业街规模时，主要应考虑以下几个因素：①商业街周边的环境，包括人口（特别是流动人口）、历史传统、道路与交通状况，以及商业街与周边集客设施的距离等；②商业街的发展潜力，包括商业街未来的人口迁移、道路扩展、交通改善，以及城市建设规划等；③城市商业的空间结构，包括城市商业网点的空间分布、商业网点的密度等；④城市规划，包括城市居民区的规划、工业区规划、商业区规划、交通规划等。

（3）商业街的选址。商业街的选址与商业街的规模设计是相互决定的，还与商业街的类型有关。不同类型的商业街对商业街的选址条件有不同的要求。一般来说，超广域型商业街应选址在流动性人口多、外部交通便利、集客能力较强或具有传统特色的区域，而且主要限于大城市。广域型商业街应选址在一般城市的外部交通便利、集客能力较强的区域。地域型商业街应选址在市中心外部交通便利的地方，如车站周围或其他文化娱乐设施比较集中的地方。近邻型商业街应选址在居民区或邻近居民区的周边地区。

（4）商业街的风格与店铺组合。商业街的风格是商业街特色与生命力的体现，也是商业街繁荣与发展的重要条件。商业街的风格首先取决于商业街的主题或功能定位。因此，对规划者来说，首先，要明确商业街的主题，即是综合还是专业，是传统还是时尚等。其次，商业街的风格取决于商业街的环境设计，包括步行道、店铺的建筑造型及外部装饰、自然及人文景观、休闲设施等。环境是风格的外在体现，而且要与商业街的主题相呼应。

店铺组合也是商业街规划、设计的重要内容。规划者应根据商业街的主题与类型规划、设计店铺的业种与业态构成及比例。对大型综合商业街来说，应至少有1家大型百货店、200家各类中小型商店；经营商品的范围应涉及衣、食、住、行、用、玩等各个方面。对中小型专业商业街而言，其店铺构成应充分体现商业街的"专业"定位。此外，在设计店铺结构时，除要保证各种"异质"店的配套与组合外，还要保证适当的"同质"店的搭配。也就是说，既通过"异质"店的组合来保证商业街的品种与花色，也要通过"同质"店的组合来保证商业街的竞争，以便于顾客的选择与比较，从而提高商业街的人气与活力。

3）商业街的经营管理

商业街是由各种独立经营的店铺所组成的商业组织集合，因此，商业街的经营管理与独立的零售商及其他商业组织的经营管理是不同的。商业街的经营效果不仅取决于各个单体店铺的经营效果，更取决于商业街的整体运作情况。这就要求商业街里的各单个店铺在保持其独立经营的同时，还应保持彼此的协调与统一。为此，世界上许多国家的商业街都成立了具有法人资格的商业街合作组织，以对商业街经营活动进行协调管理。我国一些城市的商业街近些年也成立了"商业街管理办公室"等类似机构。商业街公共管理机构的主要职责是：维护商业街的市场秩序；适时调整商业街的店铺结构；为个别店铺提供经营信息与经营指导；开展人才培训；实施商业街整体营销。

5.5.3 商业街的产生、现状与发展趋势

1）商业街的产生

商业街是随着城市的繁荣与发展而自然出现的。在商业街出现以前，居民进行商品交易的主要方式是集市贸易。在城市产生初期，城市中的商品交易方式也是集市贸易，只是在交易品种和开市周期上与农村集市有所不同。随着城市的逐渐繁荣，城市居住人口不断增长，城市购买力的集中程度不断增大，于是众多曾奔走于各方集市的商人开始在购买力集中且稳定的城市地区谋求发展。渐渐地，一部分行商在城市里变成了坐商，即在固定位置开店出售商品。坐商日渐增多，不但使城市里的集市越来越具有常设化的趋势，而且吸引了相关服务业、手工业的商人来此设点开店，这又进一步丰富了传统集市的交易品种。城市的繁荣也促进了富有阶层消费方式的转变，他们对高质量商品稳定供应的热衷推动集市摊点向高级零售店铺转变。最终，城市中的集市逐渐演变成商业街。

我国是历史悠久的文明古国，早在商周时期，城市中的"市"就具备了一些商业街的雏形。当然，那时的"市"也带有明显的集市特征，如在交易品种、开市时间、交易主体构成等方面与真正的商业街还有一定距离。随着古代城市经济的发展，到宋代，商业街得到了长足的发展。据史料记载，北宋的汴京、南宋的临安的城市零售商业的发展均达到了封建社会商业的高峰。宋代商业机构的分布和内部分工已经比较完善，商业管理技术较为成熟，商业街的店铺门类繁杂多样。当时的工商业包括160余行，除了大量的日用品零售店铺，还有各类药肆、茶肆、酒楼、食店等星罗棋布于城市商业街上。另有邸店（类似于近代的旅馆业）、典当、占卜、仓储、租赁、汇兑、浴堂、瓦肆（为商人聚会提供精神娱乐服务的场所，内设曲艺、文史等文化娱乐项目）等服务业门类也已经在当时的商业街上出现了。至明清时期，商品生产与商品交换进一步发展，城市商业区的扩大和各行业的繁荣为商业街的再次大发展奠定了基础。城市中商业街的数量开始增加，并产生了大量的专业街道，提供某类产品的集中交易场所。一般商业街上的专业化商店的门类也相当齐全。各地城市的庙会活动日趋繁盛，北京的隆福寺和护国寺、南京的夫子庙、苏州的玄妙观、成都的青羊宫等庙会，都逐渐演变成具有浓厚地方特色的商业街。①

2）现代商业街的出现及我国商业街的现状

虽然商业街具有比较悠久的历史，但是真正现代意义上的新型商业街形成于20世纪70年代。当时欧美各国普遍推行城市复兴计划，商业街的设计和规划被统一纳入城市整体规划之中。进入20世纪80年代以后，西方国家的传统商业街依然处于停滞和衰落的状态。为振兴商业街，西方提出所谓的豪布斯卡（HOPSCA）原则，即酒店（hotel）、办公楼（office）、停车场（parking）、购物（shopping）、休闲娱乐设施（convention）、公寓（apartment）。豪布斯卡原则的含义是，现代商业街必须具备以上各种要素才能得以发展，由传统的单纯意义上的"购物街"向"生活街"转变，也就是说，现代意义的商业街不仅是满足人们购物需求的场所，还是集购物、娱乐、餐饮、休闲、居住

---

① 李学工. 商业街：中华商业文化之魂 [J]. 北京工商大学学报（社会科学版），2002（4）：70-73.

于一体的都市生活空间。这种发展思路的根本目的是借助各种服务项目的综合作用来增加商业街日渐衰减的客流量。①

我国商业街的历史虽很悠久，但是近代以来，由于历史环境等诸多因素的影响，我国商业街并没有得到长足的发展。虽然在北京、上海等大城市有一批在国际上比较知名的商业街，如北京王府井大街、上海南京路商业街等，但是这些商业街的规模和效益水平与世界其他著名商业街相比还存在一定的差距。20世纪70年代，我国商业街因经济体制等原因也未能及时跟随国际潮流实现功能转型，因而从总体上看，我国商业街规划和管理观念尚显落后，机制不灵活，设施陈旧，功能简单，企业间的协作程度不高，缺乏创新改造的动力。近些年来，随着我国城市化水平的大幅度提高，商业街也逐渐成为城市建设规划中的重点和热点。在现代商业街建设与管理上，我国开始大量借鉴西方发达国家的经验，但是很多时候没有很好地秉承我国古代商业街文化的传统，缺乏对本土商业街内涵和竞争优势的深度思考和挖掘，一度使我国商业街建设与管理陷入盲目和混乱的境地。在我国，著名的商业街有上百条，一般的商业街更是数量众多，几乎每个城市都至少有一条商业街。这些商业街中有经营成功、效益可观的，也有规划失败、惨淡经营的，甚至有秩序混乱、假冒伪劣商品层出不穷的情况。可以说，现阶段我国商业街的发展进入了一个升级转型期，零售经营者和城市管理部门需要对以往商业街管理的经验和教训进行总结，有选择地借鉴外来经验，紧密结合本土市场特点，促进商业街的再次繁荣与发展。

3) 商业街的发展趋势

从世界范围来看，商业街的发展趋势可概括为以下几点：

（1）功能侧重有所改变。商业街的功能中，传统的"购物场所"功能相对弱化，而"生活广场"功能将得到加强，即未来的商业街将更倾向于强调观光、休闲、文化、娱乐等功能。与此相对应，商业街步行化的趋势也将日益明显。

（2）小型商业街走向衰落，大规模商业街蓬勃发展。由于竞争激烈，许多国家的商业街出现了商圈缩小、店铺关停、客流减少的现象。从商业街类型上看，近邻型和地域型商业街正走向衰落，而广域型、超广域型商业街有着良好的发展态势。

（3）商业街组织化程度日益提高，法人化倾向日趋明显。就商业街的组织化而言，各国都有商业街的管理法规。按照法规，商业街的零售商要组成商业街协作组织，即促进商业街的法人化。协作组织可以统筹安排商业街内的照明、装饰、配送、市场调研、广告宣传等活动，进而保证商业街内各店铺的协作与配合，以提高商业街的整体竞争力。

（4）内部配置双向发展。所谓内部配置，就是指商业街内部的成员构成。一方面，同业种或同业态的店铺聚集在一起有助于吸引顾客，增加收益，这是一种追求"聚集性利益"的配置方式；另一方面，那些业种不同但具有互补关系的店铺也倾向于聚集在一起，这样可以增加顾客利用率和销售额，这是一种追求"两立性利益"的配置方式。这两种配置方式都是未来商业街发展可选择的路线。

---

① 王学军，刘伟芳. 国外商业街发展的特征、趋势及启示［J］. 广东商学院学报，2003（3）：21-24；29.

学思践悟

数字化为中国零售业态升级赋能①

技术的飞跃给消费行业带来一场大的洗礼，"新零售"光环犹未褪去，"数字化"又为零售业再添光彩。业内专家表示，对于零售业而言，数字化不再是远观趋势，而是常态战略；不再是新零售风口的注脚，而是传统企业转型升级的罗盘。

在百年未有之大变局下，零售业数字化对零售商和品牌供应商的赋能开启了全新的消费时代，而在这一变革中，消费者获得了更加多元的服务体验，进而实现了消费方式的转型升级。

动动指头，点点手机，不一会儿新鲜的果蔬蛋奶就会送到家中，这在许多城市已经是习以为常的事。从逛超市到逛App，在中国许多地方人们的日常生活习惯发生变化。

零售企业的数字化转型以及越来越人性化的到家服务为我们提供了更为优质的消费体验，也成为我国抗疫胜利的一大法宝。无疑，消费是我国经济增长的重要引擎，而数字化消费成为这一领域新的增长极。

"我经常会被问到，实体店以后还在不在。我的第一个结论，实体店一定会在。但是我也说第二句话，实体店是必须要变的。"物美集团和多点Dmall创始人如是说。今后能够存在的实体店一定是经过数字化改造的、真正已经在今天的基础上进行了迭代的、更符合消费者需求的店铺。未来的零售店铺一定是在数字化基础上对传统的供应链、传统的店铺资源进行了解构、重构，实现了简化、优化、一体化的实体的供应链网络，一定是一个线上线下都复用的高效率的供应链和实体店网络。

"这是一个数据科技制胜的时代，这也是一个重构数字战斗力的时代。"金蝶国际软件集团创始人、董事会主席对当下的企业竞争做出判断。他提出，现代企业必须具备连接客户、连接伙伴、连接员工、连接万物的能力，以及数据驱动的能力，而其中数据驱动能力最为重要。

然而，每一个企业都独立地去开发一套数字化的系统，成本太过庞大，企业难以支撑，为此就需要有共同的平台为同类企业服务。

零售企业要活下去，必须对自己的系统进行全面的改造升级，而这个系统的本质就是以数字化时代的系统去替代过去IT时代的系统；零售要活得更好，就必须抱团取暖，拥有大家可信赖的数字化合作伙伴，拥有一个共同的平台。

在技术平台公司、零售企业、品牌供应商以及消费者的多方努力下，以数字化为基础的、真正高效率满足消费者需求、提高流通企业运营效率的现代化流通体系正在我国形成。

---

① 王金晶. 数字为零售业态升级赋能［EB/OL］. (2020-11-19)［2022-11-30］. http://www.rmzxb.com.cn/c/2020-11-19/2719089.shtml.

本章小结

　　零售是指将商品或服务直接出售给最终消费者，以满足其个人和非商业性使用目的的所有活动。零售的主要特点是：①交易次数频繁，交易批量小；②对店铺选址及店铺设计有较高的依赖度；③经营场所分散，经营活动受商圈的限制。

　　零售的功能有：①分类、组合与包装；②提供服务与娱乐休闲；③保有存货与承担风险；④节约消费者的购买成本；⑤搜集与传递市场信息；⑥金融。

　　零售商是指向最终消费者销售商品或提供服务的个人或企业。对零售商进行分类的方法有很多。按组织形式不同，零售商可被分为：①公司连锁零售商；②自由连锁零售商；③特许连锁零售商；④零售商合作社；⑤消费者合作社。按业种不同，零售商可被分为多种类型的专业零售商。按业态不同，零售商可被分为有店铺零售商与无店铺零售商，有店铺零售商可进一步分为便利店、超市、折扣店及仓库会员店、百货店、购物中心、专业店、品牌专卖店、集合店、无人值守商店，无店铺零售商被分为网络零售、电视/广播零售、邮寄零售、无人售货设备零售、直销、电话零售、流动货摊零售。

　　随着经济的发展，零售商业环境不断发生变化，从而导致零售商业在选址、商品组合、营业时间、技术与服务及销售方式上的变化，这些变化最终导致了零售业态的变迁。

　　有许多理论假说可以用来解释零售业态的变迁，如零售轮假说、真空地带假说、零售手风琴假说、自然选择假说、辩证过程假说、零售生命周期假说及其他假说。各种理论假说只能从某一侧面对零售业态的变迁进行理论解释，而无法对零售业态的变迁进行完全的解释。

　　零售经营环境是指影响零售商业发展、变化的各种外在因素的集合，主要包括政治法律环境、宏观经济环境、科学技术环境、消费者需求、行业竞争状况及地区经济环境。

　　零售经营要素是指零售商在进行经营活动过程中为实现经营目标而需要进行设计和管理的各种营销要素。零售经营要素包括商品、价格、广告与销售促进、店址、店铺设计与商品陈列、销售过程、顾客服务等。

　　集市有广义与狭义之分。广义的集市是指人们聚集于一处集中从事商品交换及有关活动的场所。狭义的集市单指那些以调剂余缺为主要目的，参与交易者以生产者为主，并且由于不常设而规定交易日的商品交换场所。集市的发展大致上经历了如下阶段：①远古集市阶段；②自主交易阶段；③城镇集市与农村集市分化阶段；④现代集市阶段。

　　集市的特点是：①集市对交易者的资格几乎没有限制；②集市对入市交易的商品不设限制；③集市的交易规则相当宽松；④集市的主要交易目的是满足生活需求、调剂余缺；⑤集市不常设。

　　集市的主要功能是：①满足居民对生活用品的需求；②互通有无，调剂余缺；③丰富居民的社交、文化生活；④活跃地区经济，扩大需求。

　　可以按照交易品种、交易方式、开市日期的固定程度、开市持续的时间、开办主体、规模与辐射范围等标准，对集市进行多种分类。

商业街是以零售店铺为主、以其他相关行业店铺为辅的众多店铺集聚的街区。商业街既是一个组织概念，也是一个地理概念，但不是一种零售业态。

商业街具有如下特点：以零售为主、功能复合、店铺协同、空间跨越。

商业街具有购物、休闲娱乐、繁荣城市经济、改善城市景观四大功能。其主要类型有近邻型、地域型、广域型、超广域型等。不同类型商业街的立地环境、规模与密度、业态与店铺构成等各不相同。

商业街是众多商业机构在空间上的一种集聚、组合形态，既具有"私人"设施的属性，又具有城市公用设施的属性。因此，商业街的规划与管理应遵循以下原则：①市场化原则；②企业利益与社会公共利益兼顾原则；③整体优化、内部协调原则；④科学化原则；⑤法治化原则。

商业街规划与设计一般要涉及的问题是：①商业街的交通；②商业街的规模；③商业街的选址；④商业街的风格与店铺组合。

商业街公共管理机构的主要职责是：维护商业街的市场秩序；适时调整商业街的店铺结构；为个别店铺提供经营信息与经营指导；开展人才培训；实施商业街整体营销。

商业街是随着城市的繁荣与发展而自然出现的。我国是历史悠久的文明古国，早在商周时期，城市中的"市"就具备了一些商业街的雏形。

真正现代意义上的新型商业街形成于20世纪70年代。进入20世纪80年代以后，西方国家的传统商业街开始按照 豪布斯卡（HOPSCA）原则，由传统的单纯意义上的"购物街"向"生活街"转变，使现代商业街成为集购物、娱乐、餐饮、休闲、居住于一体的都市生活空间。

现阶段我国商业街的发展进入了一个升级转型期，零售经营者和城市管理部门需要对以往商业街管理的经验和教训进行总结，有选择地借鉴外来经验，紧密结合本土市场特点，促进商业街的再次繁荣与发展。

从世界范围来看，商业街的发展趋势是：①功能侧重有所改变；②小型商业街走向衰落，大规模商业街蓬勃发展；③商业街组织化程度日益提高，法人化倾向日趋明显；④内部配置双向发展。

复习思考题

1. 什么是零售？什么是零售商？

2. 零售职能包括哪些方面？

3. 如何对零售商进行分类？

4. 导致零售业态变迁的经济技术因素有哪些？

5. 试述各种零售业态变迁理论假说的基本思想及其局限性。

6. 什么是零售环境？零售环境包含哪些要素？

7.简述零售经营要素的内容。

8.简要说明集市的定义、特点和功能。

9.简述商业街的类型与特点。

10.商业街的发展趋势如何？

拓展阅读：关于零售业的 25 个概念

第6章

批 发

通过本章的学习，正确理解批发的概念与功能；全面了解批发商的分类体系及批发经营的一般特点、批发业态与批发商的用户特点；深入理解批发商面临的挑战、发展机遇及发展趋势；了解批发市场的概念、功能、类型；了解批发市场的主体、交易规则与交易方法。

6.1 批发与批发商

6.1.1 批发的概念与功能

1）批发的概念

批发是商品流通的重要环节，批发商是流通渠道的关键成员，其发达程度更是成为衡量市场组织化程度的主要标志。但是，从商业发展的历史来看，最初是没有批发概念的。随着商业的不断发展，商业内部才陆续出现了分工，于是便有了"行商"与"坐商"。历史上的"行商"与"坐商"实际上就是今日的批发商与零售商的前身。学术界公认的批发与零售的最终分离，也就是商业发展过程中第一次具有根本意义的变革，大约发生在19世纪70年代的产业革命时期。但是，如果从职能上来看，批发与零售的分离时间要远远超过这个时间，至少中国是如此。①

一般认为，批发是指大批量销售，零售是指小批量销售。这是批发与零售的基本区别。但是，随着商品经济的发展，批发与零售在销售批量上的区别逐渐淡化了，不仅批发的销售量越来越大，零售的销售量也越来越大。因此，仅仅从销售批量上来区别批发与零售是很困难的，而必须从销售对象上来判断两者的区别，即零售的销售对象是个人消费者，而批发的销售对象是再销售者、产业和事业用户。

关于批发的定义，国内外学者有很多观点。其中有代表性的观点认为：批发是面向除最终消费者以外的所有交易对象的销售行为，而零售是面向最终消费者的销售行为②；或者说，批发是一切将商品和服务销售给那些用于经营用途客户的商业活动③。美国普查局将批发定义为：那些将商品卖给零售商和其他商人或者行业机构、商业机构，但不向最终消费者出售商品的人或企业的相关活动。④在上述的批发定义中，都强调批发不是面向最终消费者的销售行为，但在现实的批发销售对象中，非营利组织也是最终消费者，因此将最终消费者完全排除在批发销售对象之外也是不准确的。

据此，本书将批发定义为：向再销售者、产业和事业用户销售商品与服务的行为。这里的再销售者是指二次及其以下的批发商或者零售商；产业用户是指农、林、水产业者，矿山、建筑、工业、交通、邮电、服务业者等购买设备以及原材料的营利性组织，即第一、二、三产业的企业用户；事业用户是指非营利性组织，这类组织不以再销售为目的，而是为了业务或事业上的需要购买设备和材料，也是一种最终消费者。这样，我们也可以将批发的销售对象归纳为企业或者事业单位，而将零售的销售对象归纳为家庭。⑤

① 夏春玉. 现代商品流通：理论与政策 ［M］. 大连：东北财经大学出版社，1998：126.
② 吴小丁. 商品流通论 ［M］. 北京：科学出版社，2005：114.
③ 童一秋. 批发商 ［M］. 北京：中国时代经济出版社，2004：3.
④ 童一秋. 批发商 ［M］. 北京：中国时代经济出版社，2004：3.
⑤ 夏春玉. 流通概论 ［M］. 北京：中央广播电视大学出版社，2002：159.

2）批发的功能①

由于批发在商品流通过程中扮演着制造商和用户之间的中间人角色，从而决定了它在商品流通过程中具有如下功能：

（1）集散商品。一般来说，制造商的生产批量大且品种单一，而零售商或产业用户的一次需要量要小于制造商的生产批量，且品种比较多。为了调节生产与需要之间存在的品种与数量矛盾，在制造商与零售商之间、制造商与产业用户之间就需要一个中间调节者——批发商。批发商可以从制造商那里大量进货，经过编配后再分批销售给零售商或其他产业用户，以满足制造商、零售商或其他产业用户的多品种、小批量购进商品的需要。因此，集散商品是批发的首要功能。

（2）调节供求。这是商品流通的重要职能。在社会化、专业化生产条件下，生产（供给）与消费（需求）不仅在时间上是分离的，在空间上也是分离的。为了调节生产与消费在时间与空间上的矛盾，客观上就需要有专门的流通机构，而作为重要流通机构的批发商正是调节这一矛盾的主体。②具体而言，批发商是通过以下活动来发挥供求调节功能的：一方面，向制造商提供需求信息、商品生产信息和新技术信息，并作为制造商的销售代理人为制造商销售商品；另一方面，向零售商或产业用户传递生产信息，并作为零售商或产业用户的购买代理人为其采购所需要的商品。此外，批发商通过运输与配送、储存与保管来调节供给与需求在时间与空间上的矛盾。

（3）节约成本。从全社会来说，流通成本是指花费在商品流通过程中的各种费用，包括商流费用与物流费用。商流费用是指用于商品交易即商品所有权转移的费用，主要有搜寻费用、谈判费用、签约及履约费用等；物流费用是指用于商品实体流通的费用，主要有运输费用、储存保管费用等。批发商的存在，不仅可以节约商流费用，而且可以节约物流费用，从而发挥节约流通成本的功能。批发商之所以能够节约商流费用，是因为批发商的存在可以减少商品交易的次数；批发商之所以能够节约物流费用，是因为批发商的存在可以节约储存保管费用。③

（4）信息传递。批发商能够担负起信息传递职能是由其在商品流通过程中的地位决定的。批发商在集散商品过程中，既可以获得来自制造商（商品供给者）的信息，也可以获得来自零售商（商品需求者）的信息，从而可以进行供求信息的比较分析，并将分析、加工后的信息分别传递给制造商和零售商，进而有利于制造商或零售商制定科学的生产经营决策。一般来说，批发商向制造商提供的信息主要是从许多零售商那里搜集来的有关商品流行趋势的变化和最终消费者的需求动向等，制造商据此制订产品开发计划、产品生产计划及价格策略；批发商向零售商提供的信息则主要是有关制造商的新产品信息和商品流行趋势等。

（5）流通加工。批发商在进行批发业务时，不是单纯地将从制造商那里采购的商品原封不动地再销售出去，而往往要对采购的商品进行分类、分级、分等、整理、编配、

---

① 广义的批发概念包括三重含义，即批发、批发商与批发商业。批发是指向再销售者、产业和事业用户销售商品与服务的行为；批发商是指从事批发活动的组织或个人；批发商业是指批发商或批发企业的集合，是一种产业门类。除特别说明外，本书对批发、批发商及批发商业不做严格区分。
② 铃木武. 现代流通论 [M]. 东京：多贺出版社，2001：104-105.
③ 久保村隆祐. 商学通论 [M]. 东京：同文馆，1999：84-85.

包装和初加工，即流通加工。只有如此，才能增加商品的可流通性，适应再销售者或其他产业用户的需要，提高流通效率，降低社会流通成本。显然，流通加工也是批发商的重要职能，一个批发商的流通加工能力的强弱，将直接影响其对用户的服务质量，从而直接制约着批发商的竞争能力和经营水平。事实证明，具有竞争实力的批发商往往都是极具流通加工能力的批发商。

（6）物流。批发商的调节供求功能是通过媒介制造商与零售商的商品交易来实现的，也就是说，批发商从制造商那里采购商品，经过流通加工，再将商品销售给零售商，从而实现商品供给与商品需求的结合。但是，批发商对商品供求的调节不仅要通过商品所有权的转移即商流来实现，还要通过商品实体的转移来实现，即将商品运送到用户手里。尽管从全社会来看，大部分商品的运输要由专业化的运输商来承担，但是，对批发商来说，具备一定的商品运输能力，以便向零售商提供及时、便利的运输和配送服务仍是十分必要的。

此外，批发商通过集中储存，并按实际需要向零售商及时补充库存，不仅可以降低用户的库存量，而且可以降低全社会的商品库存量，这就是批发商的社会储存功能或"蓄水池"功能。批发商通过"蓄水"（从制造商那里采购商品）与"供水"（向用户销售商品）来调节商品供求，保证商品流通的顺利进行。当然，为了保证商品在储存过程中的安全，批发商还要在储存商品方面做出努力，不仅需要一定的储存场所与设施，还需要实施科学的仓库管理，承担商品保管的职能。

（7）流通金融。所谓流通金融是指批发商或零售商向制造商、零售商或个人消费者提供的商业信用，其具体形式有分期付款、赊销、信用卡、各种购物券及消费信贷等。显然，不论是批发商还是零售商，都具有流通金融职能。批发商的流通金融职能主要体现为批发商向制造商或零售商提供商业信用，而零售商的流通金融功能主要体现为零售商向个人消费者提供商业信用。对批发商来说，通过向制造商特别是中小型制造商和零售商提供金融支持，可以解决制造商和零售商在生产经营资金上的困难，从而有利于与制造商、零售商建立长期、稳定的合作关系，巩固自己的货源基地和销售基地，从而保证经营的持续、稳定，增强竞争力。

当然，批发商向制造商和零售商提供金融支持的方式有所不同：对制造商的金融支持主要是现金购买和预付货款等；对零售商的金融支持则主要是赊销和分期付款等。

（8）风险分担。商品在流通过程中，存在各种各样的风险，既有破损、腐烂、变质、潮湿、烧毁等物理和化学性风险，也有被盗、欺骗、伪造、模仿等道德风险，同时有价格下降、商品过时、呆账、坏账等经济风险。由于批发商是商品的集散者，因此，自然也是这些风险的主要承担者。当然，批发商可以利用自己的经营经验、专业知识和管理能力，并有效地利用社会保险机制对上述风险进行防范与规避，因而也是上述风险的主要化解者。同时，由于批发商集中储存商品，拥有的信息也比较多，商品储存的社会性与流动性也比较强，因此，相对来说，批发商比单个制造商或零售商更具有化解、规避风险的条件和能力，是有实力的风险化解者。

（9）销售支援。这主要是指批发商为了促进零售商的订货，通过诊断、咨询帮助零售商研究、制订营销方案并指导零售商经营的活动。随着商业竞争的日益激烈，能否向零售商提供销售支援以及提供销售支援的质量如何，已经成为批发商能否维持生存与发展的重要手段，因此已经成为批发商业的一项重要功能。

一般来说，批发商向零售商提供的销售支援主要有：①根据零售商的店铺条件和顾客阶层帮助零售商选择、确定商品；②根据实际情况指导零售商的店铺设计和商品陈列；③指导零售商进行有效促销；④派人协助零售商进行销售等。[①]

6.1.2 批发商的分类体系

随着经济发展与商品流通规模的扩大，批发商的内部分工日益深化，批发商的规模与种类也不断增加。为了对种类繁多的批发商有一个基本的认识，必须建立一个相对科学的分类体系。对批发商如何进行分类，学术界虽有分歧，但大同小异，以下5种分类方法是比较常见的。

1）按经营主体分类

按经营主体不同，批发商被分为独立批发商、制造批发商、共同批发商、批兼零批发商、连锁批发商和商品代理商。[②]

（1）独立批发商，也称商人批发商，是指不依附生产部门、独立从事批发交易活动并对所经营的商品拥有所有权的批发商。独立批发商是最传统、最标准的批发商，其组织形式多种多样，但以批发公司的形式居多。独立批发商从制造商那里大批量进货，然后经过分类、整理、编配、包装后向再销售者或产业用户销售，它是现代批发商的主要形式。

（2）制造批发商。其有双重含义：一是指大型制造商自设的以批发业务为主的销售机构；二是指拥有制造工厂的批发商，或者指将指定商品委托特定制造商生产的批发商。我国的制造批发商多指第一层含义的制造批发商，其具体形态是各生产企业自设的销售公司。我国各生产企业自设的销售公司在整个社会的批发商业中占有重要地位，其所从事的批发业务一般被称作"工业自销"。严格来说，这种"工业自销"不是真正意义上的批发，因此，专门从事"工业自销"活动的生产企业自设的销售机构也不是真正意义上的批发商。但是，随着经济体制特别是企业经营管理体制的改革，我国的大部分生产企业的销售公司已不仅从事"工业自销"业务，而且开始从事大量的"社会销售"业务，从而具有了批发商的性质。但是，就第二层含义的制造批发商而言，实际上具有独立批发商的性质，与独立批发商所不同的是对采购或销售的商品有生产或生产干预权。之所以称其为制造批发商，是因为这类批发商具有生产商品的能力。制造批发商的出现意味着制造商与批发商的相互渗透。

（3）共同批发商，是指为了与大型制造商、大型批发商或大型零售商相抗衡，而由许多中小零售商组成的共同批发企业。共同批发商的目的是通过大量采购，争取价格折扣，降低流通费用，提升竞争能力。

（4）批兼零批发商，是指以批发业务为主、兼营零售业务的批发商，一般以中小型批发商居多。我国中小批发商兼营零售业务的现象相当普遍，因此，大部分中小批发商

① 铃木武. 现代流通论［M］. 东京：多贺出版社，2001：107.
② 刘兴倍，等. 中外商业比较［M］. 北京：中国财政经济出版社，1999：187.

应属这种类型的批发商。

（5）连锁批发商，是指由许多中小批发商或批发经营机构组成的连锁批发组织。这种批发商一次采购量大，成员分布广，市场范围大，从而可以获得规模经济，是组织化程度较高的一种批发商业形式。由于体制、观念、商业信用状况及市场竞争压力等方面的原因，我国的中小批发商还普遍缺乏联合、协作的理念，习惯单兵作战，因此，这种形式的批发商在我国还不多见。

（6）商品代理商，是指接受委托人的委托，在一定范围内以委托人的名义代理委托人从事销售或采购业务，而对代理商品不拥有所有权的批发商。代理商主要有以下几种：

① 销售代理商，是指在签订有关价格、销售条件等长期合同的基础上，为委托人销售某些特定商品或全部商品的代理商。

② 采购代理商，是指在同委托人签订长期契约的基础上，为委托人长期寻找、采购商品的代理商。

③ 经纪人，也叫掮客，是指既不取得商品所有权，也不实际取得商品，而只是在买卖双方之间从事介绍、撮合，促进双方成交的商人。

④ 进出口代理商，是指受委托人委托，为委托人代理商品进口或出口的商人。进出口代理商又被分为进口代理商、出口代理商。

⑤ 拍卖商，是指接受委托人的委托，对一些无法精确认定等级与价格的商品通过公开叫价方式出售的商人，如拍卖公司、拍卖行等。

2）按经营商品分类

按经营商品不同，批发商被分为普通批发商和专业批发商。

（1）普通批发商，是指经营一般商品且种类繁多、经营范围很广的商人批发商，也叫综合批发商。这种批发商可适合各种再销售者或产业用户的需要，但从发展趋势上看，普通批发商呈减少倾向，逐渐向专业化方向转化。例如，作为大型综合批发商典型代表的日本综合商社，在20世纪90年代由于经营效益逐渐滑坡，因此也开始进行"破旧立新"的结构调整，不断收缩经营领域，逐渐向功能专业化方向发展。[①]同样，我国的综合批发商业近些年来也具有向专业化方向发展的趋势。

（2）专业批发商，是指专业化程度较高、专门经营某一类或少数几类商品的批发商。由于商品的种类繁多，因此专业批发商的种类也很多，可按经营商品的类别进行细分，如食品批发商、钢材批发商、电器产品批发商、水产品批发商等。由于专业批发商易于掌握所经营商品的性能、特点、用途、价格、渠道等知识和信息，备货齐全，成本较低，因此较易获得竞争优势，尤其在商品资源极大丰富、新产品层出不穷的现代社会，专业批发商的优势更为明显。

按经营商品分类，也叫按业种分类。我国现行统计制度对批发商（业）的分类，就是按业种进行的。

---

① 中谷严. 商社的未来像 ［M］. 东京：东洋经济新报社，1998：135.

3）按销售地区或商圈大小分类

按销售地区或商圈大小不同，批发商被分为全国批发商、区域批发商和地方批发商。

（1）全国批发商，是指承担全国性的批发业务，在全国设有分支机构，具有全国性销售网点，其销售范围延伸到全国的批发商。全国批发商的优点是可以利用大量采购而获得利益，同时，由于在全国具有声誉和销售网络，从而有利于扩大销售。其缺点是，销售领域太广，与用户接触较少，有时提供的商品不一定适合当地用户的需要。

（2）区域批发商，是指介于全国批发商与地方批发商之间的批发商。其经营地区比全国批发商小，比地方批发商大，经常在全国某一地区或某几个地区进行经营活动。显然，区域批发商的信誉度、知名度不及全国批发商高，其影响力也不如全国批发商。

（3）地方批发商，是指在一个城市、一个交易地区从事经营活动，经营规模较小的批发商。地方批发商由于接近用户，因此，能详细了解当地的需求状况，并能迅速将商品以较低的运输成本送到用户手中。但是，由于规模较小，因而具有不能大量进货和充分备货的缺点。

4）按职能分类

按职能或提供的服务不同，批发商被分为完全职能批发商和有限职能批发商。

（1）完全职能批发商，是指履行批发商的全部职能或提供全部批发服务的批发商。这种批发商多为大型的独立批发商，如大型批发商业公司、大型综合贸易公司、综合商社等。

（2）有限职能批发商，是指只履行一部分批发职能或只提供一部分批发服务的批发商。有限职能批发商的种类较多，主要包括现金自运批发商、直运批发商、卡车批发商、邮购批发商和货架批发商等。

① 现金自运批发商，是指不赊销、不送货，顾客需用现金交易且自备工具运输货物的批发商。

② 直运批发商，是指按用户的需要，直接向制造商订货并由制造商直接将商品运到用户的批发商。这种批发商大多与制造商有长期的订供货协议。

③ 卡车批发商，是指用卡车将商品定期送到用户的批发商。这种批发商兼有运输与销售的功能，一般以现金交易为主。

④ 邮购批发商，是指利用邮购方式接受订货、发送货物的批发商。这种批发商一般适用于经营汽车零件、服装、家具、药品、机械等商品，但不经营易腐变质商品和流行商品。

⑤ 货架批发商，是指通过在零售商的店铺内设置货架来展示并销售商品的批发商。这种批发商一般经营食品、家用器具、药品、化妆品及玩具等商品。

5）按流通阶段分类

按流通阶段不同，批发商被分为一次批发商、二次批发商和三次批发商。

（1）一次批发商，是指从制造商那里直接采购商品的批发商，也称产地批发商。这种批发商一般设在某种商品的集中产地，因此，可以随时收购商品，再销售给二次批发商或其他用户。

（2）二次批发商，是指从一次批发商那里采购商品，再将商品销售给下一级批发商的批发商。二次批发商一般设在交通枢纽或商品集散地，因此，也被称为集散地批发商或中转地批发商。

（3）三次批发商，是指从二次批发商那里进货，然后将商品直接销售给零售商或其他用户的批发商。这种批发商一般设在商品的销售地，因此，也被称为销地批发商。

除上述分类方法之外，还可以按批发商的组织形式、投资主体国别及资本结构等对批发商进行分类。例如：按批发商的组织形式不同，批发商可被分为自然人批发商与法人批发商，以及单体批发商与连锁批发商等；按批发商的投资主体国别及资本结构不同，批发商可被分为中资批发商、外资批发商、中外合资批发商等。

6.2 批发经营

6.2.1 批发经营的一般特点

与零售经营相比，批发经营具有以下明显的特点：

1）交易批量大

随着商品流通规模的不断扩大，尤其是超级市场和仓储式商店等新兴零售业态的出现，零售的交易批量也比较大。但是，由于零售的销售对象是家庭，而面向家庭的交易批量是无法同面向企业或者事业单位的交易批量相比的，因此，一般来说，批发的交易批量无论在数量还是金额上都会远远大于零售的交易批量。当然，我们这里所说的交易批量是指在一定时点上完成的，而不是一定时期内的交易总量。

2）交易更加理性

零售的销售对象是家庭，家庭是非专家购买者，其购买行为受到文化、职业、收入、家庭决策权、生命周期、生活方式、个性、心理等诸多因素的影响，复杂多变，包含很多非理性成分，更容易受到营销传播工具的诱导。而批发的销售对象具有明显的组织化特征，组织购买都由采购部门来完成，经过科学的决策程序，具有一定的规律性，属于专家购买类型，更加具有理性化特征。

3）商圈更大

由于批发的销售对象是再销售者、产业和事业用户，这些组织购买者的活动能力、交易范围远甚于零售服务的家庭消费者。另外，相对于零售而言，批发商的用户通常不需要"来店购买"，特别是随着交通以及通信信息技术的发展和普及，可以通过线上等方式来进行交易。因此，批发商与用户之间的空间距离不会成为成交与否的决定因素，而零售不具有这种优势。从这个意义上来说，批发的交易范围或市场范围要远远大于零售，也就是说批发的商圈要远远大于零售的商圈，而且批发的经营也不像零售那样明显地受到商圈的限制。

4）交易关系稳定

批发用户为了保证生产经营或者事业的持续性，必须按照生产经营的需要持续、稳定地进行重复购买。这种购买不仅在时间和频率上相对稳定，其品种和数量也是相对稳定的，这就决定了批发用户和批发商之间很容易达成协议，建立一种长期、稳定的交易关系，这样也有利于降低双方的交易成本。

5）交易过程中服务项目的专业化倾向明显

零售的销售对象是家庭用户，经营过程中除了产品、人员、渠道、形象等方面需要对客户形成吸引力，建立差异化优势之外，更要在改进服务质量、增加价值服务上加大投入。因此，零售组织格外注重选址的便利性、营业环境的优美，提供包括货架摆放、购物消遣、休闲、停车、广告、订货、交货、包装、安装、客户培训、客户咨询、维修保养在内的全方位、多体系、功能化的服务，以此来招揽顾客。与零售不同，批发的销售对象是再销售者、产业和事业用户，批发商关注的是产品线问题，设法增加长度、宽度和深度，受购买环境的影响较小，服务的重点应该是通信、储运、信息、融资等。

6.2.2 批发经营方式——批发业态

经营方式有广义与狭义之分，广义的经营方式包括销售方式、企业制度、组织形式、管理方法、经营战略等，狭义的经营方式主要指商品或服务的销售方式。本书对批发经营方式做狭义理解，即指批发商的销售方式或批发业态。据此，本书将批发业态划分为4种，即经销、代理、经纪与拍卖。

1）经销

经销是指批发商从制造商或供应商那里购进商品，再向其用户进行转售的行为，且对所购商品拥有所有权。在经销方式下，批发商的经营过程表现为购买、存储、运输和销售，与进货方或用户之间的关系是一般的买卖关系。因此，经销也叫买断式销售，其主要特点是：

（1）商品所有权从制造商向批发商转移。批发商与制造商之间发生了实际的买卖关系，使商品所有权从制造商转移到批发商手中，批发商靠购销差价获得利润。

（2）批发商独自承担市场风险。商品的市场风险依附商品的所有权，当商品的所有权从制造商转移到批发商手中时，由此带来的市场风险也就相应转移到批发商手中。具体来说，若商品销路好，销售价格高，批发商的收益就高；若商品销路差，销售价格低，批发商的收益就低，甚至会因商品积压而亏损。

（3）批发商需要有较为雄厚的资金和较好的储运条件。由于购入量一般比较大，批发商不仅要在购进商品时垫付大量的资金，还要有良好的储运条件，使购入的商品避免因仓储不善而造成损失；同时，要力求用最少的时间，走最短的路线，花最少的费用，保质保量地完成运输任务。

对制造商和批发商而言，经销方式既有利，也有弊。对制造商来说，其有利之处在于：首先，经销方式有利于开辟市场，推销新产品，避免了市场风险，从而可以使制造商集中精力搞好生产；其次，有利于资金的迅速回笼，从而提高资金使用效率。其不利之处在于：由于完全放弃了"流通利润"，这对生产"热门产品"的企业来说是一种损失。对批发商来说，其有利之处在于：首先，能够通过大批量购买，降低进货成本；其次，只要能够组织到适销对路的商品，就能够利用其自身的销售优势获得丰厚的收益。其不利之处在于：承担的市场风险较大，若经营不力，就会滞销，从而加重批发商的负担。

2）代理

代理是把特定活动委托给代理人来办理，代理人在代理权限内以被代理人或委托人的名义进行民事活动，由此产生的权利和义务直接对被代理人发生效力。代理方式是批发商通过合同形式与制造商订立代理协议，以取得商品销售权，来衔接产需，组织商品流通。在代理方式下，批发商与制造商之间不存在实质性的买卖关系，而是一种委托代理关系。

时至今日，代理方式已成为很普遍的批发经营方式。以美国为例，其全社会商品批发总额中有80%以上是通过代理方式实现的。一般来说，采取代理方式的批发商具有如下特点：

（1）具有法人地位，是独立经营的流通组织，并与制造商有长期固定关系。批发商与制造商之间是平等互利、利益相关、荣辱与共的贸易伙伴关系，它们之间关系的维系介质是具有法律效力的经济合同，且有长期稳定的合作关系。

（2）在指定的销售区域和地理空间内只能销售其代理的商品，一般不能再销售其他具有竞争性的商品或同类商品。不过，批发可自由经营或再代理与其代理的制造商没有竞争关系的其他商品。

（3）要严格执行制造商的商品定价。制造商为了开拓新市场或保持现有市场的份额，对所销售商品一般有一套科学合理的定价体系和价格策略，批发商一般不能随行就市任意浮动价格。

（4）按照一定时期的销售额或采购额的固定百分比提取佣金。批发商代理销售或采购额越多，其提取的佣金也就越多；反之，则越少。另外，批发商一般不承担市场风险，而是由制造商来承担。不过，在代理过程中所发生的费用，一般由批发商来承担，只有在特殊情况下才由制造商承担。例如，当制造商想打开某一商品的销路，委托批发商进行广告促销活动时，这部分费用由制造商来承担。

（5）对其所代理销售或采购的商品一般不具有法律上的所有权。批发商只是作为制造商的代理人执行业务，不能进行代理销售或代理采购以外的业务活动。

代理方式的主要优点是：有利于制造商开拓新市场，降低流通费用，减少商业风险，巩固、提高市场占有率等。

3）经纪

经纪是一种典型的中介行为，是在市场上为交易双方沟通信息、促成交易、提供相关服务的行为。经纪活动是商品生产与商品交换的共生物。买卖双方进行的商品交换，通常是在信息不对称的情况下进行的，从而难免会发生意见分歧，甚至有时会因分歧较大而不能达成交易。为了满足协调买卖、方便交易、降低交易成本等诸方面的需求，就产生了经纪行为和经纪活动。因此，经纪是社会经济发展的产物，也是社会化大分工的必然结果。

充当经纪角色的批发商一般有以下特点：

（1）既不占有商品，也不拥有货币。具体来说，充任经纪角色的批发商介入交易并不是自己要卖出商品，也不是自己要购买商品，其对卖方或买方的商品既不拥有所有权、占有权，也不拥有留置权、抵押权。因此，这种类型的批发商不需要投入太多的固定资产和流动资金。从某种程度来说，采取经纪方式的批发商是一种"无本"中间商。

（2）只提供服务，不从事经营。批发商需要对供求双方保持忠诚，不能对任何一方有经营行为，这是世界各国普遍的规则。例如，如果批发商在提供服务过程中，发现了有利的商业机会而自己购买和销售，意在从中渔利，就变经纪服务为经营行为，这在许多国家的法律中都是不允许的。

（3）活动具有隐蔽性、流动性和非连续性。在组织商品流通时，充任经纪活动的批发商往往不把其委托人告诉对方，直到签订了经纪合同且交易完成。另外，批发商可以为不同的制造商服务，而且这种活动通常是为特定事务提供服务，批发商与委托人无长期、固定的合作关系，一旦特定事务完成，委托关系即告终止。因此，其活动是流动的和非连续的。

（4）活动是有偿的。批发商所提供的服务像任何其他服务一样，活动过程中必定消耗一定的物化劳动和活劳动，也是一种具有商品性质的中介服务，因此，享受此种服务的人就应该支付报酬，也就是佣金，这也是经纪制批发商的主要经济来源。但是，应当区分的是，经纪活动的报酬和费用是不同的。费用是经纪活动的花费、成本，一般在经纪活动开始前可以要求委托人支付，而报酬是在成功促成交易的情况下提取的酬劳。当然，实践中往往不去做这种区分，而把两者统称为经纪佣金，以成交额的百分比的形式来表现。

（5）活动具有广泛性。经纪活动是商品经济发展到一定阶段的产物。由于市场上的供给与需求相当普遍和复杂，这就为经纪活动提供了广泛的生存空间。一方面，市场上有多少需求和供给就需要有多少经纪活动，以便在供需双方之间建立桥梁和纽带，因此，经纪活动的范围相当广泛。另一方面，从事经纪活动的主体也是相当广泛的，可以是自然人，也可以是法人，只要能够为交易双方提供中介活动，就可以依法认定其经纪资格。

4）拍卖

拍卖起源于西方，也称竞买或竞卖，一般是指由拍卖人在一定的时间和地点，按照一定的章程和规则，对拍卖物公开叫价，应买人公开竞价，由拍卖人按照最高竞价（或最低竞价）当场拍定成交的一种商品销售方式。从本质上讲，拍卖也是一种商品流通行为，在批发销售中也很常见。例如，日本批发市场的业务多数都是通过拍卖来实现的，对于中央批发市场，《批发市场法》更是明确规定必须采取拍卖和投标的形式。

拍卖当事人一般由出卖人、拍卖人和应买人三方组成。出卖人是指依法将拍卖标的物交付给拍卖人进行拍卖的委托人。出卖人可以是拍卖物的所有者，也可以是依法有权将他人所有的财产交付拍卖人的其他权利人。拍卖人是指接受他人委托，以自己的名义公开拍卖出卖人财产（商品）并收取报酬的人。在我国，不允许个人从事拍卖业务，拍卖行必须是经过国家许可的专门经营拍卖业务的企业。应买人是指根据拍卖规则和程序进行竞争出价的竞买人。

拍卖方式一般具有如下特点：

（1）能够实现拍卖物（商品）的最大价值。由于采取的是竞争缔约的方式，当多人应买时，出价最高的应买人（为其他批发商、零售商、产业和事业用户）为最终交易者，在拍卖的过程中始终坚持叫价竞卖和公平竞争的原则，因此，可以最大限度地实现拍卖物的价值。

（2）可以充分体现公平、公开、公正的商品交易原则。在拍卖过程中，人人平等，不因竞价者的身份、地位不同而有所区别，谁出价高，谁就得到拍卖物，杜绝了走后门、拉关系等不正之风，较好地体现了公平性。

（3）具有较强的法律约束力。由于拍卖的规则和程序是由法律规定的，所以拍卖的结果及各当事人的权利和义务关系受法律保护，任何人都不得擅自改变拍卖的规则和程序，不能随意变更拍卖的结果。拍卖一旦拍定成交，买卖合同即告成立，任何一方违约都要承担相应的法律责任。

另外，对拍卖当事人来说，还应该遵守以下原则：①必须遵守国家的法律、法规及方针和政策；②公平合理，抵制不正当的交易；③全面保护当事人的合法权益。

拍卖方式具有如下优点：可以准确发现市场价格，减少流通成本，获取更多的商品和市场信息，加速商品的流转过程，从而减少资金的沉淀和浪费。

6.2.3　批发商的用户特点

1）用户类型

与零售商不同，批发商的用户主要包括四类，即再销售者、产业用户、事业用户和政府部门。

（1）再销售者，是指通过转卖商品而获得利润的营利性组织，具体包括批发商与零售商。再销售者是批发商业的基本用户，其主要目的是为卖而买，通过赚取买卖价差——毛利而获得利润。对再销售者来说，其最关心的问题就是所采购的商品能否有理想的毛利率与好的销路。这就要求批发商尽量控制成本和销售价格，以便让用户有利可图；同时认真研究消费者的需求动向，以便组织消费者所需要的商品。

（2）产业用户，是指通过生产商品或提供服务而获得利润的营利性组织，具体包括生产或制造类产业用户和服务类产业用户。前者主要是指各类生产企业，如工业企业、建筑企业及农业企业等；后者主要是指不包括再销售者的服务类企业，如交通运输企业、通信服务企业、金融保险企业等。产业用户与再销售者获取利润的途径有很大不同，因此，对产业用户来说，他最关心的是批发商所提供的商品能否有利于他的价值创造，而不是该商品本身的盈利性。这就要求批发商熟悉产业用户的生产或服务特点，掌握用户的业务流程及所生产的商品或服务的性能、特点，以便用户利用该商品或服务创造最大的价值。

（3）事业用户，是指各种非营利性组织，主要包括学校、医院、博物馆、纪念馆、公园、疗养院、监狱等。事业用户的一个重要特点是预算比较低，而且与顾客的关系比较密切，因此，在采购商品时，预算或成本约束较有刚性。批发商以这些用户为服务对象时，就应该组织一些价廉物美的商品，以满足用户的预算要求。

（4）政府部门。不论在哪个国家，政府部门都是商品和服务的主要购买者，不仅购买数量与金额大，而且购买种类也多，因此，争取政府部门成为用户，对任何企业来说都是重要的发展机会。但政府采购有许多不同于民间组织采购的特点。由于政府采购要受到公众监督，因此往往要求供货者提供大量的书面材料，而且规则严格、程序烦琐、决策缓慢、人员更迭频繁。因此，对供货者来说就应该尽可能地了解、掌握这些规则、程序，并设法找到突破烦琐程序的捷径。同时，政府采购还经常要求供货者竞价投标，多数情况下选择索价最低者，但有时也选择那些能提供优质商品或具有及时履约信誉的供货者。①

2）购买特点

与零售商的用户相比，批发商的用户有如下购买特点：②

（1）购买数量比较大。批发商的用户数量虽然较少，但用户的购买数量很大。这是因为许多产业的市场集中程度很高，甚至被少数几家大公司所垄断，这些大公司对某种商品的购买量往往占该商品供货量的绝大部分，所以，为了更好地为这些大用户服务，成为它们的供货者，就必须有针对性地进行营销。开展大用户营销是批发商的重要经营策略。

（2）与供货者的关系比较密切，交易关系比较稳定。由于批发商的用户数量较少，大用户对批发商来说具有特别重要的意义，因而，批发商与用户之间的关系比较融洽，交易关系也比较稳定。对用户来说，总是希望批发商能够按自己的要求提供商品；对批发商来说，则总是希望同用户维持交易关系，为此要积极地与用户合作，并满足用户的技术与交货条件的要求。

（3）具有需求派生性。批发商的许多用户，特别是产业用户的需求多属派生需求，也就是说，批发商的用户需求归根到底是由其服务对象的需求派生出来的。因此，对批发商来说，不能只关注自己的目标市场状况，还必须重视研究用户服务市场的变化。

（4）需求缺乏弹性。对批发商的许多用户来说，其对商品与服务的需求受价格变动的影响并不大。这是因为批发商的用户多为组织而非个人，其固定成本与沉没成本都较高，而且生产工艺或服务流程的改变不可能很迅速。同时，如果中间品的成本占商品或服务总成本的比例较小，则这种中间品的需求弹性也比较小。

（5）需求具有波动性。批发商用户对商品或服务的需求要比零售商用户——个人消费者对商品或服务的需求具有更大的变动性。这是因为批发商用户的需求是一种派生性需求，因此，个人消费者市场需求的微小变化会引起产业市场需求的很大波动。批发商用户的这一特点，要求批发商必须时刻关注商品的市场生命周期，新商品、新技术的应用情况，以及个人消费者市场需求的变化，以便及时组织更加适合用户需求的商品。

（6）购买的专业性强。由于批发用户购买商品是为了组织的营利或正常营运，因此，对所购商品有较强的技术要求，并由经过专业训练的采购人员进行采购，很少有冲动性购买行为。这就要求批发商熟悉经营商品的技术特点、性能、用途等专业知识，并向用户提供较为详细的技术资料和特殊服务。

（7）购买决策慎重且影响者较多。同个人消费者的购买决策相比，批发商用户的购

---

① 科特勒，洪瑞云，梁绍明，等. 市场营销管理（亚洲版·上）［M］. 郭国庆，成栋，王晓东，等译. 北京：中国人民大学出版社，1997：203.
② 陶琲. 市场营销学［M］. 北京：经济科学出版社，1998：82-84.

买决策过程复杂、慎重且影响者较多。这是因为批发商用户的购买是为了营利或维系组织的正常营运，属理智型购买，所以通常由技术专家和高层管理者来进行采购决策，并有许多相关者参与决策。这就要求批发商必须选派训练有素的销售代表甚至销售团队来应对这些高素质的采购者，在促销手段的选择上应以人员推销为主。

3) 购买行为

（1）购买类型。批发商用户的购买类型主要有3种：[①]

① 直接重购，是指用户的采购部门根据过去的一贯性需要，按原有的订货目录和供应关系所进行的重复购买。用户在进行直接重复购买时，主要是根据以往购买的满意度，从自己认可的供货者中做出选择。对批发商来说，用户的直接重复购买有利于简化交易手续，节约交易成本，稳定交易关系。因此，如果用户是直接重复购买者，则要求批发商最大程度地保持提供商品和服务的质量，以使用户满意，并持续重复购买。

② 修正重购，是指一种有条件的重购，即购买者对商品价格、规格、交货条件等进行修正后再进行重购。这种购买类型要求批发商及时调整供货条件，以满足修正重购者的要求。同时，用户修正重购为批发商拓展新用户提供了机会。

③ 全新购买，是指用户对所需要的商品或服务进行的首次购买。全新购买是比较复杂的购买类型，其成本与风险都比较大，参与决策的人数及所需要的决策信息也比较多。全新购买对批发商来说是最大的挑战，同时是最大的机会。因此，批发商应力图多接触那些对购买决策起关键作用的人物，并为他们提供有用的信息和帮助，以促进用户的购买。

（2）购买行为的影响因素。批发商用户的购买行为要受许多因素的影响，认真研究这些影响因素，掌握用户的购买行为规律，对批发商制定针对性的营销策略具有重要意义。根据营销学者的研究，影响产业用户购买行为的主要因素有：[②]

① 环境因素。产业用户在很大程度上受当前及未来经济环境的影响，如需求水平、经济发展前景、资金成本等。经济不景气时，产业用户会减少各种投资，从而会影响对各种商品的需求。一个不可忽视的问题是，重要原材料日益短缺，许多产业用户更愿意购买和持有大量的稀缺原材料，以保证充足的供应。另外，许多产业用户会受到政治、技术、竞争对手，以及文化与风俗习惯的影响。因此，批发商应密切注意这些环境因素的变化，并测定它们将如何影响用户的购买行为，以变不利为有利，变问题为机会。

② 组织因素。产业用户的购买多由采购组织来进行，每个采购组织又都有自己的目标、政策、程序、组织结构和制度。因此，批发商应该尽可能地了解、掌握下列信息：购买决策涉及多少人？这些人是谁？他们的评价标准是什么？公司对采购人员有什么政策和限制？

③ 人际因素。产业用户的采购组织往往由许多不同地位、不同职权、不同兴趣、不同说服诱导力的人员所组成，这些人在采购决策中发挥着不同的作用，详细了解这些

---

① 科特勒，洪瑞云，梁绍明，等. 市场营销管理（亚洲版·上）[M]. 郭国庆，成栋，王晓东，等译. 北京：中国人民大学出版社，1997：190.
② 科特勒，阿姆斯特朗. 营销学导论[M]. 俞利军，译. 北京：华夏出版社，1998：242-246.

人际因素，对实现批发商的目的是有利的。人与人之间的关系很复杂，也很微妙，批发商必须尽可能多地了解用户采购组织的人际因素。

④ 个人因素。每一位参与采购决策的人都带有个人动机、直觉与偏好。这些个人因素往往影响采购决策，同时这些个人因素又受他们自身的年龄、收入、受教育程度、职业态度、性格、风险态度和文化的影响。因此，深入了解采购决策参与者的个人因素，对批发商的经营也是十分重要的。

（3）购买决策者及影响者。购买类型不同，参与购买决策人员的类型及作用也不同。例如，在进行直接重购或修正重购时，采购部门负责人或代理人的影响和作用最大；在进行全新购买时，其他部门人员的影响力则更大。一般来说，在选择采购什么样的商品时，工程技术人员的影响和作用最大，而在选择具体的供货者时，采购人员的决策权最大。因此，对批发商来说，既要及时、准确地向用户的工程技术人员提供有关商品的技术信息，也要及时同采购部门进行沟通，并提供有关价格、交货条件及其他服务信息，以促使交易关系的建立。通常参与或影响购买决策的人员主要有：

① 使用者，是指那些将要使用商品或服务的人。在多数情况下，使用者会首先提出购买建议，并协助决定购买价格。

② 影响者，是指影响购买决策的人员。他们可协助决定商品规格，并提供购买决策所需要的各种评价信息。技术人员是特别重要的影响者。

③ 决策者，是指有权决定商品需要及供货者的人。

④ 批准者，是指有权批准决策者或购买者所提出的购买行为方案的人。

⑤ 购买者，是指有权选择供货者并直接参与购买谈判、商定购买条件的人。

⑥ 把关者，是指有权阻止供货者向采购人员传递信息的人。采购代理商、接待员、电话接线员都可能阻止推销者与使用者或决策者的联系。

（4）购买过程。批发商用户购买商品或服务的目的不是个人消费，而是营利、降低成本，或者履行自己应承担的社会责任或法律义务，因此，其购买过程往往比较复杂。对批发商来说，了解用户的购买过程，可以及时采取相应的营销对策，进而促进交易的成功。一般来说，批发商用户的购买过程可被分为8个阶段：①

① 发现问题。购买过程起始于公司内部有人发现可以通过购买某种商品或服务来满足公司的需求或解决公司的某种问题。发现问题可能起因于公司内部刺激或外部刺激。就内部刺激而言，公司决定推出新商品，因而需要生产该商品的设备和材料，或者是机器发生故障，需要购买新零件，或者一位采购经理对目前供货者的商品质量、服务或价格不满意等。就外部刺激而言，采购者可能在某个商品展览会上产生了新设想，或者看到了新广告，或者接到了某位推销者的电话，说其可能提供价格更低或质量更好的商品。为了促进用户发现问题、产生需求，批发商可以通过广告宣传和访问潜在用户等方法来促进用户发现问题、产生需求。

② 确认需求。发现问题并产生需求后，购买者要进一步明确所需要商品的数量、性能和各项技术指标。对于标准化的商品来说，确认需求并不难，但如果商品复杂，采

---

① 科特勒，阿姆斯特朗. 营销学导论 [M]. 俞利军，译. 北京：华夏出版社，1998：247-250.

购者就必须与技术人员、使用者等来共同研究确定商品的一般特征。他们将对商品的可靠性、耐用性、价格及其他属性按重要程度进行排序。在这一阶段，批发商可通过向购买者描述商品特性的方式向他们提供有关信息，帮助他们确定公司的需求。

③ 确定商品规格。确认需求之后，采购组织还要确定商品的技术规格，进行商品价值分析。价值分析的目的在于降低成本，也就是通过对每种零件的分析研究来决定是否可以进行重新设计、标准化，或用成本更低的方法进行生产。对批发商来说，可以通过价值分析来获得订单，也可以向购买者展示生产某种商品的更好方法，将直接重购转变成全新购买，从而获得新交易的机会。

④ 寻找供货商。购买者往往可以通过咨询商业指导机构、查询电脑信息、请同行推荐、观看商业广告、参加展览会等途径寻找供货商。因此，批发商可以通过广告或到商业咨询机构和宣传机构进行登记等方法来争取成为购买者的选择对象。

⑤ 征询报价。购买者会邀请合格的供货者提交报价说明书。如果购买的商品复杂且昂贵，购买者往往还要求供货者提交内容详尽的报价说明书，据此来选择最佳的供货者。因此，批发商的销售人员必须善于调研、写作，精心撰写报价说明书。

⑥ 选择供货商。购买者在选择供货商时，往往对各供货商提供的各种价值属性进行分类，并按其重要程度进行排列，然后根据这些属性对各供货商进行评价，最后选出最佳者。一项调查表明，购买者在选择供货商时所考虑的最重要因素是：优质的商品和服务、交货及时、良好的商业信誉、诚实的沟通、具有竞争力的价格。另外，其他因素也很重要，如维修和服务能力、技术援助、地理位置、过去的业绩。当然，在做出最终选择之前，购买者会试图与其偏好的供货商进行谈判，以争取更有利的交易条件。

⑦ 确定日常订货规则。选定供货者之后，购买者还要制定一份日常订货规则，以供日后重复订货时使用，这样可以大大节约谈判费用。日常订货规则主要包括商品的技术规格、所需数量、交货时间、退款政策、担保条款等。对进行重复购买的商品，购买者还希望同供货者签订一揽子合同，而不是每次临时订货。一揽子合同是一种长期合同，购买者希望供货者在一定时期内以固定价格在规定时间内提供所需的商品。显然，一揽子合同要求供货者持有库存，因此，可以使购买者做到"零库存"，以降低购买者的库存成本；同时，签订一揽子合同，还可以节约购买者重复购买的谈判费用。

⑧ 绩效评价。最后，购买者要对供货者的业绩或表现进行评价，以此决定继续、修正或停止向该供货者采购。对供货者来说，应密切注意购买者的评价标准，并检验自己的表现是否达到了购买者的预期。

6.3 批发商面临的挑战、发展机遇与发展趋势

6.3.1 批发商面临的挑战

批发商的生存与发展要受社会分工、经济发展、技术进步、用户需求及国际化程度等多种因素的影响。从总体上看，这些影响因素既有有利于批发商生存与发展的方面，也有不利于批发商生存与发展的方面。不利于批发商生存与发展的影响因素，就是批发

商所面临的挑战。批发商只有正确认识面临的挑战，才能沉着应战，并在挑战中求得生存和发展。

1）来自制造商的挑战

在不断变化的社会经济环境中，批发商所面临的第一个挑战来自制造商。制造商既是批发商的用户，也是批发商的商品供给者，因此，制造商的需求与供给变化，使批发商面临一系列挑战。

（1）生产集中程度的提高。这主要表现在两个方面：一是生产的空间集聚日益明显，形成了许多颇具规模的工业区、工业园，某些产业的制造商甚至集中在一个或少数几个地区或城市，以至于形成了以某一产业甚至某一产品为主的产业城市或企业城市，如服装城、汽车城、钢铁城等。生产的空间集聚增加了集聚在一个地区或城市的制造商之间直接交易的机会，交易商品的运输也极为方便，从而降低了这些制造商对批发商的依赖度，具有排挤批发商的倾向。二是生产的规模集聚日益显著，即少数大型制造商通过自行扩张或兼并、收购迅速膨胀，控制了某些商品的产量和价格，从而对批发商形成了巨大压力，大大降低了批发商的价格谈判能力，面临被这些大型垄断厂商挤出的危险。

（2）生产的纵向一体化程度的提高。大型制造商为了获取更多的发展机会，也为了获取更多的利润，不仅追求规模经济，还努力谋求范围经济。为此，许多大型制造商不断扩大自己的生产经营范围，围绕主导产品向其上下游延伸，将许多与本企业主导产品相关的中小型制造商通过联合、协作或购并的方式，纳入自己的生产经营系列，从而使原来的市场化交易转化为组织的内部交易，进而具有排挤批发商的倾向。

（3）产品生产范围的扩大。许多制造商特别是大型制造商，为了分散风险，增强竞争力，获取范围经济，往往有扩大产品生产范围的趋势，或者使产品系列化，增加品种、规格、花色，以扩大市场占有率。制造商产品生产范围的扩大，满足了零售商商品组合或最终用户对商品多样化的需求，从而增强了与零售商或最终消费者直接交易的能力，进而降低了批发商在商品集散、编配、分类、备货等方面的传统优势。

（4）自建营销系统。许多制造商为了控制产品销售渠道、掌握市场动态、及时推出新产品、节约流通费用、获取流通阶段的利润，往往自设销售机构，实现生产、批发甚至零售一体化，从而削弱了对批发商的依赖性。

2）来自零售商的挑战

随着经济的发展，作为批发商主要用户的零售商也发生了很大变化，从而向批发商提出了挑战。[①]

（1）零售商规模的扩大，采购能力的增强。随着大量生产、大量消费时代的到来，许多零售商不仅经营商品的品种越来越多，而且其店铺规模、卖场面积和销售量不断扩大，经营方式不断更新，增强了与批发商的价格谈判能力，也增加了与制造商直接交易的机会。不仅如此，许多大型零售商由于经营规模巨大、知名度高、影响力大、销售网络发达，因而具有开发和经营自有品牌的实力，从而大大降低了从批发商那里进货的比

---

① 岛口充辉. 统合营销［M］. 东京：日本经济新闻社，1997：222.

例。还有的大型零售商自营批发业务，因而更具有排挤批发商的能力。

（2）零售商组织化程度的提高。不仅大型零售商具有排挤批发商的倾向，而且一些中小型零售商通过联合、协作、自由连锁或特许连锁的形式增强了组织化程度，从而获得了与批发商的抗衡能力和直接从制造商那里进货的资本。例如，许多以中小型零售商为主的商业街，自发成立了共同采购组织，以增强对批发商的谈判能力，或直接从制造商那里进货。显然，中小型零售商组织化或协作化程度的增强也具有排挤批发商的作用。

（3）零售业态的多样化。这意味着零售商需求结构的多元化，从而增大了批发商满足零售商需求的难度，因为不同零售业态的经营商品的组合、营销特点、服务要求有很大不同。例如，百货店业态可能更要求商品的高档次、品牌的知名度及多样化，同时要求批发商提供退换货服务；超级市场业态可能更要求商品价格低廉，以经营生鲜食品为主的食品超市，更是要求商品的新鲜度；专业店业态往往更要求商品组合的深度与配套性；便利店往往更要求商品包装方便、流通加工程度较高以及供货的及时性等。可见，一个批发商要想同时满足不同业态零售商的需求是非常困难的。同时，零售商在选择批发商时，往往看其是否适应自己的业态特点，并将那些不适合自己业态特点的批发商排除在外。

3）来自信息化的挑战

信息化对批发商的挑战也是多方面的，主要有：

（1）来自用户自建信息系统的挑战。信息技术的发展与普及大大降低了批发商用户搜集、加工、处理信息的难度与成本，从而使批发商拥有的信息优势大大降低了，进而降低了对批发商的信息依赖度。不论是制造商还是零售商，都十分重视以电子计算机为基础的信息管理系统的开发、应用，纷纷投资建设现代化的信息管理系统，使制造商或零售商的信息管理系统更加完善，不仅信息量巨大、内容丰富，而且其加工、处理的速度很快。例如，世界著名零售商美国沃尔玛公司不仅拥有完善的POS系统和EOS系统，甚至拥有自己的商业通信卫星，其搜集、加工与处理信息的能力是一般批发商所无法比拟的。不仅如此，一些零售商还与制造商建立了以EDI系统、QR系统及ECR系统为核心的信息共享体制，从而更加摆脱了对批发商的信息依赖。

（2）来自专业化信息机构的挑战。信息化对批发商的挑战的另一个主要表现是专业化信息公司的大量涌现。随着人们对信息的愈发重视及信息技术的发展，以专门搜集、提供各种商业信息为主要事业内容的信息咨询机构不断增多，且专业化和产业化的程度越来越高，经营的信息量越来越大，信息种类也越来越多。例如，一些专业化的数据调研公司可以向制造商或零售商提供丰富的市场信息；一些专业化的咨询公司还可以为制造商或零售商提供诸如营销策划、经营策划等经营指导信息。这些都对批发商的信息传递者的地位提出了挑战。

（3）来自电子商务的挑战。20世纪90年代以来，随着网络技术的发展与普及，一种新的商业形式——电子商务发展十分迅猛。B2B电商在一定程度上替代了传统批发商，对传统批发商业产生严重的冲击。

4）来自用户自建物流系统及物流产业化的挑战

随着经济的发展，物流在整个社会经济运行及企业经营中的地位与作用越来越重要，特别是随着市场竞争的日益激烈，物流已经成为企业利润的重要来源，即所谓"第三利润源"，向物流要利润已成为许多企业的经营方针。一方面，那些依靠批发商提供物流服务的制造商或零售商，要求批发商提供的物流服务标准更高、更苛刻；另一方面，一些有实力的制造商或零售商纷纷建立了自用的物流中心或配送中心，以便提高物流管理水平，降低物流成本，增强竞争力，从而减少了对批发商物流功能的依赖。不仅如此，一些专业化的物流公司，即所谓的"第三方物流"也纷纷崛起，其专业化的经营、专业化的服务更对批发商的物流功能产生了重大冲击。

5）来自顾客理性化消费心理的挑战

顾客是整个市场的关键和基础，无论制造商还是中间商，都必须以顾客需求为中心，并且比竞争对手更有效地传送顾客所期望满足的需求，以此来获得最大利润。但是，随着供求关系的变化以及市场经济的不断发展，顾客的消费行为不仅更加趋于个性化，而且比以往任何时候都拥有更多的商品、供应商、商品信息和价格意识。他们深知，在商品流通领域多一层渠道，就多一次加价。顾客在选择商品时，变得越来越成熟和理性化，导致了顾客与批发商之间的隔阂越来越大。这对批发商来说无疑是一个巨大的挑战。

6）来自高度垂直电商平台的挑战

近些年来，受电商冲击，传统市场模式下的实体经营店日渐衰落，很多批发市场也日渐萧条。随着电商平台的高度垂直化以及物流产业的快速发展，不少制造商纷纷入驻第三方电商平台或自建电商平台，消费者可越过中间商直接从制造商手中购买商品，零售商也可越过传统的批发环节，通过制造商的自建电商平台进货，这使得流通渠道结构趋于扁平化，导致大量的零售商远离批发市场。电子商务削弱了传统批发行业的某些功能，导致市场对批发商业的需求变小。

6.3.2　批发商面临的发展机遇

社会经济环境的变化对批发商的影响是双重的，不仅使批发商面临许多挑战，同时使批发商面临许多发展机遇，挑战与机会并存。

1）技术进步增强了批发商的经营能力

对批发商来说，具有直接且重要影响的技术进步主要是物流技术与信息技术。

（1）物流技术进步。这具体体现为运输工具与方式、包装机械与材料、装卸与搬运工具、仓库设备与保管技术、流通加工机械等方面的技术进步。物流技术进步可以扩大批发商的商圈范围，增加市场机会，而且可以提高批发商的物流效率，降低物流成本，提高对用户的物流服务水平，增强对用户的吸引力。例如，运输工具种类、质量与性能的不断改善，极大方便了商品的运输；集装箱运输、低温冷藏运输、各种运输工具的组合联运等运输方式的进步，对改进商品运输的速度与安全性也起到了积极作用；包装机械及包装材料的革新、自动化立体仓库技术的应用、商品储存防护技术的发展、自动化装卸工具的引进等都极大地改变了批发商的物流能力，也提升了竞争力。

（2）信息技术进步。这主要表现为以计算机及网络技术为主的信息搜集、加工与处理技术的普及与应用。信息技术的进步增强了批发商搜集、加工、处理、使用信息的能力，从而为批发商更好地发挥信息传递者的功能奠定了坚实的基础。同时，信息技术的进步促进了批发商自身的信息化建设，提高了自身的信息管理水平，增强了自身的经营实力。显然，批发商自身经营实力的增强，也是有利于吸引用户的。

2）制造商与零售商的"两极化"为批发商提供了生存空间

制造商与零售商虽然有明显的大型化、集中化趋势，但是从整个市场来看，小型化、分散化的制造商与零售商仍然是多数，其为批发商的生存与发展提供了广阔的空间。不仅如此，不论是大型制造商还是大型零售商，其纵向一体化或横向集中化的规模与速度往往都要小于社会分工的规模与速度。因此，即使原有的迂回生产与水平分工已被大型制造商或零售商的一体化或集中化经营所削弱甚至消灭，但新的社会分工又会再度恢复甚至加剧迂回生产与水平分工，从而为批发商开辟新天地。

3）消费需求的多样化增大了对批发商集散商品的需求

消费需求的多样化，一方面要求制造商生产出品种更多、规格更全的商品或服务，另一方面要求零售商提供相应的商品组合，从而增强了对批发商集散、编配、分类商品的需求。在现代社会，消费需求不仅多样化，而且是瞬息万变的，商品的市场生命周期不断缩短，从而要求制造商或零售商随时改变商品结构或商品组合，这意味着制造商或零售商的生产经营方式由原来的投机生产转变为延期生产。[①]所谓投机生产，是指根据对消费需求的预测而进行生产或采购，即根据预测完成产品的最终形态，然后准备销售。所谓延期生产，是指根据用户的实际订货而不是制造商的需求预测进行生产，即推迟产品最终形态的完成。显然，延期生产方式是一种快速反应的生产经营方式，要求原材料或半成品的快速供应；否则，就无法满足用户的需求。延期生产方式是适应消费需求迅速变化的生产方式，它要以"小批量、多品种、高频度"的快速供货系统为前提，而批发商在这方面是具有优势的，因此，制造商或零售商生产经营方式的这种变化，为批发商的发展提供了广阔空间。

4）零售业态的多样化为批发商的发展提供了机会

如前所述，零售业态的多样化为批发商提出了新的课题，要求批发商必须按每种零售业态的特点来提供商品或服务。但是，零售业态的多样化也为批发商寻找新的增长点、拓宽市场经营范围提供了前提。零售业态的多样化，加速了批发商业的内部分工、结构调整和经营方式的革新，因此，从总体上看，零售业态的多样化对整个批发商业的发展是有利的，对那些具有创新意识与创新能力的批发商来说，无疑也提供了很多发展机会。

5）线上批发电商平台的发展为批发商提供了广阔的发展空间

线上批发电商平台充分利用了电子商务跨越时间和空间的特点，最大限度地获取了客户资源，B2B的模式使批发商与上游及下游的交易成本更低，交易也更加便利。同时，批发电商平台可以利用交易平台产生的"批发大数据"为制造商、批发商和零售商及时提供市场供求的具体信息，更好地发挥批发的信息传递作用，也可利用所拥有的数据资产开展金融服务。通过交易数据分析，线上批发电商平台可以为业绩优良的批发商

---

① 矢作敏行，等. 产销统合营销系统 [M]. 东京：白桃书房，1993：68.

和制造型小企业提供无抵押的小额贷款，增强批发市场的金融服务能力，加强市场对于供应链上游和下游的吸引力和控制力。[①]

6.3.3　批发商的发展趋势

作为连接制造商与零售商的中间环节，批发商因其对商品运销的规模化集中而在流通中起着重要的效率促进作用。但随着社会经济、科技及消费者需求等因素的不断变化，批发商的角色、地位、生存策略也发生相应的变化。在新的技术条件和社会经济现实之中，整个批发商业面临着转型升级的挑战。未来，从总体上看，批发商将呈现以下发展趋势：

1）批发商在商品流通中的重要性有所降低

批发商的集中批量买卖极大降低了零售商与制造商之间搜寻、交易的成本，因此，即便批发商的存在增加了流通的环节，但批发商对整个商品流通效率的提高具有巨大的积极作用。特别是对于规模较小、位置分散的制造商和零售商，大型批发商往往充当了整个流通过程的主导者。但随着经济和技术的发展，制造商与零售商之间彼此搜寻和直接发生交易的成本越来越低，越来越不需要中间商。传统批发商所能提供的一般性流通服务也越来越不能满足品牌制造商的专业化、特殊化要求。与此同时，大型连锁零售商自建批发和物流系统的能力越来越强。此外，在市场信息日益完备、透明的背景下，消费者的需求日趋理性，要求减少中间商环节。在这一系列变化之下，传统批发商的职能、作用被迅速弱化，失去市场基础，批发环节经常不是必要的。尽管本书认为批发商不会消失，但其在商品流通中的重要性将明显降低。

2）细分化与从属化

在新的经济、技术条件下，批发商要谋求生存和发展势必走向细分化与从属化。

细分化是指批发商通过在特定细分领域增强专业化程度来维护自身的市场地位。大型、综合批发商的市场基础迅速萎缩，但在一些细分领域，批发商仍有生存空间。比如，批发商可以收缩战线，在较窄的业种范围内增强专业化程度，以满足品牌制造商更高的流通服务要求。批发商也可以专门针对特定的零售业态提供批发商品组合。例如，对于店址分散、采购规模小的零售业态来说，批发商仍然能够有效帮助它们降低采购及库存成本。

从属化是指批发商由传统上具有独立市场地位的主体转变为从属、依附制造商或零售商的主体。增强专业化程度，为制造商或零售商提供更高水平的、个性化的流通服务，往往意味着批发商投入更多的专用资源，如为适应制造商或零售商的高要求而专门训练的人员、流程等。专用资源的投入将削弱批发商在纵向关系中的谈判地位[②]，从而使其对所服务的制造商或零售商产生一定的依附或从属关系。批发商从属化的极端情况是成为制造商或零售商的批发业务部门。

细分化是批发商在水平方向上通过分工细化谋求生存空间；从属化是批发商在纵向关系中通过让渡谈判地位、提高服务专门化水平来谋求生存机会。

① 黄浩. 新型商品批发市场发展趋势及业态模式［J］. 商业研究，2015（9）：28-33.
② 王超贤. 专业市场流通体系的组织结构、效率边界与演进趋势［J］. 商业经济与管理，2015（5）：16-23.

3）电商化

电子商务的迅猛发展为流通领域带来了剧烈而深远的变革。传统批发商业的萎缩在很大程度上正是受到电商的影响。对于谋求新的市场空间和生存策略的批发商来说，电商化发展是一种适应信息化潮流的现实选择。大型B2B电商平台在理论上已经可以取代大多数传统有形批发市场，成为信息时代批发商的虚拟集聚地。如何在这种超大规模的在线平台中开展自己的数字化批发业务，是每一个数字时代的批发商都需要去挖掘的课题。未来，缺少电商思维和电商技能的批发商将举步维艰。

4）服务化

新的环境或许使传统批发商的部分职能不再被需要，但同时产生新的需要。例如，在有"淘宝网店第一村"之称的浙江省义乌市青岩刘村，当地批发商们不只是依靠"全球小商品集散地"的货源优势，而是通过电商平台提供新的服务，包括物流规划、商品包装、在线店铺管理、在线促销活动管理、营销效果分析等项目。① 可见，在商品、货源之外，批发商还为在线零售商提供了丰富的一站式经营及信息服务，大大增加了批发环节流通服务的附加价值，开发出了新的流通服务增长空间。

6.4 批发市场

6.4.1 批发市场的产生、概念与功能

1）批发市场的产生

随着社会分工与商品经济的发展，商业产业内部分工也日益深化，批发商业与零售商业开始分离。而随着批发交易从零售交易中独立出来，批发商队伍也日益壮大。于是，许多批发商为了沟通信息、扩大交易，开始自发地集聚在商品产地、销地或集散地，进行集中交易，这样就自发地产生了原始的批发市场。随着自发性批发市场的形成，商品流通规模进一步扩大，参加批发市场交易的个人和组织也越来越多。因此，为了规范批发市场的交易行为和交易秩序，创造公开竞争与公平交易的市场环境，批发市场的组织化程度也逐渐提高，由行业自律发展到政府规制，从而使自发性批发市场发展成为有一系列制度与规则的现代批发市场。

在批发市场的发展过程中，主要发生了两个转变：一是由自发形成到自觉建设的转变；二是由民间开办到政府开办的转变。然而，从现实的批发市场来看，既有自发形成的批发市场，也有自觉建设的批发市场；既有民间投资开办的批发市场，也有政府投资开办的批发市场。但是，不论是哪种类型的批发市场，其交易规则、管理制度都是日趋规范化的，这是现代批发市场的基本特征。

2）批发市场的概念

批发市场是指集中进行现货批量交易的场所。这里所说的批发市场是具体的商品交

---

① 张晓东. 专业市场流通体系的组织结构、演变及发展路径探析［J］. 商业经济研究，2018（3）：39-42.

换场所，而且是进行现货批量交易的场所，因此是一种有形市场。为了进一步理解批发市场的含义，有必要指出批发市场与几个有关概念的区别。

（1）批发市场与集市的区别。从交易时间上看，集市有两种形式：一种是在指定地点定期进行的集市，如定期举办的博览会、订货会、批发交易会等；另一种是常设集市，主要指自发状态的常设集市，但这种常设集市一般没有固定的和稳定的商品交易者，而且交易条件与交易规则比较简单。批发市场必须是常设的交易市场，必须具有连续不断的交易特性。另外，批发市场一般实行会员制，有相对稳定的商品交易者，交易规则也较严格。

（2）批发市场与商品交易所的区别。二者虽然都是集中进行商品批发交易的常设场所，但也有区别：批发市场主要进行现货交易，而商品交易所主要进行期货交易；商品交易所的交易批量一般大于批发市场的交易批量；批发市场的主要功能是组织商品的集散、调配、分类，推动大量商品向消费领域转移，而商品交易所的主要功能是发现价格、规避风险、套期保值；商品交易所交易的商品一般有特殊要求，如要具有经济寿命较长、品级标准易于确定、生产量大、需求普遍等特点，而批发市场交易的商品无特别要求。

（3）批发市场与批发商或批发企业的区别。批发市场一般是不以营利为目的的事业法人，而批发商是以营利为目的的企业法人或自然人；批发商的主要任务是通过对商品的采购、销售、运输与储存，把商品转售给再销售者或产业用户，而批发市场的任务是保证批量交易公正、合理地进行，并为商品交易者提供各种交易服务，本身不从事商品交易；批发市场是包括批发商在内的许多交易者的集聚形式，而批发商是个体交易者或单体批发组织。

3）批发市场的功能

如前所述，批发市场既不同于集市和商品交易所，也不同于单体批发商或批发企业，是一个独特的批发组织，因而也具有独特的功能。

（1）媒介功能，即在商品交易的过程中充当媒介。批发市场的媒介功能是通过将商品交易者集中到一定的空间场所，以提高商品交易者的交易效率来实现的。批发市场内万商云集，交易者众多，成交率高；同时，由于集中交易，商品交易者可以共同利用批发市场的商流、物流和信息流设施、设备，从而大大提高交易效率，降低交易成本。

（2）服务功能，是指批发市场为商品交易者提供各种服务的功能，主要包括信息服务功能、物流服务功能与生活服务功能。从信息服务功能来看，批发市场可以为每个商品交易者及社会公众提供商品价格信息和商品供求信息，以促进生产与消费更好地结合。由于批发市场的交易量大而集中，又是充分竞争的，因此，批发市场形成的价格是比较权威和准确的，是场内交易者与场外社会公众进行经营决策的重要信息。此外，批发市场可以为进场交易者提供交易场所和设施、通信服务、货款结算、金融服务、储运服务及生活服务等，从而使进场交易者的交易顺利进行。可见，服务功能是批发市场最重要的功能，只有具备充分的服务功能，批发市场才有存在的必要。

（3）管理功能，是指批发市场对场内交易进行规范与管理的功能。为了保证批发市场的公开、公正和公平交易，批发市场需要有统一的交易规则、交易程序、交易方法和管理制度，并有专门的管理机构和管理人员。同时，由于批发市场的开设者本身不参加商品交易，只为进场交易者提供必要的交易服务，因而批发市场开设者可以对每个进场交易者进行公正的管理。当然，管理功能能否充分发挥不仅直接关系到每个交易者能否进行公平的交易，而且直接制约着批发市场的运行效果。

（4）经济辐射功能。批发市场是产业链条中的龙头，既牵动生产，又带动流通、衔接消费，因此，批发市场可利用自身优势，进行产业延伸或者为产业延伸提供服务。另外，批发市场能够带动本地经济发展，并对周边地区的生产与经济发展产生辐射效应。

6.4.2 批发市场的类型

批发市场的类型有很多，可以根据不同的分类标准对各种类型的批发市场进行分类。

1）根据交易商品划分

（1）农产品批发市场，是指从事一种或多种农副产品批发交易的市场。由于农产品与人民生活息息相关，所以农产品批发市场几乎遍布各个大中城市。例如，郑州粮食批发市场汇集了全国各地粮油类批发交易者，该市场不仅开创我国现代粮食批发市场之先河，而且在国外有较大的影响。

（2）日用工业品批发市场。此类市场的交易商品包罗万象，如玩具、文体用品、家用电器、鞋业、服饰及辅料等。例如，全球最大的小商品批发市场——义乌小商品批发市场，以同类商品价格比其他地区平均低30%的竞争优势，成为全球最重要的小商品集散地，商品已经远销世界上100多个国家和地区，其成功做法堪称我国批发市场之典范。

（3）生产资料批发市场。此类市场的交易品种包括金属材料、木材、建材、汽车、农业机械、机电煤炭、石油、化工、纺织原材料等。此类市场多建在生产资料产地。例如，顺德伦教国际木工机械城是目前我国最具规模的中外木机商品集散地。

2）根据专业化程度划分

（1）综合批发市场，是指综合经营多种商品的批发市场，市场内根据交易商品的大类设有不同的市场区。这类市场一般在某一区域起到龙头市场的作用，全国性的综合市场一般很少。

（2）专业批发市场，是指就某一种类商品批发而建立的市场。此类市场有较强的区域性和集散性。专业批发市场往往在全国只有一个或几个，在全国或大区域起到某一行业品种的龙头市场的作用，比如广州最大的玩具交易中心——一德国际玩具文具精品广场。专业批发市场需要较大的城市规模，同时在生产上具有很强的地区优势，或在产品来源上具有很强的集散性；否则，会造成市场建设的极大浪费。

3）根据市场与生产者或消费者的空间距离划分[①]

（1）销地批发市场。其是与消费者最接近的市场，多位于城市边缘或城市内部，可

---

① 方小山，肖大威. 专业批发市场发展动态研究及规划探析 [J]. 城市规划，2002（10）：61-64.

视为城市居民生活配套的商业设施之一。进入市场的主要是长途贩运者、批发商、零售商、消费者等。例如，沈阳十二线果品蔬菜批发市场是为了满足沈阳市民对新鲜蔬菜的需求而建立的，现在已经成为辽宁省的区域性批发市场，也是东北地区较大的蔬菜批发市场。

（2）产地批发市场。其位于某些产品的集中产区，主要起着外向分解、扩散、辐射的作用。进入市场的主要是商品生产者、专业大户、长途贩运者、批发商等。依托产地发展起来的批发市场，最初是由集设市，逐渐发展成为批发市场。例如，辽宁省锦州市北镇市窟窿台蔬菜批发市场以产地为依托，围绕产地发展市场，是我国重点建设的北方两大产地市场之一，也是农业农村部定点的产地批发市场。

（3）中转地批发市场。其多处于交通枢纽地或传统的集散中心，起着连接产地和销地的中转站作用，往往受到区位、交通运输、仓储设施等条件的影响。进入市场的主要是长途贩运者、产地和销地的批发商。例如，河北省安国中药材专业市场把全国各地的重要药材集中起来，然后扩散到全国各地。

4) 根据交易量及规范程度划分①

（1）中央批发市场，也称国家级批发市场，是规范化程度最高、交易规模最大的一种批发市场，可由一个符合开办条件的地方政府独立开办或与中央政府联办。中央批发市场大多设在商品的集散中心、交通中心或消费者密集的大城市，有些国家还规定了开办城市的最低人口规模。中央批发市场的交易者不多，但交易量很大，因为进场交易者往往是一些大批发商或者大型企业及企业集团。

（2）地方批发市场，也称区域批发市场，其交易批量和规范化程度都不及中央批发市场，但也达到法定规模，一般由地方政府开办或各种民间经济合作组织开办。地方批发市场的存在，多是因为商品的产销地距离较远，需要中间人介入再次中转，或是需要再加工才能销售。地方批发市场的进场交易者主要是批发商、代理商、地方零售商和部分生产企业，前面提到的中转地批发市场多数也是地方批发市场。

（3）自由批发市场。其规范化程度很低，申办也不像中央批发市场和地方批发市场那样严格，不需要特别批准，只要登记注册领取营业执照即可。另外，自由批发市场的规模也比较小，甚至进行少量的零售交易。但是，自由批发市场也是一种有组织的市场，其开办者与进场交易者要遵守一定的规则。自由批发市场大多经地方政府批准，有政府主办的，也有民办的；不实行会员制，交易者进出自由；交易方式多以现货为主；价格多以讨价还价方式形成。我国大部分的专业批发市场和集贸市场就属于自由批发市场。

以上3种批发市场实际上形成了交易规范化程度由高到低、辐射范围由大到小的3个层次（见表6-1）。这对于保持各类批发市场的合理布局与分工，促进商品流通的合理化、层次化和组织化是十分有益的。因此，本书在后面叙述中主要按此法对批发市场进行分类。

---

① 夏春玉. 流通概论［M］. 北京：中央广播电视大学出版社，2002：192.

表6-1 中央批发市场、地方批发市场和自由批发市场属性对照

分类 \ 属性	开办主体	规范程度	辐射范围	交易者数量	交易量
中央批发市场	中央政府/中央、地方联办	高	大	少	大
地方批发市场	地方政府/民间合作	中	中	中	中
自由批发市场	官办/民办	低	小	多	小

6.4.3 批发市场的主体、交易规则与交易方法

1）批发市场主体

批发市场主体是指与批发市场有关的组织或机构，主要包括批发市场的开办者、交易者和关联者。

（1）批发市场的开办者是指投资兴办批发市场的组织或机构，包括中央或地方政府、政府与民间的合作组织及民间组织等。

从批发市场体系的3个层次来看，中央批发市场一般由中央政府或者由中央政府与地方政府联合投资创办。而地方批发市场和自由批发市场一般由地方政府单独开办。此外，民间组织也是投资批发市场的重要力量，而且开办批发市场的民间组织以民间联合组织居多，一般有生产者联合组织、流通业者联合组织两种类型。由民间组织开办的批发市场大多属于地方批发市场和自由批发市场，而且以专业批发市场为主。

（2）批发市场的交易者是指参与批发市场交易的组织或团体。其具体又被分为上市者、代理批发商、中间批发商和交易参加者等。

① 上市者是指将货物运到批发市场，并委托代理批发组织销售的团体或组织。上市者一般包括商品生产者、商品运输者、产地批发商、进口批发商等，其是批发市场货源的提供者，即批发市场的卖方。

② 代理批发商是指接受上市者的委托向中间批发商及其他交易者销售商品的批发商。一般来说，为了防止垄断，每个批发市场要有两个以上的代理批发商。在批发市场中，对代理批发商的要求十分严格，一般要有良好的商业信用和道德，具有丰富的批发业务经验，拥有达到从事批量业务活动法定额度的资金数量，并且不得有劣迹、违法问题。其目的是严把货物进市关，以保证整个交易公正、顺利地进行。

③ 中间批发商是指在批发市场内从事批发买卖业务的商人。在规范的批发市场中，中间批发商是从代理批发商手中购进商品并开展批量交易活动，而不能从上市者手中直接购进货物。中间批发商须经市场开办者审查、批准，并交纳其所从事的商品批发业务的法定保证金后，才能在批发市场内开展批发业务。

④ 交易参加者是指经市场开办者批准，直接进入批发市场购买商品，但不从事转卖交易的经济团体或个人，如大型零售企业、生产企业等。小型零售商或个人消费者只能从批发商那里购进商品，而不得进场参加批发交易。

批发市场的商品流转如图6-1所示。

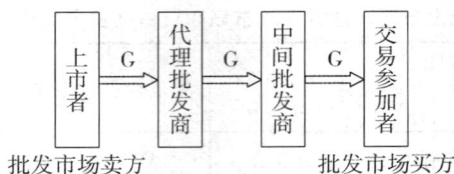

图6-1　批发市场商品流转图

（3）批发市场的关联者是指专门为批发市场交易活动提供服务的个人或企业。其主要包括负责货物仓储托运业务的服务组织、提供通信业务的服务组织、提供金融业务的服务组织、提供卫生检疫和安全警卫业务的服务组织以及提供衣、食、住、行服务的组织等。

2）批发市场的交易规则

一般来说，批发市场的交易规则主要包括3个层面，即交易原则、会员制度和保证金制度。[1]

（1）批发市场的交易原则。一个规范的批发市场首先要遵循一定的交易原则。从国内外批发市场的实际情况来看，拍卖或投标原则、委托代理原则、公平原则、限制性原则、收费原则是批发市场应遵循的基本原则。

①拍卖或投标原则。拍卖是实现批发市场公开、公正、公平交易的主要方式。当然，对一些较为复杂的商品，也可采用投标方式进行交易，即由购买者以公告或招标书的形式说明所需商品的条件和要求，邀请各供货人在指定时间内报价，供货人在指定时间内填制标书进行投标，招标人在规定的时间内开标，对各投标人的报价进行比较，选择最佳者达成交易。因此，无论是拍卖还是投标，都属于在一定范围内体现公平竞争原则的交易方式。

②委托代理原则。该原则是指批发市场的上市者不能直接将上市商品销售给需求者，而必须通过批发市场的代理批发商代理销售；同时，代理批发商只能以委托销售方式接收上市者的货物，不得采取收购批发形式。换言之，批发市场内的代理批发商只能从事代理业务，不能拥有商品所有权。

③公平原则。该原则也就是无差别对待原则，是针对代理批发商而言的，即代理批发商不得以不正当理由拒绝委托方的委托。当然，对上市者、中间批发商和交易参加者也要一视同仁，在交易中不得歧视或给予任何一方不公正的待遇。

④限制性原则。该原则即对批发市场内进行的交易给予一定的限制，主要包括：

第一，对交易场地的限制，即交易活动必须在交易厅内进行，禁止场外交易；

第二，对交易品种的限制，即不论是专业批发市场还是综合批发市场，对交易的商品品种都有一定的限制，任何交易者都不得从事非指定商品的交易；

第三，对交易合同的限制，即批发市场中签订的合同及合同的转让，一经市场有关部门确认，便具有法律效力，买卖双方必须遵守；

第四，对业务关系的限制，即代理批发商不得同批发市场中的中间批发商和交易参加者以外的任何人进行交易，中间批发商也不能从代理批发商以外的人手中购进货物，

---

① 夏春玉. 商品流通概论［M］. 大连：东北财经大学出版社，1996：110.

只有在可能出现大量积压或法定的特殊情况下，并经有关管理部门批准，才能调整业务关系；

第五，对交易时间的限制，即批发市场一般实行定期开市制度，交易时间一旦确定，便不能随意更改。

⑤收费原则。批发市场开办者对进场交易者收取一定的费用，同时代理批发组织依法向委托人收取规定比例的手续费。此外，提供各种服务的交易关联者按规定的标准收取费用。

（2）批发市场的会员制度。批发市场是一种有组织的市场形式，特别是比较规范的批发市场一般都实行会员制度，制定一定的市场准入标准，并由会员来共同维持与管理批发市场的有关业务。通常来说，代理批发商、中间批发商、生产企业等都可以申请成为批发市场的会员，但会员申请者必须拥有较高的资信度才能被接受为会员。

（3）批发市场的保证金制度。为了保证批发市场内商品交易的顺利进行，商品交易者要按照批发市场的有关规定，预付一定数额的批发交易保证金。批发市场的保证金主要有两种：

① 委托保证金。由于批发市场内存在大量的委托代理业务，为了保证受托方的利益不受损失，批发市场往往要求委托方向受托方预付一定数额的委托业务保证金；同时，要求受托方在市场管理部门寄存一定数额的受托业务保证金，以保护委托方的利益不受侵害。

② 合同保证金。批发市场中进行的批发交易大多采取合同交易形式，为确保合同履行，批发市场通常要求买卖双方每成交一笔交易，均要向市场结算部门交纳一定数额的保证金作为交易资信保证。如果交易正常结束，则保证金连本带利退还交纳人；如果交易一方违约或不完全履约，市场结算部门就将违约方保证金本息部分或全部划归受损方，作为交易补偿。

3）批发市场的交易方法

根据批发市场的交易原则，批发市场的交易方法主要有以下几种：

（1）拍卖交易。在规范化的批发市场中，绝大部分商品是通过拍卖形式交易的。拍卖时依次叫价的方法有两种：上增叫价、下减叫价。

（2）投标交易，是指先由拍卖人公布商品，然后由各竞买人在规定时间内将密封标书交给拍卖人，拍卖人在预约时间内公开开标，并将商品卖给出价最高的投标人。这种交易方法能招徕买主，加快货物周转，调节商品供求，因此，在不少工业品批发市场中经常使用。

（3）协商交易，是指交易双方分别报出自己的价格，在二者所报价格分歧不大时，双方相互做出某种让步，最后在高低之间形成一个统一价格，以示成交。协商交易大多在不太规范的批发市场中使用。

（4）凭样品交易，是指通过眼力观察样品的质量而进行交易。这是比较传统的交易方式，许多工业品批发市场仍采用这种交易方式。

（5）凭规格交易，是指交易双方以商品的一定规定，如大小、长短、粗细等作为依据而进行的交易。凭规格交易在生产资料批发市场和部分工业日用品批发市场中经常使用。

（6）凭标准品级交易，是指交易双方对某些商品以其标准品质如成分、含量、纯度等作为依据而进行交易。

综上所述，批发市场的一般交易流程如图6-2所示。

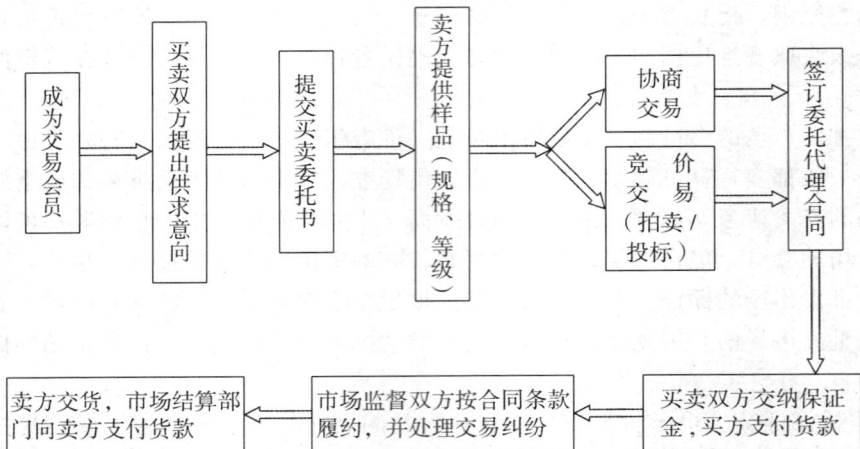

图6-2 批发市场的一般交易流程

学思践悟

国际化、数字化的中国义乌小商品批发市场①

在浙江义乌国际商贸城一区的饰品摊位前，来自伊拉克的客商卡米莱用流利的普通话与商家沟通。他在义乌经营一家外贸公司，年出口约100个集装箱的货物。

作为"世界小商品之都"，义乌的商品出口到210多个国家和地区，市场外向度高达65%以上，外贸是义乌的一张"金名片"。

受新冠肺炎疫情的影响，海外采购商来华不便，运价、原材料等成本上涨，前来采购的客商减少。义乌如何应对挑战？

像卡米莱一样，不少外国客商在摊位前认真拍视频和照片，不时询问价格、材质等信息，随后通过视频电话把商品详情发给客户确认。卡米莱说，受疫情影响，客户不便来义乌，但通过视频可以看样品、下订单，进行"云交易"。

义乌外贸企业危中寻机、困中破局，积极探索推动转型升级，创新与品牌成为新的关键词。从代工、贴牌生产到自主品牌出海，越来越多的企业加大创新投入，义乌外贸保稳提质，为开拓发展空间育新机。

利用数字化改革成果，义乌大力发展"直播+跨境电商"贸易新业态，强化数字化连接线上线下能力，外贸企业从传统批发出口模式转型为跨境电商模式。由义乌商城集

① 窦瀚洋. 小商品　大市场［N］. 人民日报，2022-09-14（8）.

团打造的数字贸易综合服务平台——"义乌小商品城 Chinagoods"自 2020 年 10 月上线以来，已入驻超 6 万家实体商铺，整合上下游 200 万家中小微企业，商品种类达 500 多万种，2022 年上半年累计交易额超 151.78 亿元，同比增长 138%。

在海外市场，一个个像微型"义乌市场"的海外仓纷纷建起。海外仓 B2B（企业对企业）模式突破时空限制，将义乌市场前移至海外，解决疫情下境外采购商无法现场采购、线上展示体验感不够等难题，如今已在全球陆续布局 166 家。

陆上开行中欧班列，辐射 50 个国家和地区。2022 年 1—8 月，"义新欧"中欧班列义乌平台共开行 1 060 列，发运 87 480 标箱，同比增长 16.5%。海上推进义甬舟开放大通道建设，连通"海上丝绸之路"，推进与宁波舟山港关务、港务、船务一体化，实现"一次申报、一次查验、一次放行"。义乌打造起"公铁海空"立体物流体系，为外贸发展提供高速跑道。

2022 年上半年，义乌市外贸进出口总额首次突破 2 000 亿元大关，创历史新高；增速表现超出预期，其中进出口和出口分别占浙江省份额的 9.8% 和 12.2%，较 2021 年同期分别提升 1.1 和 0.8 个百分点。外贸逆势上扬，彰显十足韧性。毫不放松，持续探索各类贸易活动，义乌向世界传递出"市场稳、商机多"的贸易信心，成为我国外贸高质量发展的一个缩影。

本章小结

批发是商品流通的重要环节。随着商业的不断发展，商业内部陆续出现了分工。批发与零售的最终分离，大约发生在 19 世纪 70 年代的产业革命时期。

关于批发的定义，国内外学者有很多观点。本书将批发定义为：向再销售者、产业和事业用户销售商品与服务的行为。批发的销售对象被归纳为企业或者事业单位，零售的销售对象被归纳为家庭。

批发在商品流通过程中具有以下功能：①集散商品；②调节供求；③节约成本；④信息传递；⑤流通加工；⑥物流；⑦流通金融；⑧风险分担；⑨销售支援等。

可以按以下 5 种方法对批发商进行分类：①按经营主体不同，批发商被分为独立批发商、制造批发商、共同批发商、批兼零批发商、连锁批发商和商品代理商；②按经营商品不同，批发商被分为普通批发商和专业批发商；③按销售地区或商圈大小不同，批发商被分为全国批发商、区域批发商和地方批发商；④按职能或提供的服务不同，批发商被分为完全职能批发商和有限职能批发商；⑤按流通阶段不同，批发商被分为一次批发商、二次批发商和三次批发商。

与零售经营相比，批发经营具有以下明显的特点：①交易批量大；②交易更加理性；③商圈更大；④交易关系稳定；⑤交易过程中服务项目的专业化倾向日趋明显。

批发商的销售方式或批发业态主要有 4 种，即经销、代理、经纪与拍卖。

经销是指批发商从制造商或供应商那里购进商品，再向其用户进行转售的行为，且对所购商品拥有所有权。经销也叫买断式销售，其主要特点是：①商品所有权从制造商向批发商转移；②批发商独自承担市场风险；③批发商需要有较为雄厚的资金和较好的储运条件。

代理是把特定活动委托给代理人来办理，代理人在代理权限内以被代理人或委托人的名义进行民事活动，由此产生的权利和义务直接对被代理人发生效力。在代理方式下，批发商与制造商之间不存在实质性的买卖关系，而是一种委托代理关系。采取代理方式的批发商一般具有如下特点：①具有法人地位，是独立经营的流通组织，并与制造商有长期固定关系；②在指定的销售区域和地理空间内只能销售其代理的商品，一般不能再销售其他具有竞争性的商品或同类产品；③要严格执行制造商的商品定价；④按照一定时期的销售额或采购额的固定百分比提取佣金；⑤对其所代理销售或采购的商品一般不具有法律上的所有权。

经纪是一种典型的中介行为，是在市场上为交易双方沟通信息、促成交易、提供相关服务的行为。充当经纪角色的批发商一般有以下特点：①既不占有商品，也不拥有货币；②只提供服务，不从事经营；③活动具有隐蔽性、流动性和非连续性；④活动是有偿的；⑤活动具有广泛性。

拍卖也称竞买或竞卖，一般是指由拍卖人在一定的时间和地点，按照一定的章程和规则，对拍卖物公开叫价，应买人公开竞价，由拍卖人按照最高竞价（或最低竞价）当场拍定成交的一种商品销售方式。拍卖当事人一般由出卖人、拍卖人和应买人三方组成。拍卖方式一般具有如下特点：①能够实现拍卖物（商品）的最大价值；②可以充分体现公平、公开、公正的商品交易原则；③具有较强的法律约束力。

与零售商不同，批发商的用户主要包括再销售者、产业用户、事业用户和政府部门。

批发商的用户有如下购买特点：①购买数量比较大；②与供货者的关系比较密切，交易关系比较稳定；③具有需求派生性；④需求缺乏弹性；⑤需求具有波动性；⑥购买的专业性强；⑦购买决策慎重且影响者较多。上述特征决定了批发商用户具有不同于零售商用户的购买行为，从而要求批发商必须根据用户的购买特点与购物行为采取相应的经营策略。

批发商所面临的挑战包括：①来自制造商的挑战；②来自零售商的挑战；③来自信息化的挑战；④来自用户自建物流系统及物流产业化的挑战；⑤来自顾客理性化消费心理的挑战；⑥来自高度垂直电商平台的挑战。

同时，批发商面临如下发展机遇：①技术进步增强了批发商的经营能力；②制造商与零售商的"两极化"为批发商提供了生存空间；③消费需求的多样化增强了对批发商集散商品的需求；④零售业态的多样化为批发商的发展提供了机会；⑤线上批发电商平台的发展为批发商提供了广阔的发展空间。在挑战与机遇并存的环境下，批发商将呈现其在商品流通中的重要性有所降低、细分化与从属化、电商化、服务化等发展趋势。

批发市场是指集中进行现货批量交易的场所，是一种有形市场。批发市场与集市、商品交易所、批发商或批发企业等概念既有联系，也有区别。

批发市场具有如下功能：①媒介功能；②服务功能；③管理功能；④经济辐射功

能。根据不同的分类标准，批发市场有多种分类。

批发市场主体主要包括批发市场的开办者、交易者和关联者。批发市场的交易规则主要包括交易原则、会员制度和保证金制度。根据批发市场的交易原则，批发市场的交易方法主要有：①拍卖交易；②投标交易；③协商交易；④凭样品交易；⑤凭规格交易；⑥凭标准品级交易。

复习思考题

1. 什么是批发与批发商？如何对批发商进行分类？

2. 批发在商品流通过程中的主要功能是什么？

3. 常见的批发经营方式或批发业态有几种？其主要特点是什么？

4. 简述批发商的用户特点与购买行为。

5. 结合实际分析论述批发商面临的挑战、发展机遇与发展趋势。

6. 什么是批发市场？批发市场与集市、商品交易所、批发商或批发企业有何区别？

7. 批发市场的主要功能是什么？如何对批发市场进行分类？

8. 简要说明批发市场的主体、交易规则与交易方法。

拓展阅读："大白菜＋"打造农产品B2B批发电商平台

第7章

物流

学习目标

通过本章的学习，深刻理解物流的定义演化及物流管理的发展；了解物流的分类及要素构成；了解物流管理的基本内容；理解和把握供应链管理的本质及与物流管理的区别。

7.1　物流的概念、分类与构成要素

7.1.1　物流的概念

1）物流概念的产生

物流起源于军事后勤（logistics），其含义是指军队的后勤保障，即将粮食、服装、军火等军需物资与人员，按时、按量、按质地补充到指定的地点。第二次世界大战后，"logistics"开始被引进到企业界，"logistics"逐渐由军事用语转变为描述企业后勤的经济用语。后来，随着经济的发展，其含义不断地发生变化，由最初的实体分销（配）（physical distribution）转变为"logistics"，之后又被理解为供应链管理（supply chain management，SCM）过程的一部分。

美国营销学者阿奇·萧（Arch W. Shaw）被学术界认为是世界上第一个使用物流概念的人，1915年在其题为"Some Problems in Market Distribution"的论文中首次使用了物流概念。后来，美国另一位营销学者弗莱德·克拉克（Fred E. Clerk）于1924年在其"Principle of Marketing"的营销学著作中也使用了物流概念。[①]

物流的概念从美国起源和发展后，开始向其他国家流传。日本的"物流"概念是从美国引进的。1956年10月至11月，日本生产性本部派出"流通技术考察团"前往美国进行考察，考察团回国后提出了《关于美国流通技术的考察报告》，在该报告中首次使用了"physical distribution"一词，并将其译成日文"物的流通"。但是，"物的流通"被社会广泛认知并接受，大约是在1964年以后。其重要标志是，1964年日本在"通产省产业结构审议会"中设立了"物的流通委员会"，并在1965年1月日本内阁制订的中期经济发展计划中提出了"物的流通现代化"的内容。1965年，日本运输省还以"现代化过程中的物的流通"为副标题发表了《运输白皮书》，进一步强调了"物的流通"的重要性。从此以后，"物的流通"问题引起了日本社会各界的广泛关注，"物的流通"用语也广为流传。后来，日本又将"物的流通"简称为"物流"，成为各界普遍接受的用语。[②]我国于20世纪80年代初从日本引进了"物流"概念，当时，将"物流"解释为"物资资料或商品的实体运动过程"，是与商品的价值运动过程（简称"商流"）相对应的概念。

2）物流定义的演变

由军事后勤到企业实体分销（配）到企业后勤，再到供应链管理的一部分，表明了人们对物流认识的转变，这一转变直接体现为物流定义的变化。例如，美国最权威的物流学术研究组织——美国供应链管理专业协会（Council of Supply Chain Management Professionals，CSCMP）[③]，在不同时期对物流进行了不同的定义（详见表7-1）。

在我国实施的《中华人民共和国国家标准物流术语》（GB/T 18354-2021）中，"物

---

①　谷本谷一. 物流、Logistics的理论与实态［M］. 东京：白桃书房，2000：12-14.
②　菊池康也. 物流管理理论［M］. 东京：税务经理协会，1997：1-2.
③　该协会的前身是美国物资配送管理协会（National Council of Physical Distribution Management，NCPDM）及美国物流管理协会（Council of Logisitcs Management，CLM），2005年1月1日改称为现名。

流"被定义为：根据实际需要，将运输、储存、装卸、搬运、包装、流通加工、配送、信息处理等基本功能实施有机结合，使物品从供应地向接收地进行实体流动的过程。

表7-1   美国供应链管理专业协会及其前身的不同阶段对物流定义的演变

年份	对物流的定义描述	侧重点
1963	物流管理是为了计划、执行和控制原材料、在制品库存及制成品从起源地到消费地的有效率的流动而进行的两种或多种活动的集成。这些活动可能包括但不仅限于顾客服务、需求预测、交通、库存控制、物料搬运、订货处理、零件及服务支持、工厂及仓库选址、采购、包装、退货处理、废弃物回收、运输、仓储管理	从销售物流扩大到采购物流，侧重于物流基本功能的集成的描述
1985	物流是对货物、服务及相关信息从起源地到消费地的有效率、有效益的流动和储存进行计划、执行和控制，以满足顾客要求的过程。该过程包括进向（inbound）、去向（outbound）、内部和外部的移动以及以环境保护为目的的物料回收	logistics 代替了 PDM，物流对象扩展了服务和信息，强调有效率、有效益的流动
1998	物流是供应链过程的一部分，是对货物、服务及相关信息从起源地到消费地的有效率、有效益的流动和储存进行计划、执行和控制，以满足顾客要求	强调物流是供应链的一部分
2002	物流是供应链过程的一部分，是对货物、服务及相关信息从起源地到消费地的有效率、有效益的正向和反向流动和储存进行计划、执行和控制，以满足顾客要求	强调了正向的和反向的流动
2003	物流管理是供应链管理的一部分，是对货物、服务及相关信息从起源地到消费地的有效率、有效益的正向和反向流动和储存进行计划、执行和控制，以满足顾客要求	强调了物流管理，指出其是供应链管理的一部分

在世界范围内，各个国家对物流的认知均有一个发展的过程，体现在对其定义的描述上，同美国一样，都有一个在发展和实践中不断调整和完善的过程，这里不再一一列举。相对而言，美国站在供应链管理的视角下对物流管理做出的最新定义，在学术界得到了广泛的认同。

3）管理视角下的物流

由前面美国对物流的定义演变可见，从早期的"多种活动的集成"到后来的"计划、执行与控制"，人们逐渐适应了在管理视角下来看待物流。事实上，物流和物流管理从概念上而言，还是有区别的，前者表明了物流是什么，后者表明了物流管理是什么。不过，从美国对物流定义中这种潜移默化的转变可见，只有站在管理视角下，才能真正揭示出物流的本质。也就是说，人们应该以动态的管理视角来审视物流。物流不是简单的"物之流"这一"静态式"的理解，也不仅仅是"作业功能的集成"这一"要素组合式"的理解，而是站在系统管理或供应链管理视角下，面向市场需求，以提升"系统运营效率和效益"为目的的整合管理。

可见，单纯基于"物资或商品实体流动"及"作业功能集成"来理解物流，很难表达出物流的全部内涵，而更应该站在管理视角下，从PDM上升到logistics，再上升到供应链管理的层面上来理解物流。

7.1.2　PDM、logistics 与 SCM 的区别

由表7-1中美国的物流定义演变可见，物流内涵的演变经历了20世纪初的PDM阶段到20世纪80年代的logistics阶段，再到21世纪的SCM阶段。对物流认识的这一转变，在理论上，实现了从狭小领域向广阔领域的飞跃；在实践上，完成了从传统物流到现代物流的革命。

为了增强这一认知，我们有必要对三者加以比较，见表7-2。

表7-2　　　　　　　　　　　PDM、logistics 与 SCM 的区别一览表

项　目	PDM	logistics	SCM
概念产生时间	诞生于20世纪初	作为物流概念诞生于20世纪80年代	诞生于20世纪90年代
概念内涵	针对企业实体分销中物流作业活动的管理	logistics是SCM的一个子集，见CSCMP2003年的定义	跨企业的商流、物流、信息流、工作流及增值流的集成管理
概念外延	分销领域，单个企业内	包含在SCM中，是其过程的一部分	生产领域、流通领域，SCM包含logistics
涉及领域	涉及生产与销售物流	从采购到生产和销售，还包括回收物流	跨越单个企业边界的集成管理
出发点和中心点	以生产为起点，以市场商品供给为中心	以客户为起点，以市场需求为中心	以订单为起点，以消费者需求为中心
一体化管理程度	局部最优，要素均衡	整体最优，内部一体化到外部一体化	全局最优，高度集成并一体化
管理目的	降低成本，及时销售	成本与服务：即满足市场需求，降低综合成本，实现综合效益	供应链整体价值最大化
管理理念	效率理念、成本理念	价值理念、整合理念	合作共赢、系统集成、整合理念、增值理念、及时理念

由表7-2可知，物流概念自诞生以来，其内涵发生了很大变化。随着经济的发展，特别是经济全球化及企业竞争战略的变化，物流在企业经营乃至整个国民经济中的地位与作用越来越重要，特别是到了20世纪90年代中后期，全世界范围内陆续迎来了物流发展热潮。伴随着电子商务的兴起，更多的信息技术开始应用于物流领域，这使人们对物流的认知有了"传统"和"现代"的区别。

7.1.3　传统物流和现代物流

1）商品流通中"三流"地位的转变

商品流通中"三流"是指商流、物流和信息流。在流通的发展过程中，"三流"在

不同阶段发挥着不同的主导作用。在商品流通的原始阶段，即简单商品交换条件下，人们之间的商品交易是通过"物与物"的直接交换来完成的，在这种交换条件下，物与物必须直接见面，此时物流居于流通的主导地位，在这种物与物交换的时空内，包含了商流及信息流。

当有了货币以后，商品交换变成了由货币充当一般等价物的媒介交换，这时商流和物流有了时空分离的可能，交易或购买欲望驱动下的商流开始居于流通的主导地位。后来，随着商业信用的发展，人们有了更多的支付手段选择，在选择交换标的、交换方式和支付方式及信誉考察的过程中，信息流的地位开始得到提升。

随着电子商务革命的爆发，基于互联网的电子商务模式开发和应用得越来越多，这一电子中介手段的出现，使商品交换完全打破了时空局限。此时，无论是在企业管理还是在贸易交换中，信息流都已明显处于最重要的位置，并在流通中开始居于主导地位，并且，一项交易能否完成，在信息对称的条件下，关键的影响因素已经开始取决于是否受到物流的局限。企业的成本控制及服务能力开始成为竞争的关键，与此相适应，物流管理对企业也越来越重要。

上述"三流"地位的转变，如图7-1所示。

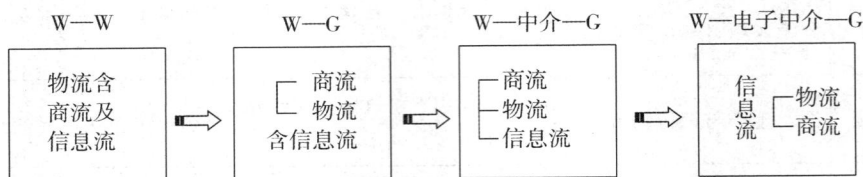

图7-1　商流、物流和信息流在商品流通中地位的转变[①]

2）现代物流的基本特征[②]

如图7-1所示，在商品流通中，由商流主导向信息流主导的转变过程，直接推动了物流由过去从属地位向现代先导地位的转变，而信息流在商品流通过程中主导地位的确立，也为传统物流与现代物流确立了分界线。换句话说，正是因为信息革命、信息经济的发展以及信息技术的不断应用，才推动了物流从PDM向SCM转变，从而也就有了人们对物流从PDM到SCM一部分的认识转变过程。

因此，信息流是否占主导地位，成了判断物流及其管理是否为现代物流的标志；而在商品流通过程中，信息流从从属地位向主导地位的转变，推动了传统物流向现代物流的转变。也就是说，那些传统经营管理方式下的物流作业活动，属于传统物流范畴，而高度信息化并采用一体化集成管理的物流作业活动，则属于现代物流范畴。"现代物流"被人们形象地描述为"车轮"＋"鼠标"，其基本特征主要包括以下几个方面：

（1）现代物流将向顾客提供的物流服务目标体现在定义中，强调了物流顾客服务的重要性。

（2）现代物流的活动范围极其广泛，既包括原材料采购与供应阶段的物流，也包括生产阶段的物流、销售阶段的物流、退货阶段的物流及废弃物处理阶段的物流等整个生

①　崔介何. 物流学概论［M］. 北京：北京大学出版社，2004：11.
②　夏春玉. 物流与供应链管理［M］. 大连：东北财经大学出版社，2004：6-7.

产、流通、消费过程的全部物流活动。

（3）现代物流不仅重视效率，更重视效果，即强调物流过程中的投入（成本）与产出（增加销售额或利润）之间的对比关系。

（4）现代物流不仅强调物流各构成要素的整体最佳，而且强调物流活动与其他生产经营活动之间的整体最佳。

（5）现代物流更强调库存的一体化管理、信息管理及按需生产。

（6）现代物流强调生产、销售、物流是企业经营的三大支柱，并将物流视为与生产、营销相并列的企业经营战略之一。

3）现代物流与传统物流的区别

随着经济的不断发展、科技的不断进步，物流的内涵和特征有了进一步的深化和发展，人们开始习惯于使用"现代物流"这一称呼来区别对物流的传统认知。传统物流和现代物流的区别见表7-3。

表7-3　　　　　　　　　　**传统物流与现代物流的区别**

区别项目	传统物流（physical distribution）	现代物流（logistics）
范围与边界	重视销售物流与生产物流	强调供应、生产、销售、消费等全过程的"大物流"
系统概念	重视运输、储存、包装、装卸、流通加工、信息等构成要素的系统最佳	强调物流系统与其他经营系统的"大系统"最佳
性质与地位	企业或组织体的"后勤""内部事务"；成本支出项目	企业或组织体的"先锋""外部事务"；价值创造事业
目标与理念	效率与成本的均衡	效率、成本、服务与效益的均衡
服务对象	企业或组织体内部	企业或组织体外部顾客
功能定位	节约成本的"手段"与"策略"	扩大销售、增加利润的"战略"

资料来源　夏春玉. 物流与供应链管理［M］. 大连：东北财经大学出版社，2004：6-7.

由表7-3可知，现代物流与传统物流的区别主要表现在以下几个方面：

（1）传统物流强调物流是由运输、储存、包装、装卸、流通加工、配送、物流信息等要素构成的系统，因此，谋求物流构成要素的系统最佳是传统物流管理追求的重要目标；现代物流不仅强调物流系统本身的最佳，而且更强调物流系统与生产、销售等整个经营系统的协调与最佳。

（2）传统物流虽然也认为物流活动领域包括原材料供应物流、生产物流、销售物流、退货与废弃物物流，但是更强调销售物流与生产物流；而现代物流则进一步强化了"大物流"的理念。

（3）传统物流概念强调的是效率与成本观念，认为物流只是提高效率、节约成本的手段，因此，物流成本最小化是传统物流的重要目标甚至是唯一目标；而现代物流概念则强调的是效率、成本与效益的均衡，物流成本最小化不是组织物流的重要目标。

（4）传统物流认为物流是"内部事务"，只对组织体内部产生影响，其服务对象是组织内部的生产或销售部门；现代物流认为物流是"外部事务"，其服务对象是组织体外的顾客，从而把满足顾客对物流的服务需求作为组织物流的首要目标。

（5）传统物流认为物流是企业等组织体的"后勤"，即从属于生产与销售，是后发的，从而是成本支出项目，因此，如何组织物流是节约成本的"手段"与"策略"；现代物流则认为物流是企业等组织体的"先锋"，是决定生产与销售的价值创造事业，因此，如何组织物流不仅是节约成本的"手段"与"策略"，更是扩大销售、增加利润的"战略"。

7.1.4　智慧物流

1）智慧物流的概念

当前，随着我国产业供给侧结构调整和经济发展方式的转变，物流业在国民经济中的基础性、战略性地位日益凸显，这也是我国物流业重要的战略转型机遇期，以大数据、云计算、物联网和人工智能技术为依托的"智慧物流"成为物流业转型升级的新动能。

2008年IBM提出"智慧地球"的概念后，中国物流行业权威代表于2009年联合提出了"智慧物流"概念："通过智能硬件、物联网、大数据等智慧技术与手段，提高物流系统分析决策和智能执行的能力，提升整个物流系统的智能化、自动化水平。"随着物流行业的不断发展，智慧物流概念的内涵也逐渐丰富起来，许多国内外学者提出了自己的观点。王之泰[1]从需求的角度将智慧物流定义为一个系统综合的概念，认为智慧物流是"将互联网与新一代信息技术和现代管理应用于物流业，实现物流的自动化、可视化、可控化、智能化、信息化、网络化的创新形态"。Katarzyna Nowicka[2]在智慧城市背景下，认为智慧物流具有可持续性，并从社会发展、环境状况和经济形势的角度探讨了云计算在物流中的应用。何黎明[3]从技术的角度提出智慧物流的新概念，认为智慧物流是互联网与物流业的深度融合，以互联网为依托，广泛应用大数据、物联网、云计算及人工智能等信息技术与设备，提升物流产业智能化、物流运作效率和服务水平的新兴业态。

综上所述，本书认为，智慧物流是高度集成信息化、智能化技术，使物流系统具有感知、学习、思维能力，从而优化物流作业，提高物流系统效率。

2）智慧物流的特征

智慧物流的特征如下：

（1）网络性。供应链视角下，整个智慧物流体系呈现出网络化特征，特别是实现上下游企业、产业以及物流各个环节的紧密衔接，彼此不再是单纯上下附属关系，而是呈现出交叉性、网络化的结构。

（2）复杂性。智慧物流供应链，从架构上比传统物流链条更长，物流企业在自我管理中，还要综合考虑与上下游企业、产业之间的协同发展，来降低额外成本。通过供应

---

① 王之泰. 城镇化需要"智慧物流"［J］. 中国流通经济，2014，28（3）：4-8.
② KATARZYNA N. Smart city logistics on cloud computing model ［J］. Procedia-Social and Behavioral Sciences，2014，151：266-281.
③ 何黎明. 关于智慧物流发展的思考与建议 ［J］. 中国物流与采购，2016（19）：26-27.

链管理理论，来简化智慧物流各业务流程间的衔接问题，消除不必要的中间环节。

（3）协同性。智慧物流更加强调协同性，协同能力也更强。供应链架构体系中，库存管理是核心环节，通过引入供应链管理技术，确保物流企业库存管理良好，能够与供应链系统内的其他企业实现库存衔接，降低横向企业和纵向企业的库存。

（4）信息共享性。智慧物流供应链下，要解决传统物流信息隔阂问题，可以引入信息共享平台，来整合物流产业链所有信息资源，以更好地促进物流各环节信息的交互，为优化智慧物流管理方式、做出科学决策提供依据。

3）智慧物流的发展

20世纪80年代，我国物流业迎来飞速发展的起点，开始迈入信息化发展阶段，根据社会经济发展水平以及信息化的发展程度可具体将我国的物流发展分为四个阶段，具体参见表7-4。

表7-4　　　　　　　　　　**我国智慧物流发展历史演变阶段**

发展阶段	发展重点	主要特征
单点化时代	流程改造	电子化
网络化时代	信息平台营建；技术升级	信息系统化网络化改造
供应链互通时代	上下游产业信息融合	多元化、立体化信息整合
智慧物流时代	大数据应用	自动化、智能化跨行业深度协同

（1）以单点信息化为主的业务流程改造阶段。此阶段作为物流信息化发展建设的初始阶段，主要是以物流企业为主体，进行单点信息化建设。伴随着信息化与物流业的密切联系，各类大中型物流企业大力开展信息化建设，物流信息化的发展逐步实现了从无到有、从弱到强的转变。在此改造阶段中，其主要目标是通过信息化技术的发展来提升企业自身的业务能力和规范化程度，在物流基础业务的基础之上进行迭代升级，把现代化信息技术应用于物流的整个流程，逐步实现物流单据的电子化、业务流程追踪的可视化。

（2）以网络信息化为主的综合服务发展阶段。此阶段为物流信息化建设的深化发展阶段，其主要特征之一就是网络信息化建设。物流业创造了巨大的经济价值，而信息技术表现出对物流行业明显的支撑促进作用。除此之外，物流企业之间的信息交流更加密切，物流作业网络化的特征更加凸显。传统的以单点信息化为主的系统应用在新形势下已经不能适用，其对信息网络化需求呈现出爆发式的态势，迫切需要高标准的网络化物流信息服务对其进行技术支撑。其中，以公共服务为主的物流信息平台不断增多，全球定位系统以及地理信息系统等新技术的应用开始变得普及，物流需求的时效性也更加明显，物流过程的透明度进一步增强，因此对物流成本控制的要求也进一步提高。

（3）以供应链互联互通为主的服务融合升级阶段。此阶段的核心即以发展供应链为主的物流业的互联互通。在此阶段，市场上不再是单个主体之间的竞争，更加偏向于整体性的竞争。在物流信息的整合方面，立体化、多维化、跨行业的特征更加明显。物流业信息化建设标准开始得到相关企业的重视并得到规范，在进行自身信息融合的基础之上并促进上下游企业间的信息系统对接，进而实现信息的集中融合发展。

（4）以智慧物联网为主的数字物流服务提升阶段。此阶段是物流信息化发展的高级阶段，随着物联网信息技术的发展升级以及其在物流行业的广泛利用，信息化的重点开始倾向于物流数据分析，致力于高智慧的物联网为主的服务。在智慧物联网阶段，数字物流成为其主要发展特征，在大数据、云计算等高新技术的推动下，物流行业更加趋向于向智慧化、技术化、自动化的方向发展。高新技术的推动大力促进了物流系统的升级，在升级的同时成本却随之降低，但是效率并未降低。物流场景的数字化以及各物流要素之间的深度融合，成为这一阶段的主要特点。

4）智慧物流的趋势

"互联网+"时代不断进步的背景下，人工智能、区块链技术在物流领域应用呈爆发式增长，推动了以大数据应用为标志的智慧物流产业的发展。未来一段时期，新一轮科技革命和产业变革将形成势头，随着物流与技术的深度融合，智慧物流将迎来发展机遇期，呈现出一些新的趋势。

（1）智能化。智能化是物流发展的必然趋势，因为智能是智慧物流的典型特征，随着人工智能技术、自动化技术以及信息技术的发展，智慧物流也将不断被赋予新的内涵。

（2）柔性化。"以顾客为中心"这个理念贯穿于各个行业，物流行业也是如此，须按照客户的需要提供高度可靠、特殊以及额外的服务。如果"以顾客为中心"服务的内容不断增多，服务的重要性也将越来越高，缺乏智慧物流的系统柔性化是不可能达到的。

（3）一体化。智慧物流系统既包括企业内部的全部物流活动，也包括企业外部的物流活动，所以一体化就是指智慧物流的整体化和系统化。以智慧物流管理为核心，物流过程中的运输、存储、包装和装卸等环节集合成了一体化系统。

（4）社会化。随着物流设施的国际化、物流技术的全球化和物流服务的全面化，物流活动并不仅仅局限于一个地区或一个国家，而是实现货物的国际流动和交换，这将促进区域经济的发展和世界资源的优化配置。社会化的智慧物流体系的形成，能够降低商品流通成本，并成为智能型社会发展的基础。

7.1.5　物流的分类

物流概念虽然产生于20世纪初，至今也不过百年的发展历史，但是，作为国民经济重要组成部分的物流活动却是与人类共生的。而且，以"物的流动"为本质特征的物流活动存在于各个领域，具有不同的表现形式，也有不同的种类与层次。因此，为了全面认识物流，有必要对存在于各个领域的不同层次、不同表现形式的物流进行分类。

1）按属性分类

事实上，物流现象不仅仅存在于人类社会和企业经营之中，从"大物流论"的角度出发，物流除了包括社会或经济的物流外，还应该包括自然界的物流活动。①

---

① 徐寿波. 大物流论［J］. 中国流通经济，2005（5）.

（1）自然物流。自然物流（nature material flow）是指发生在自然界的、不以人的意志为转移的物流现象。自然界的物流早已存在，包括自然界的固体物流、液体物流和气体物流，如刮风、下雨、海洋潮汐、山体滑坡等。这些超越人类社会活动之外的物流现象，通常被人们称为自然界物流，简称自然物流。自然物流的特点是：物是自然界存在的物，不是经济商品的物；流的动力来自于自然界，而不是人类的经济活动；其发生不以人的主观意志为转移，人类只能局部影响（如人工降雨等）；既可以为人类造福（发电、灌溉等），也可能给人类带来灾难（洪水、沙尘暴、酸雨等）。当然，对自然物流问题的研究，一般是自然科学及其相关分支学科的任务。

（2）社会物流。与自然物流相对应的，则是社会物流和经济物流。社会物流是指由于人类社会存在和发展而引发的各种物流活动，如生活物流、废弃物流和军事物流等。自从原始社会有了人类生活消费和农业生产以后，相关的各种原始物流也就出现了，这些物流活动没有任何商业目的，是人类社会自身生存与发展的需要，是不可缺少的物流活动。换句话说，社会物流是非营利性的社会行为，它与企业主导的经济（商业）物流的目的恰好相反。社会物流的特点是：物是自然界存在的物和消费品的物；流的动力来自于人类的社会活动；是非营利性的社会行为。

（3）经济物流或商业物流。经济物流是指基于商品交换而发生的带有营利目的的物流活动。自从有了商品交换和社会分工以后，人类社会的经济物流发展得越来越快。到目前为止，人们所探讨的物流大多数指的是经济物流，也就是创造"第三利润源泉"的物流，其在人类社会生产经营中占据着重要地位。经济物流也可以进一步细分为产业物流、行业物流、企业物流和某一商品物流，这些物流活动是人类经济行为的重要组成部分，是以创造价值和剩余价值为目的的企业行为。经济物流的特点是：物是用来交换并营利的商品的物；流的动力来自于人类的经济活动；是营利性的经济活动。

2）按空间范围分类

按空间范围分类，就是按物流活动的空间范围对物流进行分类。按这种方法分类，可将物流划分为国际物流、国内物流或国民经济物流、区域物流、城市物流、地区物流等。国际物流是指跨越国境的物流，即国与国之间的物流；国内物流或国民经济物流是指发生在一国之内的物流，是存在于一国国民经济各个领域的物流；区域物流是指在一国之内的一定地理区域内所发生的物流，如东北区域物流、长江三角洲区域物流、珠江三角洲区域物流、沿海区域物流、内陆区域物流、东部或西部物流等；城市物流是指在一个城市之内所发生的物流，如上海市物流、北京市物流、大连市物流等；地区物流是指发生在某一地区的物流，如河套地区物流等。

3）按主体分类

按主体分类，就是按物流活动的实施主体对物流进行分类，但一般是针对微观主体进行的分类。按这种分类方法可将物流划分为制造商物流、中间商物流、专业化物流、消费者物流。制造商物流是指由制造企业实施的物流，也称生产企业物流；中间商物流是指由批发商或零售商组织实施的物流，也叫流通企业物流；专业化物流是指由专业化物流组织或企业实施的物流，也叫第三方物流或第四方物流；消费者物流是指发生在消费者与消费者之间、消费者与生产或流通企业之间的物流，如消费者因搬家或邮寄包裹而发生的物流，以及消费者因退货或废旧物资的回收利用而发生的物流等。

4）按客体分类

按客体分类，就是按物流的对象物，即物品不同而对物流进行分类。按这种分类方法可将物流划分为生产资料物流与消费品物流、散装货物流或包装货物流等。根据需要也可做进一步的分类，如将生产资料物流进一步划分为金属材料物流、机电产品物流、化工产品物流、危险品物流等；将消费品物流进一步划分为加工食品物流、生鲜食品物流、纺织品物流、家电产品物流等。

5）按流向分类

按流向分类，就是指按物流的流动方向对物流进行分类。按这种分类方法可将物流划分为正向物流（动脉物流）和逆向物流（静脉物流）。正向物流是指从供应（采购）到生产，再到销售乃至消费者的物流；逆向物流（reverse logistics）是指产品卖给消费者并配送给消费者后，从消费者端开始，通过逆向渠道，对使用过、损坏或过期的物品，进行回收与搬运储存的过程。美国物流协会对逆向物流的定义是：为了资源回收或处理废弃物，在有效率及适当成本下，对原料、在制品、成品和相关信息从消费点到原始产出点的流动和储存，进行规划、执行与管制的过程。逆向物流包括回收物流和废弃物物流。回收物流（returned logistics）是指不合格物品的返修、退货以及周转使用的包装容器从需方返回到供方所形成的物品实体流动；废弃物物流（waste material logistics）是指将经济活动中失去原有使用价值的物品，根据实际需要进行收集、分类、加工、包装、搬运、储存，并分送到专门处理场所时所形成的物品实体流动。

6）按阶段分类

按阶段分类，就是按物流在生产经营过程中所处的不同阶段而进行的分类。按这种分类方法可将物流划分为供应（采购）物流、生产（厂内）物流、销售物流、终端物流，以及前面提到的回收物流和废弃物物流等。供应物流或采购物流（supply logistics），是指企业采购的原材料、零部件由供应商到厂内的物流；生产物流或厂内物流（production logistics），是指企业采购的原材料、零部件以及企业生产的半成品、成品在企业内部的物流；销售物流（distribution logistics）是指企业生产的产品从厂内（仓库或物流中心等）到需求者（用户）的物流；终端物流是指面向消费者或终端顾客，提供门到门、户到户的物流服务的物流活动，也称服务化物流。服务化物流强调物流活动本身的"服务性"，这一"服务性"既是现代物流发展的延伸，又是经济服务化的发展要求。终端物流强调物流活动的"终端性"，即处于从起源地到消费地的最后一个环节。

7）按业种分类

按业种分类，就是按专业化物流的不同行业对物流进行分类。这里所说的"业种"是指行业的种类，如铁路运输行业、公路运输行业、水上运输行业等。按这种分类方法可将物流划分为铁路物流、公路物流、航运物流、航空物流、邮政物流等，这些物流也可称为行业物流。

8）按层次分类

出于研究与实践的需要，人们有时也从宏观、中观与微观的角度对物流进行分类，从而将物流划分为宏观物流、中观物流与微观物流。宏观物流主要是指国际物流与国民经济物流，是指在较大空间范围内发生的与社会再生产相联系的物流活动，即经济社会整体意义上的物流。中观物流主要指区域物流与城市物流。微观物流一般指企业物流或法人组织物流，是指发生在具体时空内的、生产企业或消费者所从事的具体物流活动。宏观物流、中观物流可以被理解为"从空中看的物流"，即发生在一定区域内的各种物流活动的总和。其主要特点是综合性和全局性，其主要问题是物流总体构成，物流与社会之间的关系，物流在社会中的地位，物流与经济发展的关系，社会物流系统和国际物流系统的建立和运作等。微观物流的特点是具体性和局部性，其主要问题是企业的采购物流、生产物流、销售物流、回收物流或退货物流，以及物流网络、物流中心建设等，还包括企业的物流成本与服务的管理等。

9）其他分类

除以上分类方法外，还有其他分类方法，将物流划分为军事物流、绿色物流（环境物流）、定制物流和虚拟物流等。军事物流是指满足军队平时与战时需要的物流活动；绿色物流（green logistics）是指以降低对环境的污染、减少资源消耗为目标，利用先进物流技术，规划和实施的运输、储存、包装、装卸、流通加工等物流活动，也可称为环境物流（environmental logistics）；定制物流（customized logistics）是指根据用户的特定要求而为其专门设计的物流服务模式，定制物流也是物流服务化的一种升级，是借鉴定制营销的思想，更加个性化地满足客户的需求，从而为客户创造增值服务；虚拟物流（virtual logistics）是指以计算机网络技术对物流运作与管理以及企业间物流资源共享和优化配置等内容进行设计、分析和评价的物流模拟活动。

7.1.6 物流的构成要素

1）物流的基础要素

基础要素是维系物流活动得以运行的基本条件，没有这些基本条件，物流就无法发生，也无法运行。这些基础要素就是与物流活动有关的"人、财、物"三要素。

（1）"人"的要素。"人"的要素是指与物流活动相关的人力资源，包括物流作业人员与物流管理人员。物流活动的开展首先要有一定的物流人力资源作为保障，物流人力资源的状况决定着物流活动效率的高低。

（2）"财"的要素。"财"的要素是指与物流活动相关的资金。物流活动的开展需要相应的资金投入，因此，一定的资金投入是物流活动得以正常运行的必要条件。

（3）"物"的要素。"物"的要素是指与物流活动相关的设施、设备与工具。例如，必要的运输、储存、包装、装卸设施、设备与工具等都是开展物流作业活动的必要条件。

2）物流的活动（功能）要素

物流的活动（功能）要素是指与物流有关的各种作业活动（功能），包括运输、储存、包装、装卸、流通加工、配送及信息等。

（1）运输（transport）。运输是利用设备或工具，在不同地域范围内（如两个城市、两个工厂之间），完成以改变人和物的空间位置为目的的物流活动。运输是物流的主要功能之一，也是物流的基本活动要素。物流是物品实体的物理性运动，这种运动不但改变了物品的时间状态，也改变了物品的空间状态。运输承担了改变物品空间状态的主要任务，是改变物品空间状态的主要手段。

（2）储存（storing）。储存即对物品（商品、货物、零部件等）的保存与管理，具体来说，是在保证物品的品质和数量的前提下，依据一定的管理规则，在一定期间内把物品存放在一定的场所的活动。[①]在物流系统中，储存起着缓冲、调节和平衡的作用，是物流的一个中心环节。

（3）包装（packaging）。包装是物流系统的构成要素之一，是指在物流过程中保护产品、方便储运、促进销售，按一定技术方法采用容器、材料及辅助物等将物品包封并予以适当的装封标志的工作的总称。简而言之，包装是包装物及包装操作的总称。[②]在现代物流中，包装与物流的关系，比包装与生产的关系要密切得多，其作为物流始点的意义比作为生产终点的意义要大得多。

（4）装卸（loading and unloading）。所谓装卸，是指随物品运输和保管而附带发生的作业，具体来说，它是指在物流过程中对物品进行装运卸货、搬运移送、堆垛拆垛、旋转取出、分拣配货等作业活动。装卸是物流系统的一个重要构成要素。运输能产生空间上的效用，保管能产生时间上的效用，而装卸本身并不产生新的效用和价值，但是，装卸作业质量的好坏和效率的高低不仅影响物流成本，还与物品在装卸过程中的损坏、污染等造成的损失成本及保护物品的包装成本相关，并与是否能及时满足顾客的服务要求相关联。

（5）流通加工（distribution processing）。流通加工是指在流通阶段进行的不以改变商品的物理化学性能为目的的简单加工、组装、再包装、按订单做的调整等作业活动。比如，遵照顾客的订单要求，将食用肉、鲜鱼分割或把量分得小一些，家具的喷涂、调整，家用电器的组装，衣料布品陈列前的挂牌、上架，礼品的拼装等。简而言之，在流通过程中辅助性的加工活动都称为流通加工。

（6）配送（delivery）。在《中华人民共和国国家标准物流术语》中，将配送定义为：在经济合理区域范围内，根据用户要求，对物品进行拣选、加工、包装、分割、组配等作业，并按时送达指定地点的物流活动。配送处于现代物流的末端，是现代物流的一个重要构成要素，并且在企业的物流系统中占有重要地位。配送的实质是送货，但不是简单的送货。从配送的实施过程上看，配送包括两个方面的活动："配"是对货物进行集中、拣选、包装、加工、组配、配备和配置；"送"是以不同方式将货物送达指定地点或用户手中。可见，现代意义上的配送不同于一般性的运送或运输，是建立在备货和配货基础上、满足客户灵活需要的送货活动，是一种以社会分工为基础的、综合的、现代化的送货活动。

（7）信息（information）。信息是能反映事物内在本质的外在表现，如图像、声音、文件、语言等，是事物内容、形式和发展变化的反映。物流信息就是物流活动的内容、形式、过程及发展变化的反映。物流信息是物流活动的前提，也是物流管理的基础，只有掌握信息，才能进行有效的物流活动。因此，物流信息是重要的物流活动要素。

①　宋华，等. 现代物流与供应链管理［M］. 北京：经济管理出版社，2000：214.
②　王斌义. 现代物流实务［M］. 北京：对外经济贸易大学出版社，2003：137.

3）物流的系统要素

站在系统论的角度，任何一项物流活动都是在一个或大或小的物流系统内发生的，物流的系统要素主要是指构成物流系统的要素。了解物流的系统要素，能够让我们对物流系统有一个更好的理解。

物流系统（logistics system）是指在一定的时间和空间里，由所需位移的物资、包装设备、装卸搬运机械、运输工具、仓储设施、人员和通信联系等若干相互制约的动态要素所构成的具有特定功能的有机整体。

一般来讲，按照所发挥的作用，物流系统由三个方面的要素构成，即流动要素、资源要素和网络要素。[①]

（1）流动要素。流动要素包括流体、载体、流向、流量、流程、流速和流效七个方面。流体是指物流中的"物"，或者说是物流的客体或对象；载体是指流体借以流动的设施和设备，包括基础设施及相应的运输或移动设备；流向是指流体从起点到终点的流动方向；流量是通过载体的流体在一定流向上的数量表现；流程是指通过载体的流体在一定方向上行驶（移动）路径的数量表现；流速是指流体通过载体在一定流向上的流动速度；流效是指上述要素在效率和效益上的表现。

（2）资源要素。物流活动中的资源种类很多，前面提到的基础要素即人、财、物都属于资源的范畴，包括物流的活动（功能）要素在内，都属于物流的资源要素。在这些资源中，人力资源、信息资源、储存资源和运输资源居于主导地位。

（3）网络要素。物流的网络要素由两个基本要素组成，即点和线。"点"是指物流网络中的节点，可以分为一级节点、二级节点和三级节点等，这些节点有的具有单一功能，有的具有复合功能。"线"为连接物流网络中节点的路线，如铁路线、公路线、水路线、航空线、管道线等，根据线间的关系可以将物流线分为干线和支线。除了上述实体网络之外，物流的网络要素还应该包括信息网络。从某种角度上说，物流的网络要素也可以被看作一种资源要素。

7.2 物流管理

7.2.1 物流管理的含义

1）什么是物流管理

物流管理（logistics management）是指为了以最低的物流成本达到用户所满意的服务水平，对物流活动进行的计划、组织、协调与控制。[②]

结合定义，我们应该从以下几个层面来理解物流管理的概念：

（1）要将物流管理纳入到供应链管理过程，作为供应链管理的一部分来看待，包括对正向及反向或逆向物流的管理。

（2）物流管理强调效率和效益的均衡，既要实现成本最低化，又要确保客户对物流

---

① 何明珂. 物流系统论［M］. 北京：中国审计出版社，2001：147.
② 中华人民共和国国家标准物流术语（节选）［J］. 物流技术与应用，2001，23（4）：29-30.

服务质量满意。可见，成本和服务是物流管理的侧重点。

（3）物流管理不仅仅是对单个构成要素的管理，而且是一个动态、全要素、全过程的管理，其管理的对象超越了有形实体，还包括服务和信息。

（4）因为物流要素之间存在冲突，物流管理就是要通过有效的计划、组织、协调和控制等手段，合理地组织各种要素的搭配，实现整体最优。

2）现代物流管理的特点

现代物流管理具有以下几个方面的特点：

（1）现代物流管理是跨企业的管理。就企业层面的物流管理而言，由于物流活动不仅仅发生在某个企业内部，因此企业对物流的管理往往超出单个企业的边界。不管是供应链下的物流管理，还是企业将物流外包出去，企业在物流管理的过程中都会和相关企业发生联系。正是因为这一"跨企业"的特点，使得物流要素之间的效益背反现象时而发生，矛盾重重，从而使得物流管理跨企业成为必然趋势。

（2）现代物流管理是全信息的管理。物流信息化是现代物流运营的基础和前提，物流信息化主要表现为物流信息的商品化、物流信息搜集的数据库化和代码化、物流信息处理的电子化和计算机化、物流信息传递的标准化和实时化、物流信息存储的数字化等。因此，条形码技术、数据库技术、电子订货系统、电子数据交换系统、快速反应系统、有效的顾客反应系统等技术在物流领域得到了广泛应用。

（3）现代物流管理是系统化的管理。现代物流是一个由人和作为劳动手段的设备、工具所组成的"人-机系统"，物流各功能要素之间是相互联系、相互制约的，有时甚至是相互矛盾的，因此，必须在整体上加以协调，用系统化的思想加以整合、提升。只有强调物流管理的系统性，才能消除要素之间的矛盾与冲突。不管是宏观层面的物流管理（如国家和地区），还是微观企业层面的物流管理，都要站在系统论的角度来思考，并随着系统内外环境的变化，不断地修改、完善甚至重新设计。

（4）现代物流管理是服务化的管理。从本质上讲，物流是一种服务，体现在企业之间的相互支援和面向消费者的服务化物流的增加，特别是随着经济的服务化发展，即人们收入的提高、劳动时间的缩短、自由时间的增加，带来了人们对于服务化物流服务消费需求的增加。可以说，经济服务化的发展为传统物流形式带来了新的挑战，进而使得现代物流出现了多样化、全方位化和高度化的发展趋势，并且，服务化物流代表了现代物流发展的延伸。

3）现代物流管理的兴起

如前所述，应该站在管理的视角来看待物流。可以说，物流概念的产生与发展过程，也是人类探索物流管理的过程。对企业而言，物流管理从无管理发展到目前的供应链的物流管理，大致经历了以下四个发展阶段。

（1）无管理阶段。在发达国家工业化初期，物流是分散在不同组织、部门中的一系列互不协调的、零散的活动。形成这样的管理格局，与当时的企业组织结构设置有很大关系，企业部门之间很难进行物流职能协调，物流仅仅是实现实体分销的必要手段，而成本节约的观念没有得到体现。

（2）实体分销管理（PDM）阶段。实体分销管理第一次将企业内部的运输、储存、库存控制、物料搬运和订货处理等活动集成起来，相互联系、相互协调，从而使PDM实现了三个方面的有益效果：一是使企业充分把握了物流活动之间的相互联系，进而致力于实现不同物流活动成本之间的最优均衡；二是使实体分销的客户导向性增强，分销部门开始制定基于订货处理、储存和配送作业的更为协调和明确的客户服务战略；三是提高了分销在整个管理阶层中的地位，不少公司专门任命了分销经理来统管所有的分销活动，并负责设计和制定公司的分销战略。

（3）集成化物流管理（integrated logistics management，ILM）阶段。虽然PDM大大增强了企业的客户导向，有效降低了企业的分销费用，但PDM只涉及产成品的分销物流活动，而事实上，物流贯穿于整个企业的运作流程中，不仅包括分销物流，而且包括采购物流和生产（服务）物流。于是，PDM的原理后来同样应用至原材料、零部件的购进物流活动中，将采购物流、生产物流和分销物流集成起来，形成了企业内部的ILM。到20世纪70年代末，发达国家的许多企业都设立了"物流部"，全面负责生产经营过程中的采购、物料控制、制造、装配、储存、分销等所有环节的物流活动。

（4）供应链管理（SCM）阶段。进入20世纪90年代以后，市场竞争日趋激烈，客户需求日益多样化与个性化，消费水平不断提高，市场竞争实质上已不是单个企业之间的较量，而是供应链与供应链之间的竞争。另外，信息技术的发展和应用使得跨企业的管理成为可能，一方面，企业利用自身的有限资源形成自己的核心能力，发挥核心优势；另一方面，企业充分利用信息网络寻找互补的外部优势，与其供应商、分销商、客户等上下游企业构建供应链组织，通过供应链管理共同形成一体化的整体优势。在此基础上，跨企业的物流管理开始出现。

7.2.2　物流管理的基本内容[①]

由于物流活动是由各种基础要素（人、财、物）和活动要素（运输、储存、包装、装卸、流通加工、配送、信息）构成的系统，因此，所谓物流管理，也就是对各种物流构成要素进行的系统管理。具体来说，物流管理的基本内容主要包括物流作业管理、物流战略管理、物流成本管理、物流服务管理、物流组织与人力资源管理、供应链管理等。

1）物流作业管理

物流作业管理是指对物流活动或功能要素的管理，主要包括运输与配送管理、仓储与物料管理、包装管理、装卸搬运管理、流通加工管理、物流信息管理等。

（1）运输与配送管理。从广义上讲，运输包含了配送，因为配送也是物品的位移，所有物品的位移都是运输。二者的区别是，配送强调了"配货"的内涵，专指短距离、小批量的运输。因此，可以说运输是整体，配送则是其中的一部分。

运输管理要考虑运输费用、运输时间、运输环节、运输频度、运输能力以及货物的安全性、适用性和到货的准时性等因素。在这些因素中，以哪种因素为重点，必须根据不同的运输需要来确定。一般来讲，运费和时间是选择运输方式时最为重要的考虑因

---

①　夏春玉. 物流与供应链管理［M］. 大连：东北财经大学出版社，2004：20-23.

素，但在具体进行选择时，应从运输需要的不同角度综合考虑、权衡。

　　配送管理是围绕配送活动展开的有关管理活动。从广义上讲，配送管理包括了诸如配送中心的选址和优化布局、配送机械（车辆）的合理配置与调度以及配送作业流程的制定与优化等内容。从狭义上讲，配送管理主要是指配送作业管理，这是因为前两种管理活动更多地体现在前期的决策上，而后者则更多地体现在日常管理上。

　　（2）仓储与物料管理。同运输一样，储存也是物流的一个主要功能要素。储存可以产生时间效用，以克服商品生产和消费之间的时间差，特别是随着现代流通的发展，储存已经由过去的从简单保管着眼的被动观点转变为从现代流通着眼的主动观点，即储存的场所（仓库或配送中心）越来越多地发挥着集货、分类、检验、理货、流通加工和配送等功能。随着经济的发展，储存并不一定是企业的必然选择，企业可以实施供应链管理，变革企业物流作业流程，采取虚拟库存和虚拟仓库等方式，努力实现"零库存"。

　　（3）包装、装卸搬运与流通加工管理。包装是指物品在运输、保管、交易、消费时，为保持物品的价值、性状，使用适当的材料、容器对物品进行包封、保管的技术和物品被保护的状态。包装是生产的终点，同时又是物流的起点。包装作为物流系统的功能要素之一，与其他功能要素有着十分密切的联系，可以说，包装贯穿着物流过程的始终，并在商品流通中发挥着重要的作用。包装管理应该适应企业物流作业、商品保护、形象展示和促进销售的需要，用科学的方法确定最优包装组合，实现包装的机械化、大型化和集装化，开发新型包装材料和包装器具，尽量使用可回收或绿色环保的包装材料等。

　　装卸和搬运是紧密连接的两个物流作业活动，装卸改变物品的存放和支撑状态，而搬运则改变物品的空间位置。装卸和搬运在物流运作的时间和成本占用上均较多，同时由于装卸和搬运往往需要接触货物，如不慎很容易造成物品破损、散失、损耗、混淆等。所以，装卸和搬运管理主要是在加强物品保护和防损的前提下运用高效的机具加快作业速度，以加快物流速度，使装卸搬运作为衔接性的物流作业活动充分发挥机能。

　　流通加工是在物品从生产领域向消费领域流动的过程中，为了促进销售、保证产品质量和提高物流效率而对物品进行的简单加工。流通加工同样创造产品的附加价值，在商品流通中起着"桥梁和纽带"的作用。只是因为流通加工比较简单并且发生在物流领域，所以人们把它归入物流的范畴。流通加工的管理侧重在两个层面：一个是加工中心自身的管理，如选址、加工方式和程度的确定以及加工作业管理和加工成本控制等；另一个是加工与运输、储存、搬运、配送等物流作业环节的作业整合问题。

　　（4）物流信息管理。物流信息管理就是对物流信息的搜集、整理、存储传播和利用的过程，也就是将物流信息从分散到集中、从无序到有序、从产生和传播到利用的过程，同时对涉及物流信息活动的各种要素，包括人员、技术、工具等进行管理，实现资源的合理配置。物流信息是物流活动的内容、形式、过程及发展变化的反映，它表示了品种、数量、时间、空间等各种需求信息在同一个物流系统内，在不同的物流环节中所处的具体位置。在物流活动中，供给方与需求方需要进行大量的信息交换和交流。从一定意义上讲，物流信息是物流系统的中枢，没有高效、敏捷的物流信息系统，就不会有高效、低成本的物流活动。因此，在现代物流管理中，物流信息管理日益重要，是衡量物流管理水平高低的重要标志。

2）物流战略管理

随着经济全球化、市场国际化的发展，物流环境发生了重大变化。物流活动的有效开展，不仅取决于对日常物流活动的有效组织与管理，更取决于对物流活动的总体性谋划。因此，物流战略问题引起了我国理论界和实业界的关注和重视。研究与制定物流战略，可以使企业或其他组织从更高、更远、更全面的角度来观察和发现物流问题，从而有利于长期、系统地解决物流发展问题。

物流战略管理是对企业的物流活动实行的总体性管理，是企业制定、实施、控制和评价物流战略的一系列管理决策与行动，其核心问题是使企业的物流活动与环境相适应，以实现物流的长期、可持续发展。

物流战略管理是一个动态的管理过程。它是一种崭新的管理思想和管理方式。物流战略管理的重点是制定战略和实施战略。制定战略和实施战略的关键是对企业外部环境的变化进行分析，对企业物流资源、条件进行审核，并以此为前提确定企业的物流战略目标，使三者达成动态平衡。物流战略管理的任务就在于通过战略制定、战略实施、战略控制，实现企业的物流战略目标。

3）物流成本管理

物流成本是指为组织、实施、管理物流活动而发生的各种费用及物资消耗的货币表现，也就是物品在包装、装卸、运输、储存、流通加工、配送等实体流动过程中所支出的人力、财力和物力的总和。由于物流活动不仅存在于商品销售领域，而且也存在于原材料的采购和产品制造领域，因此，各类企业以及生产经营的各个阶段都存在着大量的物流活动，消耗着大量的物流资源，从而形成规模可观的物流成本，使物流成本成为影响商品价格高低的重要因素。从全社会来看，物流成本也是国民经济总成本的重要组成部分，对国民经济的运行绩效有着重要影响。

物流成本管理是指有关物流成本方面的一切管理工作的总称，即对物流成本所进行的计划、组织、指挥、监督和调控。[①]物流成本管理是现代物流管理的重要组成部分，也可以说是物流管理的基础。物流成本的高低直接关系到企业提供产品或服务的质量与价格，从而影响企业对客户的价值贡献，进而影响企业的经济效益与竞争力。从这个意义上讲，物流成本也是衡量企业物流有效性的重要标准之一，企业提供的物流服务只有在成本上是可接受的，其提供的物流服务才是有效的。因此，加强物流成本管理对企业有效组织物流活动，提高物流效率，具有重要意义。

物流成本管理的主要内容包括物流成本核算、物流成本预测、物流成本计划、物流成本决策、物流成本分析、物流成本控制等。

4）物流服务管理

所谓物流服务，是指物流企业或企业的物流部门从处理客户订货开始，直至商品送交客户的过程中，为满足客户的要求，有效地完成商品供应、减轻客户的物流作业负荷，所进行的全部活动。

---

① 黄福华. 现代物流运作管理精要［M］. 广州：广东旅游出版社，2002：359.

现代物流管理以顾客满意为第一目标，物流服务管理已经成为现代物流管理的一项重要内容，因此，应打破对"物流的管理就是成本管理"这一传统认识，重新认识和评价物流服务。物流服务的本质就是满足顾客的需求。现代物流强调服务功能，是坚持以顾客需求为导向的具体表现，同时，物流服务作为顾客服务的一个重要组成部分，在现代企业经营中发挥着极其重要的作用。

既然物流服务对于提高企业的经营绩效十分重要，那么，就应将其纳入到企业的经营发展战略规划中去，并进行科学、合理的物流服务战略分析和策划。首先，向顾客搜集有关物流服务信息，并在此基础上确定企业的物流服务要素，包括服务的主要内容和具体指标等。其次，要根据不同顾客群体的需要确定相应的物流服务组合。最后，建立起相应的决策流程，并实施相应的动态管理。

5）物流组织与人力资源管理

物流组织是指专门从事物流经营和管理活动的组织机构，既包括企业内部的物流管理和运作部门、企业间的物流联盟组织，也包括从事物流及其中介服务的部门、企业以及政府物流管理机构。

随着企业的发展和科学技术的进步，尤其是 IT 技术的发展，企业的物流组织形式也不断革新，从没有明确而集中的物流部门到专业物流部门的出现，从纵向一体化的物流组织到横向一体化的物流组织，企业物流组织正在呈现出越来越多的类型。从实际情况来看，目前主要存在两大类型的物流组织，即传统物流组织和现代物流组织。传统物流组织主要指以职能管理为核心的纵向一体化组织，主要包括职能型组织和事业部型组织；现代物流组织主要指以过程管理为核心的横向一体化组织，主要包括矩阵型组织、网络结构、委员会结构和任务小组。

物流组织不仅受到物流技术、物流环境等外部因素的影响，同时还受企业战略体系、企业物流规模等企业内部因素的影响，因此，在设计物流组织时，必须明确这些影响因素与物流组织结构之间的关系，从而合理地设计企业的物流组织结构。

面对越来越激烈的市场竞争，企业的物流运作水平已经成为企业获得竞争优势的重要手段。因此，加强企业物流人力资源管理，开发与培养物流人员的能力，提升物流人员的工作绩效，是企业提高物流管理水平的关键。

7.3 供应链管理

7.3.1 供应链管理及其本质

1）供应链及供应链管理的定义

在《中华人民共和国国家标准物流术语》中，供应链（supply chain）这一概念被定义为：生产及流通过程中，涉及将产品或服务提供给最终用户活动的上游与下游企业所形成的网链结构。这一定义隐含着这样一层含义：供应链超出了单个企业的边界，是依托于供应关系而形成的跨企业的组织网络。

在国际上，供应链管理的概念是20世纪80年代初产生的，但真正快速发展却是在

90年代后期。尽管供应链管理概念产生的时间不长，但是由于国际上一些著名企业在供应链实践中取得了巨大的成绩，因此人们更加坚信供应链管理是进入21世纪后企业适应全球竞争的一种有效途径，因而吸引了许多学者和企业界人士研究和实践供应链管理思想。

目前，国际上还没有公认的供应链管理的定义，国内外不同学者有不同的看法。美国供应链协会认为："供应链管理贯穿于整个渠道来管理供应与需求、原材料与零部件采购、制造与装配、仓储与存货跟踪、订单录入与管理、分销以及向顾客交货。"

我国2001年发布实施的《中华人民共和国国家标准物流术语》对供应链管理的定义是：供应链管理是指利用计算机网络技术全面规划供应链中的商流、物流、信息流、资金流等，并进行计划、组织、协调与控制的一体化管理过程。

准确理解供应链管理的关键点在于：

（1）计算机网络技术的应用是关键。正是因为计算机网络技术的发展，才有了供应链及其管理的应用和发展。

（2）除了定义中涉及的"四流"描述即商流、物流、信息流、资金流以外，还应该包括在供应链管理下形成的增值流、业务流以及贸易伙伴关系等。

（3）供应链管理覆盖了从供应商的供应商到客户的客户这一全部过程，其主要内容包括外购、制造分销、库存管理、运输、仓储、客户服务等。

2）供应链管理的本质

由上可见，供应链管理明显不同于传统的企业管理，它更强调供应链下的相关企业整体的集成与协调，并要求各个链节上的企业围绕"若干个流"及其他业务流程进行信息管理上的共享与经营活动上的协调，进而实现柔性的与稳定的供需关系。

供应链管理的本质特征可以描述如下：[1]

（1）供应链管理是一种基于流程的集成化管理模式，因此，实施供应链管理，必然要涉及企业流程的变革。

（2）供应链管理是全过程的战略管理，这一过程超出了传统的单个企业管理的边界，并且，必须要纳入企业的战略发展框架中。

（3）供应链管理提出了全新的库存观。传统的库存观认为保留一定的库存是必要的，而供应链管理下的库存观是尽量消灭库存，实现"零库存"。

（4）供应链管理以最终客户为中心，即面向终端市场，以最终用户或客户为中心开展订单生产，充分发挥市场的"引擎"作用。

在供应链管理下，企业的物流管理是跨企业的物流管理，即包括供应商、生产商、批发商和零售商等不同类别的企业在内的整个供应链条上的物流组织运作活动，并在整个链条上应用系统观念进行集成化管理。所以，在供应链管理下，企业物流管理的战略性地位更加明显，竞争已经不是单个企业意义上的竞争，实际上是整个供应链的竞争。供应链概念及管理理论自20世纪90年代被提出来以后，在世界范围内得到了迅速的发展和应用。

---

① 夏春玉. 流通概论［M］. 北京：中央广播电视大学出版社，2002：275.

7.3.2　物流与供应链管理的关系

1）物流与供应链

由定义可知，物流不同于供应链，物流的主要职能是实现物品或商品的物理性转移，以消除其生产与消费的空间间隔和时间间隔，进而产生相关效用和价值。物流与商流、信息流共同构成流通"三要素"，并在流通中与其时而统一、时而分离或相互转化。供应链是跨企业的协作，在供应链上，一般有多种"流"存在，除了商流、物流和信息流，还有工作流和增值流等。可见，物流是供应链的构成要素之一。

同时，物流管理是供应链管理的重要组成部分。这是因为，在供应链的运营中，物流充当着重要的角色，是供应链实现价值的基础，物流活动的效率和适应性，直接决定了供应链的管理水平。并且，除了物流之外，其他流都可以通过信息载体来实现，从某种程度上讲，供应链的反应速度取决于物流的速度，相应地，供应链上各环节间的实物流即物流也就成为供应链管理的核心。

再者，物流在供应链管理中发挥着重要的作用。众所周知，供应链的敏捷性和快速反应能力，是评价供应链管理水平的主要表现，同时也是降低综合成本、提高客户价值进而实现供应链合作企业共赢的前提条件，而从上游到下游物流速度的快慢，直接决定了整个供应链的反应能力及绩效水平。

2）物流管理与供应链管理

供应链管理是用系统的观点通过对供应链中的物流、信息流和资金流进行设计、规划、控制与优化，以寻求建立供、产、销企业以及客户间的战略合作伙伴关系，最大限度地减少内耗与浪费，实现供应链整体效率的最优化并保证供应链成员取得相应的绩效和利益，以满足顾客需求的整个管理过程。

与物流管理主要谋求实物资源在组织内部最优化流动不同，供应链管理涉及供应链上的所有相关企业、部门和人员，是一种垂直一体化的集成化管理模式。实施供应链管理可以使生产资料以最快的速度通过生产、分销环节变成增值的产品，到达有消费需求的消费者手中，从而不仅可以降低成本，减少库存，而且可以使社会资源得到优化配置，并通过信息网络、组织网络实现生产与销售的有效链接及物流、信息流、资金流的合理流动。因此，供应链管理是一种新的具有很大增值功能的创新管理模式。

供应链管理更加注重合作与信任，供应链管理与传统物流管理相比，其管理目标不仅仅限于降低交易成本，还在于提高顾客价值。传统物流管理绩效评价仅限于企业内部物流绩效的评价，而供应链管理不仅要对各节点企业的绩效进行评价，还要评价整个供应链的运作绩效。因此，供应链管理超越了传统的物流管理，在供应链管理环境下，物流管理是供应链管理的一部分，供应链下的物流管理是跨企业的物流管理。

7.3.3　供应链管理的主要方法[①]

近年来，供应链管理发展较快，也出现了各种各样的供应链管理方法，其中较为典

---

　　① 夏春玉. 物流与供应链管理［M］. 大连：东北财经大学出版社，2004：319–322.

型的有快速反应系统、有效消费者回应系统、准时制生产和全面质量管理、精益生产和敏捷制造与企业资源计划等。虽然由于行业的不同，各种供应链管理方法的侧重点也不同，但它们的实施目标都是相同的，即减少供应链的不确定性和风险，从而积极地影响库存水平、生产周期、生产过程，并最终影响对顾客的服务水平，其核心内容是系统优化。

1）快速反应系统（quick response，QR）

快速反应系统是指在供应链中，为了实现共同的目标，零售商和制造商建立战略伙伴关系，利用 EDI 等信息技术，进行销售时点的信息交换以及订货补充等其他经营信息的交换，用多频度小批量配送方式连续补充商品，以缩短交货周期，减少库存，提高客户服务水平和企业竞争力的供应链管理方法。QR 系统最早由连锁零售商沃尔玛、凯马特等为主力开始推动，后来应用到整个纺织服装行业。美国的纺织服装行业在应用 QR 系统之后，产业结构趋于合理，产品的产销时程由原来的 125 天锐减至 30 天，大大缩短了产品在制造、分销、零售等供应链各环节上的运转周期，使整体供应链的运营成本得以大幅降低，并大大提高了企业的竞争力。1986 年以后，美国百货公司和连锁业也开始导入 QR 系统。随着 QR 系统在零售领域的应用日益广泛和深入，QR 系统的功能结构也得到了不断完善和补充。

2）有效顾客响应系统（efficient customer response，ECR）

1993 年 1 月，美国食品市场营销协会（Food Marketing Institute，FMI）联合包括 Coca-Cola，P&G，Safeway Store 等六家企业与流通咨询企业 Kurt Salmona Associates 公司一起组成研究小组，对食品业的供应链进行调查、总结、分析，提出了改进该行业供应链管理的详细报告。在该报告中系统地提出有效消费者回应（ECR）的概念体系。经过美国食品市场营销协会的大力宣传，ECR 概念被零售商和制造商所接纳并被广泛地应用于实践。[①]

ECR 是制造商、批发商和零售商等供应链组成的各方相互协调和合作，以更好、更快的服务和更低的成本满足消费者需要为目的的供应链管理系统。其优势在于供应链各方以提高消费者满意度这一共同目标进行合作，分享信息和决策，它是一种把以往处于分散状态的供应链节点有机联系到一起以满足消费者需求的工具。

3）准时制生产（JIT）和全面质量管理（TQM）

JIT（just in time）即准时服务，又称准时制。它的目标之一是减少甚至消除从原材料的投入到产成品的产出全过程中的存货，建立起平滑而更有效的生产流程。JIT 已在日本、美国等发达国家得到了广泛应用，被视为那些具有世界领先地位的企业成功的关键。实施 JIT 过程中采用的方法主要是拉动作业，只有下道工序有需求时才开始按需求量生产，不考虑安全库存，采购也是小批量的。TQM 和 JIT 在管理思想上是紧密关联的，JIT 实施的前提就是要推行 TQM。TQM 把下道工序视为上道工序的客户，客户满意才是真正的质量标准。这样就把产品的质量与市场关联了起来，变事后验收为事前、事中控制。

---

① 张成海. 供应链管理技术与方法［M］. 北京：清华大学出版社，2002：133.

4）精益生产（LP）和敏捷制造（AM）

精益生产是日本丰田汽车公司JIT的延续，它是以产、供、销三方紧密协作这种相对固定的关系为实施背景的，是供应链条上最基本、最简单的设置。AM是企业为了更有效、合理地利用外部资源，根据市场需求个性化的发展趋势，把供应及协作组织看作虚拟企业的一部分而形成的一次性或短期的供应链关系。在AM里通常还用到并行工程的思想，以便加快新产品的上市。

5）企业资源计划（ERP）

ERP是由MRPII（制造资源计划）发展而来的。ERP是一种基于企业内部供应链的管理思想，它把企业的业务流程看作一个紧密连接的供应链，并将企业划分成几个相互协同作业的支持子系统，如财务、市场营销、生产制造等，可对企业内部供应链上的所有环节如订单、采购、库存、生产制造、质量控制、运输、分销、人力资源等进行有效的管理。

6）供应商管理库存（VMI）

供应商管理库存（vendor managed inventory，VMI），指供应商等上游企业基于其下游客户的生产经营、库存信息，对下游客户的库存进行管理与控制。具体来说，VMI是一种以用户和供应商双方都获得最低成本为目的的，在一个共同协议下由供应商管理库存，并不断监督协议执行情况和修正协议内容，使得库存管理得以持续性改进的合作性策略。这种库存管理策略打破了传统的各自为政的库存管理模式，体现了供应链集成化的管理思想。

⌷ 学思践悟

从供应链大国走向供应链强国①

党的二十大报告全文一共16次出现"强国"一词，其中4处提到现代化强国，2处提到人才强国，另外提到文化强国等，其他多跟供应链与物流关联。

1）现代化强国需要现代物流与现代供应链

党的二十大报告明确提出："从现在起，中国共产党的中心任务就是团结带领全国各族人民全面建成社会主义现代化强国、实现第二个百年奋斗目标，以中国式现代化全面推进中华民族伟大复兴。"现代化强国是以现代经济为支撑，更需要现代交通和现代物流，这是底层支撑。而现代经济要高效发展，就需要现代供应链的集成管控与优化。

2）现代产业发展需要现代物流与现代供应链

党的二十大报告明确提出：建设现代化产业体系，坚持把发展经济的着力点放在实体经济上，推进新型工业化，加快建设制造强国、质量强国、航天强国、交通强国、网络强国、数字中国。

---

① 掌链. 解读"二十大"报告中的中国供应链与物流发展的方向［EB/OL］.［2022-10-17］. http://www.chinawuliu.com.cn/zixun/202210/17/590127.shtml.

其中：

（1）制造强国——离不开制造业物流高质量发展和制造业供应链强大。制造业物流长期占我国社会物流总成本超过90%。2007年以来，国家发改委就在推动制造业物流业两业联动。2020年，国家发改委、工信部等14部门联合推出《推动物流业制造业深度融合创新发展实施方案》，推动制造业物流发展。2018年，商务部、工信部、中国物流与采购联合会等8部门发布《关于开展供应链创新与应用试点的通知》，制造业供应链是重点。

（2）质量强国——物流高质量发展是制造强国的底层支撑，精益供应链管理是推进质量强国的关键保障。2019年，国家发改委等24部门印发《关于推动物流高质量发展促进形成强大国内市场的意见》，就是旨在促进形成强大国内市场，推动国民经济高质量发展。

（3）交通强国——中共中央、国务院2019年9月印发实施《交通强国建设纲要》，物流是重要内容。该纲要明确提出"全球123快货物流圈"（国内1天送达、周边国家2天送达、全球主要城市3天送达）

（4）网络强国及数字中国——大数据、区块链、物联网等与物流行业结合，加快推进中国物流与供应链数字化发展。中国已经涌现全球最大的数字货运物流平台满帮、全球最大即时物流服务平台美团、全球最大快递物流服务平台菜鸟。数字物流已是中国新引擎，包括宝武钢铁旗下欧冶云商、中国物流集团旗下中储智运、中化能源旗下66云链等也在不同领域培育出领先的数字供应链服务平台。

本章小结

物流（logistics）起源于美国的军事后勤，自20世纪初概念诞生至今，经历了实体分销管理（PDM）、logistics和供应链管理（SCM）几个发展阶段。

现代物流的基本特征不同于传统物流，现代物流是企业等组织体的"先锋"，是决定生产与销售的价值创造事业，其不仅是节约成本的"手段"与"策略"，更是扩大销售、增加利润的"战略"。

智慧物流是高度集成信息化、智能化技术，使物流系统具有感知、学习、思维能力，从而优化物流作业，提高物流系统效率。智慧物流具有网络性、复杂性、协同性和信息共享性等特征。

可以按属性、空间范围、物流主体、物流客体、物流流向、物流阶段、物流业种、层次等标准对物流进行分类。

物流的基础要素由"人、财、物"三要素构成；物流的活动（功能）要素由运输、储存、包装、装卸、流通加工、配送及信息七个要素构成；物流系统要素由流动要素、资源要素和网络要素构成，其中，流动要素由流体、载体、流向、流量、流程、流速和流效七个方面构成。

　　物流管理是指为以最低的物流成本达到用户所满意的服务水平，对物流活动进行的计划、组织、协调与控制。现代物流管理是跨企业的管理、全信息的管理、系统化的管理和服务化的管理。

　　物流管理的基本内容主要包括物流作业管理、物流战略管理、物流成本管理、物流服务管理、物流组织与人力资源管理、供应链管理等，并且，在物流管理发展中，形成了系统化、标准化、合理化以及信息化等物流管理思想与方法。

　　供应链是指在生产及流通过程中，涉及将产品或服务提供给最终用户活动的上游与下游企业所形成的网链结构。供应链超出了单个企业的边界，是依托于供应关系而形成的跨企业的组织网络。供应链管理是指利用计算机网络技术全面规划供应链中的商流、物流、信息流、资金流等，并进行计划、组织、协调与控制的一体化管理过程。

　　供应链管理的主要方法有快速反应系统（QR）、有效消费者回应系统（ECR）、商品品类管理（CM）、准时制生产（JIT）、全面质量管理（TQM）、精益生产（LP）和敏捷制造（AM）、企业资源计划系统（ERP）、供应商管理库存（VMI）等。

复习思考题

1.物流定义的演变说明了什么？

2.试述 PDM、logistics 与 SCM 的主要区别。

3.简述商品流通中"三流"地位的转变过程。

4.现代物流具有哪些基本特征？

5.为什么说电子商务革命是现代物流发展的驱动力？

6.谈一谈你对"现代物流的永恒主题是成本和服务"这句话的理解。

7.现代物流管理有哪些特点？

8.简述物流管理的基本内容。

9.简述物流与供应链管理的区别和联系。

拓展阅读：顺丰和中通的"一哥"之争

第 8 章

流通信息化

学习目标

通过本章的学习，深刻理解流通信息及流通信息化的含义及作用；全面掌握流通信息化技术、工具与方法；了解电子商务的概念、类型及在流通领域运用的基本业务模式；理解"互联网+"流通的含义，掌握"互联网+"流通的影响。

8.1 流通信息与流通信息化

现代社会中，流通业越来越依赖先进的物质设施和技术手段。20世纪80年代以后，信息网络技术的产生与发展并在流通领域被广泛地应用，对流通的地位、作用及运营方式都产生了巨大的影响。这种影响不仅仅表现为交易方式的改变，更重要的是，它带来了流通业内部作业流程和经营管理的一系列深刻变革。这些变革包括利用电子技术的信息管理系统（POS/MIS）、在计算机信息网络基础上的企业资源计划（ERP）、基于新的技术平台对流通企业的业务流程再造（BPR）、运用电子商务进行零售业的供应链管理（SCM）以及实现零售业的及时供应（JIT）、运用电子商务及商业智能技术建立零售业快速响应系统（QR，ECR）、运用电子商务实现流通企业的客户关系管理（CRM）等。因此，流通信息技术的应用不再仅仅是引入一种新的流通技术，更是一种新的经营理念和作业方式的升级换代。它带来了流通方式的深刻变革，成为流通革命的重要组成部分。

8.1.1 流通信息及分类

1）信息与流通信息

信息同物质、能源一样重要，是人类生存和社会发展的三大基本资源之一。维纳在其著作《控制论》中曾将信息定义为"人与外界互相作用的过程中互相交换的内容的名称"。信息概念有广义与狭义之分，广义的信息是指事物运动的状态与方式，是物质的一种普遍属性，是世间一切事物相互联系和运动变化的客观描述；而狭义的信息，是指在事物的客观描述中，能够被人类理解、接收和利用的消息和情报[①]。

信息存在于人类社会的各个领域，流通信息是对流通活动的客观描述，是流通领域中各种关系及其状态的真实反映。

2）流通信息的特征

流通信息依存于商品流通，又有信息运动自身的规律，一般具有如下特点：

（1）系统性。流通信息的系统性是其基本特征，这是由流通系统结构决定的。流通是社会化大生产的一个重要环节，它连接生产和消费领域，又以商品的生产和消费为基础，保证生产和消费正常进行。因此，流通信息的先后顺序、前后联系以及组合方式都体现出有机的整体联系，这样才能保证流通信息的完整，反映流通过程的真实情况，使人们对流通活动有一个整体的认识。

（2）多样性。多样性是指信息源和信息接收者多种多样。流通信息的多样性取决于流通体系复杂的外部环境和内部结构。从外部环境来看，生产环境、消费环境、技术环境和体制环境等，是流通体系存在、发展和变化的客观基础和外部条件。外部环境的状况，如生产规模、产业结构收入水平、消费结构、人口数量、人口结构、生活方式、科技水平、体制结构、经济政策以及文化教育、民族习俗等，都是流通体系的信息源。从

---

① 钟义信. 信息科学原理［M］. 福州：福建人民出版社，1988：1-90.

内部结构来看，无数的商品都承载着信息，成为信息源。在各个流通环节，每一个流通机构既产生着各种各样的信息，又接收着自己需要的信息。

（3）多向性。多向性是指信息流的流向具有多方向流动的特征。多向性取决于流通体系要素的相互联系和流向。从流通体系要素的运动来看，流通过程是商品从生产者到消费者之间的运动。在这个过程中既有伴随着流通过程的流向产生的正向信息流动，也有消费者反馈到生产厂商形成的逆向信息流，还有各个流通体系主体之间以及地区之间的横向与斜向的交互联系，所有流通信息在它们之间往返传递形成纵横交错的多方向流动。

（4）共享性。流通信息的共享性包括两层含义：一是流通信息交换的双方，即传播者和接收者都可以享有被交换的同一信息；二是信息在交换或交流过程中，可以同时为众多的接收者所接收和利用。流通信息的这一特征决定了流通信息能够以无成本或低成本的方式迅速扩展和传播，产生连锁反应，推动生产力迅速提高，从而推动整个产业和国民经济的飞速发展。

（5）时效性。伴随着客观事物的不断发展变化，信息也是不断发展变化的。因此，信息总是存在于一定的时间、地点和条件下，具有时效性，否则就失去了存在的价值。流通信息是国家宏观经济调控和企业经营决策的客观依据，在现代市场经济中，竞争激烈，市场供求关系、价格水平等瞬息万变，信息生成速度快，数量大，活动频繁，时效性极强。及时准确地捕捉信息是做出正确决策的关键。

3）流通信息的分类

（1）按信息的来源划分。按信息的来源可将流通信息划分为商品流通内信息与商品流通外信息。商品流通内信息来自于商品销售、商品流转以及在商品流通过程中所获得的信息。商品流通外信息是指从政府有关商品流通的法律、法规等外部因素中获取的信息。

（2）按信息来源的稳定程度划分。按信息来源的稳定程度可将流通信息划分为固定信息、流动信息与偶然信息。固定信息具有相对的稳定性，如销售月度统计报表；流动信息只具有短期使用价值，时效性强，如证券及商品交易所的每日交易行情；偶然性信息来自外部经营环境偶然发生的变化，如政府颁布某种商品的进口禁令，或者突发的自然灾害等。

（3）按信息产生的过程划分。按信息产生的过程可将流通信息划分为原始信息和加工信息。原始信息是经营活动中直接产生和记录的原始凭证、单据、数据记录等信息；加工信息是对原始信息进行加工而获得的信息。

（4）按信息发生的时间划分。按信息发生的时间可将流通信息划分为滞后信息、实时信息和预测信息。滞后信息是商品流通变化状态及其相互联系的客观反映；实时信息反映商品流通运动的特点和变动趋势；预测信息是管理者对现时信息的分析结果。

（5）按信息的作用划分。按信息的作用可将流通信息划分为决策信息、控制信息与业务信息。决策信息是高层管理者制订商品流通计划所需要的信息；控制信息是内部管理人员完成经营控制过程所需要的信息；业务信息是日常经营和流通活动中所出现的信息。

（6）按信息的内容划分。按信息的内容可将流通信息划分为商流信息、物流信息及市场信息。商流信息是在买卖活动中生成的交易信息，如商品信息、价格信息等；物流信息是物流在各个环节中形成的信息，如库存信息、配送信息、运输信息等；市场信息是搜集到的市场状况信息，包括供求变动、消费者行为变化、竞争对手的信息等。

8.1.2　信息化与流通信息化

1）信息化

所谓信息化，就是现代信息技术与社会各个领域、各个层面互动结合的动态过程及结果。信息化的概念最初是由日本学者在20世纪60年代提出的，他们在阐述"产业化"时使用"信息化"一词，并解释为从有形的物质产品创造价值的社会向无形的信息创造价值阶段的转变。70年代后期，西方国家开始频繁使用"信息化"这一概念，同时信息技术成为第三次世界新技术革命的核心技术，越来越受各国政府的高度重视，成为各国经济发展最主要的推动力量。

从其发展的动态过程看，信息化发展可划分为五个层次：

（1）产品信息化。产品信息化是指越来越多的制造信息被录制、被物化在产品中，使产品中的信息含量逐渐增加，一直到其在产品中占据主导地位。

（2）企业信息化。企业信息化是指运用信息技术构造企业信息系统，包括计算机集成制造系统、管理信息系统、决策支持系统，通过信息的充分沟通、交流与共享，将企业组成一个有机的整体，以推动企业生产经营自动化和管理科学化。

（3）产业信息化。产业信息化是指以信息技术改造原有产业，使其成为生产自动化、机器智能化和办公自动化的新产业，以及构造以信息带动其他要素流动的产业关联，包括产业部门的信息化和产业部门间关联的信息化。

（4）国民经济信息化。国民经济信息化是指信息产业及信息技术在国民经济中的作用日益突出，并逐渐成为主导产业，对经济增长贡献的权重不断加大。具体表现为信息技术在各产业被广泛应用，信息化手段成为引导其他生产要素流动和组合的主要手段，国民经济的信息量不断增大，信息技术成为对国民经济有着重要影响的核心技术。

（5）经济和社会信息化。经济和社会信息化是指信息化的领域已不仅限于经济领域，还广泛涉及整个社会生活，包括科学、教育、文化、卫生、人口、环保、社会保障、社会管理、政治、军事、国防乃至居民生活消费等各个领域。

由此可以看出，流通业的信息化属于产业信息化这一层次。

2）流通信息化的概念

流通信息化是指流通业利用信息技术获取、处理、传输、应用知识和信息资源，以实现流通方式创新，提高流通活动效率的一个动态过程。其核心是信息资源的开发利用，即在信息化建设过程中，要组织力量广泛开发流通领域的信息资源，通过局域网（LAN）、广域网（WAN）或因特网（Internet）等把整个流通业连为一体，创建开放的网络化组织，建设数据库、数据仓库和"数据平台"，创造性地应用信息技术，以提高流通业的自动化水平和"智商"水平。

3）流通信息化的实质

流通信息化是运用现代信息网络技术改造和武装传统流通产业，由局部到全局、由内部到外部、由战术层次到战略层次进行信息技术应用和信息资源开发的不断深化的演变过程。

对流通信息化实质的认识可谓仁者见仁、智者见智。从硬件角度讲，流通信息化要求运用大量先进信息技术、设备武装流通产业；从软件角度讲，流通信息化强调利用信息化的思维和战略来统辖流通产业和流通企业的运营。从宏观角度讲，以物流、商流、信息流及现金流等为主体的流通，其信息化建设必然围绕着供应链效率化、价值链增值化和信息链可控化以及资金流合理化统一均衡实施；从微观角度讲，流通信息化是企业充分利用信息技术，通过创建企业外部的信息网络和内部网，优化企业内部人与人、人与物、物与物之间的传统的沟通方式，改善企业之间、企业与顾客间的沟通方式，从而彻底改变企业的经营方式、管理方式和组织形式。

总之，流通信息化是一场包容了流通宏观调控、流通产业结构调整和流通企业经营管理再造的深刻变革。

8.1.3 流通信息化对流通产业的影响

流通信息化使流通运营方式、交易关系发生了根本性的变化，对流通系统的结构和功能也产生了深远的影响，成为流通变革的推动力。我们认为，流通信息化对流通产业的影响主要表现在以下两个方面。

1）流通信息化对企业外部环境的影响

（1）行业竞争结构的改变。流通信息化可以从多个方面改变行业竞争结构，也使得竞争更加激烈。借助先进的信息技术，顾客获取产品信息更为方便，可以对多种产品的价格、服务等进行分析，并且购买产品可以不再受时间和地理位置的限制，买方讨价还价能力自然会有很大提升。为了吸引和留住顾客，竞争者之间的竞争方式也将从传统的关注利润向关注顾客转移。流通企业终日面对终端客户，竞争激烈。而它们之间的竞争，表面上看是产品或服务的竞争，实质上却是满足顾客需求能力或为顾客解决问题能力的竞争。沃尔玛、国美等国内外著名企业成功的经验证明，信息化是提升流通企业核心竞争力最有力的武器。

（2）顾客需求行为的变化。信息技术不仅为顾客了解产品提供了极大的方便，也开拓了产品的销售渠道。以 B2C 为代表的电子商务的发展，势必引起顾客消费模式和需求行为的变化，这种变化要求企业对营销战略进行调整以适应新的市场环境。

（3）企业交易模式的改变与价值链的再造。信息技术逐渐渗透到企业价值链的各个环节，其中最为明显的是供应链和销售方式的重大变革，企业间电子商务发展的势头迅猛。B2B 交易的优越性不仅在于降低了交易成本，而且改变了传统的交易流程，缩短了交易时间，企业内部价值链扩展到联结企业的供应商和客户网络，企业通过电子商务强化的供应链，大大缩短了从接受订单、原材料采购到发货的周期，通过供应商、分销商共享信息，实现实时、主动的生产计划等。

2）流通信息化对企业内部管理的影响

信息技术不仅改变了企业的外部环境，还将使内部的管理模式发生重大变革，主要表现在组织结构的变革、营销方式的扩展、内部协调的变革、顾客服务的转变等方面。

（1）组织结构的变革。在传统的管理模式中，随着企业规模的不断扩大，管理层次越来越深，组织结构越来越臃肿，结果造成管理流程复杂，管理效率低下，并且提高了管理成本，降低了企业的竞争优势。信息技术在企业中的应用使得传统的等级管理向全员参与、模块组织、水平组织等新型组织模式转变，管理幅度可以冲破传统管理模式的限制，垂直的层级组织中大量的中间层已经没有必要，企业内部上下级之间的距离大为缩短，组织结构向扁平化方向发展。

（2）营销方式的扩展。互联网已经成为现代企业重要的营销工具，网络营销是企业整体营销战略中一个有机的组成部分，是以互联网为基本手段营造网上经营环境，而不仅仅是通过互联网来销售产品，网络营销的基本功能还包括提升品牌形象、增进顾客关系、提高服务质量、网上市场调研等方面。

（3）内部协调的变革。协调是管理工作的核心内容，传统的协调以面对面交流为主要手段，企业内部网和各种新型通信手段将改变这种交流模式，也使得内部协调更加高效，成本也更为低廉，这种协调方式也为流通企业向全国甚至全球范围扩张提供了便利条件。基于先进信息技术，企业内部沟通和协调不再受地理位置的限制，方式更加人性化，效率也更高。

（4）顾客服务的转变。由于获得新的顾客比留住老顾客的成本要高得多，因此，顾客服务对企业经营成败至关重要。传统的顾客服务方式主要为电话咨询、上门服务、开设服务网点等，这些传统服务方式往往会受到服务时间和地理位置等因素的制约，顾客服务或者难以做到尽善尽美，或者要花很大代价。信息化为企业提供了更加快捷、更加方便的顾客服务手段，比如电子邮件咨询、自助式的在线服务、即时通信工具等，这些都是在传统的顾客服务方式下很难实现的。

8.2　流通信息化技术

现代流通方式是以现代流通技术为支撑的。其中，信息化技术又是现代流通技术的核心。因此，要实现流通方式的根本转变，就必须恰当选择信息技术，加快流通信息化进程。

8.2.1　条码技术

1）什么是条码

条码是由一组按一定编码规则排列的条、空符号，用以表示一定的字符、数字及符号组成的信息，如图8-1所示。条码系统是由条码符号设计、制作及扫描阅读组成的自动识别系统。

图 8-1 商品条码

2）条码的发展历史

条码技术至今已有七八十年的历史。它从 20 世纪 40 年代的美国发起，70—80 年代在国际上得到了广泛的应用。我国于 70 年代末到 80 年代初开始研究，并在部分行业完善了条码管理系统，如在邮电、银行、连锁店、图书馆、交通运输及各大企事业单位等。1988 年 12 月，我国成立了"中国物品编码中心"，并于 1991 年 4 月 19 日正式申请加入了国际编码组织 EAN 协会。近年来，我国的条码事业发展迅速，条码技术在我国已得到了广泛应用。目前，商品使用的前缀码有"690"、"691"、"692"和"693"。

3）条码的优点

条码是迄今为止最经济、实用的一种自动识别技术。应用条码能大大提高数据输入、核算、分拣等工作速度，从而提高生产能力、节省人力开支。条码技术具有以下几个方面的优点：

（1）输入速度快。与键盘输入相比，条码输入的速度是键盘输入的 5 倍，并且能实现"即时数据输入"。

（2）可靠性高。键盘输入数据出错率为三百分之一，利用光学字符识别技术出错率为万分之一，而采用条码技术误码率低于百万分之一。

（3）采集信息量大。利用传统的一维条码一次可采集几十位字符的信息，二维条码更可以携带数千个字符的信息，并有一定的自动纠错能力。

（4）灵活实用。条码标识既可以作为一种识别手段单独使用，也可以和有关识别设备组成一个系统实现自动化识别，还可以和其他控制设备连接起来实现自动化管理。

（5）条码标签易于制作，对设备和材料没有特殊要求，条码扫描器操作容易，不需要特殊培训，且设备也相对便宜。

4）条码编码方式（码制）介绍

条码种类很多，常见的码制有二十多种，如表 8-1 所示。

表 8-1 条码码制的区别

种 类	长 度	排列	校 验	字符符号码元结构	标准字符集	其 他
EAN-13 EAN-8	13 位 8 位	连续	校验码	7 个模块，2 条，2 空	0 ~ 9	EAN-13 为标准版 EAN-8 为缩短版
UPC-A UPC-E	12 位 8 位	连续	校验码	7 个模块，2 条，2 空	0 ~ 9	UPC-A 为标准版 UPC-E 为消零压缩版
39 码	可变长	非连续	自检验 校验码	12 个模块，5 条，4 空：其中 3 个宽单元，6 个窄单元	0 ~ 9、A ~ Z、-、$、/、+、%、*、.、空格	"*"用作起始符和终止符，密度可变，有串联性，亦可增设校验码

续表

种 类	长 度	排 列	校 验	字符符号码元结构	标准字符集	其 他
93码	可变长	连续	校验码	9个模块，3条，3空	0~9、A~Z、-、$、/、+、%、*、.、空格	有串联性，可设双校验码，加前置码后可表示128个全ASCII码
基本25码	可变长	非连续	自校验	14个模块，5个条，其中2个宽单元3个窄单元	0~9	空不表示信息，密度低
交叉25码	定长或可变长	连续	自校验校验码	18个模块表示2个字符，5个条表示奇数位，5个空表示偶数位	0~9	表示偶数位个信息编码，密度高，EAN、UPC的物流码采用该码制
矩阵25码	定长或可变长	非连续	自校验校验码	9个模块，3条，2空，其中2个宽单元3个窄单元	0~9	密度较高，在我国被广泛地用于邮政管理
库德巴码	可变长	非连续	自校验	7个单元，4条，3空	0~9、A~D、$、+、-、/	有18种密度
128码	可变长	连续	校验码	11个模块，3条，3空	3个字符集覆盖了128个全ASCII码	有功能码，对数字码的密度最高
49码	可变长多行	连续	校验码	每行70个模块，18个条，17个空	128个全ASCII码	多行任意起始扫描，行号由每行词的奇偶性决定
11码	可变长	非连续	自校验	3条，2空	0~9、-	有双自校验功能

资料来源 夏春玉. 物流与供应链管理［M］. 大连：东北财经大学出版社，2004：182.

目前，EAN码是世界上广为使用的商品条码，已成为电子数据交换（EDI）的基础，而UPC码（商品条码）用于在世界范围内标识一种商品，在超市中最为常见。

5）条码技术应用领域

条码技术广泛应用于批发零售、工业自动化生产装配线、交通客运货运车站、码头机场、邮电通信、电子贸易、银行证券、多种票证、医药卫生、图书文献、宾馆饭店、仓储管理等行业，在世界各国的自动扫描超级市场、连锁店、专卖店、便民店、百货食品商店里的应用更加普遍。

图8-2清楚地展现了条码在整个供应链上的应用情况。

8.2.2 EDI

1）EDI的概念

电子数据交换（electronic data interchange，EDI）就是在企业的内部应用系统之间，通过计算机和公共信息网络，以电子化的方式传递商业文件的过程。国际标准化组织（ISO）将EDI描述成"将贸易（商业）或行政事务处理按照一个公认的标准变

生产厂家→单品→包装箱→托盘→卡车运输→托盘→包装箱→单品→消费者

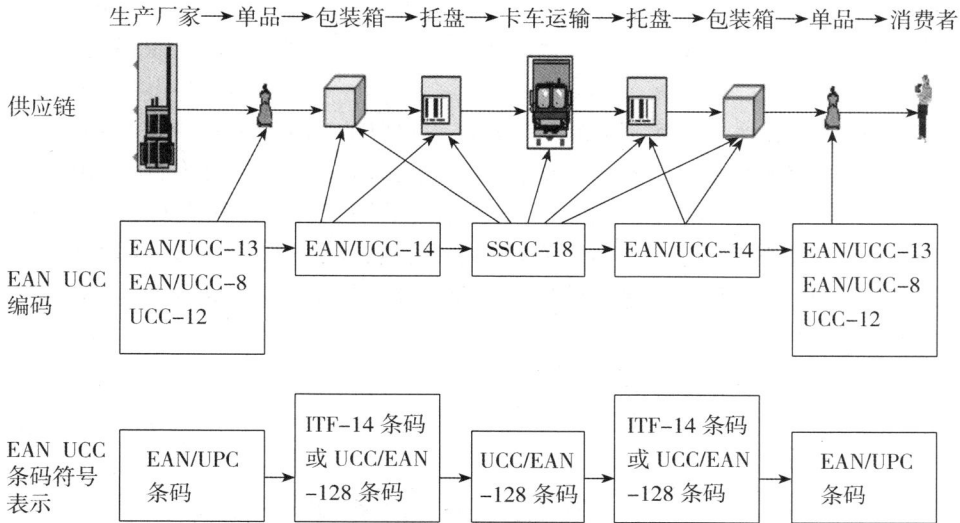

图8-2 条码在供应链上的应用

成结构化的事务处理或信息数据格式，从计算机到计算机的电子传输"。而 ITU-T（原 CCITT）将 EDI 定义为"从计算机到计算机之间的结构化的事务数据互换"。又由于使用 EDI 可以减少甚至消除贸易过程中的纸面文件，因此 EDI 又被人们通俗地称为"无纸贸易"。

2）EDI 的发展历史

20世纪60年代末，欧洲和美国几乎同时提出了 EDI 的概念。早期的 EDI 只是在两个商业伙伴之间，依靠计算机与计算机直接通信完成。由于 EDI 具有高速、精确、远程和巨量的技术性能，一出现便显示出了强大的生命力，迅速在世界各主要工业发达国家和地区得到广泛的应用。

20世纪70年代，数字通信技术的发展大大加快了 EDI 技术的成熟和应用范围的扩大，也带动了跨行业 EDI 系统的出现。80年代 EDI 标准的国际化又使 EDI 的应用跃入了一个新的阶段。

时至今日，EDI 历经萌芽期、发展期已步入成熟期。英国的 EDI 专家明确指出："以现有的信息技术水平，实现 EDI 已不是技术问题，而仅仅是一个商业问题。"

3）EDI 系统的构成要素[①]

数据标准化、EDI 软件及硬件、通信网络是构成 EDI 系统的三个要素，EDI 系统模型如图8-3所示。

图8-3 EDI 系统模型

---

① 夏春玉. 物流与供应链管理［M］. 大连：东北财经大学出版社，2004：185-187.

（1）数据标准化。EDI标准是由各企业、各地区代表共同讨论、制定的电子数据交换共同标准，可以使各组织之间的不同文件格式，通过共同的标准，获得彼此之间文件交换的目的。

（2）EDI软件及硬件。实现EDI，需要配备相应的EDI软件和硬件。EDI软件具有将用户数据库系统中的信息译成EDI的标准格式，以供传输交换的能力。EDI标准具有足够的灵活性，可以适应不同行业的众多需求，然而，每个公司有自己规定的信息格式，因此，当需要发送EDI电文时，必须用某些方法从公司的专有数据库中提取信息，并把它翻译成EDI标准格式，进行传输，这就需要EDI相关软件的帮助。EDI软件系统结构如图8-4所示。

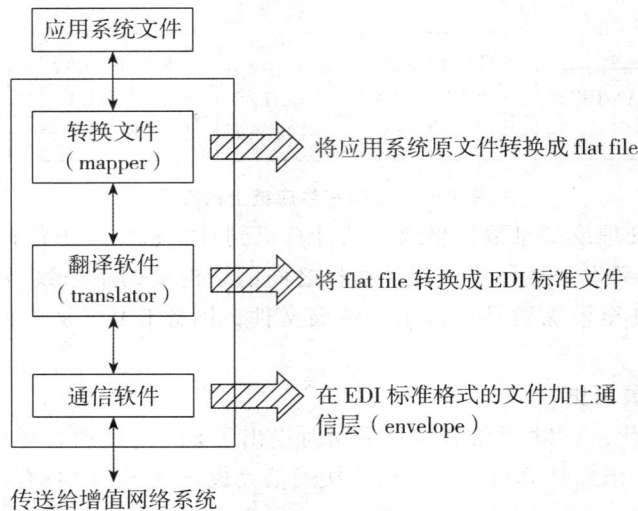

图8-4　EDI软件系统结构

①转换软件（mapper）：转换软件可以帮助用户将原有计算机系统的文件，转换成翻译软件能够理解的平面文件（flat file），或是将从翻译软件接收来的平面文件，转换成原计算机系统中的文件。

②翻译软件（translator）：将平面文件翻译成EDI标准格式，或将接收到的EDI标准格式文件翻译成平面文件。

③通信软件：将EDI标准格式文件外层加上通信信封（envelope），再送到EDI系统交换中心的邮箱（mailbox），或从EDI系统交换中心将接收到的文件取回。

EDI所需的硬件设备大致有计算机、调制解调器（modem）及电话线。

④计算机：目前所使用的计算机，无论是PC、工作站、小型机、主机等，均可利用。

⑤modem：由于使用EDI来进行电子数据交换，需通过通信网络，目前采用电话网络进行通信是很普遍的方法，因此modem是必备硬件设备。modem的功能与传输速度，应根据实际需求来选择。

⑥通信线路：一般最常用的是电话线路，如果在传输时效及资料传输量上有较高要

求，可以考虑租用专线（leased line）。

（3）通信网络。通信网络是实现EDI的手段。EDI通信方式有多种，为了克服这些问题，许多应用EDI的公司逐渐采用第三方网络与贸易伙伴进行通信，即增值网络（VAN）方式。它类似于邮局，为发送者与接收者维护邮箱，并提供存储转送、记忆保管、通信协议转换、格式转换、安全管制等功能。因此通过增值网络传送EDI文件，可以大幅度降低相互传送资料的复杂度和困难度，大大提高EDI的效率。

4）EDI的特点

（1）EDI的使用对象是具有固定格式的业务信息和具有经常性业务联系的单位；

（2）EDI所传送的资料是一般业务资料，如发票、订单等，而不是指一般性的通知；

（3）采用共同标准化的格式，这也是与一般E-mail的区别，如联合国EDI-FACT标准；

（4）尽量避免人工的介入操作，由收送双方的计算机系统直接传送、交换资料。

5）EDI的效益

随着社会的进步，EDI从激烈的商贸竞争中产生和发展起来，当然要为商家带来巨大的效益。一般说来，企业采用EDI新技术可产生如下诸方面的效益：

（1）提高工作效率。由于交易双方的信息经由计算机通信网络传输，瞬间即达，可大大缩短业务运作时间。

（2）减少数据的错误。由于信息处理是在计算机上自动完成的，无须人工干预，所以除节约时间外还可大幅度降低业务处理过程中的差错率，从而降低资料出错的处理成本。

（3）节省库存费用。由于使用EDI后可大幅度缩短供需双方的业务处理时间，因而需方可减少库存，从而降低了库存成本。

（4）节省人事费用。由于使用EDI后不再需要人工填表、制单、装订、打包、邮寄等一系列过程，自然可节省人力。

（5）实现贸易无纸化。大幅度节省纸张、印刷、贮存及邮寄的费用，亦即降低了贸易文件成本。

（6）企业国际化。随着企业使用EDI，业务不再受到地域的限制，而是可以走向全球。

总之，由于EDI从根本上改变了现代产业结构、组织管理和贸易方式，因此EDI被认为是一场全球性的商业大革命。

8.2.3 POS系统

一方面，随着商品经济的发展，商家竞争更为激烈，这就要求商家更快地获得信息，以面对市场的变化，及时掌握销售行情，从而调整销售、供应等方面的计划，以获得更高的利润。另一方面，随着消费者消费行为的变化，选购商品向多样化发展，这就要求开架服务，并做到结算快、无差错、服务好。这一连串的问题可用销售点实时管理系统——POS系统来实现。

1) 什么是 POS 系统

POS 系统（point of sales）也称为销售点情报管理系统[①]。它是利用电子收款机（即 POS 收款机）进行销售数据的实时输入、系统实时处理销售业务，并进行经营业务分析的管理信息系统。

2) POS 系统基本构件

POS 系统基本作业原理是先将商品资料创建于计算机文件内，通过计算机、收银机联机架构，将商品条码通过收银设备上的光学读取设备直接读入后（或由键盘直接输入代号）马上可以得到显示的商品信息（单价、部门、折扣……），加速收银速度与正确性。每笔商品销售明细资料（售价、部门、时段、客层）被自动记录下来，再由联机架构传回计算机，经由计算机计算处理即能生成各种销售统计分析信息。

如图 8-5 所示，POS 系统的基本构件包括：

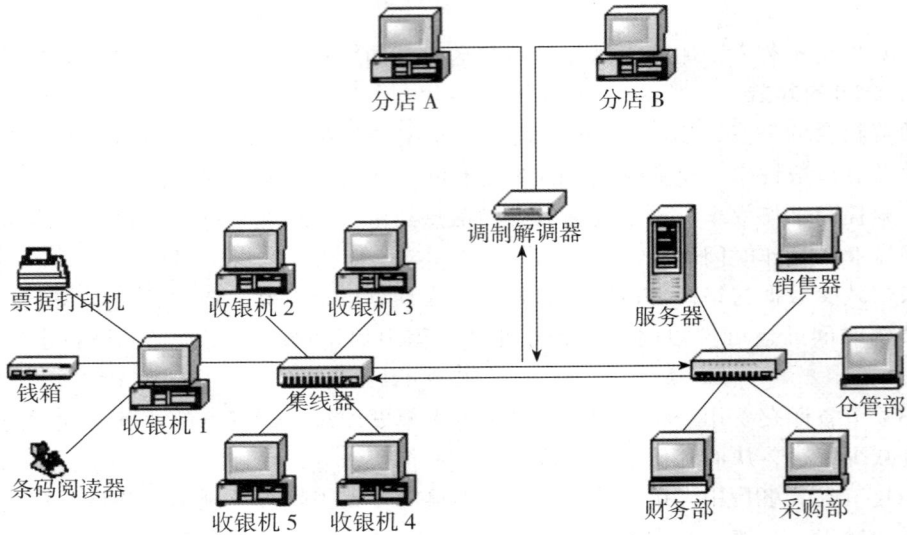

图 8-5　POS 系统的基本构成

（1）后台主机：根据系统功能需要选用小型机、服务器或高性能微机。

（2）收款机：采用第三代电子收款机，拥有商场进行零售交易所必需的功能，具备多个外设接口，并具备多重安全措施，保证各种情况下机器能可靠地运行。

（3）条码扫描器：根据客流量大小选用接触式 CCD 扫描器、非接触式激光枪或台式全方位激光扫描器。目前 POS 收银机的扫描器一般有三种类型：一种是光笔；一种是手握式扫描器；一种是固定式扫描器。前两种扫描器的优点一是价格便宜；二是较适用于商品较重、条码位置不易看到的商品等。缺点是扫描感应较差，扫描动作常需重复多次才有感应。后一种扫描器与前两种优缺点正好相反。

（4）打码机：制作店内码的专用设备，可直接在不干胶标签上进行条码印刷。商家

[①] 目前，国内谈论的 POS 系统有两种说法：一种是商业应用的 POS 系统（point of sales），也就是本书中的销售点实时系统；另一种 POS 系统其实是销售点电子转账服务作业系统（electronic fund transfer point of sales system）的简称。它是由银行设置在商业网点或特约商户的信用卡授权终端机和银行计算机系统通过公用数据交换网联机构成的电子转账服务系统。它的功能是提供持卡人在销售点购物或消费，通过电子转账系统直接扣账或信用记账的服务。鉴于本书研究的是商品流通，我们对 POS 采取了前一种定义，即商业 POS 系统。

可以利用打码机大量印制包含货品名、生产日期、生产商及货品成分内容等数据的条码，然后标于货品上应用。

（5）微型票据打印机：打印顾客购货清单，多数收款机随机带有微型票据打印机。

以上硬件是构成商业 POS 系统的必需构件，商家随着业务需要和系统功能开发还可选取多种外设，以提升性能，更方便快捷地完成运转，如：

① 专用键盘（POS keyboard）：可提供约百项预定货品功能键盘。

② 现金收银柜（cash drawer）：由计算机输出信号开启收银柜——可由 POS 收据打印机或计算机 COM port 输出控制开启。

③ 顾客收款显示屏（customer display）：提供输出顾客购买货品的售价和收款总额显示，采用荧光或 LCD 显示。

④ 磁带/条形码阅读器（magnetic stripe/barcode slot reader）：供信用卡或条形码卡输入读取卡上数据。

⑤ 接触式屏幕显示（touch screen display）：由一面压力感应薄膜铺贴于 color LCD display 或 CRT 显示器上，用手指直接压下屏幕输入来代替鼠标功能。

3）POS 系统主要功能

美国零售业协会曾对零售业运用 POS 系统作过一项调查，该调查显示，有 80% 的零售业者认为"POS 系统是零售业唯一的方向"。由此可见，现代的零售业离不开 POS 系统，超级市场经营管理更离不开 POS 系统的运用。POS 系统主要功能有作业功能和管理功能两项。

（1）POS 系统的作业功能。POS 系统的作业功能主要有以下几项：

① 超级市场在进行收银结算时，POS 收银机会自动记录商品销售的原始资料和其他相关的资料，并根据电脑程序设计要求，有一段时间的保证记录期。

② POS 收银机会自动储存、整理所记录的全日的销售资料，可以反映每一个时点、时段和即时的销售信息，作为提供给后台电脑处理的依据。

③ POS 收银机上的小型打印机可打印出各种收银报表、读账、清账和时段部门账。

④ 超市连锁公司总部的中央电脑可利用通信联网系统向每一家超市门店输送下达管理指令、商品价格变动、商品配送等资料。

⑤ 中央电脑还可统计分析出每个门店的营业资料，产生总部各部门所需要的管理信息资料，作为总部决策的依据。

⑥ POS 系统能迅速而准确地完成前台收银的工作，同时能保存完整的记录。

（2）POS 系统的管理功能。POS 系统的管理功能如下：

① POS 系统能准确、迅速地获得商品销售信息，在商品管理上有助于调整进货和商品结构、减少营业损失、抓住营业机会。

② 可进行商品价格带管理，作为促进销售和进货最有力的依据。

③ 可进行消费对象管理，有的放矢地进货和销售。

④ 可进行营业时间带管理，以合理地配备营业人员，节省人工费用。

⑤ 大大节省营业人员编制报表的时间，有利于现场实际销售作业。

⑥ POS 系统可分类别地对商品进行 ABC 分析，也可根据营业资料作超级市场与上

周、上月和上年同期增加的比较分析，经营者据此可制订出企业发展的营业计划等。

8.2.4　电子订货系统（EOS）

EOS系统是流通企业信息系统的重要组成部分。在日本及西方发达国家的商业发展过程中，EOS系统的建立一般与POS系统同时进行，有的还先于POS系统。如果将POS比作血液的话，EOS可以说是血管。如果没有EOS支持的话，POS系统功能发挥将受到极大的限制，也可以说EOS的建立是实现信息系统现代化的一个关键，对流通业的发展有着极其重要的意义。

1）什么是EOS

电子订货系统（electronic ordering system，EOS）是利用计算机与通信技术来取代传统的下单与接单及相关动作的自动化订货系统，具体来说，是将零售店铺内采集的订购数据，通过通信网络传送到总部、批发商或制造商的系统中。

EOS在零售商和供应商之间建立起了一条高速通道，使双方的信息得到及时沟通，使订货过程的周期大大缩短，既保障了商品的及时供应，又加速了资金的周转，有助于实现零库存战略。因此EOS在国际上使用得非常广泛，并且越来越受到商业界的青睐。

2）EOS的组成

电子订货系统采用电子手段完成供应链上从零售商到供应商的产品交易过程，因此，一个EOS系统必须有：

（1）供应商：商品的制造者或供应者。

（2）零售商：商品的销售者或需求者。

（3）网络：商业增值网络，用于传输订货信息（订单、发货单、收货单、发票等）。

（4）计算机系统：用于产生和处理订货信息。

具体的EOS的组成如图8-6所示。

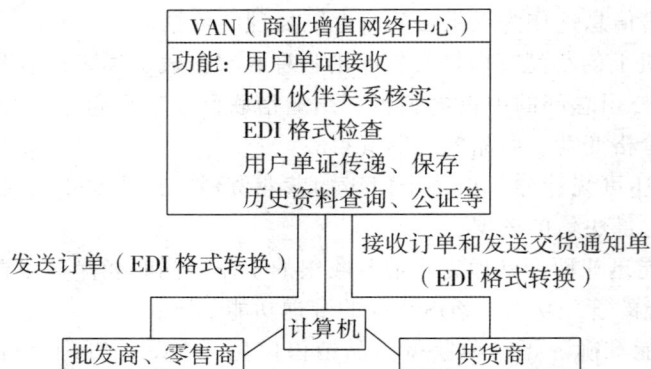

图8-6　EOS的组成

3）EOS的特点

EOS具有如下特点：

（1）商业企业内部计算机网络应用功能完善，能及时产生订货信息。

（2）POS与EOS高度结合，产生高质量的信息。

（3）满足零售商和供应商之间的信息传递。

（4）通过网络传输信息订货。

（5）信息传递及时、准确。

（6）EOS 是许多零售商和供应商之间的整体运作系统，而不是单个零售店和单个供应商之间的系统。

4）EOS 流程

EOS 系统并非单个的零售店与单个批发商组成的系统，而是许多零售店和许多批发商组成的大系统的整体运作方式。EOS 系统的基本流程如图 8-7 所示。

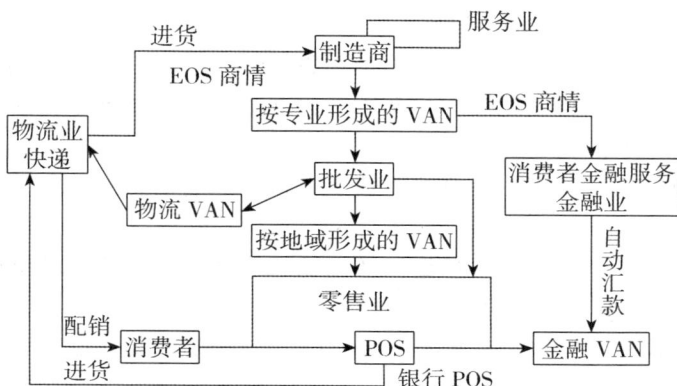

图 8-7　EOS 系统的基本流程

（1）在零售店的终端利用条码阅读器获取准备采购的商品条码，并在终端机上输入订货种类；利用电话线通过调制解调器传到批发商的计算机中。

（2）批发商开出提货传票，并根据传票，同时开出拣货单，实施拣货，然后依据送货传票进行商品发货。

（3）送货传票上的资料成为零售商的应付账款资料及批发商的应收账款资料。

（4）资料接到应收账款的系统中去。

（5）零售商对送到的货物进行检验后，便可以陈列与销售了。

5）EOS 系统的效益

EOS 系统可以带来如下效益：

（1）优化库存管理。厂商可以通过 EOS 系统将商店所陈列的商品数量降低到最低限度，以便使有限的空间能陈列更多种类的商品，即使是销量较大的商品也无需很大库房存放，可压低库存量，甚至做到无库存。商店工作人员在固定时间去巡视陈列架，将需补足的商品以最小的数量订购，在当天或隔天即可到货，不必一次订购很多。

（2）提高服务质量。EOS 系统满足了顾客对某种商品少量、多频度的订货要求，缩短了交货时间，能迅速、准确、廉价地出货、交货。EOS 系统提供准确无误的订货，因此减少了交错商品现象的出现，减少了退货。计算机的库存管理系统可以正确、及时地将订单输入，并因出货资料的输入而达到正确的管理，从而减少了缺货现象的出现。增加商品品种，为顾客提供商品咨询。通过共同使用 EOS 系统，零售商和批发商建立了良好的关系，实现了业务上相互支持，相辅相成。

（3）提高工作效率，减少交货失误。实施EOS系统可以减轻体力劳动，减少事务性工作，减少以前专门派人去收订购单、登记、汇总等繁杂的手工劳动。以前3小时至半天的手工工作量，在实施EOS系统后，10分钟即可完成。通常退货处理要比一般订货处理多花5倍的工时，实施EOS系统后，避免了退货，减少了繁杂的事务性工作。

EOS系统订货是根据通用商品条码来订货的，可做到准确无误。批发商将详细的订购资料用计算机处理，可以减少交货失误，迅速补充库存。若能避免交错商品或数量不足，那么，把对商品的检验交由交货者来完成是十分可取的，零售商店只作抽样检验即可。

（4）创造新的商机。EOS系统能通过下列途径创造新的商机：

① 掌握客源。运用EOS系统减少商品缺货时间，并搜集商品信息来满足顾客需求。

② 创造价格竞争优势。通过EOS系统的建立，达到实时管理以降低物流成本，而流通费用降低后，商品可以低价与其他厂商竞争。

③ 掌握流通信息。利用EOS系统，搜集渠道末端的信息，掌握整个流通过程，增加应变能力。

④ 提高订货时效。避免填写单据以及电话订货所产生的问题及错误，即EOS系统以网络方式来传送表单，通过增加表单流通速度来争取订货时效。

⑤ 减少人工作业。以电脑及数据线路传送、处理资料来争取时效，节省了门市人员的作业时间。

⑥ 发挥分析功能。通过EOS系统对畅销品、滞销品、特卖品及重要顾客进行分析，对向顾客提供快速而满意的服务有很大的帮助。

⑦ 与信用卡配合。例如，7-11公司进行信用卡与EOS系统的配合，这样顾客不用局限于身上所带的钱，可凭卡消费其所需的东西，如此一来便可以提高顾客的购买率及购买额。

8.2.5　物联网

1）物联网

物联网（internet of things，IOT）是通过射频识别（RFID）、红外感应器、全球定位系统、激光扫描器等信息传感设备，按约定的协议，把任何物品与互联网连接起来，进行信息交换和通信，以实现智能化识别、定位、跟踪、监控和管理的一种网络。

从技术上理解，物联网是指物体通过智能感应装置，经过传输网络，到达指定的信息处理中心，最终实现物与物、人与物之间的自动化信息交互与处理的智能网络。从应用上理解，物联网是指把世界上所有的物体都连接到一个网络中，形成"物联网"，然后"物联网"又与现有的互联网结合，实现人类社会与物理系统的整合，达到以更加精细和生动的方式管理生产和生活的目的。

2）物联网特点

从技术上看，物联网技术在应用层面具有以下特点：

（1）感知识别普适化。作为物联网的前端，感知识别核心是将传统分离的物理世界与信息世界联系起来，将物理世界信息化。而物理世界是广泛和多样的，这就要求感知识别具有广泛和普遍的适应性。

（2）异构设备互联化。由于客观和历史的因素，互联网的设备存在硬件与协议的差异，因此，通过网关技术实现异构网络之间的互联互通是前提。

（3）联网终端规模化。物联网的重要特点是"物"的广泛联系，因此，未来每一件物品均应当具有通信功能，并成为网络终端。当各类"物"被广泛终端化之后，物联网就"水到渠成"了。

（4）管理调控智能化。物联网将大规模的信息终端高效地联系起来之后，通过海量存储和搜索引擎，就能够为各种上层应用提供可能，并实现智能化。

（5）应用服务链条化。物联网应用的一个重要特征是能够提供"链条型"服务，即可以按照价值链、产业链、生活链展开管理和服务，最典型的应用是物流管理，实现了对商品流通过程中各种状态的动态管理。

综上所述，物联网技术的主要特征可以归纳为：一是普通对象设备化。给生产和生活中的各种普通物品均赋予感知功能，使其成为感知的前端，成为终端设备。二是自治终端互联化。对以往各自独立和孤立的各种终端设备，通过各种网络，采用不同的方式，将它们有机地联系起来，并按照一定的规则，使它们能够快速地被发现和联系。三是普适服务智能化。智能化是物联网的一个核心价值，通过信息的大规模集成，为数据挖掘和模型建立与应用奠定了良好的基础。与此同时，需要解决的是基于各类实际需求的智能化应用问题，这种智能化应用不仅有被动意义的，更需要有主动意义的。

3）物联网的体系结构

从结构上看，根据信息生成、传输、处理和应用的原则，通常可以将物联网分为四层：感知识别层、网络构建层、管理服务层和综合应用层。

（1）感知识别层。感知识别层解决前端感知这一核心问题，是联系物理世界和信息世界的纽带。感知层是物联网的皮肤和五官——识别物体，采集信息。感知层包括二维码标签和识读器、RFID标签和读写器、摄像头、GPS、传感器、终端、传感器网络等，主要是识别物体，采集信息，与人体结构中皮肤和五官的作用相似。

（2）网络构建层。网络构建层解决下层（感知识别层）数据接入互联网，包括广域网、城域网、个域网和局域网等的问题。网络构建层是物联网的神经——信息传递和处理。网络构建层包括通信与互联网的融合网络、网络管理中心、信息中心和智能处理中心等。网络构建层将感知层获取的信息进行传递和处理，类似于人体结构中的神经。

（3）管理服务层。其背后是一个数据中心的概念，包括了搜索引擎、智能决策、信息安全和数据挖掘等功能。

（4）综合应用层。综合应用层解决集成应用问题，核心是提供一个基于应用的解决方案，具体可以根据需求体现为智能电网、智能交通、智能物流和智能监测等。应用层是物联网的"社会分工"——与行业需求结合，实现广泛智能化。应用层是物联网与行业专业技术的深度融合，与行业需求结合，实现行业智能化，这类似于人的社会分工、最终构成人类社会。

4）物联网的核心技术

物联网核心技术包括射频识别（RFID）装置、WSN网络、红外感应器、温度传感器、全球定位系统、Internet与移动网络、网络服务、行业应用软件。在这些技术中，又以底层嵌入式设备芯片开发最为关键，引领整个行业的上游发展。

（1）RFID技术。

RFID，即射频识别，俗称电子标签。

RFID是一种非接触式的自动识别技术，它通过射频信号自动识别目标对象并获取相关数据，识别工作无须人工干预，可工作于各种恶劣环境。RFID可识别高速运动物体并可同时识别多个标签，操作快捷方便。

RFID是一种简单的无线系统，只有两个基本器件，该系统用于控制、检测和跟踪物体。系统由一个询问器（或阅读器）和很多应答器（或标签）组成。

一套完整的RFID系统，是由阅读器（reader）与电子标签（TAG，也就是所谓的应答器（transponder））及应用软件系统三个部分所组成，其工作原理是Reader发射一特定频率的无线电波能量给transponder，用以驱动transponder电路将内部的数据送出，此时reader便依序接收解读数据，送给应用程序做相应的处理。

（2）WSN技术。

WSN是wireless sensor network的缩写，即无线传感器网络。

无线传感器网络就是由部署在监测区域内大量的廉价微型传感器节点组成，通过无线通信方式形成的一个多跳的自组织的网络系统，其目的是协作地感知、采集和处理网络覆盖区域内被感知对象的信息，并发送给观察者。传感器、感知对象和观察者构成了无线传感器网络的三个要素。

（3）温度传感器。

温度传感器是一种将温度变化转换为电量变化的装置。

将温度变化转换为热电势变化的称热电偶传感器。将温度变化转换为电阻变化的称为热电阻传感器。金属热电阻式传感器简称为热电阻，半导体热电阻式传感器简称为热敏电阻。温度传感器在工业生产、科学研究、民用生活等许多领域得到广泛应用。电阻式传感器被广泛用于-200℃～960℃范围内的温度。其是利用导体或半导体的电阻随温度变化而变化的性质而工作的，用仪表测量出热电阻的阻值变化，从而得到与电阻值对应的温度值。电阻式传感器分为金属热电阻传感器和半导体热电阻传感器两大类。前者称为热电阻，后者称为热敏电阻。

8.3　电子商务

近年来，互联网和电子商务的迅猛发展证明，信息的发展已经成为商务活动发展的新动力。在信息时代，流通企业面临着新的风险与机遇，已经涉及商务的实质、恰当的商务模式、组织机构等基本问题。在这种情况下，组织需要从战略高度重新审视信息的作用。信息不仅是商务战略形成的输入，而且也是商务活动的输出，信息的变化将为企业的发展带来新的机遇。

8.3.1　什么是电子商务

1）电子商务的定义

电子商务（electronic commerce，EC）指的是利用简单、快捷、低成本的电子通信方式进行商务交易。更正式地说，就是机构以及个人间进行数字化贸易。[①]其内容包含两个方面：一是电子方式，二是商贸活动。

电子商务可以通过多种电子通信方式来完成。现在人们所探讨的电子商务主要是以EDI（电子数据交换）和 Internet 来完成的，尤其是随着 Internet 技术的日益成熟，电子商务真正的发展将是建立在 Internet 技术上的。所以也有人把电子商务简称为 IC（Internet commerce）。

从贸易活动的角度分析，电子商务可以在多个环节实现，由此也可以将电子商务分为两个层次：较低层次的电子商务如电子商情、电子贸易、电子合同等；最完整的也是最高级的电子商务应该是利用 Internet 网络能够进行全部贸易活动，即在网上将信息流、商流、资金流和部分的物流完整地实现，也就是说，所有交易活动，从寻找客户开始，一直到洽谈、订货、在线付（收）款、开具电子发票以至电子报关、电子纳税等都可以通过 Internet 完成。

2）电子商务的优势

电子商务与普通商务相比，具有以下一些明显的优势：

（1）费用低廉：互联网是国际性的开放性网络，使用费用很低，一般来说，其费用不到 VAN 的 1/4，这一优势使得许多企业尤其是中小企业对其非常感兴趣；

（2）覆盖面广：互联网几乎遍及全球的各个角落，用户通过普通电话线就可以方便地与贸易伙伴传递商业信息和文件；

（3）功能更全面：互联网可以全面支持不同类型的用户实现不同层次的商务目标，如发布电子商情、在线洽谈、建立虚拟商场或网上银行等；

（4）使用更灵活：基于互联网的电子商务可以不受特殊数据交换协议的限制，任何商业文件或单证都可以直接通过填写与现行的纸面单证格式一致的屏幕单证来完成，不需要再进行翻译，任何人都能看懂或直接使用。

当然，要实现完整的电子商务还会涉及很多方面，除了买家、卖家外，还要有银行或金融机构、政府机构、认证机构、配送中心等机构的加入才行。由于参与电子商务的各方在物理上是互不碰面的，因此整个电子商务过程并不是物理世界商务活动的翻版，网上银行、在线电子支付等条件和数据加密、电子签名等技术在电子商务中发挥着不可或缺的作用。

8.3.2　电子商务的特点

1）时空普遍化

电子商务作为一种新型的交易方式，可以在任何时间、任何地方（在单位、在家

[①]　LAUDON C K，TRAVER G C. 电子商务：商业、技术和社会［M］. 劳帼龄，译. 北京：高等教育出版社，2004：7.

里，或通过移动设备在任何地点）使用。它将生产企业、流通企业以及消费者和政府带入了一个网络经济、数字化生存的新天地。市场已经超越了传统的界限，不受时空限制。

因此，电子商务极大地方便了消费者，使人们从物理空间的限制中解放出来，可以利用移动商务在办公室、家里，坐在桌前就能购买商品，甚至可以在车上完成购买。从交易成本的角度看，这种时空普遍化降低了交易成本。

2）影响全球化

电子商务技术超越国界，影响范围遍及全球。商务活动可以超越文化和种族的界限，无缝地、不受干扰地进行。整个"虚拟市场"拥有全世界数十亿潜在的消费者和数百万家潜在的企业。与传统商务相比，电子商务技术使得商务活动能够更方便地跨越文化和国家的界限，比传统商务有更好的成本效益比。因此，电子商务企业所面对的潜在市场规模几乎等于全球的网民数。

3）技术标准化

Internet技术标准是统一的，因而实施电子商务的技术标准也是统一的——世界上所有国家都遵循这个标准，这是电子商务技术的一个显著特点。相反，大多数传统商务技术的标准在不同的国家是有差异的。例如，世界各国的电视和广播的标准就不一样，移动电话技术也是如此。电子商务统一的技术标准大大降低了市场进入成本（即商家要使其产品进入市场所必须付出的成本）。同时，这一统一标准也为消费者降低了搜寻成本（即为找到合意的商品所要付出的努力）。由于有了这样一个单一的、全球一体的虚拟市场，就可以低成本地向大众提供产品介绍和价格，价格发现就更简单、更快捷，也更准确。

4）媒体丰富化

在传递信息的时候，所选择的媒体更加丰富，可以在单一的市场信息和消费体验中整合视频、音频、文本等各种信息形式。运用互联网技术，可以向数百万的受众传送包含文本、视频和音频等多种形式的"丰富"的市场信息，而这些是无法通过传统的广播、电视或者杂志等商务技术实现的。

5）过程交互化

电子商务具有交互性，可以让商家和消费者进行双向的沟通对话，通过与用户的交互，发挥技术作用。这种对话可以动态地调整，以适应不同的个体，使消费者参与到商品进入市场的过程中来。这是以前任何商务技术都不能实现的（也许电话是一个例外）。例如，电视就无法向观众询问任何问题，不能与观众进行对话，也不能要求消费者填写表格。相反，这些活动在电子商务网站上都是可能的。交互可以让网上的商家与消费者以一种类似于面对面的方式进行沟通，并且其覆盖面更广，可以达到全球范围。

6）信息密度化

互联网大大提高了信息密度，即所有参与市场的消费者、商家都能获得大量的信息。电子商务技术降低了信息搜集、存储、加工和交流的成本。同时，这些技术还在很大程度上提高了信息的流通性、准确性和及时性，使得信息比以往任何时候都更有用、更重要。

7）交易个性化/定制化

利用电子商务技术可以实现个性化，即商家可以根据个人的姓名、兴趣和以往的购买行为来调整有关信息，以针对特定个体提供市场信息。利用电子商务技术可以实现定制化，即根据用户的偏好和先前的行为调整销售的产品和提供的服务。由于电子商务技术具有交互性的特点，所以商家可以在消费者购买产品的时候搜集大量的客户信息。信息密度的提高，又使网上商家可以存储并利用消费者以往的购买和行为信息，这样就使个性化和定制化的程度达到了一个在现有商务技术下无法想象的水平。

8.3.3　电子商务的类型

电子商务的类型有很多，其划分方法也不尽相同。[①]目前比较认同的分类方法是把企业和消费者作为划分标准，划分出企业对消费者（B2C）、企业对企业（B2B）、消费者对消费者（C2C）、对等网络（P2P）、移动商务以及 O2O 等模式。

1）B2C 电子商务[②]

企业对消费者（business to customer，B2C）电子商务，即网上企业销售产品给消费者，如 Amazon.com 就是一家向零售客户销售商品的商家。企业对消费者电子商务是讨论最多的。

（1）门户网站。在一个网站上向用户提供强大的 Web 搜索工具及集成为一体的内容和服务，其收入来源主要是广告、订阅费及交易费。例如，雅虎、新浪、网易等互联网门户网站属于水平门户网站，链接的内容广泛而全面，覆盖各行各业；而携程、艺龙则属于垂直门户网站，专注于某一领域（或地域），如 IT、娱乐、体育，力求成为关心某一领域（或地域）内容的人上网的第一站。

（2）在线零售商。在线零售商也称为电子零售商，其收入来源主要是产品销售。在线零售商规模外观各异，既有像亚马逊这样的网上巨头，也有仅仅只有一个 Web 站点的本地小商店；作用也各不相同，对沃尔玛等一些传统零售巨头而言，这仅仅是实体店铺的补充，而对 Amazon.com 而言，则全部是在电子虚拟市场中运作。

（3）内容提供商。内容提供商是通过网络发布信息内容，如数字化的新闻、音乐、照片、电影以及艺术品的网站，其收入主要来源是订阅费和广告。例如，MP3.com 只要用户支付 1 个月的订阅费，就可以下载上千首歌曲。

（4）交易经纪人。交易经纪人是通过电话或邮件为消费者处理个人交易的网站，其收入主要是交易费。采用这种模式的网站能够为消费者节省时间和金钱，并且大多数这样的网站可以提供及时的信息和建议，如 E-Trade.com。

---

① 例如，麦肯锡管理咨询公司认为存在三种新兴电子商务模式，即销售方控制的商业模式、购买方控制的商业模式和中立的第三方控制的商业模式。美国"网络就绪组织"则认为商业模式包括：（1）电子商店作为电子经济中买卖发生的场所，从传统的市场渠道中夺取价值；（2）信息中介是内容、信息、知识及经验的代理商，能够为某一特定电子商务领域增加价值，也称为内容集成商；（3）信用中介是在买卖双方建立信用的机构；（4）电子商务实施者：特点是为其他电子商店或信息中介提供组件、功能及相关服务，使使电子商务得以进行或者进行得更好；（5）基础设施供应商/商务社区作为跨越不同领域（如产品、内容及服务）的机构，是由于共同的兴趣，通过一个共同的基础设施组织到一起的商业集合体。

② LAUDON C K，TRAVER C G. 电子商务：商业、技术和社会［M］. 劳帼龄，译. 北京：高等教育出版社，2004：61-71.

（5）市场创建者。市场创建者建立了一个数字化的环境，使得买卖双方能够在此"会面"，展示产品，检索产品，为产品定价，其主要收入是交易费。例如，eBay.com就是一个同时为企业和消费者提供在线拍卖的网站。

（6）服务提供商。电子零售商在网络上销售产品，服务提供商则提供在线服务。这些服务有些是收费的，有些则通过其他途径，如广告等，赚取收入。服务提供商能够向消费者提供比传统服务更有价值、更便利、更省时、成本更低的服务，这是其存在的基础。

（7）社区提供商。社区提供商是一些创建了数字化在线环境的网站，志趣相投的人可以在这里进行交易（买卖商品）、交流，了解与自己的兴趣相关的信息。社区提供商一般采取混合盈利模式，盈利项目包括订阅费、交易费、会员推荐费、销售收入及广告等。

2）B2B电子商务[①]

企业对企业（business to business，B2B）电子商务，即网上企业销售产品给其他企业，如中国地板网（http://www.flooring.com.cn）为地板行业的生产商和用户提供了网上市场。

在企业对企业的电子商务中，企业的目标是把商品销售给其他企业，这是电子商务中业务量最大的一种类型，2001年的交易额达到7 000亿美元。而2001年无论是网上还是非网上的各种企业间交易额估计有12万亿美元，也就是说，B2B电子商务具有巨大的发展潜力，B2B电子商务的最终规模将是巨大的。最初，B2B电子商务主要是指企业间的交易，但现在大量其他的B2B商业模式也已经出现，包括电子分销商、B2B服务提供商、中介人以及信息中介商等，从而扩大了B2B电子商务的应用范围。

（1）市场/交易所（B2B中心）。市场/交易所是一个数字化的电子市场，供应商和商业采购者可以在此进行交易。与门户网站不同，在这个市场中的买卖双方都是企业用户。市场/交易所可以分为垂直模式和水平模式。

垂直模式是在某个特定的行业，帮助买者将交易费、购买成本降下来。水平模式和垂直模式相仿，只是不像垂直模式那样只关注特定产品与服务，而是向不同行业提供广泛的服务。

（2）电子分销商。电子分销商直接为企业牵线，缩短了产品销售周期，降低了成本。B2B中心将许多企业聚集到一起，为它们提供商业机会，而电子分销商则是由一家为多个客户服务的企业所建立的。例如，Grainger.com就是最大的维护、维修及运营（MRO）产品供应商之一。

（3）B2B服务提供商。像电子分销商向其他企业提供产品一样，B2B服务提供商向其他企业提供业务服务。传统的B2B服务提供商提供的是与普通业务服务等同的在线服务，如会计服务、金融服务、人力资源管理服务、打印服务等。应用服务提供商则是另一种B2B服务提供商。一个应用服务提供商（application service provider，ASP）是这样

① LAUDON C K，TRAVER G C. 电子商务：商业、技术和社会[M]. 劳帼龄，译. 北京：高等教育出版社，2004：71-77.

一种企业，它向其他企业销售基于 Internet 的软件应用的接入服务。例如，Salesforce. com 使企业能够管理他们的销售人员。

（4）中介人。通过联系其他企业，从每一笔交易中收取交易费、使用费来获得收入的企业叫中介人。这是 B2C 电子商务中大家所熟悉的一种交易经纪形式。例如，2001 年 5 月被 UPS 公司从 Stamps.com 手中收购过来的 iship.com，可以为企业的包裹运输寻找最便宜的承运商。尽管有些企业出售承运商货运软件，但 iship 提供的却是可以免费访问其网站的服务，企业可以通过 iship 的网站对主要几家承运商的运费进行比较。

（5）信息中介商。信息中介是以搜集消费者信息并将其出售给其他企业为业务模式的企业。面向供应商的信息中介可以划分为两种基本类型：受众代理和商机制造者。受众代理（audience broker）搜集消费者的信息，并用它来帮助广告商向最合适的受众做广告。商机制造者（lead generator）搜集消费者的数据，由此形成消费者的特征和偏好。然后，他们指导供应商将符合消费者需要的产品和服务销售给消费者。

3）C2C 电子商务

消费者对消费者（customer to customer，C2C）电子商务，即消费者销售商品给其他消费者，如 ebay.com 为消费者建立了一个可以参与拍卖或直接向其他消费者出售商品的虚拟市场。

消费者对消费者电子商务借助像拍卖网站 ebay 这类的网上市场创建者的帮助，给消费者提供了一种向其他消费者销售商品的渠道。据估计，C2C 电子商务的市场规模将超过 50 亿美元，而且还将迅速增长。在 C2C 电子商务中，消费者准备好要交易的商品，将要拍卖或出售的商品放到网上，然后依靠市场创建者提供的目录、搜索引擎以及交易清算功能，相应的商品就可以很方便地被展示出来，并被其他消费者找到，最后完成支付、结束交易。

4）P2P 电子商务

对等（peer to peer，P2P）电子商务，即在这种电子商务中，使用对等网络技术，互联网用户不需要通过中央 WEB 服务器就可以直接共享文件和计算机资源。例如，Napster.com 这个网站帮助 Internet 用户查找和共享网上 MP3 音乐。

在纯对等网络技术中，不需要中间媒介的参与。简单地说，P2P 直接将人们联系起来，让人们通过互联网直接交互。P2P 使网络上的沟通变得容易、更直接共享和交互，真正消除了中间商。P2P 可以直接连接到其他用户的计算机、交换文件，而不是像过去那样连接到服务器去浏览与下载。P2P 另一个重要特点是改变了互联网现在的以大网站为中心的状态，重返"非中心化"，并把权力交还给用户。

P2P 给互联网的分布、共享精神带来了无限的遐想，有人认为至少有 100 种应用能被开发出来，但从目前的应用来看，P2P 的威力还主要体现在大范围的共享、搜索的优势上。它主要引发了或者是说更好地解决了网络上四大类型的应用：对等计算、协同工作、搜索引擎、文件交换。

5）移动商务

移动商务（mobile-commerce，M-commerce）是指通过移动通信网络进行数据传输，并且利用手机、掌上电脑等移动终端开展各种商业经营活动的一种新电子商务模式。移动商务是与商务活动参与主体最贴近的一类电子商务模式，其商务活动中以应用移动通信技术、使用移动终端为特征。

移动商务的应用模式根据与商业活动相关的通信主体进行分类，包括 B2M（business to mobile user）、M2M（machine to machine）两大类。前者强调企业等商业组织与手机用户消费者之间的沟通及在商业活动中的应用，是人与组织或人与人之间的通信。后者强调在商业活动中，通过移动通信技术和设备的应用，变革既有商务模式或创造出新商务模式，是机器设备间的自动通信。

（1）B2M。B2M 商务模式是在移动商务中以移动终端用户（手机用户、具有通信功能的掌上电脑用户等）为商务参与者，通过移动通信解决方案实现企业与最终用户以及企业内部人员之间的实时信息沟通，进而提高效率降低成本的新商务模式。B2M 以最终消费者为中心，将消费者中的手机用户细分为营销和服务的主要目标，以实时、随地的沟通创造没有疆界、不停顿的商务机会。B2M 目前已有着广泛的应用，如移动营销（M-marketing）、移动客户服务（M-customer service）、移动办公自动化（M-OA）、移动客户关系管理（M-CRM）等。

（2）M2M。M2M 商务模式是通过移动通信对设备进行有效控制，从而将商务的边界大幅度扩展或创造出较传统方式效率更高的经营方式，或创造出完全不同于传统方式的全新服务。M2M 以设备通信控制为核心，将原来低效率或甚至不可能的信息传输应用于商业中以获得更强的竞争力。M2M 的商务模式目前应用比较广泛，主要有移动物流管理（M-logistic management）、移动支付（M-POS）、移动监控（M-monitoring）等。

6）O2O

O2O（Online to Offline，O2O），即"线上-线下"，是线上渠道和线下渠道有机结合的一种电子商务模式。[①]它是指线上营销线上购买、支付带动线下经营和线下消费，即将线下商务机会与互联网技术结合在一起，让互联网成为线下交易的前台。[②]传统的 B2C、C2C 等电子商务是在线购买、在线支付，信息流、资金流在线上完成，购买的商品经包装后通过物流配送给消费者。与传统电子商务相比，O2O 的信息流、资金流与它们一样，都在线上完成，而物流和商流放在线下，让消费者亲自去实体店消费。O2O 的本质是通过线上营销和线下经营来提升服务水平，改善消费体验。它的特点是：推广效果可查，每笔交易可跟踪，按真实交易效果付费，让顾客有更好的体验。

早期的 O2O 只实现了线上线下浅层融合，主要是利用线上营销推广把相关用户吸引过来，然后把线上的流量倒到线下，主要领域集中在以美团为代表的线上团购和促销等领域。在这一过程中，平台和用户的互动较少，基本上以交易的完成为终结点。用户更多是受价格等因素驱动，购买和消费频率等也相对较低。

发展到一定阶段后，O2O 基本上已经具备了独立网上商城、国家级权威行业可信网站认证、在线网络广告营销推广、全面社交媒体与客户在线互动、线上线下一体化的会

---

① O2O 一词最早于 2010 年 8 月出自 TrialPay 创始人兼 CEO Alex Rampell 在美国科技资讯的博客。
② 一种观点是，一家企业能兼备网上商城及线下实体店两者，并且网上商城与线下实体店全品类价格相同，即可称为 O2O；也有观点认为，O2O 是 B2C（Business to Customers）的一种特殊形式。

员营销系统等要素。这个阶段的主要特征是升级为服务型电商模式。

到了更高级阶段，O2O 开始明显地分化：一是真正的垂直细分领域的公司开始凸显出来，比如专注于快递物流的速递易，专注于高端餐厅排位的美味不用等，专注于白领快速取餐的速位；二是垂直细分领域的平台化模式发展，由原来的细分领域的解决某个痛点的模式开始横向扩张，覆盖到整个行业。

根据盈利模式的不同，O2O 可以分为三种不同的类型，即广场模式、代理模式和商城模式。①在广场模式下，网站为消费者提供产品或服务的发现、导购、搜索和评论等信息服务，通过向商家收取广告费获得收益，消费者如有问题需找线下的商家。这种模式的典型网站有大众点评网、赶集网等。在代理模式下，网站通过在线上发放优惠券、提供实体店消费预订服务等，把互联网上的浏览者引导到线下去消费。网站通过收取佣金分成来获得收益，消费者如有问题需找线下商家。这种模式的典型网站有拉手网、美团网、酒店达人、布丁优惠券等。商城模式则是指电子商务网站整合行业资源做渠道，用户可以直接在网站购买产品或服务。企业向网站收取佣金分成，消费者如有问题需找线上商城。这种模式的典型案例有到家美食会、易到用车等。

8.3.4 "互联网+"流通

1)"互联网+"流通的理解

1969 年，阿帕网（ARPANET）的诞生标志着人类社会进入互联网时代。从此互联网就凭借实时交互、信息跨越时空传输、信息资源共享、信息技术赋能等优势，成为经济发展的新动力，并融入经济社会生活方方面面的"毛细血管"，改变或重塑了人们和市场主体的行为方式、经营模式、行业形态和商业业态。信息作为无形要素进入流通，不仅加快了流通的速度，而且逐渐创造出若干崭新的生活场景，同时分离出独立的、大规模流通和高速度传输的数据流，成为形成现代流通颠覆性变革的最大推动力量。（陈文玲，2022）②

"互联网+"流通就是依托互联网信息技术实现与传统商品流通的结合，充分发挥互联网优势，促进流通产业转型发展，通过产业转型升级提升经济生产力。

我国的"互联网+"流通应该包括三种基本理念（郭宇，2016）：③

第一种理念是充分实现流通技术的现代化。随着我国互联网技术的不断发展，很多产业都在"互联网+"的新环境下实现了技术创新，因此，"互联网+"流通首先是要实现流通领域的技术创新发展和应用，将商贸流通领域的智能化水平、信息化水平、现代化水平不断提高，同时引入云计算和大数据，从而提高流通领域的技术含量，实现技术创新。

第二种理念是需要实现流通效率的快速提高。我国商贸流通效率低下，损耗偏高一直是瓶颈问题，因此，加强电子商务的应用，从而提高我国商贸流通的效率水准，实现互联网思维下的流通效率提高是必要之举，以此实现我国流通产业同互联网有效的、科

① 卢益清，李忱. O2O 商业模式及发展前景研究［J］. 企业经济，2013（11）.
② 陈文玲. 现代流通的形态变革与理论重构［J］. 人民论坛·学术前沿，2022（7）：78-101.
③ 郭宇."互联网+"时代重塑我国商贸流通业的探讨［J］. 商业经济研究，2016（8）：26-28.

学的结合。

第三种理念是必须实现流通模式的创新再造。我国流通产业同互联网的简单叠加并不是"互联网+"流通，因此要在我国流通领域产生质和量的变化，使我国流通领域依靠互联网改变传统模式，既不能单纯地采取传统流通形式，又不能单纯地采取传统互联网形式，而是要进行把互联网的精髓融入我国商贸流通领域中的一种基因重组。

随着我国数字经济的发展，"互联网+"流通不单单是指计算机网络技术，更是指利用计算机技术进行的数字化经济变革，把城乡商贸流通与物联网、大数据、云计算、区块链还有人工智能相结合，完成城乡商贸流通的转型和升级。发挥互联网技术对流通经济的重要推动作用，打造由"商业模式"与"信息技术"所构成的经济发展"双引擎"，从而进一步推动中国经济发展——"保增长""稳增速"双目标的实现。

2）"互联网+"流通的影响

（1）引领流通产业的变革。

"互联网+"引发了流通变革、全产业链变革，推动消费转型升级，助力社会经济发展，并推动供给侧结构性改革以及实体零售转型升级，从而重构流通体系，并催生新的商业模式，使流通效率得以大幅提升，流通成本大幅下降，引领流通变革。

（2）构建互利共赢的生态。

"互联网+"推动了供应商与零售商开展有效沟通，又会增进零售商与消费者之间的关系，创造更多商业机会。

一方面，通过消费者大数据赋能，供应商将获取更加精准的消费者画像及需求信息分析结果，使商品研发周期不断缩短，让生产计划更加合理，产品适销性更强。另一方面，在全渠道流通与营销的作用下，消费者黏性大幅提升。以零售平台商为依托，线上、线下、移动端、各终端实现了全面融合，品牌商、分销商、零售商、服务商也可与消费者持续互动，以提升消费者的购物体验，增强消费者的黏性。

（3）助推消费结构升级。

一方面，释放消费潜力。随着社会化大生产的发展和新型行业的不断出现，"互联网+"流通覆盖的范围越来越大，组织模式不断与其他产业的组织模式交叉发展，组织边界逐渐模糊。在"互联网+"和移动支付等信息技术已经深入社会消费各个环节的大环境下，流通组织创造的市场价值已经从简单的商品流通服务增值向虚拟价值增值发展。随着近年来互联网电商经济规模的不断扩大，传统流通组织中的商品供需流通功能不断向互联网商业服务业方向创新，流通组织模式的变革创造了新的在线商业服务业价值，同时也促进了互联网商业经济的发展。

另一方面，助推消费结构升级。流通业的发展与社会消费需求变革相互影响、相互促进、相互拉动，呈现出了螺旋式上升趋势。在不断发展的新零售的影响下，居民消费理念、消费结构、消费形式、消费方式、消费内容等发生了变化，消费体验形式多种多样，消费潜力被充分激发出来，多元化的消费需求被有效满足。

（4）培育经济发展新动能。

从本质上来看，"互联网+"流通的发展就是在平台企业的带动下将大数据、互联网技术引入商业，对生产制造过程进行优化，降低交易成本、提升消费潜力，增强经济发展动能。

同时，以云计算、移动互联网为代表的新工具和以数据为代表的新市场能源逐渐出现，从而催生了诸多新的市场机会，为创新创业活动的开展提供了新助力。

随着线上线下相互融合，商业活动的开展有了新渠道、新通路。这个新渠道、新通路指的不仅是国内市场，还包括国外市场。"互联网+"流通为国有品牌"走出去"，为更高水平的对外开放的实现提供了有效支持与助力。

学思践悟

党的二十大报告中的"信息化"

党的二十大报告中指出，必须坚持科技是第一生产力、人才是第一资源、创新是第一动力，深入实施科教兴国战略、人才强国战略、创新驱动发展战略，开辟发展新领域新赛道，不断塑造发展新动能新优势。流通产业除了运用科技武装提升自己，还要造就拔尖创新人才，更要将科技创新的主动权牢牢掌握在自己手中。

党的二十大报告全文5次提到新发展格局，新发展格局即"以国内大循环为主体、国内国际双循环相互促进的新发展格局"。无论国内大循环还是国际循环，本质上讲的是产业链供应链，目标是建立以我为主、安全可控的循环生态圈。现代流通是双循环的核心支撑，而流通信息化则是现代流通的核心支撑。

党的二十大报告中强调，要坚持把发展经济的着力点放在实体经济上，推进新型工业化，加快建设制造强国、质量强国、航天强国、交通强国、网络强国、数字中国。党的二十大报告还强调"构建新一代信息技术、人工智能等一批新的增长引擎"。

数字中国，智造未来。新一代信息技术的高速发展，不仅为我国加快推进制造强国、质量强国、网络强国和数字中国建设提供了坚实有力的支撑，而且将促进百行千业升级蝶变，成为推动我国经济高质量发展的新动能。

本章小结

流通信息是对流通活动的客观描述，是流通中各种关系及其状态的真实反映。与其他信息相比，流通信息具有系统性、多样性、多向性、共享性及时效性等特点。尽管流通信息可以按照不同的标准进行分类，但所起到的作用是相同的，即分析企业经营状况、研究消费者购物习惯及拓展业务空间。

所谓信息化，就是现代信息技术与社会各个领域及其层面互动结合的动态过程及结果。它包括产品信息化、企业信息化、产业信息化、国民经济信息化及经济和社会信息化五个层次。流通业的信息化属于产业信息化这一层次。流通信息化是指流通业利用信息技术获取、处理、传输、应用知识和信息资源，以实现流通方式创新，提高流通效率的一个动态过程。其核心是信息资源的开发利用，其实质是一场包含流通宏观调控、流通产业结构调整和流通企业经营管理再造的深刻变革。流通信息化对流通系统的结构和功能也产生了深远的影响。从企业外部环境来看，其影响主要表现为行业竞争结构的改变、顾客需求行为的变化、企业交易模式的改变与价值链的再造三个方面；对企业内部管理的影响则主要表现在组织结构的变革、营销方式的扩展、内部协调方式的变革、顾客服务方式的转变等方面。

流通信息化技术包括：

（1）条码。条码是由一组按一定编码规则排列的条、空符号，用以表示一定的字符、数字及符号组成的信息。其构成包括条码符号设计、制作及扫描阅读组成的自动识别系统，具有输入速度快、可靠性高、采集信息量大、灵活实用以及条码标签易于制作等优点。

（2）电子数据交换。电子数据交换（electronic data interchange，EDI）是在企业的内部应用系统之间，通过计算机和公共信息网络，以电子化的方式传递商业文件的过程。其构成包括数据标准化、EDI软件及硬件、通信网络，可带来以下诸多效益：提高工作效率、减少数据错误、节省库存费用、节省人事费用、实现贸易无纸化及企业国际化等。

（3）销售点情报管理系统。销售点情报管理系统（point of sale，POS）是利用电子收款机进行销售数据的实时输入、系统实时处理销售业务，并进行经营业务分析的管理信息系统。其构成包括后台主机、收款机、条码扫描器、打码机、微型票据打印机等，可实现商务作业功能和管理功能。

（4）电子订货系统。电子订货系统（electronic ordering system，EOS）是利用计算机与通信技术来取代传统的下单与接单及相关动作的自动化订货系统。其构成由供应商、零售商、网络及计算机系统组成，效益则可从为零售业和批发业带来的益处中体现出来。

（5）物联网是通过射频识别、红外感应器、全球定位系统、激光扫描器等信息传感设备，按约定的协议，把任何物品与互联网连接起来，进行信息交换和通信，以实现智能化识别、定位、跟踪、监控和管理的一种网络，具有普通对象设备化、自治终端互联化、普适服务智能化等特点。物联网从结构上可分为感知识别层、网络构建层、管理服务层和综合应用层，其核心应用技术包括射频识别装置、WSN网络、传感器技术等。

电子商务的发展已经成为商务活动发展的新的动力。电子商务指的是利用简单、快捷、低成本的电子通信方式，买卖双方不谋面地进行各种商贸活动。电子商务与普通商务相比，具有费用低廉、覆盖面广、功能更全面、使用更灵活等优势。

电子商务的特点可以概括为时空普遍化、影响全球化、技术标准化、媒体丰富化、过程交互化、信息密度化及交易个性化/定制化。电子商务类型可以用表8-2来进行表述。

表 8-2

电子商务类型

企业对消费者（B2C）	门户网站（包括水平门户网站、垂直门户网站）
	在线零售商
	内容提供商
	交易经纪人
	市场创建者
	服务提供商
	社区提供商
企业对企业（B2B）	市场/交易所（B2B 中心）（包括水平模式、垂直模式）
	电子分销商
	B2B 服务提供商
	中介人
	信息中介商
消费者对消费者（C2C）	—
对等网络（P2P）	对等计算
	协同工作
	搜索引擎
	文件交换
移动商务	B2M
	M2M
O2O	广场模式
	代理模式
	商城模式

"互联网+"流通就是依托互联网信息技术实现与传统商品流通的结合，充分发挥互联网优势，促进流通产业转型发展，通过产业转型升级提升经济生产力。"互联网+"流通包括充分实现流通技术的现代化、需要实现流通效率的快速提高以及必须实现流通模式的创新再造三种基本理念。"互联网+"流通的影响包括引领流通产业的变革、构建互利共赢的生态、推动消费升级以及培育经济发展新动能。

复习思考题

1.什么是流通信息？其主要作用是什么？

2.什么是信息化？信息化可分为几个层次？

3.什么是流通信息化？它对流通产业有哪些影响？

4.简述条码的定义、构成及特点。

5.简述 EDI 的定义、构成及益处。

6.简述 POS 的定义、构成及功能。

7.简述 EOS 的定义、构成及效益。

8.简述物联网的定义、结构及特点。

9.论述电子商务的特点及对流通领域的影响。

10.简要说明电子商务的类型。

11.什么是"互联网+"流通？其影响有哪些？

拓展阅读：双 11 物流背后的科技力量

第 9 章

流通国际化

学习目标

通过本章的学习，深刻理解经济全球化与流通的关系，掌握流通国际化的内涵、动因和模式；了解流通企业跨国经营的现状及一般规律，了解中国流通领域对外开放的历程；全面理解外资零售企业和外资物流企业进入中国市场的战略，以及中国流通业开放与国家经济安全问题。

9.1　经济全球化与流通

9.1.1　经济全球化的含义和表现形式

1）经济全球化的含义

一般认为，全球化的概念最早是由美国经济学家 T. 莱维于 1985 年提出的，用来形容前 20 年间国际经济的巨大变化，即商品、服务和技术在世界生产、消费和投资领域中的扩散。国际货币基金组织（IMF）在 1997 年发布的《世界经济展望》中，曾对全球化下过这样的定义："全球化是指跨国商品与服务交易及国际资本流动规模和形式的增加，以及技术的广泛迅速传播使世界各国经济的相互依赖性增强。"经济全球化则是全球化中最为核心和主要的内容，是世界经济发展到一定阶段出现的一种全新现象，是在科技和生产力达到更高水平，阻碍生产要素自由流通的各种壁垒不断削减，规范生产要素流通的国际规则逐步形成并不断完善的一个历史过程[①]。国内有学者认为经济全球化是指人类经济活动跨越民族国家界限以及各国经济在世界范围内的相互融合过程，既是指资本、生产、技术、信息、货物等生产要素在全球范围内跨国界广泛而自由地流动，从而实现资源有效配置的过程，也指由于这个过程的深化，各国之间的联系和相互作用不断加强，形成各国经济"你中有我，我中有你"的相互依赖甚至制约的关系[②]。

我们认为，经济全球化包括两个重要的层面：第一个层面是指"全球统一市场"的形成，既是指在世界范围内各国、各地区的经济相互交织、相互影响、相互融合成统一整体的过程，也是指商品、服务、生产要素在全球范围内流动、配置，形成全球化统一大市场的过程；第二个层面是指"全球市场规则"的建立，即世界范围内规范经济行为的全球规则以及以此为基础的经济运行全球机制的建立，它也是世界多边经济贸易规则和惯例不断发展和健全的过程。[③]

2）经济全球化的表现形式

（1）贸易全球化。贸易全球化是经济全球化的前导，早在地理大发现以后，以互通有无为特点的洲际贸易活动就逐步活跃起来。18 世纪工业革命完成以后，以商品和资本输出为特点的国际贸易在炮舰政策的护卫下在全世界大行其道，并最终导致了两次世界大战和资本主义大危机。真正意义上的贸易全球化始于第二次世界大战以后，尤其从 20 世纪 90 年代以来。贸易全球化表现为：其一是贸易自由化程度加深，在 WTO 及其前身 GATT 的推动下，通过八个回合的谈判，成员的平均关税率从 1948 年的 40% 降到 1997 年乌拉圭回合的 6.5%，其中发达成员降为 3.7%，发展中成员降为 11%，并使贸易扩展到服务及知识产权等领域，国际贸易门槛大大降低，国际贸易规模进一步扩大；其二是国际贸易发展迅速加快，相关资料显示，1950 年世界商品贸易额为 610 亿美元，1970 年达到 3 150 亿美元，1990 年又猛增至 34 470 亿美元，1996 年高达 53 982 亿美元，

---

① 李健. 经济全球化与我国参与国际竞争的对策研究 [J]. 江海学刊，2005（5）.
② 郭连成. 面向 21 世纪的经济全球化——概念、成因、回顾与展望 [J]. 国外社会科学，2001（2）.
③ 王林生，范黎波. 跨国经营理论与战略 [M]. 北京：对外经济贸易大学出版社，2003：23-25.

2000年达到了62 000亿美元[1]，近年来，世界贸易更以每年4%到8%的幅度增长，贸易增长率通常比全球经济增长率高出2~4倍；其三是跨国公司内部贸易不断扩大，其贸易量在世界贸易总额中的比重现已超过60%。此外，迄今为止，世界上已经有200多个国家和地区参与了国际贸易和国际市场的角逐，从而使国际贸易的地理分布不断扩大，加快了贸易全球化步伐。

（2）投资全球化。第二次世界大战后国际直接投资（FDI）这种跨国界的经济行为的规模不断扩大，在很长时间内其发展速度大大超过GDP的增长率。1995年，发达国家对外投资总额就已经达到了2.66万亿美元，是1945年的130多倍。过去只有发达国家输出资本，现在发展中国家也对外输出资本，包括向发达国家输出，国际投资中资本流动规模在持续扩大。

（3）生产全球化。生产全球化主要是指在全球范围内组织和协调生产的过程，它的最重要特征是把分散在全球各地的生产组织作为一个统一的整体来进行协调和管理。当前，越来越多的跨国企业开始在全球范围内寻找最佳的生产资源和市场资源组合方式。生产产品特别是生产某些高新技术产品已经不再由某个国家单独完成，而是由若干个国家通过协作来完成。生产资源配置不再受到国界的限制，企业可以根据全球市场的价格信号进行生产和销售活动，最大限度地提高经济效率。

（4）消费全球化。经济全球化也是消费的全球化，消费者不仅在本国市场上购买消费品，同时也在国际市场上购买消费品。不同国家和地区的消费者通过相互学习和交流，在衣、食、住、行、通信、生活等各个方面已经形成了逐步趋同的消费理念、消费行为和生活方式，并正在改变着人类的生存状态和生活面貌[2]。消费全球化可使消费者在世界范围内选择，从而可用最小的花费获得最大的满足，这种全球消费的同质性已经越来越明显[3]。

（5）金融全球化。随着冷战的结束以及西方各国经济的发展，国际贸易和经济技术交流进一步扩展，各国政府逐步放宽了对国际资本流动的限制和对货币自由兑换的管制，金融全球化的发展开始趋向明朗化。金融全球化是金融自由化推动各国金融制度和市场结构趋同的结果，它最突出的表现是国际货币资本的流动已远远超过国际贸易资本的变化，不仅表现为量的巨大增长，而且表现为质的深刻变化，循着金融业务国际化、金融工具创新化、金融管制自由化、金融市场全球化这一路径进行。同时，国际贸易法治和国际分工深化对国际金融发展提出了更高要求，信息技术的飞速进步又使货币电子化进程大大加快。于是，自20世纪70年代后期以来，全球金融市场在规模和衍生工具创新等方面仍在发展，巨额资金交叉流动使越来越多国家的金融市场对内对外的分割性都大大降低，完全超越了时空限制。这一发展趋势为资源在全球范围内优化配置提供了充分条件，也成为当代推进经济全球化的最活跃因素[4]。

（6）信息全球化。20世纪80年代以来，随着贸易全球化、投资全球化、生产全球化的发展，从事国际商务和国际旅游的人员增加，流动频繁，促进了全球信息的交流；

---

① 郭连成. 经济全球化与不同类型国家的应对 [M]. 北京：中国财政经济出版社，2001：33.
② 郑后建. 零售企业跨国经营战略 [M]. 北京：中国市场出版社，2005：46.
③ 陈信康. 中国商业现代化 [M]. 上海：上海财经大学出版社，2003：191.
④ 陈建南. 经济全球化中的国际直接投资研究 [D]. 厦门：厦门大学，2002：46.

全球图书资料和音像制品贸易的发展也大大丰富了各国信息资源总量；加之通信和交通领域卫星广播、互联网络等新技术革命的发展，使信息全球化迅猛发展起来。"伴随着信息全球化的发展，人们可以轻而易举地获悉国外的经济、政治及文化信息和符号。"[①]信息"大爆炸"的时代早已来临，一个真正覆盖全球的信息网络系统已然形成。[②]

9.1.2　经济全球化与流通国际化

虽然经济全球化有不同的表现形式，但是我们认为经济全球化的实质是流通国际化，因为贸易全球化、投资全球化、生产全球化、消费全球化、金融全球化以及信息全球化的过程，都在一定程度上伴随着资本、生产、技术、信息等要素资源的跨国流通过程。从全球范围来看，现代流通的发展已呈现国际化趋势。在社会生产力空前提高，全球分工和交易空前扩大，科学技术特别是信息技术空前发展的阶段，流通从过去局部的、片断的、不连贯的、一国或几国的运动过程，变成了全球范围的运动过程；从过去只有商品、货物等有形商品的流通，变成了包括有形商品和无形商品等更多要素禀赋加入的全要素流通；从生产和流通相对分离、相对独立，变成了两者日益融合与统一的过程。现代流通已经成为一种黏合物，把整个全球经济联结在一起。所以，经济全球化实际上就是流通国际化，就是现代流通推动经济全球化形成的过程。换句话说，没有国际化的流通，也就无法实现经济的全球化，因此经济全球化与流通国际化相伴而生、相互促进、共同发展。

9.2　流通国际化的机理与模式

9.2.1　流通国际化的概念、形式与特点

1）流通国际化的概念

有学者认为流通国际化就是流通要素跨国界的流动，其基本表现形式为资本的国际化、管理的国际化和商品经营的国际化[③]。在本书中，我们认为流通国际化的概念可以分为狭义和广义两个层面：狭义的流通国际化是指流通企业主动的海外扩张过程，也指伴随着国际流通企业的跨国界经营而引发的生产要素与生产成果的跨国流通过程；广义的流通国际化，除包括国际流通企业主动的海外扩张以外，还包括流通企业海外扩张对东道国流通系统及东道国流通企业的影响，以及这种影响对国际流通企业的反作用。但无论是狭义的概念还是广义的概念，流通国际化的主体都是国际化的流通企业，包括从事国际化经营的零售企业、批发企业和物流企业。

流通国际化其实是一个双向的过程，可以概括为外向国际化和内向国际化，前者是一国的流通企业通过各种形式参与国际市场竞争，使企业经营具有国际化特征；后者是外国流通企业进入国内市场，使国内市场的竞争呈现出国际化的特征。

---

① 莫利，罗宾斯. 认同的空间——全球媒介、电子世界景观与文化边界 [M]. 司艳，译. 南京：南京大学出版社，2001：22.
② 杨宏山. 经济全球化的主要表现及其政治效应 [J]. 云南行政学院学报，2002（4）.
③ 邓永成. 中国营销理论与实践 [M]. 上海：立信会计出版社，2004.

2）流通国际化的形式与特点——以零售国际化为例

（1）零售国际化的形式。零售国际化的形式主要表现在五个方面[1]：①店铺选址国际化。店铺选址国际化有许多种类。从店铺的投资方式来看，主要有总部直接投资开设、海外关联企业投资开设、与当地合作者合资开设，以及无直接投资的技术合作等；从店铺形态来看，既有带有试验性质的小型百货店，也有以经营特定品牌为主的专卖店或专业店（店中店），同时，也有超市、购物中心、仓库型商店、便利店等。②商品供应国际化。商品供应国际化主要是指零售企业从国外采购商品然后到国内进行销售的行为。商品供应国际化包括两种方式：一种是从当地的供应商直接采购NB商品，然后进口到国内销售；另一种是与当地生产企业，特别是与当地的外资企业合作生产PB商品，然后进口到国内销售。除此之外，也有在当地采购，然后向第三国店铺供应商品的情况。③资本国际化。资本国际化是指零售企业通过在海外市场募集资金，然后向国内关联企业融资或者在海外进行其他投资的行为。这种国际化也有两种形式：一种是通过在海外直接设立金融（投资）子公司来募集资金；另一种是通过在海外设立上市公司来募集资金。④信用卡国际化。信用卡国际化是指通过发行在国外使用的信用卡而实现国际化。⑤非零售事业的国际化。非零售事业的国际化是指零售企业通过在海外经营非零售事业而实现国际化。

（2）零售国际化的特点。零售国际化的特点可以通过与制造业国际化的特点比较反映出来（川端基夫，2000）（见表9-1）。

表9-1　　　零售国际化与制造业国际化的区别

项目	零售国际化	制造业国际化
选址条件	更重视该地区的收入水平、购买力大小及其结构等"收入因素"	主要重视土地费用、建设成本与劳动力成本等"费用因素"
选址功能	选址功能全面，商品供应、商品陈列、店铺销售、店铺管理等经营活动或职能无法进行空间或地理上的分割	选址功能单一，即可以将很多职能要素或经营活动进行空间或地理上的分割
市场范围	商圈有限	商圈无限
市场环境	受下游市场环境与上游商品供应环境的制约	大部分原材料可以内部化，其生产设备也可以从国内引进，因此，可以在很大程度上仿真国内的生产经营系统
向海外转移的专业技能性质	软技能（难于转移）	硬技术（易于转移）
市场进入方式	直接进入市场	中介组织
价值转移方式	其收益只能在当地并以当地的货币形式实现，然后再以利润分配或管理费的形式转移到国内，这样就在很大程度上受到当地与国内外汇管理体制、税制及外汇市场行情的影响	通过产品在国家之间的移动来转移价值，即收益随产品而转移，并通过在国内或第三国的销售而实现

[1] 夏春玉. 零售商业的国际化及其原因分析［J］. 商业经济与管理，2003（4）.

9.2.2　流通国际化动因

学术界关于流通国际化动因的研究主要集中在零售国际化方面，相关研究可以追溯到霍兰德（Hollander）在1970年出版的"Multinational Retailing"。霍兰德认为跨国零售企业海外扩张动因可能是无意的国际化（inadvertent internationalization），比如说国界发生变化、商业性动机（利润驱使）以及非商业性动机（社会、政治、人际关系、民族的等）①。亚历山大（Alexander）发现尽管跨国零售商海外扩张的动因复杂，但是根据霍兰德最初所讨论的观点，可以归纳为推动因素与拉动因素这两大类（见表9-2），并且通过实证研究发现拉动因素比推动因素更重要，过去很受研究者重视的"国内市场饱和"或"国内开店限制"等国内市场机会约束的消极因素并不重要，相反，企业对未来成长的预期等积极因素对零售企业进入海外市场影响很大。也就是说，在亚历山大看来，零售企业进入海外市场不是由于国内市场的限制而进行的"被迫式进入"，而是出于对未来成长的预期而进行的"积极进入"②。奎因（Quinn）通过实证研究发现，英国零售商海外扩张的动因主要是一些成长导向的因素，如海外市场的规模、零售业态的国际吸引力、海外市场的经济发展水平以及海外市场的目标机会。相反，英国母国市场扩张成本的增加、母国市场有限的发展机会等推动因素对于零售商海外扩张决策的影响不大，这一结果也验证了亚历山大的观点③。

表9-2　　　　亚历山大（1997）对跨国零售商进入海外市场原因的整理

原因	推动原因	拉动原因
政治原因	政治不稳定；严格的规制环境；反商业振兴的政治气候；消费者金融的限制	政治稳定；宽松的规制环境；商业振兴的政治气候；消费者金融限制宽松
经济原因	经济低速增长或不增长；经营成本高；市场趋于成熟；国内市场规模小	良好的经济环境；经济高速增长或很具增长潜力；经营成本低；市场处于成长阶段；市场巨大；良好的外汇市场环境；股票价格较低；优惠的招商引资政策
社会原因	消极的社会环境；缺乏魅力的人口结构；人口不增长或下降	积极的社会环境；很有魅力的人口结构；人口增长
文化原因	排他性的文化氛围；异质的文化环境	共同性的文化或比较容易适应；有魅力的文化组织结构；创新性的商业或零售文化；相近的企业行为习惯；同质的文化环境
零售结构原因	激烈的竞争环境；市场集中度较高；业态饱和；较差的经营环境	存在市场机会；拥有较好的零售设施；跟随式扩张；良好的经营环境

资料来源　[1] 夏春玉．零售商业的国际化及其原因分析 [J]．商业经济与管理，2003（4）：4-9．[2] ALEXANDER N．International retailing [M]．Oxford：Blackwell，1997．

---

① HOLLANDER S C．Multinational retailing [M]．East Lansing，MI：Michigan State University Press，1970．
② ALEXANDER N．International retailing [M]．Oxford：Blackwell，1997．
③ BARRY Q．The temporal context of UK retailers' motives for international expansion [J]．Service Industries Journal，1999，19（2）：101-116．

　　归纳起来，推动因素和拉动因素是零售企业国际化的基本动因。推动因素是指由于母国的环境与零售企业特定条件的影响，而鼓励零售企业向海外扩张的因素，也可以认为是受母国环境与零售企业的特定条件的制约，而使零售企业国际化战略非常必要而紧迫的因素。拉动因素则是吸引零售企业进入新的海外市场的因素。因此，推动因素往往是一些不利的贸易条件、环境因素，比如落后的经济条件、不利的人文环境、严格的管制政策、饱和的母国市场空间等。相反，拉动因素往往指在新市场的发展机会、目标市场落后的零售结构，以及目标市场的其他机会等。零售企业国际化（进入海外市场）往往是推动因素和拉动因素共同作用的结果，只是拉动因素的重要性越来越明显而已。

　　需要注意的是，推动因素与拉动因素的地位是相对的而不是绝对的。卡克（Kacker，1985）曾指出20世纪70年代欧洲环境的推动因素刺激着零售国际化的进程，而美国市场的拉动因素鼓励着欧洲零售商在美国投资。美国市场有着相对具有吸引力的社会、经济、管制条件，拉动着欧洲零售商向北美的扩张。而不利的经营条件及有限的市场发展空间刺激着欧洲零售商迅速走出母国市场[1]。图9-1描述了A、B两个市场，在A市场的零售商受到较强的推动因素的影响，而视市场B为具有吸引力的目标市场。可是在市场B中的零售商可能在母国内仍具有较大的发展空间，所以不会轻易考虑向市场A扩张。图9-1描述了欧洲市场A与美国市场B在20世纪70年代中期到20世纪80年代初期的相对市场地位。在这段时期内，欧洲零售商大举向美国市场扩张。而在20世纪90年代初期，市场环境发生变化，不同的条件促使美国零售商开始向欧洲市场扩张，这也使得欧洲市场与美国市场在图中的相对地位发生变化，欧洲零售商需要重新评价欧洲市场的机会[2]。

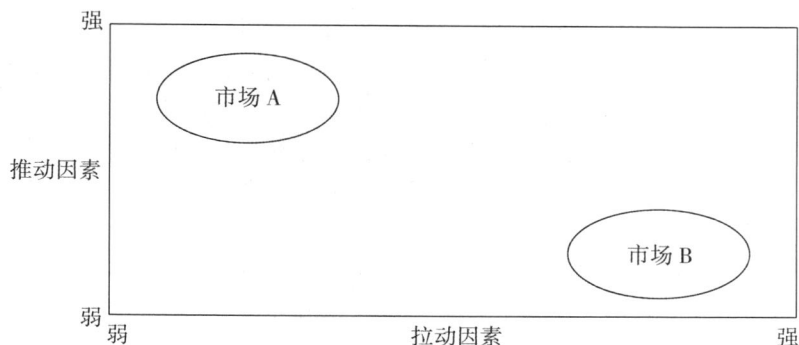

图9-1　推动因素与拉动因素：相对的市场地位

9.2.3　流通企业海外市场进入模式

1）流通企业海外市场进入模式的基本类型

企业海外市场进入模式在制造业领域研究得比较多，而立足于流通领域的相关研究

---

①　KACKER M P. Transatlantic trends in retailing：Takeovers and flow of know-how［J］. London：Quorum Books，1985.

②　MCGOLDRICK P J，DAVIES G. International retailing：Trends and strategies［M］. London：Pitman Publishing，1995.

就显得薄弱许多。道森（Dawson）①与麦戈德里克（McGoldrick）②按照成本与控制程度的高低对零售企业海外市场进入模式的研究标志着流通国际化模式系统研究的开始，但是他们的研究主要是立足于零售企业的研究。根据麦戈德里克（1995）的分析，零售企业进入海外市场的方式主要有许可、租约或附属经营、特许、合资、收购以及自我进入六种类型。但事实上，流通业内部不同行业的差别，使得批发企业、零售企业、物流企业的国际化模式都存在一些差异。这里我们只探讨流通企业可以采取的一般性的海外市场进入模式。

（1）许可（licensing）。许可是指企业（许可者）将它们的无形资产（专利、贸易机密、技术诀窍、注册商标、信誉）出售，向外国企业（许可证持证人）换取特许权或其他形式的支付。与其他进入方式相比，许可的最大优点是使流通企业只需要极少的前期投资，成本最小，但对海外市场的控制程度也最低。

（2）特许经营（franchising）。特许是指特许人（franchiser）授权给受许人（franchisee），使其有权利利用授权者的知识产权，包括商号、产品、商标等。特许的优点是可最大限度地扩大流通企业品牌影响力，用较少的资本便可迅速拓展国际市场，但并不是任何企业都能以特许进入国际市场，特许企业的品牌与服务必须具有较大的吸引力，对受许人全过程的控制比合资、独资的方式低。特许与许可很相似，所不同的是，特许方要给予被特许方经营方面的指导与帮助，该方式在对海外市场保持一定的控制水平以及成本投入与风险之间实现了平衡。

（3）合资（joint venture）。合资是指与熟悉本地市场的合作伙伴合资经营。合资方式缩短了进入新市场的适应时间，减少了成本与风险，成本与控制水平居中。通过这种进入模式，流通企业可以充分利用合作伙伴的专门技能和当地的分销网络，从而有利于开拓国际市场；同时还有利于获取当地的市场信息，以对市场变化作出迅速灵活的反应；当地政府易于接受和欢迎这种方式，因为它可以使东道国政府在保持主权的条件下发展经济。但这种模式也存在弊端，如双方常会就投资决策、市场营销和财务控制等问题发生争端，有碍于国际流通企业执行全球统一协调战略。

（4）独资（wholly-owned）。这是一种在东道国新建企业的模式，采用这种方式的流通企业可以完全独立地开发新市场，完全控制整个管理与销售过程，经营利益完全归自己支配；但是这也是一种费用极高的模式，尤其在海外扩张初期阶段，因为起初销售收入很少，而巨额的前期投资很难迅速收回。

（5）并购（merger & acquisition）。并购为在东道国确立市场份额提供了最快的途径。这种进入模式的显著优点是，企业可以快速地进入海外市场；但是兼并或收购的一个缺点是，企业很难发现和评估一个候选企业，不同的会计标准或虚假的财务记录可能使并购的过程复杂化。此外，由于东道国政府往往有针对外国收购的反垄断政策，或者出于保护主义，它们可能会限制外资流通业以收购的模式进入，因此有时合资就成了唯一的出路。

---

① DAWSON J. Retail change: Contemporary issues [M]. London: UCL Press, 1993.
② MCGOLDRICK P J, DAVIES G. International retailing trends and strategies [J]. Journal of Retailing & Consumer Services, 1995, 5 (4): 1-14.

以上是流通企业进入海外市场常用的五种模式，分别对应着不同的成本和控制水平，如图9-2所示。

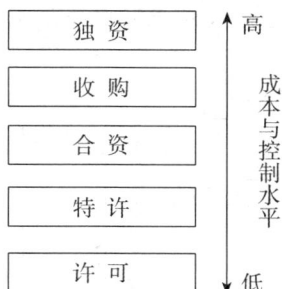

图9-2 流通企业海外市场进入模式

2）流通企业选择海外市场进入模式的影响因素

不同的海外市场进入模式具有不同的优劣势，流通企业选择海外市场进入模式时应综合考察以下因素：

（1）东道国环境因素。一是市场因素，包括市场潜力与竞争状况。如果东道国市场潜力不大，需求又高度不确定，流通企业往往采取许可或特许的形式进入海外市场。而当东道国市场面临激烈的竞争时，流通企业往往也不会采取资源承诺较高的进入模式，如直接投资或收购等。二是经济环境因素，包括东道国经济规模与经济活力。如果经济规模大（以GDP或PPP来衡量），流通企业在该国的市场规模也可能会大，因此可考虑采取高成本、高控制的进入模式，如独资、收购。另外，虽然有的国家市场还没有成熟，但如果该国经济发展很有活力（以GDP和人均收入的增长率、投资增长率等来衡量），那么流通企业也许愿意承担较高程度的资源承诺，以争取市场渗透，即便在短期内不能盈利。当东道国经济发展水平相对低于母国经济发展水平的情况下，独资模式优于并购模式；而当东道国经济发展水平相对高于母国经济发展水平的情况下，并购模式优于独资模式。三是法律政治因素，如果东道国的政治或政策不稳定，流通企业对于采用资源承诺程度高的进入模式（如独资、并购）就会采取谨慎的态度。当东道国政府对于外资流通企业所有权形式管制严格时，特许、许可与合资的模式要比独资或并购模式更可行。四是社会文化因素，一般而言，当东道国与母国文化距离很小时，流通企业可以采取独资的模式，而进入与母国文化距离很大的市场时，特许往往更优一些。

（2）流通企业特定因素。一是流通企业规模。企业规模越大，越容易采取高控制的进入模式，如独资、收购模式。这是因为规模越大意味着可利用的管理资源越多，资金实力越强，就越有条件采取直接独立投资的模式；相反，企业规模越小，也就越缺乏足够的管理资源与资金来支撑独资或并购，因此往往采取合资或特许的模式。二是流通企业的专业技能。专业技能价值越高，越易采取独资或并购的模式。三是国际化经验。随着国际经验与知识的增加，流通企业可以选择的进入模式就越多，也更易于进入海外市场。在流通企业初始国际化阶段，由于经验与知识较少，没有充足的资源保证，以及对海外市场需求的不确定性，流通企业在管理上更可能采取谨慎的态度，往往选择低风险、低控制的进入模式，如特许。如果流通企业具备了海外经营的经验，进入模式的选择也随之多样化起来，而且更倾向于控制力度高的方式，如独资。

综上所述，流通企业海外市场进入模式的选择是东道国环境因素与企业自身因素综合作用的结果（见图9-3）。

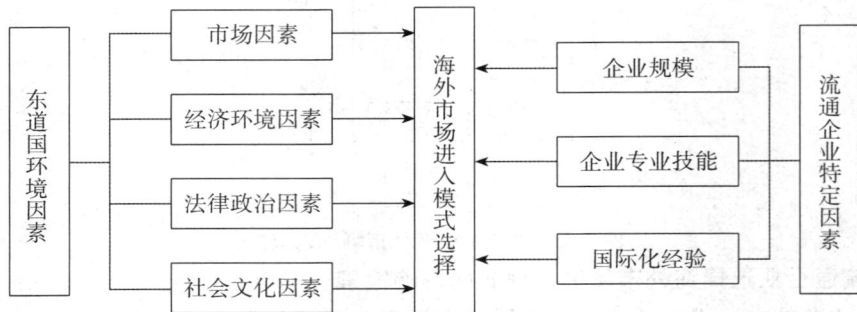

图9-3　流通企业选择海外市场进入模式的影响因素

9.3　流通企业的跨国经营

9.3.1　批发组织的跨国经营——以日本综合商社为例

日本综合商社是一种特殊的企业形式，属于综合性批发企业的典型代表，通常指三井物产、三菱商事、丸红、伊藤忠商事、住友商事、日商岩井、东绵、日绵、兼松①这九大综合性商贸集团。日本综合商社一直肩负着开拓和加速日本跨国经营活动的重任。

1）日本综合商社的跨国发展历程

综合商社的跨国经营活动经历了由简单到复杂、由低级到高级的发展过程。第二次世界大战后，日本综合商社的"第三国贸易"发展迅速，这是日本综合商社跨国经营的开端②。据统计，九大商社营业总额中第三国贸易比重1960年为2.4%，1970年为4.8%，1980年增至12.0%，1988年九大商社的第三国贸易额达1 529亿美元，占销售总额的比重高达20%，这表明综合商社传统的贸易业务已逐渐转向国外。随着日本产品竞争力的提高和对国际市场的依赖性加强，综合商社的经营业务也不断扩大，对广泛地建立销售网点和信息搜集网点的要求更加强烈，商业性的资本输出也因此应运而生。这种海外商业网络的投资活动，显然要比初期的第三国贸易更具实质性进展，也为综合商社跨国经营活动的全面展开奠定了基础。进入20世纪80年代后，由于日元升值，国际市场竞争加剧，同时日本国内企业也力求摆脱商社，综合商社为立于不败之地，开始在海外开展技术转让、交钥匙工程、补偿贸易、国际租赁等新型的投资活动。这些新型投资活动与商社原有贸易活动相结合，把日本综合商社的跨国经营活动

---

① 原"兼松江商"于1990年1月更名为"兼松"。
② 宗迪. 商社［M］//马成三. 日本对外贸易概论. 北京：中国对外经济贸易出版社，1991：165.

推向更高水平^①。

2）日本综合商社的跨国投资方式^②

（1）综合商社全额投资。有时综合商社出于地理、投资目的或其他原因的考虑，需要建立一个独立的海外分部，以从事资源性产品或标准化产品的专项业务。例如，丸红设在智利的达特桑公司，推销日本汽车；东棉在百慕大群岛设东棉石油公司，做石油生意。

（2）综合商社和国内其他企业联合投资。这类投资的目的往往是专门从事某种牌号产品的出口销售。在多数情况下，生产者获得大部分利润（50%～70%），而商社则获得该厂家产品的独家经销权。其实，综合商社这种类型投资形成的子公司主要是为掌握名牌日本产品的海外经销权，绝大部分设在发达国家。

（3）综合商社和东道国企业联合投资。综合商社挑选东道国企业作为合资者，主要是利用东道国企业的优势（如生产、采购、销售的关系网络及政府的优惠等），在当地销售日本工业品，并向日本出口初级产品。例如，设在泰国的亚洲洲际烟草公司，是三井（30%股权）和泰国当地企业（70%）的联合公司，专门从事泰国的烟草出口业务。

（4）综合商社、日本国内企业和东道国企业三方联合投资。这类投资产生的子公司既具有日本企业的生产和销售能力，也兼具东道国企业的地方优势，是综合商社最感兴趣的投资方式。例如，三菱公司、三菱电力就和泰国当地企业联合设立德沃拉卡克跨国公司，推销日本电梯、空调产品并提供售后服务。

3）日本综合商社的国际化战略

20世纪90年代后，国际经济形势和日本经济形势都相继发生了深刻变化。国际经济区域化和集团经济格局日趋加强，世界经济进入了以高科技发展为先导的新的发展时期。与此同时，在遭受泡沫破裂、金融风暴等经济灾难的重创后，从2002年下半年开始，日本GDP保持稳定增长。国内外经济形势的变化给日本的综合商社带来了机遇与挑战、制约与发展并行的新局面。各综合商社制定了关于21世纪经营构想的新战略，其重心有三个方面：

（1）在追求现有商权的高附加值的同时，通过开拓新商权、新事业实现高收益。

（2）开展全球化业务，积极推进海外的事业投资活动。

（3）强化风险管理（见表9-3）。

4）日本综合商社的发展态势

冷战结束以后，日本的泡沫经济开始破裂，国内市场进入了持续低迷的状态，加上与美欧等国家和地区的贸易摩擦不断加剧，出口受到了越来越多的限制。受此影响，日本综合商社的贸易额大幅度下降，一些著名的综合商社也背上了巨大的不良债务的包袱。于是很多综合商社纷纷进行了重组和业务整合，开始收缩战线，聚焦经营。丸红和伊藤忠商事从2001年10月开始，将各自的钢铁事业部完全合并；住友商事与三井物产在钢板加工、手机销售、煤炭、建筑材料等方面进行整合。这种整合的主要形式是将不同商社相关的业务部门或子公司剥离出来，组成一个新的部门或公司，以避免不同商社

①　贺执中. 论日本综合商社的跨国经营 [J]. 世界经济文汇，1992（6）.
②　周杨，陈金贤. 日本综合商社海外投资分析 [J]. 经济与管理研究，1987（6）.

表9-3 21世纪综合商社的国际化战略

公司	方针名称	基本目标	重点领域
三井物产	Global Growth 2006	挑战新成长领域	强化资产重组事业 实施全球地域战略 挑战新的成长模式，发展综合实力 深化经营体制改革
三菱商事	Innovation 2007	开创未来，成为与社会共同成长的"新产业革命者"	强化核心业务 完善内部统一管理体制 强化公司监管机制 重新建立经营系统
伊藤忠商事	Frontier 2006	开拓新领域，扩大收益规模	提高资产效率 扩大重点部门的收益尤其是海外收益 创造新商机
住友商事	Achievement & Growth Plan	提高风险回报率，促进成长和发展	打好收益基础 培养人才 追求健全性和效率性
丸红	"V" Plan	以业界最强的资产组合单位构成强大的企业集团	商务模式的明确化 实施资产管理战略 强化风险管理

资料来源　根据各综合商社《正副会长关于21世纪经营构想》翻译整理。

的机构重复。三菱商事收缩了经营范围，将今后发展的重心定为IT、实业、流通、金融；伊藤忠商事则将今后的发展定位于IT、零售、能源、金融。在国际经济形势风云变幻中，日本综合商社又在向新兴产业探索和拓展，并加大扩展海外业务力度，努力强化经营多国化，以寻求新的经营领地。日本现在更加依赖国外资源，综合商社的进口代理作用也将不断强化。[1]

9.3.2　零售企业的跨国经营

随着全球经济一体化进程的加快，跨国经营正在成为世界上各个国家和地区大型零售企业或集团的战略选择。Currah 和 Wrigley（2004）把在20世纪90年代末快速成长起来的几大跨国零售巨头称为超级国际零售巨头，表现出这些零售企业强大的实力，主要有沃尔玛（Wal-Mart）、家乐福（Carrefour）、阿霍德（Ahold）和乐购（Tesco）[2]。大型零售企业的跨国经营战略主要通过以下方式进行：

选择理想的投资场所。国际零售企业海外投资目标基本可以分为经济发达国家和发展中国家两种类型，它们对于零售企业的跨国经营拥有不同的特点。经济发达国家的优

① 秦兵. 日本企业的国际化与综合商社发展探讨 [J]. 商业经济研究，2016（11）：101-103.
② CURRAH A, WRIGLEY N. Networks of organizational learning and adaptation in retail TNCs [J]. Global Networks，2004，4（1）：1-23.

点是投资环境好，经济发展和消费水平高，市场容量大，通信设施发达，信息通畅；缺点是贸易保护度高，市场进入难度大，竞争对手多，投资优惠待遇少，经营费用高。经济发展中国家的优缺点与上述正好相反。从国际零售商业资本流向看，亚洲和南美洲已成为欧美日等国家和地区零售商外国投资的主要目标市场，同时在这些大型零售商的拓展计划中，中国零售市场因其庞大的潜力而被置于重要的地位。可见，国际零售企业选择跨国投资场所主要看重对方国家或地区庞大而潜在的消费市场。

重视海外投资调查研究。在海外设立零售企业要面对陌生的市场环境，风险非常大。国际著名的零售企业如沃尔玛、家乐福等，对海外扩张都非常谨慎，投资前都进行深入的市场调查，全面研究海外市场和企业本身素质，综合权衡企业是否有能力适应海外市场：

（1）对国外市场，重点研究市场发展成熟情况，以确立市场容量、市场结构、所需商品结构和当地商品供给情况。

（2）研究投资东道国政治、法律体制，判断政府对零售企业的进入壁垒状况，确定是否有非企业可控的系统风险。

（3）分析企业本身素质，包括商品采购配送能力、商品开发能力、组织管理能力、融资能力等。

（4）将国外市场与企业能力相对照，主要考察企业是否有能力提供符合当地居民生活习性的商品和服务，企业在国内的形象定位能否适应东道国市场等。只有确定了商品、生活习性、企业形象定位和目标市场等方面的综合优势，待时机成熟才考虑海外投资。其海外投资一般是先从政治经济体制、文化、市场相近的国家或地区开始，再逐步展开。

形成跨国投资系统。国际大型零售商对外投资并不是纯粹意义上的零售，它们为了掌握控制一定的货源都或多或少经营或涉足分销的相关业务，很多情况下直接与制造商衔接形成供应链。如沃尔玛除建有多家分店外，还分地区建立了专门的配销（或配送）中心，该中心统一采购配送，相当于一级批发商；麦德龙把顾客定位在小型的零售商，以货仓式超市迎合小零售商的要求，这是一种典型的变相兼营批发的情况；有的零售企业形成以分销为中心的经营模式，完全控制零售批发，以及物流配送领域，甚至囊括其他商贸服务行业。这不仅有助于打破一些国家（如我国）对批发业对外开放的限制，而且方便自身降低流通成本、垄断中间利润、减少对外界的依赖，甚至影响相关产品的生产。很多国外零售商进入对方国家的最终目的不在于获得多少市场份额，而在于构建它的全球采购网，以满足全球市场的需求。

制定布局战略规划。零售业成功的一个首要因素即选址，大型零售企业在开店地址的选择上十分慎重。它们在选址时，综合考虑交通、竞争和市场发展目标等因素。以大型零售企业在我国的选址为例，麦德龙在上海选址时排除了前期22个预选点，最后选在沪宁高速公路入口处，其目的是沿沪宁高速公路每100千米开设一个店，实现沿长江走廊的市场扩展。第二个店选择在无锡东区，借此辐射整个无锡及常州地区。第三个店在上海内环线与外环线以及沪杭高速公路连接处，辐射上海西南市场及浦东地区，并据此向南方市场发展。国外零售企业在对方国家选址较少与东道国众多商家在一起扎堆，它不仅考虑所选地址繁华程度，而且更注重整体布局和长远发展。

合理安排投资方式。零售企业进行国际化投资一般有独资经营和合资经营两种方式。独资经营虽然可以使投资的零售企业有独立的经营管理权和收益独占权，但是投资资金规模大，投资风险大，并且容易受到当地政策的约束和固有文化、习俗的影响。合资经营是指投资国零售企业资本与当地（东道国）企业资本或私人资本合股，各方共同经营、共负盈亏、共担风险，对当地法律、商业习惯、消费文化、历史传统等具有较强的适应性，而且投资少，风险小，享受优惠多。由于零售企业受政治、经济和社会环境的影响较大，经营风险较大，因此，纵观发达国家零售企业在对方国家实行跨国经营，初期皆以合资经营方式为主，当其对当地市场的适应能力增强之后，才会寻找机会过渡为独资经营。

科学选择经营模式。当前国外零售企业的海外经营模式主要有两种：一是全球整体化战略；二是区域适应性战略。全球整体化战略是指零售企业在国际化扩张中采用标准化的业态和管理方式，放弃国家和地区之间的差异，认为所要满足的目标顾客群是相同的，具有相同的消费需求、消费偏好和购买习惯，并同时开发多个国家和地区的市场。实施这一战略要求零售企业有较高的商誉甚至是世界级的零售品牌，要求零售企业有全局观念和统一的经营理念，可以用相对固定的投入取得较高的产出，但短期内局部市场的适应性和市场占有率的稳定性、成长性较差。区域适应性战略是指零售企业在国际化经营中采用不同的本土化策略，重视国家和地区的差异，将企业资源、资本集中开发少数几个主要国家和地区的市场，并根据市场的特点，采取不同的零售业态，经营不同的商品，注重零售技术的本土化转换，从而保持在当地稳定的市场占有率。实施这一战略对零售企业的要求相对较低，它能在短期内适应当地市场，成长性较好，比较适合于实力不是特别强大的零售企业的跨国经营。

创新商业经营理念。大型零售企业在国内外的经营中，有两大经营理念：一是"以客户价值为导向"观念，提倡企业与供应链中的贸易伙伴通过经济的合作和良好的经营行为赚取利润。现代商业成功的关键在于尽可能地降低为满足客户而耗费的必需成本，提高对变化的客户需求的反应能力。因此，当大型零售商担当供应链的管理者时，制造商纷纷加入零售商的供应链，他们通过零售商得到关于商品需求的信息，从而生产出顾客满意的商品，再通过零售商将商品送到顾客手中。二是"流通功能主导"观念，国外商业企业改变了以往在流通产业分散化下的单纯衔接产需，为生产厂家被动销售产品的功能，将经营活动范围从流通扩大、延伸到生产领域，在很大程度上发挥着引导、组织生产，适应、满足甚至创造消费需求的主导功能。树立自有品牌这一西方大型零售商普遍采用的经营策略就充分体现了这一点，英国、美国、日本的超市中均有30%～40%的商品为自有品牌。

准确进行业态定位。国际著名零售商大都采用新型业态进行国际化，但在进入不同国家的时候，一定会在这些新型业态中选择一种或数种在当地最具成长性的主力零售业态，并进行准确定位。如从1995年开始，国际大型零售商进入中国，几乎都避开了中国已超规模发展的大型百货店这种形态，明智地选择了现代零售业的主力业态——超级市场，并且打破了传统食品超市和标准食品超市的模式，直接开设大型综合超市和仓储超市。在我国零售企业的国际化进程中，电商零售企业京东在进驻不同国家时也针对性地选择了适宜的业态与模式。2016年，京东在印度尼西亚上线了自建电商平台JD.id，同时搭载了一套完整的电商物流基础设施。之后，在2018年，京东与泰国尚泰集团一起打造了泰国线上零售平台JD CENTRAL，并再一次尝试了商流、物流全自建。与进入东南亚国家方式不同，2022年1月10日，京东宣布在荷兰开启全新模式的"超级仓店"——ochama。ochama不仅率先成为当地线上"百货超市"，还将自动化备货仓前置于店内，从机械臂、AGV自动搬运机器人到料箱传送系统，所有线上购物订单均由机器人在店内完成商品储存、分拣和传输工作。此外，顾客还可以在店内展示区亲身体验精选商品，获得店员人性化的售后服务。

推行连锁快速扩张。连锁经营以产权或契约为纽带，将分散的、独立的店铺组织起来形成整体，从而使企业经营实现规模化和集约化。由于成本低，扩张效果好，连锁经营在欧美国家和地区已成为最具生命力的商业组织形式，成为现代商业和服务业的普遍选择，并随着经济全球化和资本的国际流动，向其他国家和地区输出，许多国外零售企业进入他国，在组织形式上均采取了以连锁经营为主的方式，如超市连锁、便利店连锁、专卖店连锁等，以扩大分店数来分摊相对固定的投入，使平均成本随着销售规模的扩大呈不断下降趋势，从而彰显丰厚的规模报酬递增效应。

运用现代信息技术。21世纪是以知识经济为主要特征的时代，科技进步、信息技术将成为决定零售业发展的关键因素和推动力量。西方企业在流通领域广泛运用现代化技术，包括销售时点系统和各种数据分析软件、电子数据交换及供方管理库存系统、多媒体信息直销技术，以及其他新技术。如沃尔玛公司总部拥有庞大的计算机系统和商业卫星频道，时刻传送和处理来自世界各地市场和连锁店的信息，在世界各地的分店也拥有客户管理、配送中心管理、财务管理、商品管理的计算机系统，从而大大提高了管理效率。

强调经营本土化转换。国际零售商在向外扩张过程中，为了适应东道国的文化和市场环境，大都进行经营商品、经营方式、管理人员的本土化转换。经营商品本土化，一是可以更好地适应当地消费者的消费习惯，保证拥有相对稳定的消费者群；二是可以节约采购运输成本，降低商品售价。管理人员和经营方式的本土化，主要也是为了使企业更好地适应当地的经营风格和习惯，取得当地政府、社区和消费者的信任。

通过以上分析，可以得出以下几点结论[①]：

（1）跨国零售企业海外扩张的时候，一般都首先选择与母国市场在地理、文化等方面比较邻近的海外市场率先进入。

（2）跨国零售企业往往以多种业态进入海外市场，并且根据不同海外市场的特定情况选取不同的业态组合。

（3）并不是所有的跨国零售企业都高度依赖海外市场的销售，但是各个跨国零售企业海外市场销售额总体上都呈现逐年增长的态势。

---

① 汪旭晖. 国际零售商海外扩张的实证分析——以沃尔玛、家乐福与阿霍德为例［J］. 经济前沿，2005（8）.

9.3.3　物流企业的跨国经营

自20世纪50年代开始，跨越国界的物流经营活动就开始出现，到了20世纪80年代，美、日和欧洲发达国家之间的物流国际化活动越来越普遍[①]。而从20世纪90年代起，物流企业的跨国并购重组以及战略联盟的发展达到高潮，使得物流企业的跨国经营进入了一个新的时期。

物流是网络密集型行业，多数物流企业是通过并购而实现快速发展的。欧美的一些大型物流企业为了实现规模经济，跨越国境，展开连横合纵式的并购，大力拓展国际物流市场，以争取更大的市场份额。物流行业主要通过以下三种并购方式实现整合：一是服务完整化，领先的物流企业通过并购为客户提供全球端到端的解决方案，如DHL、UPS等；二是服务专门化，主要的集货商通过并购建立领导地位，如Chrobinson成为美国卡车运输代理巨头；三是行业专门化，物流企业通过并购发展行业专长，如K&N通过并购USCO加强了其在电子高科技行业的领导地位，CEVA（原TNT物流）通过并购CTI加强了其在汽车行业的领导地位。通过一系列的跨国并购，涌现出了一批全球性物流企业，推动了全球范围内第三方物流业的整合。例如，UPS从2001年起，先后收购FRITZ和MENLO国际货运代理公司，构建全球物流网络；同时，并购美国第一国际银行，将其改造成UPS金融部门；加上投入巨资开发先进的信息系统，实现了物流、信息流、资金流的"三流合一"，将自己打造成全能的物流巨头。

除了跨国并购以外，物流企业间跨越国界的战略联盟在20世纪末以后发展速度也很快，通过长期的联盟关系，获得规模经济和稳定的发展。物流企业通过股权协作或非股权协作等形式，与其他企业结成长期稳定的合作伙伴关系，以实现资源共享、风险共担、优势互补以及扩大市场、降低成本等目的。其中以日本表现得最为明显，日本的物流企业主要是通过建立战略联盟的方式来整合物流市场，强化其与北美和欧洲的物流一体化运作的。例如，日本运输公司（Seino）与德国申克公司（Schenker）的战略联盟（1999年10月）、日本近铁快递（Kintetsu）与荷兰邮政集团（TPG）结成为亚洲和欧洲的客户提供一体化的物流解决方案的战略合作关系（1999年12月）、伊藤忠商事与美国的GATX物流公司就北美和亚洲之间的物流服务合作确立战略联盟关系（2000年10月）、丰田贸易公司与Ryder物流在美国成立合资的TTR物流公司（2000年11月）等。此外，欧洲的一些大型邮递公司为了增强国际竞争力，也在努力与同行或邮政管理机构建立战略联盟。2000年年初，芬兰邮政与DHL全球快递公司结成战略联盟，共同推出了一项全新的国际快递服务，使芬兰邮政的顾客受益于DHL国际航空快递服务网络。2001年，卢森堡邮政公司与TPG集团共同成立了一家合资公司，集中开展往来于卢森堡以及卢森堡国内的快递业务；法国邮政包裹与物流集团公司与美国联邦快递公司建立战略合作关系，法国邮政的客户根据双方协议可以享受联邦快递公司的航空网络服务。

可见，国外物流企业的跨国发展较早且速度迅猛。纵观世界著名的跨国物流企业的

---

① 梁善军. 透视全球物流［J］. 物流技术，2002（10）.

经营，我们可以发现一些规律性的特征：一是在全球著名跨国物流企业中，美国物流企业一直占据主导地位。世界前10大物流企业中美国占有5家，其中包括两家最大的公司UPS和FedEx，同时这5家的收益之和占前10大企业收益的2/3，可见美国跨国物流企业在世界上举足轻重的地位。二是在成功的跨国物流企业中，以空运、快递、陆运等业务为主要背景的公司居多。例如：UPS的陆运和空运业务分别占54%和19%；FedEx的空运和公路运输业务分别占83%和11%；日本通运的汽运和空运业务分别占44%和16%；Panalpina的空运和海运业务分别占45%和31%。三是业务的地区性集中化程度高。例如：UPS的美国国内业务占其整个业务的89%；FedEx的美国国内业务占其总业务的76%；DPWN的欧洲业务占其总业务的70%以上；CEVA在欧洲的业务占其总业务的85%；日本通运本土化率达到93%。四是跨国物流企业中绝大部分是资产密集型企业，大多拥有物流设施和网络。因此，从业务结构来看，在进军现代物流行业的诸路大军中，具备快递、空运等快运业务背景的综合企业拥有巨大潜力。

不同于国外物流企业突进式的国际化进程，我国物流企业的国际化步伐缓慢。与国外物流企业采用跨国并购和战略联盟等方式打开国际物流通道不同，我国物流企业在国际市场拓展方面多数采取的方式是"追随客户"，即通过跟随上游客户，伴随进出口货物流向、对外工程承包和国内制造业对外直接投资而走出国门开展国际化经营[①]。比如，中远海运集团和中国外运长航集团都是采取这种方式走出国门。虽然这种方式符合科尔斯达德（Ivar Kolstad）和威兰格（Espen Villanger）关于生产性服务企业（比如物流企业）对外投资动因的论述——生产性服务企业对外投资的直接动因在于追随客户、寻求市场[②]，但是这种方式的弊端也比较明显，即容易出现本土化经营能力弱、国际市场竞争水平和盈利水平低、可持续运作与发展能力不足等方面的问题。

跨境电商的迅猛发展和"一带一路"合作倡议为我国物流企业走出国门提供了强有力的支持与帮助。一方面，可以与商流、信息流形成流通合力，打破物流业务孤军进入海外市场时面临的来自欧美跨国物流企业和东道国物流企业两个方向的巨大竞争压力；另一方面，在构建人类命运共同体的国家战略支持下，包括物流企业在内的中国流通企业也可以在海外业务发展方面拥有较好的政策、经济和文化环境。当然，在此过程中，物流企业也需要面对和应对一系列现实问题，比如不同国家的交通基础设施与运输工具的技术标准不统一、宗教信仰和社会文化存在差异，以及可能出现的地缘政治和社会冲突问题。

在"追随客户"走出国门、借助跨境电商和"一带一路"进驻国际市场之后，我国物流企业更需要借助自身实力参与国际物流领域的竞争，通过运用跨国并购、战略联盟等发展方式构建起全球性、一体化的物流网络，最终实现我国物流企业不仅可以"走得出"，还能够"走得稳""走得长远"。

---

① 梅赞宾，汝宜红，宋志刚."一带一路"背景下中国物流企业的国际化路径［J］. 中国流通经济，2016（9）：29-37.

② KOLSTAD I，VILLANGER E. Determinants of foreign direct investment in services［J］. European Journal of Political Economy，2008，24（2）：518-533.

9.4　中国流通领域的对外开放与外资流通业

9.4.1　中国流通领域对外开放的历程

我国从1992年开始流通领域的对外开放，大体经历了以下几个阶段：

1）第一阶段：定点试验（1992—1995）

1992年7月，国务院发布了《关于商业零售领域利用外资问题的批复》，批准北京、上海、天津、广州、大连、青岛6个城市和深圳、珠海、汕头、厦门、海南5个经济特区为零售商业对外开放的首批试点城市（或经济特区），由此揭开了流通企业对外开放的帷幕。该阶段政府批准的外资零售企业可分为两类：一类是来自国外的零售企业；另一类是来自我国港澳台地区的华人企业，这类零售企业在当时被中国政府也视为外资零售企业来对待。文件规定11个指定城市或经济特区可以试办1~2个外商投资商业企业，但必须以合资或合作方式进行投资，且中方必须控股51%以上，企业不得经营批发业务，其进口商品比例也不得超过30%。在1992年当年就有15家合资企业被国务院批准（见表9-4）。1995年10月，国务院决定在北京进行外资商业连锁经营的试点，荷兰万客隆和日本的伊藤洋华堂得到批准，分别在北京开办了仓储式商场和大型综合超市。整体而言，虽然这一阶段中国流通领域开放仅仅是一定区域、一定范围的有限开放，而且对外资商业企业的市场准入以及政府审批程序方面都作了严格的规定，但是这次试点对外资大型商业企业日后进入中国市场起到了极大的推动作用。

表9-4　　　　　　1992年首批国务院批准的中外合资零售企业

序号	企业	选址	中国香港地区和海外合作方	中国内地合作方
1	北京燕莎友谊商城	北京	新加坡新城集团	北京友谊商城
2	新东安有限公司	北京	香港新鸿基地产	北京东安集团
3	大连国际商业贸易公司	大连	日本尼齐宜（Nichii of Japan）/中国香港中信	大连商贸公司
4	广州华联百老汇	广州	香港国际百老汇	广州糖业烟酒公司
5	广州天河广场	广州	香港正大国际	广州佳景商贸公司
6	青岛第一百盛	青岛	马来西亚百盛集团	青岛第一百货公司
7	青岛佳士客有限公司	青岛	日本佳士客（JUSCO）	青岛市供销社
8	汕头金银岛贸易公司	汕头	香港正大国际	汕头中国旅行集团
9	上海第一八佰伴有限公司	上海	日本八佰伴国际	上海一百股份有限公司
10	上海华润	上海	香港华润集团	上海华联商厦
11	上海东方商厦	上海	香港上海实业公司	上海商业开发公司
12	上海佳士客	上海	日本佳士客（JUSCO）	上海申华/华悦/中信香港
13	深圳沃尔玛	深圳	美国沃尔玛	深圳国际信托投资公司
14	天津华信商厦	天津	香港信德集团	天津华联商厦
15	天津正大国际商厦	天津	泰国正大集团	天津立达集团

资料来源　[1]国内贸易部.中国国内贸易统计[R].1993.[2]王洛林.中国外商投资报告[M].北京：经济管理出版社，1998.

2）第二阶段：地方越权导致流通业利用外资混乱（1995—1999）

20世纪90年代中后期，外资商业企业开始大量涌入中国市场，在中国东南沿海地区掀起了一阵招商引资的热潮。一些地方政府出于发展地方经济和增加政绩的考虑，以各种形式大力引进外资，1998年中国境内建立的外商投资商业企业近300家，其中277家没有经过中央批准，属于地方政府擅自越权审批，在外资企业经营范围、投资比例等方面也都突破了中央政府的规定。为此，1998年7月国务院发出《关于清理整顿非试点外商投资商业企业情况的通知》，对各地擅自越权批准设立的外商投资商业企业作出了"通过、整改、注销"等处理，并要求各地方政府要根据国家政策和国务院的统一部署开展工作，不得各行其是。但是这一阶段，外资商业企业违规进入中国市场的情况并没有得到有效遏制。

3）第三阶段：规范发展（1999—2001）

1999年6月，国务院批准发布了《外商投资商业企业试点办法》，把中外合资合作商业企业范围扩大到了所有省会城市、自治区首府和计划单列市，中外合资合作连锁企业试点数量和范围，也都有计划、有步骤地逐步扩大。同时，在这一阶段国务院对地方越权审批的326家违规企业进行了清理整顿，其中153家转为内资、退出商业或注销，合并10家，163家边经营边整改。在整改企业中，通过整改转为正式试点企业的92家，转为"通过"类的59家，未完成的12家，其中5家已公告属于"五不得"企业，即不得享有进出口经营权，不得经营批发业务，不得再扩大经营范围和建设规模，不得开设分店和延长合营年限，不得享受进口自用设备和原材料的减免税政策。这一阶段，外资商业企业在中国的发展日趋规范化。

4）第四阶段：逐步全面开放（2001年至今）

从2001年开始我国正式成为WTO成员，根据"入世"协议，中国在"入世"3年内全面开放国内零售市场。很多外资零售企业看到了它们在中国的发展前景，纷纷开始了在中国的快速圈地与扩张运动。2004年4月商务部颁布了《外商投资商业领域管理办法》，进一步取消外商投资商业企业在申请资格、经营范围、地域范围和企业设立方式方面的限制，并降低了对中外投资者的限制性资格要求（资产额、销售额）和对外商投资企业注册资本的要求，同时在审批程序上也进一步简化。尤其是2004年12月11日中国政府完全取消了对外商投资商业企业在地域、股权和数量等方面的限制，使得外资商业企业进入及在中国的发展享有了更大的自主权。

从上述政策演变可以看出，中国流通业对外开放实行的是一种渐进性发展的政策。在这一政策执行过程中，由于地方政府违规操作，许多政策性限制过早被突破，从而导致外资大量进入，使中国流通业开放整体进程被迫加快。

9.4.2 外资零售企业的中国市场扩张

1）外资零售企业在中国市场的区位布局

从20世纪90年代初到90年代中期，外资零售企业在中国的地域网点布局上，仅限于发达地区的上海、广州、深圳、福州、南京、青岛、大连、北京、天津等经济和文化发展水平和开放度较高的沿海城市。但是从20世纪90年代后期开始，外资零售企业在中国的网点布局已经从沿海大城市自东向西全面推进①。如今，已基本上形成了全国布局的形势。

表9-5列出了截至2022年年底，部分大型外资跨国零售商在中国市场的店铺分布。这些跨国零售商总共在中国开办了913家店铺，主要集中在华东、华南和华北地区。这说明了大型外资零售企业虽然已在我国全面布局，但在区位选择时仍然偏好于经济发达的地区。

表9-5　　**在中国内地投资的部分大型外资零售商的业态类型与地域分布**

（截至2022年年底）　　　　　　　　　　　　　　　单位：个

企业名称	所属国家或地区	主要业态	店铺总数	地域分布（括号中为开店数）
沃尔玛（Wal-mart）	美国	购物广场 山姆会员店 社区店 惠选折扣店 惠选超市	381	华东区总数（147）；华北区总数（27）；华南区总数（81）；华中区总数（33）；东北区总数（26）；西南区总数（60）；西北区总数（7）
家乐福（Carrefour）	法国	大型综合超市	147	华东区总数（44）；华北区总数（22）；华南区总数（17）；华中区总数（7）；东北区总数（21）；西南区总数（34）；西北区总数（2）
乐购（TESCO）	英国	大型综合超市	82	华东区总数（49）；华北区总数（10）；华南区总数（8）；华中区总数（0）；东北区总数（15）；西南区总数（0）；西北区总数（0）
麦德龙（Metro）	德国	仓库式商场	100	华东区总数（51）；华北区总数（7）；华南区总数（9）；华中区总数（11）；东北区总数（6）；西南区总数（12）；西北区总数（4）
欧尚（Auchan）	法国	大型综合超市	39	华东区总数（33）；华北区总数（4）；华南区总数（0）；华中区总数（0）；东北区总数（0）；西南区总数（2）；西北区总数（0）
卜蜂莲花（Lotus）	泰国	大型综合超市	92	华东区总数（37）；华北区总数（6）；华南区总数（38）；华中区总数（5）；东北区总数（0）；西南区总数（3）；西北区总数（3）

资料来源　零售商官网。

---

① 黄昌富. 国际零售业巨头在华战略布局与中国零售企业对策 [J]. 商业研究，2003（24）.

2）外资零售企业进入中国市场的方式

外资零售企业进入中国市场时采用的方式包括以下几种：①合资。自1992年零售领域对外开放到入世以前，中国政府一直规定外资零售企业进入中国市场的唯一法定形式是合资，多数外资零售企业都采取了合资的方式进入中国市场。②委托管理。由于输入外方管理不受中国政府限制，一些本土零售商便以多种形式委托外方管理，或支付管理费，或让渡部分股权，或采取租赁、承包方式，中方只提取保底利润[①]，如马来西亚百盛（Parkson）。③移植物业。中外合资合作开发房地产（酒店或写字楼）比较容易获得立项，但当酒店或写字楼建成以后，外方往往直接使用建筑的一部分用于零售经营。④授权导入。外商授权中国本土企业代理销售外资零售企业的品牌商品；或以许可证方式，在中国开展特许经营，如北京的法国Lafayette以及日本崇光Sogo百货店。⑤中外合资制造企业的分销店。一些合资的制造企业利用国家允许制造型外资企业在中国境内销售其部分产品的政策，在中国以产品直销或设立特许专卖店的形式销售自己的产品，如法国的皮尔·卡丹（Pierre Cardin）、美国的花花公子（Play Boy）。⑥并购。2004年7月，英国第一大、世界第六大零售商塔斯科（TESCO）集团，斥资1.4亿英镑（相当于21.3亿元人民币）收购乐购连锁超市50%的股权，从而打响了外资零售企业以并购形式进入中国市场的第一枪。⑦战略联盟。战略联盟是世界大型跨国公司在发展中出现的一种股权或非股权的合作形式，是企业为了实现其在某个时期的战略目标而与其他具有优势互补的企业所结成的合作关系。在零售领域的自愿连锁实际上也属于这种形式。世界上最大的两个自愿连锁体系SPAR和IGA分别于2004年的9月和11月与中国的宁波三江、山东家家悦正式签署合作协议，国际自愿连锁组织正式进入中国零售市场。⑧独资。自2004年年底我国取消对外资商业的股权限制后，外资零售企业运用独资的方式进入中国市场越来越普遍，仅2005年1月至6月新批准设立的59家外资零售企业中，外商独资企业就有38家，比重已经达到了64.4%。

3）外资零售企业在中国市场的业态选择

外资零售企业在母国市场一般具有多种业态模式，如沃尔玛拥有折扣店、大型综合超市（购物广场）、社区店、山姆会员店；家乐福拥有大型综合超市、超级市场、便利店、折扣店、专业店、仓储式商场；麦德龙拥有百货店、仓储式商场、大型综合超市、专业店等多种业态。但是在进军海外市场时，这些跨国零售商只是选择自己的部分业态进入海外市场。例如，多年来家乐福海外扩张时偏爱于其非常熟悉的业态——大型综合超市，在进入中国市场时，一直以这种业态模式迅速扩张，当大型综合超市在中国市场占据了一定市场份额以后，又将旗下的迪亚折扣店（实际为小型超市）与冠军中型超级市场引入中国市场；沃尔玛在中国市场的业态类型包括购物广场、社区店、山姆会员店三种，但主要的销售收入来源于购物广场；麦德龙在中国市场采用的是仓储式商场的业态模式，仓储式商场其实是一种批发式的零售模式，这样就可避开中国没有全面开放外资批发业务的法律限制，而可以打着零售店铺的旗号，合法地从事批发业务。

伴随着我国经济的飞速发展和人民生活水平的稳步提升，居民消费需求的个性化和

---

① 陈春花，赵海然. 争夺价值链［M］. 北京：中信出版社，2004.

多样化趋势日益凸显，外资零售企业在我国市场的业态类型也日益多样，且销售规模都十分可观。表9-6列举了截至2021年部分大型外资零售企业在中国市场的主要业态类型与销售额情况。

表9-6　　　　　2021年部分大型外资零售企业中国内地市场主要业态和销售规模

企业名称	所属公司	在中国市场的主要业态	销售规模（万元）
百盛（Parkson）	马来西亚金狮集团	百货店	1 191 680
卜蜂莲花（Lotus）	泰国正大集团	大型综合超市	1 027 400
麦德龙（METRO）	德国麦德龙	仓储式商场	5 967 200
罗森（Lawson）	日本罗森株式会社	便利店	1 047 648
屈臣氏（Watson）	中国香港和记黄埔有限公司	超市/专业店	2 157 500

资料来源　中国统计年鉴。

4）外资零售企业在中国市场的本土化战略

外资零售企业在中国市场经营时都非常重视本土化战略的实施。在商品组合本土化方面，家乐福、沃尔玛进入中国初期，本土商品占50%，但发现很多国外商品并不能适应中国当地消费者的需求，所以后来不断增加本土商品的比重，现在家乐福与沃尔玛的店铺中，中国本土商品的比重已经超过了80%。此外，家乐福为迎合中国人喜欢"挑选"的需要，还增加了货架上同类商品的供应量，家乐福在中国的每一个分店里都出售豆腐、豆浆这类很"中国"的商品，甚至在中国不同地区的分店里出售的商品都会不同，如在重庆的分店里出售麻辣酱，在北京的分店里出售烤鸭面皮[①]。在选址本土化方面，沃尔玛考虑到大多数中国人还没有汽车，所以改变了其购物广场在城郊选址的一贯做法，在进入中国初期，在深圳繁华地段开设了购物广场。在销售方式本土化方面，在西方发达国家，大型综合超市与仓储式商场一律都是采取完全自助的销售方式，但是在中国发展时，却增加了店铺内的服务人员，以方便与顾客进行沟通，适应中国消费者的购物习惯。伴随着中国移动支付的普及，沃尔玛在传统的人工结账柜台以外，也增加了自助扫码等便捷结算通道。此外，为了迎合中国人的线上购物消费习惯，沃尔玛在2016年与京东建立起了深度的战略合作，进而可以借助京东海量的线上用户以及强大的当日达物流网络，为沃尔玛门店和山姆会员商店带来巨大的客流量。在服务内容本土化方面，麦德龙针对中国大多数客户无车、自运困难的现状，转变了其近40年来的"顾客自行运货"的经营理念，对大件商品推出免费送货上门服务[②]。在人力资源本土化方面，中国沃尔玛的员工，90%以上都来自本土；中国家乐福除了少数法国高层管理人员以外，95%左右的员工也都在当地招聘。当地的员工与管理人员更了解当地的风俗、习惯，对中国政治、经济、文化条件有着更深刻的理解，更容易与政府、供应商打交道，更容易将企业的理念融入日常经营之中，这对于外资零售企业有效适应中国市场

---

①　黄飞. 跨国零售企业的本土化［J］. 商场现代化，2003（4）.
②　沙振权，张亮. 零售技术转移和跨国零售商业本土化策略研究［J］. 商业经济文荟，2002（6）.

起到了重要作用。

9.4.3 外资物流企业的中国市场扩张

为有序开放物流市场,我国政府从2002年开始先期在江苏、浙江、广东(深圳除外)、北京、天津、重庆、上海、深圳8省市开展外商投资物流业的试点工作。在此之后,众多跨国物流巨头纷纷以设立办事处、分公司、合资公司等形式进入中国市场,如联邦快递(FedEx)、美国联合包裹(UPS)、美国总统轮船(APL)、德国邮政敦豪快递(DHL)、德国辛克物流(SCHENKER)、丹麦马士基(Maersk)、英国英运(EXEL)、荷兰TNT、全球货运、泛亚班拿、宅配便等。外资物流企业的中国市场扩张战略主要有以下特点:

1)多方式进入中国市场

外资物流企业进入中国市场时采取了多种方式,包括购买航线、建立物流设施、追随进入、合资以及独资等(见表9-7)。

表9-7 跨国物流巨头中国市场进入方式

进入方式	代表公司
购买航线	FedEx、UPS
建立物流设施	新加坡港务集团
追随进入	商船三井、UPS
合资	FedEx、TNT、UPS、DHL
独资	TNT、K&N、BRINK

(1)购买航线。例如,美国联邦快递自1996年起已经独家拥有每周直飞中国的10趟航班,而联合包裹则拿到了直飞北京和上海的6个航班,因此这两家国际速递巨头早已在中国市场站稳了脚跟。而根据2004年中美签署的《中国民用航空运输协定》,中美双方在1999年签订的允许每个国家4家航空公司提供每周54个航班的基础上,在今后6年内分阶段双方可以增加5个航空公司,每周航班达到249次,其中84班为客运航班,111班为货运航班。协议签署后,联邦快递立即作出反应,在首次航班分配中获取了12班新航线,其中6班用于开设西行环球航班服务,采用MD-11货机连接美国的城市和上海;另外6班则开设青岛的货运服务。

(2)建立物流设施。例如,新加坡港务集团是世界上最强大的集装箱码头管理机构之一,集装箱年吞吐量多年来一直稳居全球前两位。2002年年底,新加坡港务集团加盟广州港,双方合资8亿元组建广州集装箱码头有限公司,通过投资物流设施建设而成功进入中国市场。此后,新加坡港务集团又与广州港务局合资组建了广州鼎盛物流有限公司,首期投资1.6亿元人民币,建设占地约20万平方米的现代物流中心。

(3)追随进入。比如,2002年年初,日本著名的物流公司商船三井MOL宣布,与富士胶卷在苏州成立合资物流及仓储公司,为富士胶卷提供中国地区的物流服务。再比如,UPS和摩托罗拉是长期全球战略伙伴,到了中国,UPS理所当然地成为摩托罗拉的物流服务供应商。

（4）合资。很多跨国物流巨头都曾采取合资的形式进入中国市场，如在1988年TNT就与中外运合资建立了"中外运–天地快件有限公司"，开拓中国业务；1999年，联邦快递与大田集团合资组建了大田联邦快递有限公司，双方各占50%股份。

（5）独资。随着中国市场物流领域对外开放的推进，外资物流企业可能采取独资的方式大举进军中国市场，且合资转独资的倾向已经显现。2004年6月，TNT正式宣布与中外运的合约到期，转而寻求与小公司超马赫合作，除了出于扩展网络和开展物流业务的需求外，其中最大的目的就是迈出从合资到独资的第一步。2004年8月，美国物流巨头伯灵顿公司（BRINK）落户广州，成立了独资子公司——伯灵顿货运代理（广州）有限公司，这是中国政府批准成立的首家外商独资物流企业。瑞士的K&N（Kuehne & Nagel）公司也获得了在2005年年底建立全资子公司的许可，并在2004年4月获得了交通部的甲级许可。日本日通公司也以中国香港法人的名义在丰田公司的广州工厂周边地区设立了全资子公司。这些都表明跨国物流企业正在以独资的形式大规模进入中国市场①。

2）注重物流服务的整合

跨国物流巨头利用全球品牌优势以及雄厚的技术优势，在充分调查了解我国顾客需求的基础之上，为在华经营的本土企业与国外跨国企业提供了整合的物流服务，更好地满足了消费者的需求。例如，2004年3月，UPS公布了其全球最新的"形象标志"，新标志取消了原盾牌上方带蝴蝶结的包裹图案，增加了标志的空间感，以表示UPS当今的诸多新的业务项目。这实际也反映着UPS整体业务的升级，即由原来单一的货运快递服务商转向供应链管理提供商。联邦快递正朝着做顾客的"全球物流专家"的角色迈进，开始提供整合式维修运送服务，扮演顾客的零件或备料基地的角色，并可协助顾客协调数个地点之间的产品组件运送过程。再比如，2004年8月TNT通过对中国市场的调研，最终确定了为客户提供直邮、快递和物流的整合服务的TNT-1方案。这项战略性解决方案的目的在于通过业务支持领域的跨部门合作（如人力资源部、财务部和市场部），使集团的营业额达到最大化，成本控制实现优化组合②。这些实例都反映着跨国物流企业在华经营过程中注重物流服务整合的倾向。

3）注重公益促销活动的开展

跨国物流巨头在华促销更注重长远利益，为了提高品牌的知名度与美誉度，加强了社会公益活动的开展。2004年，TNT集团举行了"行走天地间"步行筹款活动，在全球的各个不同时区，共有4万名员工参加了此次活动，中国区活动于2004年6月在北京、上海、广州同时举行，通过此次活动，TNT（中国）共筹集到60万元人民币，用于资助在甘肃省开展的针对4万名儿童的"扶贫助学"项目。在印度洋海啸灾难爆发以后，TNT立即积极投入到救援行动之中。从2005年1月17日到2月28日，TNT从每一件由中国发出的快件中捐出1元人民币，用于印度洋海啸灾区的救助。与此同时，TNT（中国）还在中国范围内发动员工进行筹款活动，救助印度洋海啸地区的受灾人民，为

① 汪旭晖. 跨国物流巨头在华战略与我国物流企业的应对之策［J］. 国际商务，2005（6）.
② 胡勇军. 跨国物流试水中国［J］. 中国物流与采购，2005（7）.

灾区提供了150万欧元的人道主义救助。通过这类公益活动，TNT扩大了影响力与知名度。

4）注重高科技创新与应用

跨国物流巨头进军中国市场非常注重高科技的创新，这也成为区别于中国本土物流企业的一大优势。联邦快递每年在高科技研发方面投入16亿美元，以保证服务能力与水平不断提高。例如，1999年10月，联邦快递推出业内首个简体中文网页，中国的寄件客户能够以自己的语言浏览联邦快递网页及追踪货件情况；2003年3月，为互联网付运应用系统——FedEx interNetShip推出中文版本，此项技术的应用给承运商带来了极大好处，使它们能够用其已经联网的电脑向全球超过200个目的地发货，并且自行打印运单；2004年7月，联邦快递又在国内10个城市首先推出GPRS无线掌上信息处理系统。高科技创新与应用确保了跨国物流巨头的服务效率与服务质量，有助于提升其在中国市场的竞争力。

5）注重本土化运作

外资物流企业在中国市场的本土化运作主要包括人才本土化、管理本土化、文化习俗本土化几方面：（1）人才本土化，这主要表现在越来越多地培训和任命本土中高层管理人员。UPS在亚太区管理人员中美国人不到2%，很多跨国物流公司还在中国培养其所需人才，如2004年TNT和上海交大安泰管理学院合作成立了TNT中国大学。（2）管理本土化，表现在外资物流企业将运营管理中心转移到中国，统一安排资金调配、研发等事宜，如UPS、TNT、DHL、FedEx等纷纷将大中华总部移至上海或北京等地。（3）文化习俗本土化，一些外资物流企业在和中国客户进行商业协议谈判时，往往由于不了解中国的商业文化及习俗，如因一些头衔称呼、礼物的赠送等方面的失误而导致谈判失败。在USP的企业文化中十分重视员工的敬业精神和忠诚度，而这正是中国人所看重的品质，并且USP常常专门组织100多名官员参加中国礼仪课培训，这是文化习俗本土化的表现[①]。

在外资物流企业进入和开拓中国市场过程中，也遇到了一些难题，并纷纷迎来了被迫转型和退出。TNT于1988年进入中国快递市场，成立了国际快递合资公司，推出国际快递业务，并于2007年收购华宇成立天地华宇进入中国快递市场，但是在2013年宣布剥离此项业务。DHL早于1986年就在中国成立了合资公司，为外贸公司提供包裹运输服务，并在德国邮政成为DHL股东后，于2007—2009年间强势收购全一、中外运速递等企业，以期发展中国物流业务，但是在之后不久便将其出售。而在2018年10月26日，顺丰控股发布公告与德国邮政敦豪集团（DPDHL）达成战略合作，并拟以55亿元现金收购DHL在华供应链业务。

外资物流企业在一定程度上淡出中国物流业务的原因可以归结为以下几个方面：首先，我国经济发展和变化速度快，物流需求在持续转变。其次，我国物流企业，特别是快递企业发展势头迅猛，且已形成了多层次、多细分市场的全面布局态势。再次，很多外资物流企业采取合资或收购的方式进入中国市场，虽然可以以较低的成本快速进入新

---

① 夏新海. 跨国物流企业如何在华经营［J］. 中国水运，2005（8）.

市场，但是合资双方常会就投资决策、市场营销和财务控制等问题发生争端，被收购的企业也普遍具有规模较小、业务范围较窄等特征。最后，人力、物业、运营等方面的成本持续增加，进一步压缩了外资物流企业在我国经营运作的利润空间。

9.4.4 中国流通业开放与国家经济安全

1）中国流通业开放对国家经济安全的影响

随着中国流通领域对外开放程度的提高，外资流通企业进入中国市场的速度越来越快，对中国流通业乃至整个中国经济的影响力也在增强。在这样的背景下，引发了关于"外资流通业是否危及国家经济安全"的学术讨论。总体而言，外资流通业对中国国家经济安全可能造成的负面影响主要表现在以下方面：

（1）导致部分本土中小流通企业经营困难。以零售业为例，外资零售企业凭借大多数中国本土零售企业不具备的资金、技术、管理等优势，以及利用其较为成熟的开店和运营经验，分割我国零售企业的市场利润，导致部分利润流向外方。外资零售企业的大量涌入，也使国内零售市场的竞争更加激烈，而本土中小零售企业在激烈的竞争中明显处于劣势。仅2005年，国内就有近200家零售企业倒闭，其中大部分为中小零售企业。从平均竞争能力来看，中国零售企业与国际著名零售集团相比，差距甚大。因此，诸多著名零售集团涌入中国，必将使体制落后、机制不灵活、经营效益差的零售企业陷入困境，政府也不会为其进行没有回收希望的投资与扶助，这样必然导致一些中小零售企业关门倒闭，破产重组。

（2）制造业发展受到制约。在流通业主渠道被外资流通企业垄断或者控制的情况下，我国制造业的竞争力将受到严重制约。目前进入中国的外资流通企业都在积极推进本土化战略，它们每年在中国市场采购、销售的商品数量都在大幅度增加。越来越多的中国制造业成为外资流通企业的供货商，开始被纳入全球营销网络体系当中，成为其庞大的供应商链条的一个环节，这对于我国广大的制造企业来说是具有积极意义的。但同时我们必须看到，外资流通业巨头自有品牌比例高达40%以上，因此相当一部分国内制造企业在成为外资流通业巨头供应商的同时，实际上也失去了自己的品牌，成为外资巨头们的加工车间，只是赚取产业链低端微薄的加工费，大量的高端利润被外资流通企业所攫取，这从长期来看对我国的工业竞争力的提高是极其不利的。更重要的是，由于大批的国内制造企业被纳入到外资流通企业的供应链条中去，它们的生产经营活动在某种程度上是被外资企业所控制和左右的，从而会对外资流通业形成过分依赖。一旦外资流通企业在中国的经营活动出现困难或战略调整而导致供求关系断裂，我国的制造企业将面临生产能力空置、产品积压等风险，而民族制造业品牌的丧失和控制力的减弱将不可避免地对我国经济安全带来危害。

（3）排他性交易。随着外资流通企业在中国市场渠道控制能力的加强，外资流通企业和外资生产企业很容易结成战略同盟，形成一定的排他性交易关系，更会对国家经济安全带来不利影响。

2）政策建议

外资流通企业进入中国市场可能对国家经济安全造成一些负面影响，这就要求政府通过有效的政策设计，创造一个良好的政策环境，最大限度地降低因外资流通业的进入而引发的负面影响，确保中外流通企业可以在公正、公平的条件下开展竞争。

（1）对引进外资加强宏观监管。政府应放弃过去大量使用优惠政策吸引外资的做法，转而致力于创造一种促进公平竞争的政策环境。应进一步完善《反垄断法》《反倾销条例》等维护市场公平竞争、保护生产经营者合法权益方面的法律、法规，以避免外资流通企业操纵市场和进行不正当交易压榨供应商利益。

（2）加强商业网点规划。商业网点立法的滞后，使得外资流通企业的进入没有受到必要的约束，从而导致某些优势地段商业密度过大，竞争更加残酷。鉴于我国商业网点布局不合理的现状，政府应从宏观角度规范流通业经营布局，加强商业网点规划建设，合理确定规划期内商业网点的数量、规模、档次与业态，减少盲目发展与无序竞争。

（3）建立公平的市场竞争秩序。迄今为止，某些地方政府仍然在批租土地、采购、税收等方面给予外资流通企业一系列优惠，使本土流通企业处于极不公平的竞争劣势地位。因此，政府部门应从"优惠政策引资"的习惯思维中走出来，取消外资流通企业享有的种种优惠待遇，创造、维护一个公平的市场环境。此外，政府还应通过制定相关政策，打破地区封锁，切实解决流通企业跨地区开店时在工商登记、税收缴纳方面的问题，建立起公平的市场管理和税收环境，彻底扫清中国本土流通企业之间在跨区域收购、重组等方面的体制、人事等障碍，为中国本土流通企业的资源整合与规模化发展创造良好的条件[①]。

（4）保护和扶持本土中小流通企业的发展。目前政府对本土流通企业的扶持仅限于一些大型企业，但社会上大量存在的是中小流通企业，而中小流通企业在吸纳就业方面的整体贡献则远远大于大型流通企业。因此，有计划地扶持一些经营理念先进、具有发展前景的中小流通企业，是政府今后应该采取的战略性措施之一。

学思践悟

有礼有力地迎接流通国际化

流通国际化是联通世界各国生产与消费的大动脉。无论是本国企业走出去，还是外国企业走进来，都需要尊重与遵守本国和他国的法律法规、地方文化与宗教信仰，并在全球贸易准则和相关规范的要求下，结合企业定位与发展战略，开展各类生产经营活动。习近平总书记在党的二十大报告中指出，构建人类命运共同体是世界各国人民前途所在。在全球流通价值链分工体系下，只有通过各个专业化组织机构的有机结合和协调一致，才能最终实现价值创造与价值获取的最大化。

世界大环境在不断变化。时至今日，全球经济下行、国际贸易摩擦等现实问题正在深刻地影响着经济全球化、流通国际化的局势与进程。在此时代背景下，我国政府提出

---

① 汪旭晖，李飞. 跨国零售商在华战略及本土零售商的应对［J］. 中国工业经济，2006（2）.

了"以国内大循环为主体、国内国际双循环相互促进的新发展格局"。在这一发展格局下，不仅要注重提升国内流通体系效率、降低流通成本、打造坚实有力的国内大市场和稳定高效的国内循环体系，更要注意到，在与国际流通体系衔接的过程中，维护和保障国家安全的重要性与艰巨性。在如今复杂多变的国际环境之下，全球产业链供应链安全问题尤为突出。为了维护我国的流通安全与国家安全，仍需要进一步提升我国企业竞争力、提高产业链供应链韧性、构建风险防范与应对方案，并在完善相关法律法规的同时，加速推动知识体系的建设和人才能力的培养。

本章小结

经济全球化主要表现为贸易全球化、投资全球化、生产全球化、消费全球化、金融全球化和信息全球化，但经济全球化的实质是流通国际化，没有国际化的流通，也就无法实现经济的全球化。

流通国际化的概念可以分为狭义和广义两个层面：狭义的流通国际化是指流通企业主动的海外扩张过程，也指伴随着国际流通企业的跨国界经营而引发的生产要素与生产成果的跨国流通过程；广义的流通国际化，除包括国际流通企业主动的海外扩张以外，还包括流通企业海外扩张对东道国流通系统及东道国流通企业的影响，以及这种影响对国际流通企业的反作用。以零售商业为例，零售国际化的形式表现在店铺选址国际化、商品供应国际化、资本国际化、信用卡国际化、非零售事业的国际化五个方面，零售国际化的特点与制造业国际化相比具有显著差异。

推动因素和拉动因素是流通企业国际化的基本动因。推动因素是指由于母国的环境与流通企业特定条件的影响，而鼓励流通企业向海外扩张的因素，也可以认为是由于受母国环境与流通企业的特定条件的制约，而使流通企业国际化战略非常必要而紧迫的因素。拉动因素则是吸引流通企业进入新的海外市场的因素。推动因素与拉动因素的地位是相对的，而不是绝对的，在不同时期会发生变化。

流通企业进入海外市场可以采取许可、特许经营、合资、独资、并购等多种模式，不同模式分别对应着不同的成本和控制水平，不同的海外市场进入模式也具有不同的优劣势。流通企业海外市场进入模式的选择是东道国环境因素与企业自身因素综合作用的结果。东道国环境因素包括市场因素、经济环境因素、法律政治因素、社会文化因素；流通企业特定因素包括流通企业规模、流通企业的专业技能、国际化经验。

以日本综合商社为代表的批发组织跨国经营，以及零售企业和物流企业的跨国经营推动了经济全球化与流通国际化的进程。

中国流通领域对外开放经历了定点试验、地方越权导致流通业利用外资混乱、规范发展、逐步全面开放四个阶段。外资零售企业进入中国市场的区位布局已呈现出从东部沿海城市向中西部转移的趋势转变到全国布局的趋势；进入中国市场的方式多样化，包括合资、委托管理、移植物业、授权导入、中外合资制造企业的分销店、并购、战略联盟、独资等多种方式；外资零售企业在中国市场的经营业态多样；外资零售企业在中国市场的经营过程中，在商品组合、选址、销售方式、服务内容以及人力资源管理方面都非常注重本土化。外资物流企业进入中国市场时同样采取了多种方式，包括购买航线、建立物流设施、追随进入、合资以及独资等，而且外资物流企业进入中国市场时非常注重物流服务的整合、注重公益促销活动的开展、注重高科技创新与应用以及本土化运作，但在多年经营之后，已有不少外资物流企业逐步退出中国市场或减少在中国市场的业务。

外资流通业进入可能对中国国家经济安全造成一些负面影响，主要表现在：①导致部分本土中小流通企业经营困难；②使制造业发展受到制约；③排他性交易。为此，我国政府的政策重点应集中在以下几方面：①对引进外资加强宏观监管；②加强商业网点规划；③建立公平的市场竞争秩序；④保护和扶持本土中小流通企业的发展。

复习思考题

1. 如何理解经济全球化？
2. 简要说明经济全球化与流通的关系。
3. 简述流通国际化的内涵、形式和特点。
4. 流通国际化的动因是什么？
5. 流通企业进入海外市场的模式有哪些？
6. 影响流通企业海外市场进入模式选择的因素有哪些？
7. 分析综合商社、零售企业、物流企业跨国经营的现状及规律。
8. 简述中国流通领域对外开放的历程。
9. 分析外资零售企业中国市场扩张的战略特征。
10. 分析外资物流企业中国市场扩张的战略特征。
11. 试论中国流通业对外开放对国家经济安全的影响及政府的应对。

拓展阅读：我国批发组织的外向国际化

第10章

流通政策

学习目标

通过本章的学习，正确把握流通政策的含义，了解流通政策与其他相关用语的区别；了解流通政策不同的分类方法及主要内容，正确理解流通政策的主体、目标及功能；了解美日等国具有代表性的流通政策；掌握我国流通政策的沿革、问题与未来流通政策的基本框架。

10.1 流通政策原理

10.1.1 流通政策的定义与分类

1）流通政策的定义

政策[①]是国家机关、政党及其他政治团体在特定时期为实现或服务于一定社会政治、经济、文化目标所采取的政治行为或规定的行为准则，它是一系列谋略、法令、措施、办法、方法、条例等的总称。[②]按照政策所涉及的社会生活领域的不同，可以将公共政策划分为政治政策、经济政策、社会政策和文化政策。

所谓流通政策是以商品流通为适用对象的公共政策，即社会公共机构（国家或政府）为了矫正市场失败、促进流通产业发展、协调流通活动、保障竞争的公平与公正、保护消费者权益及其他社会公共利益而对商品流通领域的公开介入，其具体形式主要有法律、法规及行政规章、条例、办法等。流通政策主要涉及经济领域中的流通活动，属于经济政策中的分支。

为了进一步理解与把握流通政策的内涵，在此有必要对商业政策、市场政策及流通产业政策等几个与流通政策相近的概念重新加以界定与说明。

（1）商业政策。商业政策是针对商业的经济政策，其适用对象主体是商业[③]。商业政策与流通政策的不同表现为：首先，商业政策是流通政策的一个部分，流通政策的对象不仅包括商业企业的活动，而且还包括生产企业的购销活动和消费者的购销活动。其次，商业政策是对经济的个别部门或行业的干预，而流通政策则是对构成总体经济中的流通领域的干预。最后，商业政策是针对国民经济中个别部门或行业的，它不包括对外商业（即外贸），而流通政策却包括国际流通。

（2）市场政策。市场政策也是流通政策的一部分。市场政策是为了市场功能正常发挥而对市场机构进行的干预，具体目的是使评价和形成价格、流通及利用价格变动进行的投机等活动合理有效地进行。市场政策的范围包括国际市场政策、国内市场政策（主要是交易组织的改善）、狭义的市场政策（市场中对价格形成起影响作用的市场核心的组织化）三个方面。狭义的市场政策的对象包括零售市场、批发市场（农贸、集贸市场）、商品及证券交易所等。也就是说，市场政策就是为了使市场功能有效发挥，而对市场机构进行的干预。[④]

流通产业政策调整和作用的对象主要是流通产业，而流通产业是指"专门以商品流通为经营内容的营利性事业"，因此，流通产业政策调整和作用的对象是专门的或产业化的流通机构的购销活动，而不包括生产者的购销活动及消费者的购销活动。[⑤]与此不同，流通政策的外延则要比流通产业政策宽泛，它既包括流通产业政策，又包括针对流

---

① 政策可分为企业政策与公共政策，本书所说的政策是指公共政策。
② 陈振明. 政策科学——公共政策分析导论［M］. 北京：中国人民大学出版社，2003：50.
③ 关于商业的定义，见本书第1章。
④ 吴小丁. 论市场经济中流通政策的目标［J］. 财经问题研究，1999（9）.
⑤ 夏春玉. 现代商品流通：理论与政策［M］. 大连：东北财经大学出版社，1998：250.

通中的其他主体——生产者与消费者的政策。

2）流通政策的分类

根据制定政策主体、政策适用对象以及政策职能的不同，可以将流通政策划分为不同的类别。

（1）按流通政策主体划分。按流通政策主体不同，可将流通政策划分为立法机构制定的政策和行政机构制定的政策。

由立法机构制定的流通政策，我们称之为"流通法律"。"流通法律"包括两个层次：一是针对整个经济领域，进而也直接或间接适用于流通领域的法律，如反垄断法、反不正当竞争法、商标法、公司法等；二是专门针对流通领域的法律，如商品交易所法、期货交易法、批发市场法、拍卖法等。显然，法律层面的政策都具有强制性和稳定性，并可通过司法机构的司法实践对商品流通进行强制性调节。而且，由于其是通过一系列严格而有规则的立法程序，并在广泛吸收各方面意见的基础上制定的，因此，更具有公正性、普遍性和权威性。[①]

由流通行政管理机构制定的流通政策，我们称为"流通行政政策"。"流通行政政策"包括有关流通的各种条例、指示、指导、办法、方法等。根据行政政策制定和颁布机构的行政级别，可将其分为中央或国家级政策与地方级政策。中央或国家级政策是中央政府及其直属机关制定的政策，地方级政策是地方政府及其直属机关制定的政策。与"流通法律"相比，"流通行政政策"无论是产生过程的公正性、普遍性和权威性，还是执行与操作过程的强制性与稳定性，都逊于前者。

（2）按流通政策适用对象划分。按流通政策适用的对象不同，可将流通政策划分为生产者流通政策、商业者流通政策和消费者流通政策。

生产者流通政策是针对生产者流通行为的流通政策，如厂商的流通系列化（渠道）政策、农业合作社或供销合作社政策、厂商直销或销售代理政策、产品安全政策（法律）、质量表示政策（法律）等。商业者流通政策是指针对专业化的流通机构及其行为的政策，如大规模零售商业企业政策、中小商业企业政策、商店街政策、购物中心政策、商业业态政策、连锁商业政策等。消费者流通政策是指针对消费者流通行为的流通政策，如消费者权益保护政策、消费合作社政策。当然，这种分类是按政策的侧重点来进行的，有些政策并不是泾渭分明的，而是相互关联、适用的，比如"质量表示政策"，虽然主要是针对生产者的，但是对流通企业也是适用的。除上述三类政策之外，事实上还有许多适用于所有流通机构的政策是不能按这一标准进行分类的。[②]

（3）按流通政策的职能划分。按流通政策的职能不同，可将流通政策划分为矫正"市场失败"政策和促进流通发展政策。

矫正"市场失败"的流通政策，主要包括流通安全政策、流通竞争政策、流通布局政策等。流通安全政策，是指为保证商品流通的稳定运行、流通渠道的安全而制定的政策。[③]其中，秩序稳定主要指商品供应的稳定和商品价格的稳定，商品供给稳定又是价

---

①　夏春玉. 现代商品流通：理论与政策［M］. 大连：东北财经大学出版社，1998：262.
②　夏春玉. 现代商品流通：理论与政策［M］. 大连：东北财经大学出版社，1998：262-263.
③　马龙龙. 流通产业政策［M］. 北京：清华大学出版社，2005：36.

格稳定的前提，因此，要实现商品价格的稳定就必须实现商品供给的稳定，即使在商品价格稳定（例如管制价格）的条件下，保证商品供给的稳定也仍然是必要的。显然，建立公共的商品储备制度是保证商品稳定供给的有效途径。[①]流通渠道的安全是指商品流通所依赖的路径是流畅和可靠的，对外在的冲击具有较强的抵抗能力，能对商品流通提供较强的保护力，使其能安全地从生产者流到消费者手中。流通竞争政策，是指为保证流通主体的自由、公平竞争而制定的政策，如反垄断政策、反不正当竞争政策、消费者保护法、扶持中小商业企业政策等，都是典型的流通竞争政策。流通布局政策，是竞争政策的有效补充，它是指政府根据流通组织演变、分布的规律，对流通载体进行的各种合理规划与干预。[②]有关商业街建设、城市商业网点规划、物流园区规划等均属此类政策。

促进流通发展的政策主要包括：商业企业的组织化政策，如连锁商业政策、流通企业集团政策、综合商社政策等；流通基础设施投资建设政策，如有形商品市场的建设政策、物流设施的建设政策等；流通信息系统的开发、推广政策，如 POS、EOS 和 VAN 等信息系统的开发与推广等；流通人才的培养与训练政策及流通领域的对外开放政策等。[③]

10.1.2 流通政策的主体与目标

1）流通政策的主体

流通政策的主体，即流通政策的制定者与实施者。由于流通政策是体现社会公众利益的公共政策，因此，其制定者与实施者也必然是那些能代表社会公众利益的社会公共机构。以下我们将介绍这些社会公共机构的构成、它们之间的关系，以及在制定与实施流通政策过程中的分工。

制定与实施流通政策的社会公共机构主要由三部分构成，即立法、司法与行政机构。[④]

作为流通法律、法规制定者的立法机构是流通政策主体。当然，立法机构的具体形式因国家的政治制度的不同而不同。在西方，立法机构是议会；在我国，立法机构是人民代表大会及其常务委员会。但是，不论立法机构的具体形式如何，都改变不了它是国家最高权力机关的属性。因此，立法机构不仅是流通政策的主体，而且是流通政策的最高层次的主体。因为它不仅地位、权力最高，而且其所制定的政策（法律）要比其他政策主体的政策具有更大的规制范围与规制强度。

立法机构制定的有关流通的法律，旨在为全社会的流通主体规定是非标准、行为限度和行为方向，从而事先向人们宣布哪些行为是可以行为的，行为到什么程度，哪些行为是不可以行为的，以及一旦实施行为要受到什么样的制裁等。为了保障上述政策（法律）能够发挥应有的效力，必须有一个专门的机构保证其能够有效执行，这个机构就是司法机构。

① 夏春玉. 现代商品流通：理论与政策 [M]. 大连：东北财经大学出版社，1998：263.
② 马龙龙. 流通产业政策 [M]. 北京：清华大学出版社，2005：17.
③ 夏春玉. 现代商品流通：理论与政策 [M]. 大连：东北财经大学出版社，1998：264.
④ 夏春玉. 现代商品流通：理论与政策 [M]. 大连：东北财经大学出版社，1998：256-258.

　　除立法机构与司法机构外，作为行政机构的政府，特别是中央政府也是流通政策的主体。政府机构虽然没有立法权，但是政府有权制定并颁布有关流通的行政命令、行政指导。这些行政命令、行政指导，也是对社会流通活动的公开介入或干预，从而也是流通政策的重要内容。事实上，从各国的流通政策实践来看，政府甚至是最重要、最具体的流通政策主体。不仅很多具体的流通政策要由政府制定并实施，而且即使是很一般的有关流通的法律，也往往要由政府来立案。从这个意义上讲，政府甚至具有实际的"立法权"。但是，政府制定的流通政策，特别是一些具体的，针对某些领域、某些问题的流通政策，必须符合由立法机构通过的法律，而且政府本身也必须接受并服从司法机构的司法。从这个意义上讲，政府又同私人机构同处一个层次。这说明，政府具有三重属性：一是流通政策的制定者；二是流通政策的执行者；三是流通政策的规制对象。显然，对一个现实的政府来说，最重要的就是要时刻铭记自己的多重属性，适时变换自己的角色。只有这样，才能更好地发挥政府的作用。

　　综上所述，我们可以对三个流通政策主体的关系做如下概括：第一，立法机构是最高层次的流通政策主体，其制定的政策（法律）具有最广泛的规制范围和最强的规制强度。第二，司法机构是政策的执行机构，它虽不是政策制定者，但却是政策执行效果的有力保证。第三，行政机构既是流通政策的制定者、执行者，又是政策的规制对象。

　　此外，在现实的流通政策的制定与实施过程中，除政府部门外，各种利益集团，如行业自律组织（行业协会等）等也发挥着重要作用。

2）流通政策的目标

　　流通政策是立法、司法及行政机构对社会商品流通相关主体的公开介入或干预。虽然不同的政策主体所制定或实施的政策范围与力度不同，但各个政策主体所制定的流通政策都是为了实现一定的目的或目标。流通政策目标具体说来包括两个层次：一是流通政策的一般目标；二是流通政策的特定目标。①

　　由于流通活动是经济活动的组成部分，进而流通政策也是经济政策的组成部分，因此，流通政策的一般目标，也就是经济政策的基本目标。关于经济政策的基本目标，从总体上讲，可以概括为四个方面，即经济发展、经济稳定、经济公正和经济自由。

　　经济发展是指以经济效率的不断提高为前提的经济、社会的全面进步。经济发展意味着就业机会与收入的增加、生活质量或国民福利的提高，以及经济结构的改善等。显然，经济发展并不完全等同于经济效率的提高，然而，经济效率的提高却是经济发展的前提。不断提高经济效率是人类社会的永恒主题，从而是经济政策和流通政策的首要目标。但是，对于流通政策来说，其效率目标要体现在两个方面：一是流通活动本身的效率；二是流通效率与其他经济活动效率的相互适应。这就要求所制定的流通政策不仅要有利于流通效率的提高，而且还要保证整个经济社会效率的提高。

　　经济稳定也是经济政策和流通政策的基本目标。所谓经济稳定通常是指经济能够长期地、无剧烈波动地增长或发展。为了实现经济稳定，经济政策的目标应该力求避免物价、收入、投入产出等经济指标的激烈波动，从而使物价、就业、生产能够持续稳定地

---

　　① 夏春玉. 现代商品流通：理论与政策［M］. 大连：东北财经大学出版社，1998：258-261.

发展。对商品流通政策来说，其稳定目标则主要应致力于稳定、适度地供应适合消费者需要的商品或服务。

经济公正，包括两层含义：一是指公平交易，即经济主体之间以平等的地位与权利从事各种交易活动，没有歧视与被歧视现象；二是公平分配，即社会成员之间的收入分配差距应该尽量缩小。只有公平交易，才能保证经济主体之间的机会均等，从而有利于竞争，进而促进社会的繁荣；同时，只有尽量缩小收入分配的差距，才能最大可能地提高整个社会的福利水平，并缓解社会矛盾，避免破坏性的冲突或动荡。

经济自由是指经济主体从事经济活动的自由。经济自由是经济活力的主要表现，而经济活力是经济发展、社会进步的力量源泉。没有经济活力，也就没有创造力，从而也就没有经济发展。不仅如此，经济自由本身也是人类的一种需求，因此，自由度的高低也是社会进步的一个重要标志。但是，这里所说的自由，是指不损害社会多数人利益的自由，而不是绝对的自由。经济政策和流通政策要以经济自由为目标，则意味着不仅要承认经济主体从事经济活动的自由，而且还要保证经济主体从事经济活动的自由，并对限制、破坏自由的各种组织及其行为加以约束。

流通政策是经济政策的组成部分，因此，经济政策的目标应该是流通政策目标的基础或前提。或者说，流通政策目标必须同经济政策的目标相统一，而不能偏离经济政策的目标。但是，流通活动毕竟不能完全等同于整个经济活动，并具有不同于其他经济活动的特点与职能，因而，作为规制或扶持流通活动的政策，也就必然有自己的特定目标。

可将流通政策的特定目标概括为：第一，完善商品流通的信息网络，如积极开发、推广 POS、EOS、VAN 等流通信息系统等；第二，培育健全的流通主体，如建立现代企业制度、禁止垄断、消除不公正交易及不合理的交易习惯、鼓励自由、公平竞争等；第三，提高流通效率，如完善物流基础设施、开发或引进物流技术、健全物流体制、促进流通主体的联合与协作等；第四，建立流通金融制度，支持商业信用，加速商品流通，稳定商品供给，降低商品价格。

应该说明的是，由于流通政策属于公共政策的范畴，因此，流通政策的上述特定目标实质上是对流通的社会经济效率最大化的追求。这里所说的流通的社会经济效率最大化，不是指流通本身的经济效率最大化，而是指由流通决定的整个社会经济效率的最大化，即通过完善流通功能，稳定商品供给，节约社会流通费用，扩大消费者选择商品的机会，提高消费者的福利。为了实现上述目标，在制定、实施流通政策时，既不能单纯从流通本身来考虑，也不能单纯从企业的角度来考虑，而必须从全社会的角度，从消费者福利最大化的角度来考虑。为此，流通政策主体应该致力于：第一，通过流通部门的合理化、精简化，完善流通职能；第二，通过消除垄断，纠正不合理的交易关系和交易习惯，扩大消费者选择商品的范围；第三，鼓励价格竞争，降低价格水平；第四，调整流通部门内部的经济利益关系，提高流通企业的效率。

10.1.3　流通政策的功能

流通政策的功能是流通政策所能发挥的基本作用的体现，也是流通政策体系整体功效的体现。具体地说，流通政策的功能包括三个方面：导向功能、控制功能与协调功能。

（1）导向功能。流通政策的导向功能，是指流通政策引导流通领域中的组织、个人的行为以及流通产业的发展朝着政策制定者所期望的方向发展。流通政策的导向功能所包含的一项重要内容是规定目标、确定方向。在流通领域中，组织、个人的行为都有不同的目标，这些目标既有相互一致的方面，也有相互冲突的地方。规定目标就是为了将个体多样化的目标纳入明晰的、统一的轨道，使流通活动能够有序进行，资源得到最有效的利用，流通产业健康地发展，消费者的合理要求能够得到满足与保障。显然，导向功能是流通政策制定者对流通领域内事物发展方向的指导力量与操控意志的直接体现。

（2）控制功能。流通政策的控制功能，是指流通政策对流通领域中的组织、个人的行为以及流通产业的发展起到的制约或促进作用。任何政策的出台都是为了解决某些已经存在的问题或是为了预防某些可能出现的问题。无论是解决问题，还是预防问题，都体现了政策制定者对其管理领域的控制力。对符合其期望的行为与结果予以鼓励，对不希望发生的行为与结果予以惩罚。具体到流通政策对流通领域的管理，同样具有一般政策的控制功能。控制功能有直接控制与间接控制两种形式。直接控制通常在政策中明确规定哪些是应该、可以或鼓励的行为，哪些是禁止或有条件限制的行为，并指出行为的后果。间接控制是通过调整或改变行为可能发生作用的条件，从而影响行为的结果。

（3）协调功能。流通政策的协调功能，是指流通政策对流通领域中的组织、个人的利益关系进行协调，以保证流通产业的健康发展，以及流通活动的顺利进行。流通领域是一个复杂的系统，其中的组织、个人有许多利益关系需要协调。这些利益关系涉及不同行业（如零售业与批发业）、不同组织（如规模、业态各异的零售商）、组织与个人（如商业组织与消费者）等，它们性质各异、错综复杂，仅凭简单的目标导向进行统一管理，或者直接与间接的控制进行干预都难以达到理想的效果，此时，政策的协调功能就显得尤为重要。

上述三项功能是流通政策的基本功能，但具体到某项或某类政策，其功能的表现则有所侧重。例如，2019年印发的《关于加快发展流通促进商业消费的意见》主要体现政策的导向功能；2008年实施的《中华人民共和国反垄断法》主要体现政策的控制功能；2013年修订完成的《中华人民共和国消费者权益保护法》则更多地体现了政策的控制与协调功能。

10.2 流通政策的国际比较

10.2.1 美国的流通政策

1）目标与手段

美国的经济体系是以市场机制为基础的混合经济体系，它的经济政策是以崇尚与保护自由竞争为核心。美国经济制度的基础是私有制，私有权和契约受到法律的严格保护，实行的是"自由企业制度"。"自由经营""自由竞争"是美国"自由企业制度"的基本原则。

在美国，政府主要扮演"裁判员"和"服务员"的角色，为企业创造一个良好的外部环境。美国是联邦制国家，各州都有立法权，地方政府的管理权很大。为保证政策目标的实现，一般通过财政援助、技术援助、审查和调查、咨询以及对各项工作的监督与审批来控制下层次政府。

美国是以商业政策为核心的国家，没有直接的流通政策的提法。美国是以第三产业的观点来看待流通和流通政策的。[①]美国流通政策的基本目标是维持和促进竞争，确保流通企业享受充分的自由经营权，全力保障企业市场机会均等，其主要政策手段是：

（1）政府通过制定和执行各种法律直接管理流通活动。此类政策主要有：反垄断、反不公平竞争的法律；保护劳动者的法律；限制营业时间的法律；消费者权益保护的法律等。

（2）用土地利用计划、城市规划政策影响流通活动。联邦法中有城市计划法，各州根据本地土地和流通业状况，自行设立商业用地用途限制和开发基准。对于流通业所产生的外部效应，如交通混乱、噪声、排污、景观破坏、汽车废气等，在城市规划中也充分考虑，以避免流通业进入过度。

（3）以财政或金融政策间接调整流通活动。美国联邦政府不能直接干预州政府的行政事务，而往往通过财政援助诱导州政府行为。对关系到国计民生并且市场风险较大的极少数重要商品，联邦政府通过一定的财政补贴，实现市场供求的稳定，如农产品补贴。此外，各州、市政府通过税制来调节新的流通企业加入地方流通，各州在营业税和消费税等的税率方面不同，这些会影响流通企业分布。中小企业局对中小流通企业有一些奖金资助和经营援助，如融资和信用担保。

（4）地方政府以少量的行政手段干预流通。在美国，有些州用商业特许权对流通产业的市场进入进行限制，各州在商业企业注册方面管理不同，有些较严，有些较松。一些州政府对个别消费品实行了价格申报制度，零售商业企业如果要调整政府管理商品的价格，必须事先提出申报。

2）代表性的流通政策

（1）反垄断政策。美国的反垄断政策与其他国家相比是比较完善的，具体体现在它的反垄断法律体系上，其中较有影响力的有《谢尔曼法》（1890）、《克莱顿法》（1914）及《罗宾逊-帕特曼法》（1936）。

《谢尔曼法》是美国颁布实施的第一部反托拉斯法，该法对流通领域的影响主要体现在：规定竞争者之间达成价格协议及分配市场区域或顾客，违反了自然竞争的规定，为被禁止的违法行为。

1914年出台的《克莱顿法》禁止以下垄断行为：搭配销售；成立连锁董事会（即两个或以上相互竞争企业的董事会中大部分成员是相同的）；公司间相互持股；价格歧视（包括供应商对不同零售商的价格歧视）；全面强制购买；束缚性合同；排他性销售等。

---

① 马龙龙. 流通产业政策［M］. 北京：清华大学出版社，2005：26.

　　1936年，美国国会通过了《罗宾逊–帕特曼法》，又称"反连锁商店法"，它的主旨在于限制大零售商采取不公平价格，并要求供应商给予特别价格折扣。

　　（2）重要商品流通政策①。粮食流通政策是美国代表性的重要商品流通政策。美国保证粮食流通主要借助于储备制度、价格支持政策、期货市场干预等政策措施。美国的粮食储备大致有四种：其一，正常储备，是粮食生产者和加工商正常经营的周转性库存；其二，缓冲储备，是从一个生产年度到下一个生产年度调节供求的粮食储备，由美国政府和私人共同参与控制；其三，农民自有储备，是指参加自有储备计划的农民储存的粮食②；其四，政府储备，是指政府为保证粮食安全的储备，由美国商品信贷公司经营。当市场价大大高于农民投放价时，才投放市场。美国占有世界近1/3的粮食储备，是世界上的主要粮食出口国。美国粮食作物仓储能力大大高于年产量，一般来说是年总产量的近两倍。近些年，美国政府为减少粮食储备运行成本，压缩政府开支，特别推崇农民自有储备，强调增加私人储备，以实现政府储备与私人储备的协调。

　　美国政府通过粮食价格支持政策，保护生产者利益，从而保障粮食供给稳定。美国联邦政府授权农业部，根据国会法令，每年规定主要粮食的支持价格，公布后全年稳定不变，农民可自行选择下列方法以获得支持价格：一是粮食抵押贷款，当市场价格低于支持价格时，已同政府签订"限耕合同"的农民可以暂不出售，而将粮食作为抵押品，从商品信贷公司取得低息贷款；当市场价格超过支持价格水平时，可以取回抵押品出售还本付息。二是干预性收购，如贷款到期而市场价格仍低于支持价格，商品信贷公司就保证按照支持价格把当作抵押的粮食收购下来。三是直接补贴，如果农民不愿接受上述两种方法，政府就发给他们直接补贴，条件是，在新粮收购后的5个月，如果全国加权平均市场价格低于支持价格，那么，与政府签订"限耕合同"的农民都可向政府申请补贴。补贴金额为支持价格同全国加权平均市场价格间的差额。

　　美国政府还通过期货交易所调节粮食进出口，保障国内粮食流通稳定。当国内粮食供给超过总需求时，政府就对从事粮食交易的期货交易所实行一项特殊政策，即凡是在交易所内进行的粮食期货交易，只要合约卖出的对象是美国境外的交易商，政府就会按每重量单位给交易所一定的财政补贴，从而鼓励交易所承接此类业务，以部分缓解供给过剩的压力。

　　石油是美国主要的、重要的能源，在美国社会经济中具有战略地位。为此，美国政府采取了一系列管制措施。

　　1973年第一次石油危机后，美国建立了石油储备，并出台了《能源政策与保护法》，该法被列入联邦政府的基本法，其对石油储备的宗旨、目标、规模、体制、管理、资金、方式、布局与动用等，都作了明确规定。为使储备国际化，还与石油主要消费国签署了《国际能源机构协议》，当国际市场受冲击时，由该机构投放石油储备。

　　政府拥有的战略储备是美国石油储备的主体。对于民间储备，政府没有任何资金支

---

　　①　这里的重要商品是指关系国计民生、国家经济安全的商品。我们选取粮食与石油的流通政策作为主要研究对象。

　　②　1977年，美国《谷物和农业法》制订了一个为期4年的农场主拥有的储备计划，鼓励农场主把一部分谷物储备起来，以防未来谷物市场供应短缺。实施该计划时主要借助间接的金融手段：规定参加自有储备的农民须同美国商品信贷公司签订合同，商品信贷公司给农民支付补贴并贷款，贷款利率低于市场利率，农民须在3年内对储备的粮食保证质量，当市场粮食价格剧涨时，农民必须在规定时间内归还贷款，以迫使农民抛售粮食。

持，也没有纳入管理范围，主要受市场力量的支配。美国筹措石油储备费用的做法是政府包揽全部资金投入。储备费用中购买石油的费用占75.4%，储存设施建设与维护费用占22.9%，管理费用占1.7%。到1998年年末，美国政府战略石油储备的费用累计已高达210亿美元，仅每年用于维护与经营的费用就需2亿美元。巨额的储备费用已成为美国政府一项沉重的财政负担。为减轻石油储备财政负担，美国政府正在探索战略石油储备商业化的道路。[①]

（3）消费者保护政策。由于信息不对称，消费者在与商家的交易中往往处于不利的地位。为了消除交易中不利地位可能给消费者造成的损害，保障消费者的权益，维护交易的自由与公平，各国政府特别是市场经济发达国家，制定了许多有关保护消费者利益的法律，美国是其中制定相关法律比较全面、严格的国家。

美国先后制定的保护消费者利益的法律主要有《联邦食品和药品法》（1906）、《肉类检验法》（1906）、《全国交通和机动车辆安全法》（1966）、《儿童保护法》（1966）、《联邦香烟标签和广告法》（1967）、《玩具安全法》（1969）、《消费产品安全法》（1972）等。到目前为止，美国已有20余部有关保护消费者利益的法律。这些法律构成了美国保护消费者利益政策的核心。[②]

在美国，负责贯彻和执行这些法律的政府机构主要有联邦贸易委员会、消费者保护司、食品和药物管理署、消费者产品安全委员会以及联邦委员会附属其他机构。联邦贸易委员会创建于1914年，主要负责制定规章制度，有权阻止不正当竞争手段和欺骗行为，对违反者有权向司法机关起诉，并向当事人施以直至10万美元的罚款。消费者保护司，是联邦贸易委员会的分支机构，其充当消费者的辩护人，并向公众提供有关消费者保护、贸易规制等方面的信息。食品和药物管理署，主要负责执行食品、药品和化妆品法、商品包装法、放射性物质安全法和公众健康服务法四个消费者法令。消费者产品安全委员会，主要负责防止有毒产品及危险性玩具的生产和销售。联邦委员会附属其他机构，如食品和药品广告局，负责防止欺骗行为和虚假广告；产品可靠性局，负责管理活动性房屋和汽车的可靠性；销售监督局，负责防止零售商在市场上的欺骗行为。

（4）大型店规制政策。美国对大型店规制的范围与程度都不及日本。美国没有类似日本的适用于全国的《大店法》，但是各州政府对大型店的开设仍有一定的规制，即所谓的"地区制"。一般来说，美国各州政府往往将所辖的所有土地划分成若干区域，各个区域有不同的开发计划，显然，大型店（也包括普通店铺）的开设必须服从区域的开发计划，从而限制了大型店铺的自由开设。当然，美国对大型店铺的开设规制不是为了对店铺本身进行规制，而是出于有效、合理地利用土地的考虑。这一点是美国与日本关于大型店规制的一个重要区别。[③]此外，美国及其地方政府还制定了许多限制连锁店过度发展的政策，如通过征收连锁店税、禁止连锁店的不公正交易等政策对其进行规制、管理。

（5）中小流通企业扶持政策。美国曾制定、实施多部有关扶持中小企业（包括中小

① 马龙龙. 流通产业政策 [M]. 北京：清华大学出版社，2005：40.
② 夏春玉. 现代商品流通：理论与政策 [M]. 大连：东北财经大学出版社，1998：275.
③ 夏春玉. 现代商品流通：理论与政策 [M]. 大连：东北财经大学出版社，1998：272.

流通企业）的法律，如《小企业法案》（1953）、《小企业法》（1958）、《机会均等法》（1964）、《小企业经济政策法》（1980）、《平等公正法》（1981）、《经济复兴税法》（1981）、《小企业技术创新开发法》（1982）、《准时付款法》（1982）、《就业培训合作法》（1982）、《小企业二级市场改善法》（1984）等，并设立专门管理小企业的小企业管理局。通过发挥上述法规以及管理部门的作用，维护中小企业的利益，使小企业在资金、技术、管理等方面能够得到援助与支持，在营业、贷款等方面获得均等的机会。

10.2.2　日本的流通政策

日本是政府计划主导型的市场经济体系，既有学者把它概括为"计划主导型市场经济模式"，也有学者把它称为"政府主导型市场经济模式"。[①]与美国相比，日本政府对经济，尤其是流通领域的干预程度、深度都要强于前者。

日本政府在资源配置中发挥了主导作用，其手段主要有计划引导和产业政策激励。政府经济计划不具有指令性，而是通过经济计划传递长期经济发展趋势的信息，以信息来引导企业，以基本政策来向企业界表明政府的意图，从而指导企业行为，使信息引导与政府刺激结合在一起，对企业发挥作用。

1）目标与手段

由于日本政府在经济活动中的导向作用，其根据不同时期经济发展的状况，不断调整和制定政策。因此，日本的流通政策目标表现出明显的阶段性特征，可大致概括如下：1945—1963年为保护中小企业时期，主要政策导向是明令限制大店的发展和经营，促进中小流通企业的发展；1963—1991年为中小企业的现代化和流通业内部结构调整时期，主要政策导向是推动流通设施的改造及流通的共同化、组织化；1991年至今，政策总的方向是进一步放宽流通管制，促进市场竞争，减少政府对大企业发展的限制和干预[②]，其主要政策手段是：

（1）通过健全的法律体系，依法管理。日本在流通管理方面制定了一系列的法律法规，涉及流通安全、流通秩序、反垄断和反不正当竞争、消费者保护、振兴中小流通企业等各个方面。

（2）行政机构在政策立案及实施过程中，具有很强的约束力。例如，《大店法》中有关大型零售店开业申报、审查的规定以及具体运作，都体现了行政机构的强约束力。

（3）通过行政计划、产业政策干预流通活动。日本中央政府通过制订与实施行政计划，影响下层次政府的流通活动，如大米流通计划，农林水产省根据全国的粮食供需状况确定总体收购计划，并通过自上而下的方式逐级下达到地方政府，直至落实到农户身上，从而向农户预约收购数量，来保证中央政府计划目标的顺利实现。在产业政策方面，政府通过向企业提供无息或低息贷款、减免税等优惠政策，扶持和引导企业按照政府确定的方向发展。

（4）重视社会组织的作用。在日本，各级消费生活中心、零售商协会、连锁店协会、农协等，都在流通管理中发挥着重要的作用。

---

①　马龙龙. 流通产业政策［M］. 北京：清华大学出版社，2005：21.
②　马龙龙. 流通产业政策［M］. 北京：清华大学出版社，2005：23.

2) 代表性的流通政策

（1）反垄断政策。日本的《禁止垄断法》比美国的反托拉斯法要严厉得多。该法对各种卡特尔、参加国际垄断组织、企业联合体的垄断经营及同步提价等，以及对持股公司、股票持有量、企业合并等也都有严格的限制。违者课以重罚，甚至要追究刑事责任。[①]

不公正交易是指有可能妨碍公平竞争，使行业竞争秩序遭到破坏的行为。因此，它也是各国反垄断政策中禁止的对象，对于被禁止的行为依各国国情及交易习惯而不同。日本的《不正当交易法》视以下行为为不公正交易并予以禁止：直接打击竞争者的不正当交易；以价格手段打击竞争者；以提供其他好处为诱饵争夺竞争者的顾客；滥用优势，强迫对方接受不平等的交易。日本还制定了《不当赠品及不当表示防止法》，具体规定了交易过程中的赠品范围和赠品金额。[②]

（2）重要商品流通政策。日本的粮食安全政策主要有购销倒挂的粮食价格政策、"双轨"流通体制、粮食进口策略。1993年的大米危机使政府认识到建立应对短缺机制的必要性和重要性，把确保稳定供应作为评价粮食安全政策是否有效的首要标准。具体政策主要包括以下四方面：

第一，重要农产品流通由政府直接管理。如大米的流通，政府限制大米进口；不许进行大米期货交易；对大米实行国家定价，由国家或者委托农协按照定价收购；经营大米批发和零售要得到政府的批准，不能实行完全的自由流通。

第二，粮食储备制度。1995年11月实施的日本《新粮食法》规定，政府设立专项储备，储备量约相当于正常年份的3个月供应量。政府的储备大米，由政府根据国内生产的年成丰歉，决定是否抛售或增加储备，通过调整储备以抑制价格的暴涨和暴跌。

第三，供需计划。日本《新粮食法》规定：农林水产大臣每年要制定和公布关于粮食供需及价格安全的基本计划（其中包括粮食储备的目标数量及储备的运营事项），对自主流通米也要求自主流通法人编制储备数量，报农林水产大臣批准后实施。

第四，风险基金。为保证市场价格基本稳定和保护农民利益，日本政府对14种主要蔬菜和果品、鸡蛋实行风险基金制度，由政府、批发商和生产者共同筹措。

日本的石油储备是政府导向型，政府储备与民间储备并重，以政府储备为主，相关主要法律为《石油储备法》。日本民间储备一直是在政府监控和计划指导下进行的，法定民间储备的责任人为炼油商、石油销售商与石油进口商，并严格规定他们各自的储备量，如违反则处以罚款。政府与民间储备的动用都要经过通产省批准。政府储备资金主要通过征收石油税，设立石油专门账户；通过政府和信贷部门筹集公共基金；由国家石油储备的实施与管理机构对民间石油储备提供低息贷款、资本投资或建设投资。

（3）消费者保护政策。日本从20世纪50年代以后，随着国内消费者利益受损问题的日益严重，也制定并实施了一系列旨在保护消费者利益的政策。与美国的相似之处在于，日本的消费者保护政策也是以有关保护消费者利益的法律为主的。

自1968年制定《消费者保护基本法》开始，日本先后制定的有关保护消费者利益

---

① 夏春玉. 现代商品流通：理论与政策 [M]. 大连：东北财经大学出版社，1998：265.
② 夏春玉. 现代商品流通：理论与政策 [M]. 大连：东北财经大学出版社，1998：272-273.

的法律主要有《食品卫生法》、《消费生活用品安全法》、《药事法》、《煤气事业法》、《高压煤气取缔法》、《含有害物质的家庭用品限制法》、《化学物品的审查及限制制造法》、《建筑标准法》、《玩具安全法》、《家庭用品质量表示法》、《纤维品质量综合检查制度》和《消费品包装合理化制度》等六大类、30种法律。除此之外，日本各地方政府还制定了一系列的保护消费者的条例。

与美国一样，日本的消费者保护政策也是由政府的行政机构执行的。日本的执行机构主要有中央与地方两个系统。中央系统由消费者保护会议、各政府部门所属的消费者行政机构和国民生活中心组成。消费者保护会议是1968年成立的，由内阁总理大臣任会长，委员由有关行政机关的主管官员组成，是日本政府有关消费者问题的最高审议机构，其主要职责是贯彻执行有关保护消费者利益的各种法律，并依据这些法律审议或制定有关保护消费者利益的各种行政政策。除消费者保护会议外，还有18个中央行政机关设立了消费者保护行政课室。国民生活中心是日本政府消费者保护政策的研究机构，该机构成立于1970年，是由政府出资设立的特殊法人。其主要职责是在经济企划厅的监督下，进行有关消费者问题的调查研究，处理投诉，提供市场信息，进行消费者教育，普及商品知识，从事商品检测业务等。除中央系统外，日本的各级地方政府或地方公共团体，还依据国家的有关政策，并结合本地的实际情况，成立了相应的保护消费者利益的行政机构，制定了各自的保护消费者的方针、政策及条例。地方的消费者行政机构，主要由主管消费者问题的行政课室和地方消费者生活中心组成。自1961年东京都成立全国第一个地方消费者行政机构开始，迄今日本全国47个都道府县及十几个城市都成立了地方性的消费者行政机构。这些地方行政机构的主要职责是：平抑物价，确保商品的品质、规格、品种和数量，以及商品的稳定供应；消费者教育、信息提供、消费者保护政策的宣传；消费者投诉的咨询、处理及商品咨询等。消费者生活中心是地方公共团体设置的消费者保护机构，该机构成立于1965年的神户市，后来在全日本普及，到1993年，日本全国共有地方性消费生活中心312个。这些消费生活中心的主要职责是：有关消费者的咨询和投诉的处理；有关商品的各种检验；普及商品知识；提供消费信息；有关消费生活的各种宣传；其他旨在保护消费者利益的活动。[1]

（4）大型店规制政策。1937年，日本制定了第一个《百货店法》，规定营业面积在1 500平方米以上的百货店的开业、分店设置、面积扩大等都需国家主管大臣批准。1947年，《禁止垄断法》制定后废除了第一个《百货店法》，但随着百货店的急速复兴，1956年又制定了第二个《百货店法》。

20世纪60年代，超级市场等大规模零售店通过规避《百货店法》关于营业面积的规定，迅速发展起来。1973年，日本废除了《百货店法》，取而代之以《大规模零售店铺法》（简称《大店法》），该法与《百货店法》相比，扩大了限制对象，但缓和了限制方法，将许可制改为事前审查制；1979年又进行了一次修改，对大店的规制更严格了。

进入20世纪80年代以来，尤其是80年代末90年代初，日本国内外对《大店法》的批评愈加增多。日本政府开始缓和限制，先后于1992年、1994年两次对《大店法》进

---

① 夏春玉. 现代商品流通：理论与政策［M］. 大连：东北财经大学出版社，1998：276-277.

行修改。最终在 1998 年，以《大店立地法》取代《大店法》，将对大型店的限制重点放在选址与城市规划上。

（5）中小流通企业扶持政策。日本政府为了扶持中小企业，也先后制定了《资助法》《商调法》《中小企业基本法》《中小企业指导法》《商店街振兴组合法》《中小零售商业振兴法》等法律；同时，还制定了针对中小流通企业的融资制度，如《流通现代化贷款制度》《零售商业现代化资金贷款制度》《流通设施现代化资金贷款制度》等。这些法律和制度规定：国家资助地方政府对中小企业进行必要的资金帮助，包括无息、低息贷款；限制其他资本过多地进入零售业，以保护中小零售商业的事业机会；进入购物中心、批发商业团地、城市街道再开发地进行合理化经营的中小商业者，可以得到中小企业金融公库、国民金融公库的低息、长期贷款；在税收、资金方面对中小企业予以照顾，并根据情况对其经营管理给予必要的指导和帮助。

10.2.3 欧洲的流通政策①

1）法国的流通政策：《鲁瓦耶法》

自 1949 年到 1973 年石油危机的发生，法国经济得到了持续增长，从而使法国的经济与社会结构发生了很大变化，如人口的迅速增长、城市化进程的加快、汽车的普及、收入水平的提高、消费结构的变化、职业女性的增加等。在此背景下，以传统的中小零售商为中心的商业领域也发生了很大的变化，即超市及大型超市等自我服务式大型零售商的出现改变了原有的商业结构。特别是在郊外开设的大型超市，以大规模的卖场面积和低廉的销售价格，对消费者产生了强大的吸引力，对处于城市中心部的传统零售商产生了很大冲击，从 20 世纪 60 年代以后，独立的小规模零售商的店铺数与销售额占有率一直处于下降趋势。

面对这种情况，中小零售商不得不重新考虑应对措施，于是就掀起了一场组织化、合作化运动和反大型超市运动。一方面，中小零售商纷纷建立共同采购组织、自愿连锁组织和购物中心，以强化自身的经营能力；另一方面，其积极采取政治性应对措施，即开展了以反对大型超市为中心的中小零售商维权运动。中小零售商维权运动的初期是要求平等课税和提高社会保障，后来随着大型超市的快速增长，则逐渐发展为反大型超市运动。自 20 世纪 70 年代以后，反大型超市运动达到了高潮，甚至出现了放火焚烧大型超市的过激行为。在此背景下，法国制定了《鲁瓦耶法》。

《鲁瓦耶法》共有五篇 65 条，其中第一篇第一章主要规定了本法的基本原则与基本精神。对大型店的有关规定主要体现在第三篇第一章第 25 条到第 27 条，以及第二章第 28 条到第 36 条。

《鲁瓦耶法》第 1 条规定，作为经济性政策的目标，必须维护公平竞争，即"必须在明确、诚实的竞争框架内行使从事事业的自由及意志"，接着还明确了商业与手工业的作用，即"商业与手工业必须对改善生活质量、丰富城市及农村生活、提高国民经济的竞争力作出贡献"，同时还充分考虑了在大型超市快速发展的背景下如何保证中小零

售商的正常发展问题，即"公共权力机构应该创造一个使各类企业（不论是独立的中小企业还是集团化的大企业）都能够共同发展商业和手工业的环境，为此，在发展新流通形式时，必须避免小企业的破产和商业设施的过剩"。在此基础上，该法第3条规定，公共权力机构要对商人及手工业者从事新事业或转业给予必要的技术与财政支持；同时该法第4条还规定，公共权力机构还要对商业与手工业者的集团化或合作事业给予必要的支持。上述第1条、第3条和第4条所规定的政策原理就是大型店调整政策的基本依据（方针）。下面我们按该法的条文顺序将该法中有关大型店调整政策的主要内容介绍如下：

（1）关于大型店的开设计划。《鲁瓦耶法》第29条确定了以下规制标准，对符合这些规制标准的大型店，其开设计划必须得到城市商业计划委员会的许可（批准）。

① 建筑面积在3 000平方米以上或卖场面积在1 500平方米以上（人口在4万以下的城市，上述标准分别为2 000平方米以上和1 000平方米以上）的零售店铺的新建计划；

② 达到上述①面积标准的现有店铺的扩建计划，以及不论原有的店铺面积多大，其扩建面积达到2 000平方米以上的扩建计划；

③ 达到上述①面积标准的现有店铺的改建计划。

（2）城市商业计划委员会及其人员构成。城市商业计划委员会分为省级与国家级两个级别。第29条规定，必须进行申请批准的建设计划，首先由省级城市商业计划委员会进行审查。根据第1条、第3条和第4条所规定的原则，省级城市商业计划委员会在进行审查时，要在充分考虑商业与手工业的结构、该省及邻近地区商业设施的发展现状、城市及农村中长期发展计划，以及各种商业组织形式之间的均衡发展等情况的基础上作出判断（第28条）。在进行审查时，还必须以书面形式引用由中小企业协会、手工业协会、省交易物价局等做成的报告书（第31条）。该法第25条至第27条对中小企业协会、手工业协会的职能进行了规定。这两个协会的主要职能是参与市街地建设改造计划、城市计划和农村建设与改造计划的制订，并积极自主地开展调查，提出调查报告。

省级城市商业计划委员会要通过各种方法，对各种申请审批的计划，在提出申请后的3个月以内得出全员一致的结论。同时还规定，对超过3个月的申请，视同为批准（第31条、第32条）。

省级城市商业计划委员会的主任由省长担任，其构成人员如下（第30条）：计划项目所在地的市街村长及地方议员9人；省中小企业协会等指定的商业及手工业者9人，其中百货店业界的代表1人，连锁店或消费合作社代表1人，自营中小零售商代表6人，手工业者代表1人；省长指定的消费者团体的代表2人。

从上述人员构成来看，在商业和手工业者的9名代表中，有7名是自营中小零售商的代表和手工业者的代表，这些代表的立场通常是反对大型店开设的。而在大型店的一方，则只有百货店或连锁店业界的2名代表，加上消费者团体的代表也不过4名。显然，从城市商业计划委员会的人员构成来看，对大型店的开设是非常不利的。因此，具体的审查结论则在很大程度上取决于市街村长及议员等政治家委员隶属于哪个政党、采取何种政治姿态。

如果对城市商业计划委员会审查结论不服，省长或1/3（7人）以上委员或申请者本人等任何一方都可以在审查结论下达后的2个月之内向商业手工业部长提出诉讼或复议，商业手工业部长在听取其咨询机构——国家城市商业计划委员会的咨询意见后，在3个月以内作出裁定（第32条）。

国家城市商业计划委员会主任由商业手工业部长担任，其构成人员如下（第33条）：计划项目所在地的国会参众两院议员9人；商业和手工业代表9人；最有代表性的消费者团体指定的消费者代表2人。

以上就是《鲁瓦耶法》有关大型店调整政策的规定。由于申请者可就同一申请项目进行多次申请，因此，从理论上讲，一年之内可以对同一项目申请四次，这样的例子并不少见。

从以上内容来看，《鲁瓦耶法》具有以下制度特点：

第一，对大型店的规制是在城市规划的框架内进行的，从而可以将零售流通政策与城市计划有机结合为一体。该法规定，省城市规划局提出的调查报告书是省城市商业计划委员会对申请项目提出审批意见的重要依据。

第二，明确规定了中小企业协会的职能。该法规定中小企业协会的职能是参与城市规划的制定、向省或国家城市商业委员会提出调查报告、向省或国家城市商业计划委员会选派委员。作为与地方有密切联系的民间组织，中小企业协会对政府具有较大的影响力。

第三，采取二级审查制度，将决定权赋予省城市商业计划委员会。在审查过程中，并不是遵守全国统一的数量标准，而是根据各地的实际情况进行判断。也就是说，《鲁瓦耶法》在制度上明确规定了在地方范围内调整大型店所引起的冲突。

第四，调整过程的最长期限为8个月，因此，调整过程相对较短。

2）英国的流通政策

（1）限制市区外零售开发的政策[①]

英国的零售业规划被纳入在第二次世界大战后制定的总的土地使用规划体系内，各级行政部门（地方的区、县和地区）之间的规划具有联系性，地方规划当局（LPA）对开发提案作出最初决定：批准或者拒绝。

地方规划当局在作出决定时，需要考虑地方开发规划，在有管辖权的地理区域内，地方开发规划对土地使用的建议方式及配套政策做了规定。地方开发规划应当考虑更高层次的规划框架——通常是县当局提供的结构规划，但是从2004年开始需要考虑由8个地区和伦敦编制的区域空间战略（RSS），这些规划意欲为地方层次的发展规划提供战略指导。

除了地方开发规划外，地方规划当局也要考虑其他"实质性因素"，主要是中央政府的政策声明（PPS），在以前是规划政策指南（PPG）。这些文件对地方当局的规划活动提供"建议"和"指导"，如发展规划的修订、决定的作出等。

提交给LPA的开发申请要接受至少三个星期的公开审查，以对提案进行评估（同意或反对）。LPA也要和高层当局、农村社区行政团体、邻地等进行磋商。随后，LPA

---

① 王耀，曹立生. 控制大店过度开发法规先行 [N]. 中国商报，2006-03-31.

要根据相关的开发规划和规划政策方针、对磋商活动作出的回应以及一些其他的实质性的因素等情况来考虑申请。LPA可以有条件或无条件同意规划许可，或者拒绝申请。

当LPA拒绝一个申请时，申请者可以上诉。上诉将由一个规划监察员来审理，通常要进行公开调查。对监察员作出的裁定如有异议，可以进一步上诉到司法部门。

在英国，针对大型零售商店开发的规划政策的决定，目前主要依靠"PPS6：市区中心规划（2005）"和"PPG13：交通运输（1994）"两个文件以积极主动、规划引导的方式而不是被动反应的方式来对市区中心进行规划，其核心原则是"可持续发展"。限制竞争、保护现有商业利益或者阻碍创新，不是该规划体系的任务；其关键目的是提高市区中心的"生命力和存活力"——为现有中心增长和发展而规划；重点发展现有中心，创造良好环境，提供更广的服务，让所有人都方便进入，以此提高现有中心的服务功能；需要通过扩大供给品的范围，增加消费者的选择，支持效率更高的、竞争的和创新的零售（和其他）区，改善交通条件。PPS6建议开发应着重现有中心以进一步巩固现有中心的发展，并在适当情况下使现有中心获得新生，因而，地区和地方规划当局应当通过它们的开发规划：积极地促进市区中心的增长和管理的变化；明确中心网络及中心级别层次，使各级中心履行它们的职能以满足它们的"蓄水池"（中心辐射区域）需求；采取积极主动、规划引导的方法，通过地区和地方规划来规划市区中心。

在开发规划的框架内，对过度的零售开发实行控制，下列情况的零售开发需要获得规划许可：新建；现有设施的重建；现有设施的扩建（超过200平方米）；开发功能的变革；现有规划许可的更新；改变或取消现有规划条件的申请，这类申请可能产生更多的营业面积（如夹楼层）或改变商品销售范围，因此而改变开发的规模或特性。

在对一个零售开发申请做决定时，地方规划当局应考虑在开发规划中用来确认开发场地的因素。因此，开发申请应当体现：开发需求；开发规模适当；开发区域位于最中心的区域；开发对现有中心不会造成无法接受的影响；开发区域交通便利。在PPS6和PPG13中"可持续发展"概念的宗旨之一，是需要为新开发项目规划和安排便利、联合的交通工具，特别强调要减少对私家汽车的需求。

（2）关于零售商促销的法规——《1994年星期日交易法》及《2004年圣诞节（交易）法》①

《1994年星期日交易法》及《2004年圣诞节（交易）法》都影响零售企业的销售行为。

为了增强较小零售企业的竞争地位，英国在1994年8月底颁布了《星期日交易法》（Sunday Trading Act 1994）。该法只是针对商店的营业时间，而对商店所销售的物品并无特别规定。该法对店面规模在280平方米以下店铺的营业时间不做限制；而此规模以上的商店星期一至星期六的营业时间没有限制，但星期日则只能从上午10点到下午6点之间选择营业6个小时，而且复活节期间的星期日不得营业。同时，该法还规定了对拒绝在星期日工作的店员的保护措施，以防他们被开除或受到歧视。该法允许市政厅限制大型商店星期日上午9点前装卸货物，以免产生噪声。

---

① 佚名. 英国关于零售商促销的法规简介 [J]. 中国市场，2006（47）.

商店 280 平方米的规模，仅指商店展示商品和供顾客购物的面积。只要店面规模不超过 280 平方米，不管其办公室、卫生间以及存储室有多大，都归为小商店，营业时间不受该法限制。对于此规模以上的大商店，如果是自产自销的农场商店、外卖酒类的商店、汽车零配件商店、注册药房、港口或机场商店、高速路服务站的商店、加油站以及展览会上零售摊位等，则其营业时间也不受限制。

至于一般性 280 平方米以上的大商店星期日营业 6 小时，必须提前 14 日以书面形式将其营业时间通知市政厅，并将星期日营业的通知公布周知。大商店如果违规，将会被起诉并罚款，最高罚款可达 5 万英镑。

《2004 年圣诞节（交易）法》于 2004 年 12 月 9 日生效。该法规定规模在 280 平方米以上的商店在圣诞节当日不许营业，以表示圣诞节对于英国民众来说是特别的一天。但此规模以下的商店则不受影响。目前仍有人对圣诞节当日大商店开门营业的可能性表示担忧，政府则声明要继续监督执法，只是目前并不需要重新审议该法。

10.3　中国流通政策

10.3.1　中国流通政策的沿革

1）中华人民共和国成立前的中国商业政策

我国在农业社会时，一直奉行重农抑商的经济政策。为了维持以农业为基础的等级有序的封建社会的稳定，重要的商业都由国家专营，大宗产品如农产品被排斥在市场之外，商人在政治上地位最低，不准参加科举。虽然至明清时期，当这种政策严重与生产力发展不相适应时当局被迫进行了改革，使商业迅速发展繁荣起来，但是繁荣背后却有着致命的硬伤，表现在：商业规模虽大，但质量不高，仅限于农民和小手工业者以原始方式生产出的商品的流通；商业仍在封建制度框架内运行，无法突破原有体制；商人也未能取得独立的政治、社会地位，超经济的政治权力在封建道德伦理维护下仍是社会的绝对权威，封建官员拥有对社会经济问题的解释权与执行权，人治的色彩很浓。而在西欧国家，伴随着工商业的发展、农业社会向商业社会过渡，社会价值观念体系，包括法律、宗教、伦理、文化等都发生了脱胎换骨的转变，从而促进了以公平自由的市场交换为基础的资本主义生产方式的产生。

到了清末，虽然实行严格控制对外贸易的政策，但国门仍被西方的坚船利炮打开了。面对现代工商业对社会经济的冲击，政府被迫实行重商的政策。清光绪二十九年（1903），清政府设立了商部，成为我国历史上第一个商务管理部门，而且，光绪帝在有关赦令中将商务振兴提到"阜民财而培邦本"的高度。随后，清政府又出台一系列奖励工商发展的政策，出台了《商人通例》《公司律》《公司注册试办章程》《商标注册暂拟章程》《破产律》等商法，首次以法律形式肯定了私人工商业的社会地位，为保护私人工商业者的经营活动和合法权益提供了依据。

但是，这些政策在当时的中国并不具备贯彻实施的社会基础。传统社会经济组织形式和传统文化底蕴在幅员广阔的中国衍育了几千年，作为向新制度演化的路径依赖，有着深厚的社会根基，因此，不经过炼狱般的脱胎换骨，中国社会是很难成功转型的。历史证明，中国正是在数次外战、内战，几番改良、革命、改革之中，经历着生产力与生产关系的不断摩擦，艰难地探索着适应生产力发展的社会体制。

辛亥革命推翻了帝制，虽然不能根本改变社会状况，但毕竟顺应了经济发展的要求。在北洋政府时期，工商界有了相对自由的环境，商业区迅速发展，城市也开始向商业社会演变。

但蒋介石南京政府建立后，政府又加强了对经济的控制：一方面控制商界，抑制其独立发展；另一方面发展官僚资本经济，即要求经济服从政府权力，中国经历了短期的自由发展后又走上了官营道路。在后来的抗战与解放战争时期，官僚对商业的控制更加强劲，实行外汇管制、统购统销，对盐、糖、火柴等重要商品实行政府专卖，对物价进行强制管理，政府核定统一价格，建立大批官营的、官商勾结的商业垄断组织，如财政部的贸易调整委员会下属三大公司垄断丝、茶、油等商品出口，经济部下属纱布管理局垄断全国花纱布贸易，资源管理委员会垄断矿产贸易，宋氏家族与陈氏家族合开的中国棉业贸易公司垄断棉花贸易。在此期间，缺乏制约的权力干预流通，造成腐败滋生、投机盛行、通货膨胀、怨声载道，促成了国民党政府的垮台，也严重损害了商人的形象，引发了无商不奸、重利轻义的传统道德批判。[①]

2）中国计划经济时期的流通政策

中华人民共和国成立后，经历短暂的经济恢复期和5年的社会主义改造时期，中国建立了计划经济体系，此时期流通政策的最终目标是要建立符合社会主义计划经济体制要求的流通体系。

这一时期抑商政策达到了登峰造极的程度，这虽然是借鉴苏联社会主义建设模式的直接结果，但这种模式之所以能顺利、迅速地在中国建立并发展起来，与长期轻商抑商、自给自足、平均主义、家长制的封建文化传统的影响不无关系。

（1）经济恢复期（1949—1952）。中华人民共和国成立之初，百废待兴、百业待举，当时流通政策的目标主要是稳定经济、打击投机等不法商业行为，为恢复建设服务。

为迅速扭转形势，在建立中央集权型财政体制、垄断金融业的基础上，政府对流通业采取了一系列干预措施，一方面，限制私营商业经营，利用国有贸易机构控制大量商品，稳定物价；由政府统购统销棉布棉纱；出台《关于取缔投机商业的几项指示》，将超范围经营、不在规定市场交易、囤积居奇、买空卖空等行为作为投机商业予以取缔；1951年年底，又根据当时问题发动了"三反""五反"运动。另一方面，又要利用私营工商业，在管理过严时，适当放松对私营商业的限制。

（2）社会主义改造时期（1953—1957）。从1953年开始，我国开始了社会主义改造，并于5年内基本完成，到1956年社会主义商业占商品批发总额的82%，供销社占15.2%，私营商业仅占0.1%。此时期的流通政策目标是逐步取消私营商业，稳定流通，保障供给，支持社会主义改造顺利进行。

---

① 马龙龙. 流通产业政策［M］. 北京：清华大学出版社，2005：27.

在商业企业改造初期，政府一方面通过批购、经销、代销等手段，将私人零售业纳入公营商业领导下；另一方面对私营批发商直接实行国有化。之后，开始公私合营，并将小商小贩也分别纳入国营商业和供销合作社系统。

（3）社会主义计划经济时期（1958—1978）。社会主义改造完成后，商品经济及以市场为媒介的交换，原则上都被彻底否定，虽然个别时期有所放松，但基本上是政府拥有对经济的绝对控制权，价值规律的作用被压制到最低程度。这段时期内，"有限流通论"甚至"无流通论"大行其道，基本谈不上商品流通，更不要说尊重流通领域的基本规律了，只有物资调拨和个人生活资料的配给，整个社会经济就像一个巨大的科层组织。

此时期，商业系统是国营商业一统天下，集体合作商业也一度被并入国营。虽然商品流通在理论上被贬得一文不值，但是商业系统职工的社会地位却较高，因为他们拥有国家赋予的垄断权，实际掌握着生产与生活资料，而不具有为生产、消费服务的意识。实践证明，在此体制下，希望通过国家制订详细而合理的统一计划协调经济运行，以避免资源浪费、提高经济效率的初衷根本无法达到，价格机制严重窒息，生产失去动力，市场供应匮乏，生活资料凭票供应。在这种情况下，即使存在流通政策，其目的也仅是服从于计划生产的需要调配物资，保障人们基本生活资料的供给。[①]

3）中国改革开放以来的流通政策沿革

中国改革开放以来的流通政策主要是围绕建立社会主义市场经济的流通体制展开的，这一时期的流通政策可以分为四个阶段。

第一阶段为1979—1992年，流通政策重点是调整流通领域的所有制结构，转换国有流通企业的经营机制以及流通现代化。这一时期的主要流通政策有《中华人民共和国商标法》（1982）、《关于城镇集体所有制经济若干政策问题的暂行规定》（1983）、《中华人民共和国计量法》（1985）、《中华人民共和国标准化法》（1988）、《中华人民共和国标准化法实施细则》、《国家标准管理条例》、《行业标准化管理办法》、《企业标准管理办法》（1990）、《城市商业网点建设管理暂行规定》（1991）、《中华人民共和国城镇集体所有制企业条例商业企业实施细则》、《关于加速商业物流发展建设的意见》、《关于加强物流科技工作的意见》和《关于商业零售领域利用外资问题的批复》（1992）等。

第二阶段为1993—2001年，这一阶段的政策重点是规范流通秩序、流通领域的对外开放和促进流通现代化。这一阶段的主要政策有《中华人民共和国合同法》、《中华人民共和国反不正当竞争法》、《关于禁止有奖销售中不正当竞争行为的若干规定》、《中华人民共和国消费者权益保护法》（1993）、《中华人民共和国广告法》、《关于加强流通领域推广电子计算机及电子技术推广应用的实施意见》、《全国商品市场体系规划纲要》（1994）、《制止牟取暴利的暂行规定》、《关于深化流通体制改革，促进流通产业发展的若干意见》、《全国连锁经营发展规划》、《指导外商投资方向暂行规定》和《外商投资产业指导目录》（1995）、《全国商业电子信息技术开发应用"九五"规划要求与中长期发展纲要》（1996）、《外商投资产业指导目录（修订）》（1997）、《中华人民共和国价格

[①]　马龙龙. 流通产业政策 [M]. 北京：清华大学出版社，2005：28-29.

法》（1997）、《外资投资商业企业试点办法》（1999）和《"十五"期间加快发展服务业若干政策措施的意见》（2001）等。

第三阶段为2002—2011年，这一时期的政策重点是针对入世后流通领域即将全面开放而制定的一系列对外开放和促进流通产业发展的政策。这一阶段的主要流通政策有《"十五"商品流通行业结构调整规划纲要》、《全国连锁经营"十五"发展规划》、《关于进一步做好大中城市商业网点规划工作的通知》、《外商投资产业指导目录》（2002）、《关于加强城市商业网点规划工作的通知》（2003）、《关于促进我国现代物流业发展的意见》、《流通业改革发展纲要》、《城市商业网点规划编制规范》、《全国商品市场体系建设纲要》和《外商投资商业领域管理办法》（2004）①，以及《关于促进流通业发展的若干意见》（2005）、《流通标准"十一五"发展规划》（2007）、《关于进一步深化化肥流通体制改革的决定》（2009）、《农产品冷链物流发展规划》（2010）和《关于加强鲜活农产品流通体系建设的意见》（2011）等。

第四阶段为2011年以后，这一时期的政策是基于流通产业在促进生产与消费，以及推动国民经济发展中起到重要作用而制定的一系列流通产业升级与优化的政策。这一阶段的主要流通政策有《关于深化流通体制改革加快流通产业发展的意见》（2012）、《关于促进内贸流通健康发展的若干意见》（2014）、《关于大力发展绿色流通的指导意见》（2014）、《关于推进国内贸易流通现代化建设法治化营商环境的意见》（2015）、《全国流通节点城市布局规划（2015-2020年）》（2015）、《"互联网＋流通"行动计划》（2015）、《关于跨境电子商务零售进口税收政策的通知》（2016）、《中华人民共和国电子商务法》（2018）、《关于开展2018年流通领域现代供应链体系建设的通知》（2018）、《关于加快发展流通促进商业消费的意见》（2019）、《关于促进跨境电子商务寄递服务高质量发展的若干意见（暂行）》（2019）、《"十四五"现代流通体系建设规划》（2022）和《关于搞活汽车流通 扩大汽车消费若干措施的通知》（2022）等。

4）中国的流通国际化政策

中国的流通国际化政策是以流通领域的对外开放为主线的。中国流通领域的对外开放始于1992年7月国务院作出的《关于商业零售领域利用外资问题的批复》（以下简称《批复》），该文件同意在北京、上海、天津、广州、大连、青岛和5个经济特区各试办1～2家中外合资或合作经营的零售企业，经营范围仅限于百货零售业务和进出口业务。1995年6月，国务院发布了《指导外商投资方向暂行规定》和《外商投资产业指导目录》，将商业零售、批发和物资供销列入《限制外商投资产业目录》的乙类项目，允许有限度地吸收外商投资，但不允许外商独资。同年10月，国务院决定在北京、上海试办两家中外合资的连锁商业企业，规定中方必须占有51%以上的股权，经营年限不超过30年。1997年12月，国务院对《外商投资产业指导目录》进行了修订，以"国内商业"的概念替换了"商业零售"、"商业批发"和"物资供销"的提法，但仍将其列入《限制外商投资产业目录》中的乙类，重申"不允许外商独资"，并增加了"中方控股或占主导地位"的规定。1999年6月，国务院颁布《外商投资商业企业试点办法》（以下

---

① 张闯. 流通国际化背景下的流通政策的比较研究［J］. 财贸经济，2005（2）.

简称《办法》），这是我国流通领域对外开放跨出的历史性一步。《办法》在以下方面具有政策性的突破：①扩展了对外开放的地域范围，由原来《批复》中规定的 6 个城市和 5 个经济特区扩大到所有"省会城市、自治区首府、直辖市、计划单列市和经济特区"；②有条件地允许外资控股商业企业；③明确规定经营批发业务的合营商业企业的经营范围为国内商品和自营进口商品的国内批发，组织国内产品出口，并且从事零售业务的合营商业企业经批准可兼营批发业务。

2001 年 11 月中国正式加入 WTO，按照我国政府的有关承诺，我国将在 5 年内全面开放流通领域，与此同时，中国的流通国际化政策也作出了相应调整。2002 年国务院公布了重新修订的《外商投资产业目录》，首次将批发和零售贸易业列为鼓励外商投资产业目录，但按照入世相关承诺对外商投资商业企业经营的一些商品类别进行了限制，并制定了明确的取消限制时间表。2004 年 6 月，商务部颁布了《外商投资商业领域管理办法》（以下简称新《办法》），取代了 1999 年 6 月颁布的《外商投资商业企业试点办法》。新《办法》无论在业务领域、地域范围、股权比例、经营形式等方面，还是在外商投资的审批制度方面都有重大突破，表现在：①首次向外资开放了佣金代理业务，并允许外商投资商业企业以特许经营的形式开设店铺，同时新规定的零售形式包含了店铺零售和无店铺零售业务；②批发业务从新《办法》实施之日起取消地域限制，零售业务从 2004 年 12 月 11 日起取消地域限制；③2004 年 12 月 11 日起允许设立外商独资商业企业，除特殊情况外，外商投资商业企业没有股权比例限制；④商品类别方面，2004 年 12 月 11 日取消对药品、农药和农膜的批发限制，取消对前三种商品和成品油的零售限制；2006 年 12 月 11 日取消对化肥、成品油和原油的批发限制，取消对化肥的零售限制；除上述限制以及盐和烟草外，对批发业务没有商品类别限制；除上述限制和烟草外，对零售业务没有商品类别限制；⑤首次将审批权有条件地下放到省级商务主管部门。[①]为了进一步推动形成全面开放新格局，促进社会主义市场经济健康发展，在 2019 年 3 月 15 日举行的第十三届全国人民代表大会第二次会议上，通过了《中华人民共和国外商投资法》。该法律的颁布和实施为我国流通国际化的建设与发展奠定了坚实有力的法治基础。

在推动对外开放和国际交流的进程中，我国于 2013 年提出了建设"一带一路"的合作倡议，而贸易畅通是其主要内容之一。在此背景下，我国政府和各部委相继出台了《关于当前更好发挥交通运输支撑引领经济社会发展作用的意见》（2015）、《国家邮政局关于推进邮政业服务"一带一路"建设的指导意见》（2017）和《西部陆海新通道总体规划》（2019）等政策文件，助力"一带一路"的建设与发展。在此期间，各省市也纷纷推出相关政策意见，比如《辽宁省人民政府关于加快推进东北亚经贸合作打造对外开放新前沿的意见》（2019）、《广西加快西部陆海新通道建设若干政策措施》（2019）和《青海省 2019 年度推进"一带一路"建设重点工作分工方案》（2019）等，构筑了"一带一路"倡议下流通领域合作的布局与规划。

伴随着互联网（特别是移动互联网）的兴起与发展，跨境电子商务成为流通国际化

---

① 张闯. 流通国际化背景下的流通政策的比较研究 [J]. 财贸经济，2005（2）.

的重要组成部分。对此，我国政府和各部委相继推出了《关于促进跨境电子商务健康快速发展的指导意见》（2015）、《关于完善跨境电子商务零售进口税收政策的通知》（2018）、《关于促进跨境电子商务寄递服务高质量发展的若干意见（暂行）》（2019）、《海关总署关于跨境电子商务零售进口商品退货有关监管事宜的公告》（2020）、《国务院关于同意在雄安新区等46个城市和地区设立跨境电子商务综合试验区的批复》（2020）、《"十四五"电子商务发展规划》（2021）和《关于扩大跨境电商零售进口试点、严格落实监管要求的通知》（2021）等政策文件，并多次调整跨境电子商务零售进口商品清单，以促进我国跨境电子商务积极健康、有序有力地发展。

10.3.2 中国流通政策的缺失与构建

1）我国流通政策存在的问题

（1）经过几十年的发展建设，我国已初步建立了适应社会主义市场经济体制的流通政策体系，但是我国的流通政策还遗留着计划经济体制下的思维特征，并且在流通国际化政策方面还存在明显不足。

造成上述问题的原因，一方面，是由于客观上我国流通产业的发展相对落后。目前我国流通产业的整体发展水平还比较低，由于从未存在过一个发达的市场体系，在克服由高度集中的计划管理和政府干预所造成的"后天性扭曲"时，在很多地方，出现的并不是基于现代分工关系而形成的发达的市场体系，而是在过去的传统小农经济的基础上形成的那种以原始运输手段和非现代方式进行的交易活动，使其不能很好地在生产者和消费者之间起到沟通作用。[①]在未来一段时间里，我国的流通产业仍然会存在组织化程度低、规模不经济、流通成本高、产业技术落后等问题，流通政策的制定必须针对这些问题进行干预、调整，以实现流通产业的跨越式发展，因此难免就会有计划的色彩。另一方面，是主观方面政策的制定者头脑中一定程度上存留计划经济的思维方式，对于市场规律的认识与驾驭能力不强，不善于按照国际惯例制定我国流通产业的"游戏规则"。

（2）相对于西方发达国家的流通政策体系而言，我国的流通政策体系尚缺乏一个"硬核"，即健全、完善的反垄断法律体系，这导致了我国的流通政策体系缺乏系统性和紧密性。

在我国早期制定和实施的流通政策中，主要针对垄断问题的法规有《关于打击经济领域中严重犯罪活动的决定》（1982）、《关于惩治生产、销售伪劣商品犯罪的决定》（1987），以及《中华人民共和国经济合同法》、《中华人民共和国反不正当竞争法》、《关于禁止有奖销售中不正当竞争行为的若干规定》、《关于禁止公用企业限制竞争行为的若干规定》（1993）。此外，《中华人民共和国商标法》（1982）、《中华人民共和国计量法》（1985）、《中华人民共和国专利法》（1992）和《中华人民共和国广告法》（1994）等法律、法规，也在不同程度上涉及反垄断问题。但与美、日等成熟的市场经济国家的反垄断政策相比，我国的反垄断政策显然不够完善，而且对许多垄断及不正当竞争行为的规定还不够具体，从而使反垄断政策缺乏一定的可操作性。[②]虽然我国从2008年开始施

① 刘从九. 我国商品流通发展趋势与商业产业政策取向［J］. 经济理论与经济管理，2003（12）.
② 夏春玉. 现代商品流通：理论与政策［M］. 大连：东北财经大学出版社，1998：291.

行《中华人民共和国反垄断法》，并推出了《中共中央 国务院关于推进价格机制改革的若干意见》（2015）和《关于在市场体系建设中建立公平竞争审查制度的意见》（2016），为我国保护市场公平竞争和提高经济运行效率提供了法律基础和政策支撑，但是尚未建立起全面、完备的法律与政策体系。

（3）相对于西方发达国家而言，我国的消费者保护政策出台晚、作用范围小、强制执行力差。从长远看，这不利于我国流通产业的健康发展，甚至不利于经济与社会的进步。

《中华人民共和国消费者权益保护法》（1993）是我国最早出台的保护消费者利益的政策。之后，全国人大常委会颁布了作为刑法补充的《关于惩治生产、销售伪劣商品犯罪的决定》，明确规定了生产、销售伪劣商品给消费者造成危害的处罚范围（程度）是罚金至判处死刑。1994年国家计委颁布了《关于商品和服务实行明码标价的规定》及其实施细则，规定了标价的范围、内容、形式及对标价的检查监督和处罚，从而促进了价格的公开化。1994年国务院还颁布了《关于加强对居民基本生活必需品和服务价格监督审查的通知》，规定对20种商品和服务的价格进行监审，要求生产、经营单位在调整这些商品和服务的价格时，要提前向物价主管部门备案，同时要加强和完善对基本生活必需品和服务价格的调控手段，建立重要商品储备制度，对少数商品制定指导性进销差价、批零差价、加工费率和利润率供企业参考，必要时强制企业执行。1995年国家计委又颁布了《制止牟取暴利的暂行规定》，对非法牟利行为作出界定和相应的处罚规定。1997年全国人大常委会审议通过了《中华人民共和国价格法》，进一步完善了商品和服务的价格规制。上述各项法律、法规都是从保护消费者权益出发而制定的，从而标志着中国消费者保护政策日渐系统化和规范化。然而，从现实的消费者保护政策来看，还存在以下问题：一是"政出多门"，从而缺乏对消费者保护政策的系统设计；二是缺乏对《中华人民共和国消费者权益保护法》实施细则的考虑；三是现行的政策缺乏对政策执行者职责、义务的规定与约束，从而大大降低了消费者保护工作的力度和有效性；四是现行的政策缺乏对政策执行者的明确分工。

一般说来，任何经济政策的制定与执行都试图兼顾效率与公平。事实上，这两个目标有时是互为代价的。由于不同国家或同一国家不同时期的经济发展水平各异，因此制定政策时总会在效率与公平间有所侧重与选择。消费者保护政策通常是为保护交易中处于不利地位的一方而制定的，它追求的是公平目标的实现。我国现阶段的经济政策，更多强调的是效率目标，这在一定程度上使我们有意选择暂时接受消费者不利地位这一现状，甚至部分牺牲消费者的利益来换取经济的快速发展。从经济与社会健康发展的角度出发，消费者利益保护的现状亟待改变。

（4）相对于西方发达国家而言，在我国的流通政策体系中以法律形式存在的政策内容偏少，而以规划、意见、指导等"软政策"形式存在的政策内容偏多，这导致了我国流通政策体系缺乏稳定性、连续性和执行效果。此外，长期存在的条块分割，导致流通政策主体众多，政出多门，这直接导致了流通政策体系缺乏一致性，众多流通政策目标存在内部冲突。

2）我国流通政策体系的构建

（1）目标与原则。构建我国流通政策体系的基本目标是：力争在较短的时间内建立起一套目标明确、具体，符合市场经济与世界经济一体化发展趋势的，既有"法律类政策"，也有"行政类政策"；既有"限制类政策"，也有"扶持或促进类政策"；既有"效率类政策"，也有"社会与环境类政策"；既有"流通者政策"，也有"生产者政策"与"消费者政策"的系统、综合、可操作的流通政策体系。为实现上述目标，在构建我国流通政策体系时，应遵循以下原则：

① 符合市场经济原则。市场经济体制是世界通行的经济体制，也是我国的基本经济制度，因此，必须在市场经济的体制背景下制定流通政策，各种流通政策的施行不能破坏市场经济的基本框架与机制原理。无论是对现行流通政策的清理、调整与完善，还是制定新的流通政策，都必须以是否符合市场经济的原则为衡量与取舍标准。

② 适应世界经济一体化原则。世界经济一体化是21世纪以来的大潮流、大趋势，而且进程不断加快。我国的入世，实际上已经意味着我国也不得不接受世界经济一体化浪潮的洗礼，而世界经济一体化的背后就是流通国际化。因此，我国必须按入世的有关承诺，对现行的有违WTO原则与精神的有关流通方面的法律法规与行政规章进行清理、改进或撤废，以建立一套符合国际惯例，并与国际接轨的流通政策体系。这就要求我国尽量减少"条例""规定""办法"之类的法律形式，而尽可能增加正式法律。

③ 充分体现现代流通的特点，提高流通政策的系统性与综合调整能力。现代流通的基本特点是系统化、信息化与标准化。因此，在构建我国流通政策体系时，必须充分体现现代流通的特点，针对不同流通环节或领域（商流、物流、信息流）、不同流通主体（生产者、流通者与消费者）、不同流通客体（一般商品与特殊商品）等，制定相应的且相互协调的流通政策。同时，还要针对流通信息化与标准化的发展趋势，适时制定相应的法律、法规与行政政策，以加快我国流通的信息化、标准化与现代化进程。

④ 经济、社会与环境目标相互兼顾，有利于和谐社会的发展。从国内外的经验来看，制定流通政策的基本目标有三：一是提高全社会的流通效率；二是稳定供给、扩大就业、增加收入、方便生活；三是最大限度地降低流通的负外部性，如交通拥挤、环境污染等。特别是随着大型流通企业的发展及全球环境保护压力的日益增大，如何保护中小流通企业的生存与发展，增强流通领域的经济活力，加强环境保护，提高环境质量，以实现经济社会的和谐发展，已成为世界各国所面临的共同课题。而流通领域不仅存在着巨大的效率与效益空间，而且也存在着巨大的环保与和谐发展空间，因此，世界各国的流通政策不仅注重全社会流通效率的提高，更重视对环境的保护及社会公正、社会稳定的维护。这就要求我国在构建流通政策体系时，也应该坚持经济、社会与环境目标兼顾的原则，且当上述目标存在冲突时，应该优先考虑社会与环境目标。

⑤ 合理借鉴国内外经验。我国现行的流通政策虽然存在许多问题，但是，仍有许多政策可以作为新政策的起点，况且我国各部门、各地区多年特别是近年来制定政策的一些经验与教训，更是制定新政策的宝贵财富。因此，应该尽最大可能吸收、保留原有的实际可行的政策。同时，我们还要积极学习、参考、借鉴国外流通政策的历史与现状，启发与开阔政策思路与视野，丰富政策内容。

（2）我国未来流通政策体系的基本框架。根据以上指导原则，并结合我国现行流通政策存在的问题，我国未来流通政策体系的构建应围绕以下内容来展开：

① 反垄断及反不正当竞争政策。从国外情况来看，反垄断与反不正当竞争政策是流通政策的基础或"内核"。世界主要市场经济国家都有"反垄断法"与"反不正当竞争法"，流通领域的反垄断与反不正当竞争政策是根据以上法律制定的。虽然我国已经颁布实施了《中华人民共和国反垄断法》，但是相关法律的实施与运用、法律体系的健全和完善，以及法律意识的培养与深化，仍是我国未来在反垄断与反不正当竞争方面需要持续发力和投入的关键点。

② 大型零售店铺规制政策。该项政策是针对流通领域的专门政策，但从国外的经验来看，有些国家是通过专门立法（如日本的《大店选址法》）制定的，而有些国家是通过综合性法律（如法国的《鲁瓦耶法》）制定。该项政策的宗旨是调整大型流通企业与中小流通企业的生存与发展冲突，以及大型流通设施的规划、布局与区域（特别是城市）发展、环境保护之间的矛盾。近年来，随着大型外资与中资流通企业的快速发展，大型流通企业与中小流通企业的冲突与矛盾，以及大型流通设施对城市规划、环境的负面影响也日益突出，因此，对我国而言，制定大型零售店铺的规制政策已迫在眉睫，其主要内容至少应包括大型店铺的选址与布局政策、大型店铺的听证与审批政策、大型店铺的附属设施建设政策（停车场与客货交通）、大型店铺的环境保护政策（噪声防治、废弃物回收）等。

③ 特殊商品的流通政策。各国对特殊商品的理解与规定各不相同，但一般而言，特殊商品主要包括以下几类：一是需求弹性小或无弹性的商品，如粮食、食盐等；二是需求弹性大，财政贡献也大的商品，如酒类与烟草等；三是供给弹性小或无弹性且单位价值较高的商品，如文物、珠宝、黄金等；四是对人身及社会安全有直接威胁的商品，如药品、武器、易燃易爆及其他含有害物质的商品；五是直接影响国民经济正常运行甚至影响国家经济安全的商品，如石油及其制品、煤炭等。各国对这些特殊商品的生产与流通都有不同程度的限制，从而制定了相应的特殊商品流通政策，我国也应该根据特殊商品的生产与流通特点，制定并逐步优化完善各类特殊商品流通政策，如烟酒专卖政策、粮食及农产品流通政策、石油及其制品流通政策、药品与出版物流通政策等。

④ 流通基础设施建设政策。流通基础设施的规模、结构与质量，直接影响流通的效率，而且又具有"公共物品"的性质，因此，世界各国都十分重视流通基础设施的规划与建设，并制定了一系列的政策措施以保证流通基础设施的建设能够适应流通发展的需要。我国在流通基础设施建设方面的历史欠账更多，已成为制约流通发展的重要瓶颈，因此，更需要制定科学的流通基础设施建设政策，以促进流通基础设施的建设，适应流通及国民经济的快速发展。就我国而言，该项政策至少应包括流通网点（特别是批发市场）规划与建设政策、物流设施（港口、机场、车站、铁路与公路、物流中心、配送中心、物流园区）规划与建设政策等。

⑤ 流通组织化政策。流通组织化主要包括流通产业化，以及流通企业的规模化与合作化经营。从国外的经验来看，流通产业化程度越高，整个社会的流通效率也越高，从而不仅可以节约资源、降低消耗，而且也有利于环境的改善。流通产业化程度高低的

重要标志是专业化流通企业所提供的流通服务市场占有率的高低。就我国的情况而言，专业化流通服务，特别是专业化物流服务的市场占有率还不高，因此，应该制定促进专业化流通发展的有关政策，具体包括鼓励流通服务需求者（工商企业）扩大流通服务需求的外包比例，减少自有流通设施与工具的拥有量；鼓励并支持专业化流通企业提高流通服务水平，加快专业化流通企业的发展等政策措施。同时，制定并完善促进流通企业的连锁经营政策、流通企业集团政策、流通合作化政策等。

⑥ 流通国际化政策。在开放包容与人类命运共同体的合作倡议下，我国的流通国际化已经由被动接受转化为主动探索。因此，如何应对流通领域的国际化是我国政府与企业共同面临的重要课题和应该积极解决的关键难题。为有效规范外资流通企业在中国市场的经营行为，维护公平、公正的市场流通秩序，促进中外流通企业在中国市场上的协调发展，必须在 WTO 的规则下，根据我国的实际情况制定相应的流通国际化政策。由于流通国际化包括"内向国际化"（外资流通企业的国内市场进入）与"外向国际化"（本土流通企业的海外经营），因此，流通国际化政策也应该围绕外资流通企业的中国市场进入及其竞争行为的规范，以及中资流通企业海外或跨国经营的鼓励与支持等方面来设计。

⑦ 电子商务规范政策。信息时代和数字时代的到来，推动了电子商务的迅猛发展和转型升级。这不仅对传统商业形成了巨大且持续的压力，也使得当前施行的电子商务规范政策具有一定的不适应性和滞后性。因此，当下与未来流通政策的制定与执行必须充分考虑这一情况，既要适度保护传统商业的空间，又要根据实际需求和未来发展方向适时动态、及时准确地调整与优化电子商务规范政策，使得各种业态健康和谐发展。

⑧ 消费者保护政策。在市场经济条件下，各经济主体之间都存在着不同程度的信息不对称。例如，政府与企业之间存在着信息不对称、企业与企业之间存在着信息不对称、企业与消费者之间存在着信息不对称等。但是，在各种信息不对称中，企业与消费者之间的信息不对称是最严重的，特别是随着经济的发展和科学技术的不断进步，在信息资源的拥有上，消费者越来越处于不利的地位，其弱势地位日益明显。因此，社会公共机构对消费者利益的保护不仅仅是道义上的需要，而且也是不断提高人类生存质量的需要。这就是各国制定消费者保护政策的基本动机与理念。从各国经验来看，消费者保护政策主要包括两个体系：一是有关保护消费者利益的法律体系；二是有关保护消费者利益的行政措施。我国的消费者保护政策也应该围绕这两个体系来构建。

学思践悟

与时俱进的流通政策

党的二十大报告明确指出，建设高效顺畅的流通体系。对此，需要因时制宜、因地制宜的流通政策保驾护航。

粮食，作为民生之根本，其重要性不言而喻。粮食流通政策亦是世界各国流通政策中的重要组成部分。伴随着时代演变和环境变化，我国粮食流通政策也在适时地调整与转变。比如，2021年4月15日起施行的《粮食流通管理条例》对粮食的收购、销售、储存、运输、加工、进出口等经营活动提出了一系列的规范与要求，为保护粮食生产者的积极性，促进粮食生产，维护经营者、消费者的合法权益，保障国家粮食安全，维护粮食流通秩序提供了可靠保障。2023年1月1日起施行的《粮食流通行政执法办法》，更是充分体现了党的二十大精神在粮食流通领域的落实与实施。该办法不仅为规范粮食和物资储备行政管理部门粮食流通行政执法行为做出了明确指示和要求，更是为全方位夯实粮食安全根基，为"中国人的饭碗任何时候都要牢牢端在自己手上"奠定了坚实的基础。

新冠病毒感染疫情冲击着世界各国的流通系统。在消费品流通方面，实体门店客流量锐减。虽然电商购物需求迅速增长，但是也常常会因为物流延迟或中断导致消费者满意度降低、购物感受不佳。在工业品流通方面，物流延迟和中断问题更为明显，严重制约和阻碍了供应链下游企业各项生产运作环节的推进。为了缓解疫情对国民生产生活带来的不利影响，稳步推进各行各业的复工复产，我国各地各级政府部门相继颁发了一系列政策建议和指导规划。比如，《关于确定大连市第一批商业外展外摆地段并加强管理的通知》（辽宁省大连市）、《关于进一步推进夜经济发展的工作方案》（河北省石家庄市）、《攀枝花市城市管理行政执法局关于攀枝花市促进地摊经济发展的报告》（四川省攀枝花市）、《关于加快发展地摊经济的指导意见》（江西省赣州市）和《哈尔滨市繁荣夜间经济实施方案（2020—2022年）》（黑龙江省哈尔滨市）等推动"地摊经济"发展的指导意见和工作方案，在保障就业和刺激消费等方面起到了关键作用。《中国银保监会办公厅关于加强产业链协同复工复产金融服务的通知》、《工业和信息化部办公厅关于开展2020年中小企业公共服务体系助力复工复产重点服务活动的通知》和《交通运输部关于统筹做好公路水运建设领域新冠肺炎疫情常态化防控与复工复产工作的通知》等一系列政策文件，也为包括流通产业在内的各行各业复工复产、稳步运营提供了强有力的政策支撑。

▮▮ 本章小结

流通政策是以商品流通为适用对象的公共政策，即社会公共机构（国家或政府）为了矫正市场失败、促进流通产业发展、协调流通活动、保障竞争的公平与公正、保护消费者权益及其他社会公共利益而对商品流通领域的公开介入，其具体形式主要有法律、法规及行政规章、条例、办法等。流通政策主要涉及经济领域中的流通活动，属于经济政策中的分支。

商业政策、市场政策及流通产业政策等是与流通政策相近的概念，准确了解这些术语的区别与联系，有助于进一步理解与把握流通政策的内涵。

根据制定政策主体、政策适用对象以及政策职能的不同，可以将流通政策划分为不同的类别。按流通政策主体不同，可将流通政策划分为立法机构制定的政策和行政机构制定的政策。按流通政策适用的对象不同，可将流通政策划分为生产者流通政策、商业者流通政策和消费者流通政策。按流通政策的职能不同，可将流通政策划分为矫正"市场失败"政策和促进流通发展政策。

流通政策主体，即流通政策的制定者与实施者。制定与实施流通政策的社会公共机构主要由立法、司法与行政机构三部分构成。立法机构是最高层次的流通政策主体，其制定的政策（法律）具有最广泛的规制范围和最强的规制强度。司法机构是政策的执行机构，虽不是政策制定者，但却是政策执行效果的有力保证。行政机构既是流通政策的制定者、执行者，又是政策的规制对象。此外，在现实的流通政策的制定与实施过程中，除政府部门外，各种利益集团，如行业自律组织（行业协会等）等也发挥着重要作用。

流通政策目标具体说来包括两个层次：一是流通政策的一般目标；二是流通政策的特定目标。经济发展、经济稳定、经济公正和经济自由是流通政策的一般目标。流通政策的特定目标可概括为：完善商品流通的信息网络；培育健全的流通主体；提高流通效率；建立流通金融制度等。为了实现上述目标，在制定、实施流通政策时，既不能单纯从流通本身来考虑，也不能单纯从企业的角度来考虑，而必须从全社会的角度，从消费者福利最大化的角度来考虑。

流通政策的功能是流通政策所能发挥的基本作用的体现，也是流通政策体系整体功效的体现。具体地说，流通政策的功能包括三个方面：导向功能、控制功能与协调功能。

通过学习他国的流通政策，我们可以从中吸取有益的经验，为我国流通政策的制定提供有价值的参考建议。美国与日本都已经建立了相对完善的流通政策体系，通过对两国流通政策目标、手段以及有关反垄断、消费者保护、重要商品流通等方面具体规制的对比研究，有利于我们更为深入、全面地了解与掌握两国流通政策的内容及异同。

我国流通政策的沿革从时间角度看，经历了中华人民共和国成立前、计划经济、改革开放后三个时期。

经过几十年的发展建设，我国已初步建立了适应社会主义市场经济体制的流通政策体系，但尚存有待解决的问题：我国的流通政策还遗留着计划经济体制下的思维特征，且国际化视野仍有不足；相对于西方发达国家的流通政策体系而言，我国的流通政策体系尚缺乏一个"硬核"，即健全、完善的反垄断法律体系，使我国的流通政策体系缺乏系统性和紧密性；我国的消费者保护政策出台晚、作用范围小、强制执行力差，从长远看，这不利于我国流通产业的健康发展，甚至不利于经济与社会的进步；在我国的流通政策体系中，以法律形式存在的政策内容偏少，而以规划、意见、指导等"软政策"形式存在的政策内容偏多等。针对上述问题，本书提出了我国流通政策体系的构建的指导原则与基本设想。

复习思考题

1. 什么是流通政策? 其主要类型有哪些?

2. 流通政策的主体有哪些?

3. 简述流通政策的一般目标与特定目标。

4. 简述流通政策的功能。

5. 美日制定流通政策的目标及手段有何异同?

6. 简述改革开放后我国流通政策的沿革及存在的主要问题。

7. 根据流通政策理论及国外流通政策的经验，谈谈你对我国流通政策体系的构建设想。

拓展阅读：日本流通政策的演变

第六版后记

呈现在读者面前的这本《流通概论》，是应东北财经大学出版社之邀，并作为该社组织策划的"21世纪高等院校市场营销专业精品教材"之一而编写的。说来很惭愧，出于市面上已有不少同类教材，且又一时写不出既遵循教材的一般"规矩"又不落窠臼之作的担心，而迟迟没有动笔，一拖再拖，直至责任编辑发出了"最后通牒"，才开始放下手头的其他工作，集中精力与几位合作者一道研讨本书的内容框架、体系结构及编写体例，并分工撰写初稿。

这本书虽然动笔比较晚，但对这本书的研究角度与内容框架我早就有所考虑，也有一些前期积累。这些积累主要是我先前出版的几本教材、著作和公开发表的一些论文，如1996年出版的作为"工商管理主干课教材"之一的《商品流通概论》（东北财经大学出版社）、1998年出版的博士论文《现代商品流通：理论与政策》（东北财经大学出版社）、2002年出版的作为"教育部人才培养模式改革与开放教育试点教材"之一的《流通概论》（中央广播电视大学出版社）、2004年出版的作为"21世纪高等院校经济与管理核心课教材"之一的《现代物流概论》（首都经济贸易大学出版社）、2004年出版的《物流与供应链管理》（东北财经大学出版社），以及2005年出版的《当代流通理论——基于日本流通问题的研究》（东北财经大学出版社）。这些教材与著作无疑为本书提供了很多铺垫与支撑，也为我们编写本书增添了不少勇气与信心。

尽管如此，本书无论在内容体系，还是体例结构上都不是作者先前出版的那些教材与著作以及市场上已有的同类教材、著作的"白菜豆腐，豆腐白菜"式翻版，而是根据流通理论与实践的变化，并在广泛吸纳相关研究成果，特别是读者与同行意见的基础上，对流通理论与实践问题的新思考、新概括、新阐述。因此，我要特别感谢流通领域的专家、学者及广大读者多年来对我始终如一的关注、提携与指教。万典武教授、杨学淇教授、闵宗陶教授、高涤陈教授、张魁峰教授、贾履让教授、林文益教授、陶琲教授、王之泰教授、周肇先教授、蔡寅二教授、边长泰教授、郭冬乐教授、黄国雄教授、李金轩教授、曹厚昌教授、侯善魁教授、余鑫炎教授、文启湘教授、纪宝成教授、柳思维教授、高铁生教授等，都是伴随我学术成长的恩师或对我产生重要学术影响的前辈，正是在他们的治学精神与学术思想的影响下我才步入流通理论的殿堂。宋则教授、徐从才教授、李飞教授、吴小丁教授、胡祖光教授、晁钢令教授、马龙龙教授、王德章教授、何明珂教授、王海忠教授、洪涛教授、荆林波教授、纪良纲教授、晏维龙教授、祝合良教授、高觉民教授、陈阿兴教授、方虹教授、张群辟教授、王晓东教授、赵宁教授、王海鹰教授，以及鲍观明先生、安晓枫先生等流通学界的好友、故交更是给了我多方面的支持与帮助。而那些不曾相识的读者们，多年来也用慷慨与宽容成就了我在该领域的教学与研究事业。应该说，没有这些恩师、前辈、学界挚友及广大读者的关爱、支持与帮助，就没有我今日的学术之路，更不会有本书。在本书历次修订过程中要特别感谢李定珍教授、刘向东教授、张建民教授、王小平教授、刘东英教授、郭馨梅教授、依绍华教授、徐振宇教授、李陈华教授、刘导波教授、唐红涛教授、丁宁教授和杨向阳教授所给予的支持与帮助。

另外，我还要感谢本书初版的合作者们。他们是杨宜苗（第2章）、张闯（第3、4章）、杨旭（第5章）、毕克贵（第6章）、李健生（第7章）、李孟涛（第8章）、汪旭晖（第9章）、任博华（第10章）。没有他们在流通领域的知识积累及为本书所付出的甚至超过我的努力，本书就不可能达到目前的这种状态。由于本书的框架结构、内容体系与编写原则是由我最终确定的，并由我对全部书稿进行修改、调整与补写，因此，本书的全部学术责任当由我来承担。

本书是为普通高等学校市场营销、物流管理、国际经济与贸易、电子商务等本科专业编写的专业基础课教材，同时，也可作为其他教育系列的教学参考书。为了便于教学，本书各章在正文以外还设立了"学习目标""本章小结""复习思考题"等栏目。此外，在编写过程中，我们还力求做到：语言简练、流畅；概念、用语准确；观点明确，论证充分；结构严谨，层次分明；详略得当，篇幅适度。

本书自2006年出版以来得到了国内同行和广大读者的积极评价，并提出了许多改进意见。为了向广大读者呈现该学科最新的教学和研究成果以及实践中的热点问题，我们潜心教研教改、不断探索创新，对本书进行了多次调整和修改。2021年，在首届全国教材建设奖评选中，本书第五版荣获全国优秀教材二等奖。值此再版之际，这项殊荣给了我们莫大的动力。本次修订，我们在保持原有体系结构不变的基础上，紧密联系实际，对部分理论知识、案例、数据资料等内容进行了删改与补充，以力求更加精炼，更加体现"概论"的定位，更具时代感和可读性。同时，为推进知识传授与价值引领的有机融合，丰富知识的呈现形式，我们在各章特别增加了"学思践悟"和"拓展阅读"（数字资源）栏目。本次修订由李健生（第1、2章）、张闯（第3、4章）、杨旭（第5、6章）、李孟涛（第7、8章）、张琳（第9、10章）完成初稿，我和汪旭晖审阅定稿。欢迎国内同行与广大读者对本书存在的问题与不足继续给予批评与指正！

最后要特别感谢东北财经大学出版社社长刘瑞东先生、原社长田世忠先生、策划编辑朱艳女士以及各位责任编辑对本书出版及历次修订工作所给予的关心、支持与指导！

夏春玉

2022年10月